U0938001

中华人民共和国地方志

福建省志

知识产权志

中共福建省委党史研究和地方志编纂办公室　编

海峡出版发行集团 THE STRAITS PUBLISHING & DISTRIBUTING GROUP | 福建人民出版社 FUJIAN PEOPLE'S PUBLISHING HOUSE

图书在版编目（CIP）数据

福建省志．知识产权志/中共福建省委党史研究和地方志编纂办公室编．--福州：福建人民出版社，2020.8
ISBN 978-7-211-08506-4

Ⅰ.①福… Ⅱ.①中… Ⅲ.①福建－地方志②知识产权－工作－概况－福建 Ⅳ.①K295.7

中国版本图书馆 CIP 数据核字（2020）第 144786 号

福建省志·知识产权志
FUJIAN SHENGZHI·ZHISHI CHANQUANZHI

编　　著：中共福建省委党史研究和地方志编纂办公室　编
责任编辑：林俊杰
出版发行：福建人民出版社　　**电　　话**：0591-87533169(发行部)
网　　址：http://www.fjpph.com　　**电子邮箱**：fjpph7211@126.com
地　　址：福州市东水路 76 号　　**邮政编码**：350001
经　　销：福建新华发行（集团）有限责任公司
印　　刷：福州力人彩印有限公司
地　　址：福建省福州市晋安区新店镇健康村西庄 580 号 9 栋第一层、二层
开　　本：889 毫米×1194 毫米　1/16
印　　张：22.5
彩　　插：16
字　　数：480 千字
版　　次：2020 年 8 月第 1 版　　2020 年 8 月第 1 次印刷
书　　号：ISBN 978-7-211-08506-4
定　　价：320.00 元

本书如有印装质量问题，影响阅读，请直接向承印厂调换。

领导关怀

2002年，省知识产权局升格为副厅级单位，省人大教科文卫委主任陈奎（中）和省科技厅领导为省知识产权局揭牌

2004年9月，国家知识产权局局长王景川（右三）到福建调研时与陪同人员合影

2005年1月4日，省政协副主席、省科技厅厅长王钦敏（前排中）到省知识产权局考察，与全体人员合影

2007年6月，国家知识产权局局长田力普（中）到福建考察知识产权工作

2007年6月，省人大常委会领导到基层视察知识产权工作。图为省人大常委会副主任黄贤模（右二）在新大陆环保科技有限公司参观“专利墙”

2007年6月，国家知识产权局局长田力普（左五）出席福建项目成果交易会期间视察知识产权局展台，并与工作人员合影

2007年12月，副省长李川在由国家知识产权局主办、省知识产权局协办的第七期全国专利审查与专利代理业务研讨班开幕式上致辞

综 合 管 理

1986 年 6 月，福建省第一次专利工作会议在福州召开

1986 年 6 月，福建省工业产权研究会成立大会在福州召开

1994 年 7 月，全省专利工作会议表彰省十佳专利企业

2004年，全省商标广告管理工作会议在福州召开

2005年4月4日，省高级人民法院在福州召开全省法院知识产权审判工作座谈会

2006年4月，在全省版权工作会议上，福建省第二批版权重点企业获授牌

2006 年 11 月，国家知识产权局专利局福州代办处开业揭牌仪式在福州举行

2006 年，推进实施商标品牌战略工作会议在福州召开

2007 年 2 月，福建省知识产权协会成立大会暨海峡两岸知识产权学术研讨会在福州举行

2007 年 4 月，省政府在福州召开全省地理标志产品保护工作会议

宣 传 咨 询

1999 年 4 月 30 日，省高级人民法院在福州召开知识产权审判庭成立五周年新闻发布会

2005 年 3 月，福建省保护知识产权宣传周活动新闻发布会在福州召开

2005 年 7 月 9 日，“增强法治观念，保护知识产权”宣传咨询活动在福州五一广场举行

2007 年 4 月 26 日，福建省暨福州市保护知识产权宣传周现场宣传咨询活动在福州五一广场举办

培训研讨

1991年5月，省科委、省专利局、省司法厅、省科技干部局联合召开全省《专利法》《技术合同法》学习考试总结表彰大会

2000年11月，省工商局举办WTO与商标、广告执法培训班

2001年11月，福建知识产权与WTO论坛在福州举办

2002年4月，省人事厅、省知识产权局在福州联合举办世贸组织和知识产权知识师资培训班

2006年7月，省知识产权局举办专利代理人资格考试考前辅导暨专利企业管理人员培训班

2006年，省工商局在福州举办商标国际注册知识讲座

2007 年 4 月，全国企事业单位知识产权高级培训班在福州举办

2007 年 6 月 27 日，福州海关关员学习“Canon”产品真假鉴别知识

2007 年 9 月，全省专利行政执法业务培训班在福州举行

2007年10月，全国知识产权资产评估与管理培训班在福州举办

2007年11月，全国知识产权人才培训会议在泉州召开

2007年12月，第七期全国专利审查与专利代理业务研讨班在福州举办

试点示范

2004年3月，全国版权工作会议在泉州市召开，并在德化县召开版权工作现场会，向全国推广“德化经验”

2006年12月，国家知识产权局在福州召开国家知识产权试点城市（福建·福州）考核验收工作会议

2006年12月，受国家知识产权局委托，省科技厅组织考核验收组对国家知识产权试点城市考核验收。图为省科技厅党组书记、副厅长庄荣文（左一）带领验收组实地考察泉州市企业

2007年9月27日，省农业厅在平和县召开福建省农业品种权执法试点项目红肉蜜柚示范现场观摩会

2007年10月，省农业厅在沙县召开福建省农业品种权执法试点项目水稻授权品种示范现场观摩会

考察交流

2002 年 11 月，省科技厅组织知识产权管理制度和工作体系考察团访问加拿大、美国。图为考察团成员与美国斯坦福大学知识产权管理人员座谈后合影

2004 年 12 月 29 日，福建省知识产权代表团参加在广州召开的首届泛珠三角区域知识产权合作联席会议

2005年9月8日，香港特别行政区知识产权署署长谢肃方（左一）到福建省知识产权局、厦门市知识产权局就知识产权法制建设、打击侵权假冒行为问题进行座谈交流

2006年9月9日，由商务部主办的展会知识产权保护国际论坛在第十届中国国际投资贸易洽谈会主会场厦门国际会展中心举行

2006年12月，省知识产权局副局长罗旋（左二）参加由国家知识产权局、香港特别行政区知识产权署、澳门特别行政区经济局共同主办的2006年内地与香港澳门三地知识产权研讨会

实施转化

2002年，安溪铁观音获国家地理标志产品授权。图为安溪铁观音包装产品

2004年6月，福建农林大学等单位与中国女排签订中国女排备战奥运会唯一专用神蜂系列蜂产品协议书。图为签订仪式场面

2005年6月，省知识产权局组织专利项目参加福建省第三届福建·福州项目成果交易会。图为知识产权（专利）展馆

2006 年 4 月 26 日，全省首家知识产权转化基地——厦门知识产权产业化基地获授牌

2006 年 4 月 16 日，省知识产权局组织参与中国保护知识产权成果展览会。图为麦克奥迪实业集团有限公司工作人员在展会上向参观者介绍公司自主创新成果

版权作品。图为莆田市李凤强创作于 2007 年的木雕作品《渡世三十三观音》

版权作品。图为福州市孙兆勇、叶秦从 1995 年开始创作的石雕作品《满汉全席》

执法保护

2005年6月，福州海关查获夹藏出口的假冒“NIKE”和“PUMA”运动鞋案。图为福州海关关员在检查假冒运动鞋

2005年8月，日本东芝公司向福州海关赠匾。图为福州海关副关长兼缉私局局长郭邦彪（左）接受赠匾

2005年9月，工商行政执法人员查扣侵犯“金星”注册商标专用权的翻新电视机

2006年3月28日，武夷山市质量技术监督局执法人员进行岩茶地理标志产品市场监督检查

2006年7月12日，福建省、福州市举行反盗版百日行动启动仪式

2007年1月30日，福州海关陈春（左图左一）、厦门海关黄健（右图右一）获世界海关组织（WCO）授予“杰出执法关员”称号，并获得WCO秘书长签发的嘉奖证书

2007 年 2 月 14 日，“福建乌龙茶”入选国家地理标志保护产品。图为“福建乌龙茶”国家地理标志保护产品专用标志

2007 年 4 月 24 日，省知识产权局与福州市知识产权局联合开展净化大型商场知识产权保护环境活动。图为省知识产权局与福州市知识产权局执法人员对沃尔玛商场的商品进行检查

2007 年 4 月 26 日，省文化厅与福州市文化局在福州联合开展“保护知识产权　规范市场秩序”福建省、福州市统一销毁非法音像制品活动

《福建省志》编纂委员会

《福建省志》编纂委员会办公室

主　任：黄　誌（兼）

副主任：黄　玲　林　浩　王盛泽　汪一朝

　　　　俞　杰　戴振华　钟健英

《福建省志·知识产权志》编纂委员会

主　任：颜志煌

副主任：余须东　陈明旺　许瑞察　蒋达德　许先丛　林永兴

　　　　张　伟　李冬根　黄　平

委　员：傅玉聪　叶　夏　刘振民　邱建宏　杨健民　黄丽娟

　　　　徐巧英　陈晓晶　侯晴牧　薛炳新　史一菱　何朝晖

　　　　卢琳兵　吴义添　黄丹萍　黄建明　王金来　范纪李

　　　　王顺梅　冯宏达

《福建省志·知识产权志》编纂委员会办公室

主　编：颜志煌

副主任：李冬根　黄　平

委　员：徐巧英　陈晓晶　侯晴牧　薛炳新　史一菱　周丽红

黄宝文

《福建省志·知识产权志》编纂人员

主　编：颜志煌

副主编：李冬根　黄　平　徐巧英　黄宝文

《福建省志·知识产权志》审稿人员

林　浩　李升荣　李连秀　刘积卫　林位芳

《福建省志·知识产权志》审定验收组人员

组　长：陈秋平

副组长：俞　杰　林　浩（执行）

成　员：李升荣　吕秋心　凌文斌　欧长生　刘积卫　游友荣

序

闽山苍苍，闽水泱泱。新中国成立以来，福建人民栉风沐雨，敢拼会赢，书写了70余载不忘初心、砥砺前行的时代传奇。纵观福建发展历程，就是一部改革创新的发展史，知识产权作为创新驱动发展的战略支撑，在福建跨越发展的历史进程中发挥了重要作用。首部《福建省志·知识产权志》翔实记载了1951年至2007年福建知识产权事业蓬勃发展历程，尊重历史，还原历史，突出知识产权与福建经济和社会民生的密切关系，客观体现知识产权作为社会主义市场经济基石、创新驱动发展刚需、国际贸易标配的重要作用，反映福建知识产权始终紧跟时代步伐，深化知识产权领域改革，辐射带动全省经济创新发展转型升级，为新时代新福建建设作出的巨大贡献。

回首1951年至2007年发展史，福建知识产权认真贯彻落实党中央、国务院决策部署，加强党对知识产权事业的领导，在国家知识产权局和福建省委、省政府的重视支持下，知识产权管理体制和机制不断创新、与时俱进，其中有几个历史关键节点颇具启示意义：1984年，省专利工作管理局成立，为正处级事业单位；1985年，省专利工作管理局更名为省专利管理局；2001年，省专利管理局更名为省知识产权局；2002年2月28日，在习近平总书记（时任福建省省长）重视关心下，省知识产权局升格为副厅级。由此，福建知识产权事业进入快速发展阶段，在激励创新创业、营造良好营商环境、支撑经济高质量发展、促进社会进步和文化繁荣等方面发挥了日益显著的作用，福建具备了向知识产权强省迈进的坚实基础。

志书所载56年辉煌成就，凝聚着一代又一代知识产权人的艰辛探索和无私奉献，印证着知识产权系统干部职工的广阔智慧和无悔追求。当我们踏着坚实基础向前迈进的时候，应仰首向知识产权老前辈们致以崇高的敬意，继承和发扬他们勇于探索、敢为人先的精神风貌和责任担当，汲取在新的伟大斗争中阔步前行的力量。

修志问道，存史资政。经过接续奋斗，用历史的智慧推进知识产权治理体系和治理能力的现代化，福建知识产权又站到了新的起点。2016年以来，大力构建“政府引导、社会参与、多元共治、便利效能”知识产权治理新模式，着力推进全省知识产权运营体系、公共服务体系、保护体系三大体系建设，发挥“知创中国”“知创福建”枢纽作用，实现知识产权“综合管理高地”“专业服务高地”“产业创新保护高地”“高端人才高地”，知识产权事业高质量发展。2018年，知识产权管理体制和运行机制实现历史性重构，专利、商标、地理标志集中统一管理，行政职能与事业职能既有序分离又有机配合的体制机制，为加快知识产权强省建设提供有力支撑。在福建，一系列在全国知识产权领域创新领先的探索不断取得新成效。福建省委和省政府高度重视知识产权工作，于伟国书记、王宁省长等领导多次就强化知识产权创造、保护、运用，加快知识产权强省建设作出具体指示要求；国家知识产权局申长雨局长，贺化、甘绍宁、何志敏、廖涛等副局长先后到福建调研指导，对福建知识产权强省建设成效给予充分肯定。

2020年是具有里程碑意义的一年。中国共产党第十九届中央委员会第五次全体会议召开，“十三五”即将收官，“十四五”正待启航。新蓝图振奋人心，八闽大地澎湃激越，福建已进入全方位推动高质量发展超越新阶段。

当此之时，本志即将付梓，藉此与知识产权同仁共勉：福建知识产权应更加紧密地团结在以习近平同志为核心的党中央周围，把对总书记的深厚爱戴之情转化为增强“四个意识”，坚定“四个自信”，践行“两个维护”的高度自觉，积极推动知识产权领域改革和发展深度融合高效联动，助力经济发展取得新成效、改革开放迈出新步伐、社会文明程度得到新提高、生态文明建设实现新进步、民生福祉达到新水平、治理效能得到新提升，不负人民群众的期待和重托。

是为序。谨向为编撰该志书作出贡献的单位与个人表示衷心的感谢和敬意！

福建省知识产权局局长

2020年11月初

《福建省志》凡例

一、本志以马克思列宁主义、毛泽东思想、邓小平理论、“三个代表”重要思想、科学发展观、习近平新时代中国特色社会主义思想为指导，坚持辩证唯物主义和历史唯物主义的立场、观点和方法，按《地方志工作条例》《福建省实施〈地方志工作条例〉办法》《地方志书质量规定》要求进行编纂。

二、以福建省现行行政区划为记述的区域范围（未含金门、马祖）。

三、使用规范的现代语体文记述，行文除引文外，用第三人称记述。

四、1949年10月1日以前的纪年，标示朝代、年号、年份，括注公元纪年；1949年10月1日起，用公元纪年。

五、各个时期的政权机构、职务、党派、地名，均以当时名称或通用简称记述。古地名均括注今地名，乡（镇）、村（居）地名前冠以市、县（市、区）名。

六、除引文外的人名，直书姓名，不在姓名后加身份词；必须说明身份的，在其姓名前说明。

七、各种机构、会议、文件等专有名称使用全称，如多次出现需用简称的，在第一次出现时括注简称。

八、凡外国的国名、地名、人名、党派、政府机构、报刊等译名，均以新华社译名为准。新华社没有译名的，首次使用译名时括注外文全称，全书保持中文译名一致。

九、数字、量和单位、标点符号的使用，执行国家有关部门颁布的标准规定。书中同一名称、事实、数据、时间、度量衡、术语的表述，前后一致。

十、图、照、表突出存史价值，样式统一。

十一、采用国家统计部门公布的统计数据和业务主管部门的统计数据；如使用其他数据，则需说明其来源。

十二、采用资料一般不注明出处。引文、辅文和需要注释的专用名词、特定事物加页末注释，注释形式全书统一。

编纂说明

一、本志为首部知识产权专业分志，记述内容始至发端，下限至2007年，包括专利、版权（著作权）、商标、集成电路布图设计、地理标志产品、植物新品种等六类知识产权的管理与保护情况。

二、本志对较为频繁使用的称谓进行简称，如中共福建省委、福建省人民政府分别简称为省委、省政府。对记述的六类知识产权职能管理机构名称进行简称，把福建省专利工作管理局、福建省专利管理局简称为省专利局；福建省知识产权局简称为省知识产权局；福建省版权局简称为省版权局；福建省工商行政管理局简称为省工商局；福建省质量技术监督局简称为省质监局；福建出入境检验检疫局简称为福建检验检疫局；厦门出入境检验检疫局简称为厦门检验检疫局；福建省农业厅简称为省农业厅。其他单位简称在正文中标明。

三、专利章节中省知识产权局所表述的知识产权指的是专利。省专利局于2001年7月30日更名为省知识产权局，各设区市专利机构于2002年后也更名为知识产权机构。

四、包含各类知识产权的综合活动，内容均放在相关章的节或目内。

五、先进集体和先进个人的入选标准为获得省级单位联合表彰和全国性表彰。

六、本志正文按各类知识产权情况记述，大事年表融合各类知识产权管理与保护情况按时间顺序记述。

目　录

Contents

概　述

知识产权是基于创造性智力成果和工商业标记依法产生的权利的统称。福建省知识产权事业可追溯到唐五代版印刻书业。从事刻书者和编校者绝大多数姓名不传，书坊以堂号闻名，被视为版权的标示。最早有堂号可考的书坊是北宋嘉祐二年（1057 年）刻印唐司马贞《史记索隐》130 卷的建邑王氏世翰堂。北宋时期，建阳生产的建窑黑釉瓷器，其底部刻有“建盏”字样，以区别于其他窑场烧制的瓷器，即为早期的商标。同期福建进贡皇家的茶叶，在包装物上绘有龙凤花纹，时人称之为“龙凤团”，即为早期包装物商标，商标的使用随之推广。鸦片战争后，福州、厦门被纳入“五口通商”口岸之列，西方资本大量涌入，客观上刺激了福建商品经济的发展。清光绪二十八年（1902 年），清政府颁布《商标注册试办章程》。清光绪二十九年，清政府设立专门负责商标注册管理的商标局，福建出现注册商标，当时主要是一些外国企业申请办理商标注册事宜。清光绪三十年，清政府颁布《商标注册试办章程》实施细则，福建省主要是一些外国商标办理挂号注册。清宣统二年（1910 年），清政府颁布《大清著作权律》，是关于保障著作者权利的专门法律，对版权的概念、作品的范围、作者的权利、取得版权的程序、版权的期限和版权的限制等问题，均作相应的规定。民国二十二年（1933 年），国民政府商标局在福州设立商标局专员办事处，负责全省商标注册核转工作。

中华人民共和国成立后，福建省知识产权事业随着国家在不同时期相关制度的建立而发展。1951 年，福建人民出版社成立，初步开展版权管理工作。1961 年，省工商局内设商标机构，正式开始商标管理工作。1984 年，省专利局成立，全省开始专利管理工作。1995 年，省政府建立知识产权办公会议制度，负责研究、领导、协调全省知识产权工作。1998 年，省质监局和福建检验检疫局分别负责省内和出入境地理标志产品管理。2000 年，福建省开始植物新品种保护工作。2001 年，福建省集成电路布图设计保护工作开始走上轨道。2004 年，省政府成立保护知识产权工作领导小组，加强全省知识产权保护工作。至 2007 年，全省建成较为完整的知识产权管理体系，知识产权在推动经济社会发展中发挥重要作用。

一

1951 年 7 月，福建人民出版社成立，通过出版合同和稿酬制度实行版权管理。1989

年1月，省版权局正式挂牌成立，在全省正式展开版权管理工作。1990年，随着《中华人民共和国著作权法》（以下简称《著作权法》）的颁布，全省版权管理工作走上轨道。1993年起，各地（市）陆续成立新闻出版办公室，挂靠在地（市）委宣传部，承担版权管理职能。2001年以后，9个设区市相继成立新闻出版局，加挂市版权局牌子，全省形成版权管理的完整体系。

版权登记。1995年，省版权局正式开展作品自愿登记工作。2002—2003年，全省受理各类自愿登记作品分别为4266件和4786件，在全国排名均为第一位。2004—2007年，全省受理各类自愿登记作品在全国排名均为第二位。

版权贸易。1986年，福建省开始开展对外国与中国台湾、香港、澳门地区的版权贸易活动。1989年起，福建出版界每年都组团参加由中国国际合作出版促进会举办的国际合作出版洽谈会，参加第二、三届北京国际图书博览会，进行对外合作出版和版权贸易。至1992年，省出版系统对中国台湾、香港、澳门地区和外国的合作出版和版权贸易共有292项，其中对中国台湾、香港、澳门地区的有287项，对新加坡和美国的有5项。一些出版社与中国台湾、香港等地出版商开始建立长期的合作关系。1999年，全省出口图书17.9万册，码洋210万元，达到此前的最高水平。2000—2004年，全省有关部门通过参加北京国际图书博览会、在境外举办书展、直接出口出版物等，推动版权贸易取得显著成绩。2005—2007年是福建版权贸易最活跃时期，版权贸易成绩斐然，其中2006年福建进入台湾的出版物码洋达5000万元，为历年最多。2006年，第二届海峡两岸图书交易会在台北举行，福建第一次与台湾出版发行界共同举办，进行图书交流与发展高峰论坛、图书馆资源开发研讨会、魅力福建图片展等交流活动；福建还在南非、埃及、印尼、泰国、新西兰、澳大利亚、美国、加拿大、英国、德国、菲律宾等地举办中国福建图书展，促进版权贸易并取得良好效益。

版权执法。1959年，根据调查发现存在任意翻印书籍自行定价销售现象，福建省委下文遏制侵犯版权行为。《著作权法》实施后，版权执法有法可依。至1993年，省版权局调解、查处30起版权纠纷案件。1994年，省版权局落实国家版权局对福建省7家公司侵犯美国某公司版权案的处罚，侵权公司受到罚款处罚；调解首起台湾出版社侵犯福建作品版权的纠纷案件。1995年，全省首次开展激光唱盘（CD）、视盘（LD）盗版大检查活动，共收缴盗版CD、LD 1.8万片，盗版录像带1.4万盒，盗版录音带12.8万盒；8次组织对沿海地区的执法检查，处理12起版权纠纷事件和5起侵权案件，为著作权人挽回40万元经济损失。计算机软件盗版是执法的主要内容。全省执行国家版权局等四部委联合下发的《振兴软件产业、打击盗版软件实施方案》，组织开展专项行动，打击计算机预装领域的侵权盗版犯罪；根据国家有关部委联合下发的《关于开展反盗版百日行动公告》，全省各级相关部门联合开展“反盗版百日行动”，在组织计算机软件执法检查中，要求经营户签订“守法承诺书”，进行自律自查，取得良好执法效果。海关部门在版权执法中发挥重要作用，福州、厦门海关查获走私盗版光盘达 6000 盘。版权犯罪受到严厉打击。2000 年，全省首例侵犯著作权案被追究刑事责任，主犯盗印教辅读物被判处有期徒刑并处罚款、赔偿。2004 年，发生在晋江市教育局的发行盗版教辅大案主犯被判处有期徒刑并处罚金。2000—2007 年，全省版权行政部门查处版权（著作权）案件 2120 起，收缴盗版品 181.39 万件（册、张、盒）。全省法院版权案件共受理 1377 件，审结 1204 件。版权执法使权利人的权益得到有力保护。

软件正版化。根据国家统一部署，在全省推进政府部门软件正版化和企业软件正版化工作；2004 年，省政府成立福建省使用正版软件工作领导小组，当年完成省政府及相关部门软件正版化工作。2005 年 12 月，各设区市及辖区县（市、区）政府及其组成部门软件正版化工作全部完成。2006 年，执行国家 9 个部委联合下发的《关于推进企业使用正版软件工作的实施方案》，省政府成立福建省推进企业使用正版软件工作联席会议及联席会议办公室，省保护知识产权工作组办公室（下同）、版权局等 11 个部门联合下发《关于印发福建省推进企业使用正版软件工作实施方案的通知》，在全省全面推进企业使用正版软件工作。2007 年 1 月，省正版软件工作联席会议办公室确定第一批 70 家省级企业为推进正版化企业，有 7 家企业被授予全国企业软件正版化示范单位。

二

新中国成立初期，福建工业基础薄弱，注册商标不多，大部分企业使用未注册商标，不少企业仿冒注册商标。1961 年省工商局内设商标广告监管处，正式开始商标管理工作。1966 年，因为受“文化大革命”冲击，省工商管理局停止办公，商标管理工作也被迫停止。中共十一届三中全会后，商品经济发展势头迅猛，福建商标工作进入新的历史阶段。1983 年全省工业企业有 2.11 万家，注册商标 1363 件。同年，《中华人民共和国商标法》（简称《商标法》）颁布实施，全省商标事业开始进入轨道。20 世纪 90 年代，全省推进商标代理机构与行政管理机构分离，实施商标注册代理制。1995 年，全省商标注册的转制工作基本完成，商标事业逐步进入稳步发展时期。至同年底，全省有效注册商标达 22249 个，平均每 13 户企业拥有 1 个注册商标。1995—2000 年，全省注册商标稳步增长。2000 年，全省新申请注册商标 8526 件，获准注册 5610 件，均位居全国第七位。进入 21 世纪，福建商标事业步入迅速发展的快车道，福建省商标主管部门把商标法律知识宣传和普及作为提高全社会商标意识的重要工作，初步建立商标发展和保护的法律和政策框架，高度重视商标品牌战略，全社会商标意识明显提高；商标申请注册量、商标核准注册量迅猛增长，从 1983 年的 1363 件增加到 2007 年底的 124879 件，增加 91.6 倍，商标注册类别也从较单一的商品商标向服务商标、证明商标、集体商标、地理标志商标方向拓展。

驰著名商标认定。优先支持带动作用突出、自主创新能力强的企业争创驰著名商标，驰著名商标数量逐年增加。1999年，“片仔癀”“安尔乐”“富贵鸟”等3个商标被国家工商总局认定为驰名商标，福建省驰名商标取得零的突破，并开始福建省著名商标的认定工作。截至2007年底，全省通过行政认定为驰名商标66件，省著名商标1186件，企业通过争创驰著名商标也获得快速发展。

商标专用权保护。以保护驰著名商标，涉外商标，食品、药品商标为重点，开展各类专项整治工作，取得明显成效。2000—2007年，全省行政执法共查处商标违法案件18654件，其中一般违法案件3286件、侵权假冒案件15368件。此外，海关部门查获的案件中商标侵权案件占大多数。2005—2007年，福州、厦门海关共有5个获中国海关知识产权保护十佳案例，查获的均是假冒商标案。至2007年，全省法院共受理商标权案件627件，审结505件。

三

1984年11月，省专利局成立，在全省开展专利管理工作。1985年，福州市科委、厦门市科委、福州开发区、厦门经济特区相继成立专利管理处。2001年，省专利局更名为省知识产权局，2002年升格为副厅级单位，推进专利工作稳步发展。至2007年，全省9个设区市相继成立知识产权行政管理机构，专利工作得到进一步加强。

专利申请与授权。1985年4月1日，《中华人民共和国专利法》（以下简称《专利法》）实施第一天，全省申请专利29件，当年全省申请专利137件。省专利局成立之初，省财政即拨给周转外汇支持专利申请。1986年，省科委、财政厅、专利局联合发布《福建省专利基金使用管理办法》，设立省专利基金。2000年，省政府办公厅批复设立每年100万的专利申请资助资金。2002年，省科技厅、财政厅、知识产权局联合发布《福建省专利申请资助资金管理暂行办法》，安排专项资金资助申请人申请国内外专利，2005年又扩大资助范围。发明人积极性得到激发，专利申请量逐年增加。2006年，全省申请专利10351件，年专利申请量首次突破10000件。至2007年，全省共申请专利82409件，居全国第十三位；授权总量51605件，居全国第九位。

专利展示与实施。1985年，省专利局首次组织专利项目参加技术贸易活动，推荐专利产品参加英国伯明翰技术交易会，使福建专利技术首次走向国外。此后，福建历年均组织参加专利技术展览会、交易会，多次获得展会奖项，专利技术得到转让，专利产品取得销售订单。福建省出台多个优惠政策，实行专利新产品开发减免税、设立专利开发基金，推进专利技术转化。2006年调查1719家企业专利实施情况，已实施专利有9354项。实施效益好的专利获中国专利奖，至2007年全省共获中国专利奖14项，其中金奖2项，优秀奖12项。

专利试点与示范。通过开展专利试点与示范，推动全省专利工作发展。1996—2002

年，全省有6家企业被确定为省级专利试点企业；2家企业被确定为第一期全国专利工作试点企业；1项专利被国家知识产权局列为首批“促进专利技术产业化示范工程”项目。2003年，省知识产权局印发《福建省专利工作试点企业管理办法（试行）》，全面推进企业专利试点工作，确定54家企业为第一批省级专利工作试点企业。2005年，省知识产权局召开全省专利工作试点企业会议，表彰第一批专利工作试点企业先进单位和个人，同时确定第二批全省专利工作试点企业51家。至2007年，全省有6个单位被国家知识产权局确定为全国企事业知识产权试点单位，厦门市、福州市、泉州市先后被确定为全国专利工作试点城市。

专利合作与交流。先后有德国、美国专利有关代表团来访，省专利部门多次参加、组团赴国外进行专利考察。福建省与中国香港、台湾等地亦联合开展专利培训、学术研讨等活动。1993年，省专利局应邀第一次组团赴香港就知识产权合作与交流事宜开展考察访问，建立专利转让、实施资金引进等渠道。2005年，香港特别行政区政府代表团访问福建，座谈、交流议题包括知识产权保护问题。同年，省知识产权交流访问团首次赴台湾访问，与有关知识产权专家就知识产权的培训、中介服务、保护等问题进行交流、研讨。此外，省知识产权局（专利局）参加华东片专利工作联谊会，开展专利工作考察、交流；2005年，福建参加泛珠三角区域知识产权联席会议，加入“泛珠三角区域知识产权保护协作网”，根据省际专利行政执法协作的相关规定，与有关省知识产权局协同配合调解专利侵权纠纷。通过合作与交流，福建省专利工作得到较大促进和发展。

专利宣传与培训。专利工作开展重点以宣传、培训为先导，利用报刊、广播电视、《福建专利》简报、会议、讲座、街头宣传栏等，宣传专利法、专利知识和专利工作。省专利局还通过组织编发知识产权政策法规汇编、宣传图册、组织开展知识产权问答活动、在相关报刊登载稿件等，进行专利宣传。从2001年第一个世界知识产权日、2004年全省开展“保护知识产权宣传周”活动以来，省专利局每年均参加福建省保护知识产权工作领导小组办公室（简称省保知办）组织的相关活动，或与有关部门联合举办论坛，组织电视访谈节目，开展知识产权知识竞赛、现场咨询、赠送资料，进行图片或实物展示等宣传。1984年12月，省科委（专利局）首次举办专利管理、检索、代理三个培训班，受训人员成为福建专利工作的第一支力量。1990—1994年，全省开展《专利法》《技术合同法》学习考试活动，参加人数达21万人次。2004年9月，《福建省专利保护条例》正式实施，全省专利部门加强宣传、培训工作。至2007年，各地专利知识逐步普及，专利法律意识加强，业务水平得到进一步提高。

专利保护。一方面，加强专利民事审判工作，1984—2007年全省法院民事一审专利案件受理1123件，审结868件。另一方面，省专利局贯彻执行《专利法》，1989年起在全省开展专利法执法检查。1992年，全省第一起专利行政诉讼案，专利权人胜诉。1995年，省专利局制定《福建省认定有效专利和制发专利产品防伪标志暂行办法》，遏制非法印制、发行、使用专利证书和标志行为。2004年《福建省专利保护条例》颁发实施，全省进一步加强专利行政执法力度，省级知识产权相关部门首次联合在投资贸易洽谈会设立“知识产权保护咨询投诉”工作点，设举报电话，进行网络查询，组织开展展会知识产权保护。省知识产权局联合相关部门对超市、商场、药店等进行检查，防止假冒专利产品流入市场；加强省内外执法协作，调解处理跨省专利侵权纠纷。2007年，省知识产权局发布《福建省专利行政执法规范（试行）》，进一步规范专利行政执法，保障专利权人的合法权益和社会公众利益。2001—2007年，全省专利行政执法共立案297项，处理结案224项。

协调与服务管理。包括专利工作协调、代理、信息服务管理。福建省专利工作开展之初，专利咨询、查新等工作就应运而生，省专利局向社会提供《世界专利索引》国际联机检索服务，有关国家的专利文献检索工具书和美国、英国、日本及欧洲专利组织等的专利说明书。中国专利局在福建设立中国专利文献服务点，福建省专利文献服务体系初步形成。1995年，省专利局建成“企业需求项目”“专利纠纷案件”等6个数据库。1996年，开始建设中国专利信息工程福建网点，2001年竣工投入使用，在专利咨询、查新、申请中发挥重要作用。各地相继成立专利代理机构，省专利局制定《福建省专利代理工作暂行规定》，规范代理人行为，提高专利代理质量。至2007年，全省共有12家专利代理机构，共代理专利申请9460件。福建省工业产权研究会、福建省发明协会、福建省知识产权协会先后成立，知识产权社团组织辅助和促进专利工作开展。

四

福建省重视集成电路布图设计保护和原产地标记管理工作，福建省从20世纪70年代开始有集成电路产业，20世纪90年代真正开始有集成电路设计与芯片制造工业。2001年，根据国务院的《集成电路布图设计保护条例》和国家知识产权局制定的《集成电路布图设计保护条例实施细则》，省政府办公厅印发《福建省贯彻国务院关于鼓励软件产业和集成电路产业发展若干政策的实施意见》，提出鼓励软件产业和集成电路产业开发、发展政策意见，全省集成电路布图设计保护工作开始走上轨道。2001年，全省第一项集成电路布图设计向国家知识产权局提出专有权登记。2007年，省政府印发《关于加快发展集成电路设计业的意见》，全省集成电路布图设计业得到进一步发展。至2007年，全省申请登记并获批准的集成电路布图设计专有权共45项。

1998年，福建省开始原产地标记（地理标志产品）管理工作。省质监局和国家出入境检验检疫局在闽机构分别负责省内和出入境地理标志产品管理。2001年，武夷岩茶全省第一个申请原产地标记（地理标志产品）保护，2002年3月获批准。2004年，福建有90家生产企业申请获得地理标志保护产品专用标志使用权。2005年，省质监局制定《福建省地理标志保护产品三年滚动计划》，作为全省大力推进实施名牌战略的重要组成部分，通过加强保护促进地理标志产品的培育发展。福建检验检疫局成立打击侵犯知识产权和制售假冒伪劣商品专项行动领导小组，加强与省公安、检察、质监、海关、工商等执法部门的沟通与合作，完善检验检疫执法与刑事司法有效衔接机制，形成执法监管合力，开展打击侵犯知识产权和制售假冒伪劣商品专项行动，加大对辖区内企业出口地理标志保护产品的检验抽查力度。国家和地方地理标志管理部门共同推进行政执法信息化建设，相互交换有关信息，促进地理标志产品保护工作。2007 年，省政府发布《福建省标准化工作专项资金管理办法（试行）》，开始对申请获得国家保护的地理标志产品给予补助，对地理标志产品制定相应国家标准、地方标准的，最高可获 30 万、10 万资助，各地申报地理标志产品的积极性得到调动；福建省在全国第一个以省政府名义召开全省地理标志产品保护工作会议，省政府印发《福建省人民政府关于加强标准和标准化工作的若干意见》，对全省地理标志工作做出纲领性规划，提高地理标志产品附加值和知名度，促进地方经济发展。至 2007 年，全省共获得国家地理标志产品保护 23 个。

五

1999 年 4 月，国务院颁发实施《中华人民共和国植物新品种保护条例》，农业部成立品种保护办公室，开始受理国内外的植物新品种申请。同时，中国加入《国际植物新品种保护公约》，中国植物新品种保护工作走上轨道。2000 年，福建省开始植物新品种保护工作。

植物新品种研发。针对福建省地处亚热带、农业植物品种丰富等特点，省农业厅积极推动建立有关机构、组织学习培训、申请植物新品种权。2000 年 11 月，三明市农业科学研究所（简称三明市农科所）全省第一个向国家申请植物新品种权（“明恢 86”水稻品种）。2002 年 11 月，三明市农科所申请的“Ⅱ优明 86”杂交水稻组合新品种全省第一个获得植物新品种权。至 2007 年，福建申请保护的植物新品种共有 90 个，位居全国第十二位。全省选育出并通过审定的具有自主知识产权的水稻品种（组合）76 个，其中水稻品种授权 48 个，占全国水稻品种总授权量的 9%。全省植物新品种培育单位主要是三明市农科所、福建省农业科学院、南平市农业科学研究所、福建农林大学，共有 6 位培育人在植物新品种培育中做出显著成绩。三明市农科所共获得新品种权 13 个，全省申请新品种量、获授权量均最多。

培育植物新品种与新品种推广。2000—2007 年，省农业厅先后组织种子企业和科研、教学单位参加农业部分别在各地举办的第一、二、三届全国农业植物新品种展示交易会，组织参加有关学习班，与全国各地育种单位及种子企业进行广泛的合作交流，经营权对外转让，加快推广速度，推动植物新品种转化，扩大种植面积。全省选育的“Ⅱ优明 86”

“Ⅱ优航1号”“Ⅱ优航2号”“特优航1号”等4个水稻授权品种成为全国超级稻主推品种，其中“II优明86”推广面积居全国第五位。全省授权水稻品种占全国水稻播种面积的10%，授权品种全面进入市场，实现产业化；授权品种转让率超过60%，转让费突破1000万元，推广面积6000多万亩，增加收益18亿元。

植物新品种保护。2000年省农业厅成立行政执法队伍，开始植物新品种保护工作。2001年，成立农业植物新品种保护工作领导小组及其办公室，全省植物新品种保护力度得到加强。一些农科所也成立植物新品种保护办公室，制定植物新品种保护办法。2002年，省农业厅印发《关于加强农业植物新品种保护工作的意见》，推进新品种权保护工作，并查处涉嫌侵犯水稻品种案件。2003年，省农业部门配合省外企业起诉某种子公司生产、销售水稻种子“Ⅱ优明86”获胜诉。2007年，省农业行政执法总队开展打假活动，正品新品种得以大面积推广。至2007年，全省建立“省总队—市支队—县大队”的农业综合执法机构，共有执法人员1200多人，全省植物新品种行政执法体系建立健全。2007年，《福建省农作物种子管理条例》颁布实施，全省植物新品种创造、运用、保护和管理得到进一步加强。

第一章　申请与授权

1957年，福建省开始建立商标注册制度。1985年4月1日《中华人民共和国专利法》（以下简称《专利法》）实施，当天全省共申请专利29件。1995年，福建省正式开展作品登记工作。2000年11月，开始植物新品种专有权申请。2001年4月，开始原产地标记产品（地理标志产品）注册工作。同年6月，向国家知识产权部门登记集成电路布图设计。至2007年，全省有效注册商标总数124879件；申请专利82409件，居全国第十三位；专利授权总量51605件，居全国第九位；受理各类自愿登记作品4951件，居全国第二位；集成电路布图设计登记并获得专有权45项；地理标志产品申请注册65个，获准60个；申请植物新品种专有权90个，获授权54个，申请量居全国第十二位。

第一节　专利申请与授权

一、专利申请

（一）各类专利申请

1985年4月1日，《专利法》正式实施，中国专利局开始受理发明、实用新型、外观设计等三种专利申请。当天，全省共申请专利29件。其中申请发明专利19件，实用新型专利10件。是年，全省共申请专利137件，其中发明74件，实用新型63件，申请量居全国第二十位。

1986年1月13日，周宁县工艺美术厂申请“木珠手包”外观设计专利，为全省申请外观设计专利的第一个单位、第一个项目。

1989年，全省申请专利445件，其中发明90件，实用新型318件，外观设计37件，申请量居全国第十九位。

1996年，全省申请专利2625件，其中发明224件，实用新型970件，外观设计1431件，在全国排位第十三位。是年，全省专利申请量累计突破万件，达10767件。

1998年，全省申请专利3393件，其中发明201件，实用新型1071件，外观设计2121件。申请量在全国排位由1997年的第十一位跃升到第八位。

2003年，全省专利申请有显著特点：一是发明专利申请增长迅速，申请797件，较2002年增长41.8%；二是大专院校专利申请165件，申请量比2002年翻了近一番，同比增长高达96.4%。是年，全省申请专利7236件，申请量在全国排第九位。

2006年11月1日，国家知识产权局专利局福州代办处（简称福州代办处）正式设立，开始办理专利申请业务。至12月30日，福州代办处共受理专利申请1194件，其中发明216件，实用新型465件，外观设计513件。是年，全省申请各类专利总量首次突破万件，达10351件。是年，省知识产权局对1985年《专利法》实施以来至2005年9月所有提出过专利申请企业的状况开展专项调查，获得调查信息的1825家企业共申请专利10123件。

2007年，福州代办处受理专利申请8810件，其中发明1766件，实用新型3351件，外观设计3693件。是年，全省申请各类专利总量11341件，其中发明2170件，实用新型3878件，外观设计5293件。申请量在全国排列第十二位。

表1-1 **1985—2007年福建省各类型专利申请情况表**

单位：件、位

年份	申请量	发明	实用新型	外观设计	全国排位
1985	137	74	63	0	20
1986	195	67	125	3	20
1987	305	84	206	15	22
1988	420	90	320	10	22
1989	445	90	318	37	19
1990	540	95	374	71	20
1991	672	102	512	58	21
1992	928	171	661	96	19
1993	1271	199	729	343	17
1994	1510	202	725	583	17
1995	1979	200	816	963	13
1996	2625	224	970	1431	13
1997	3018	226	1113	1679	11
1998	3393	201	1071	2121	8
1999	3381	240	1099	2042	11
2000	4211	377	1516	2318	9
2001	4971	361	1756	2854	9
2002	6522	562	2233	3727	8

续表

年份	申请量	发明	实用新型	外观设计	全国排位
2003	7236	797	2554	3885	9
2004	7498	850	2524	4124	9
2005	9460	1202	3182	5076	11
2006	10351	1437	3445	5469	12
2007	11341	2170	3878	5293	12

表 1-2　　**1985—2007 年福建省职务与非职务专利申请情况表**

单位：件

年份	申请量	职务申请				非职务申请
		大专院校	科研院所	工矿企业	机关团体	
1985	137	—	—	—	—	—
1986	195	—	—	—	—	—
1987	305	—	—	—	—	—
1988	420	—	—	—	—	—
1989	445	—	—	—	—	—
1990	540	22	27	71	49	571
1991	672	30	20	75	54	493
1992	928	29	11	76	113	699
1993	1271	36	29	163	190	853
1994	1510	25	33	157	311	964
1995	1979	16	27	512	178	1246
1996	2625	47	22	923	26	1608
1997	3018	27	30	1202	11	1748
1998	3393	32	39	1245	8	2069
1999	3381	14	31	1074	5	2257
2000	4211	58	34	1271	9	2839
2001	4971	49	38	1361	12	3511
2002	6522	84	85	1493	10	4849
2003	7236	165	69	1677	13	5312

续表

年份	申请量	职务申请				非职务申请
		大专院校	科研院所	工矿企业	机关团体	
2004	7498	182	56	1536	11	5713
2005	9460	259	105	1812	8	7276
2006	10351	360	95	2376	20	7500
2007	11341	486	141	3249	28	7437

注：表中“—”表示未统计。

表 1-3　　**1985 年 4 月 1 日《专利法》实施当天福建省申请专利的单位或个人及项目情况表**

专利类型	单位或个人	项目名称
发明	省电子计算机研究所	计算机异种文字系统中处理输出文字信息的方法
	省轻工业研究所	持续散发香气的室内建筑涂料
	中国科学院福建物质结构研究所	一氧化碳催化偶联合成草酸 熔盐籽晶法生长低温相偏硼酸钡单晶
	福州电动两用车厂	电动摩托车
	厦门市鲎试剂试验厂	鲎血细胞一次洗涤归并收集工艺
	福州大学	GCr15 单缝向心球关节轴承外套圈强韧化热处理 晶闸管自动调磁单相异步发电机
	厦门大学	A201 型氨合成催化剂 1—对—氯苯基—2—（1，2，4—三唑—1—基）—4，4—二甲基戊　醇—3 的制备方法 1，2，4—三唑氮—烷基化的方法 乙烯聚合催化剂 冰糖结晶法 离子色谱抑制柱
	漳州市吴毅雄	脂松香脱色防晶法
	福州市陈敦源	人力直升机
	福州市陈鸿林	用于采贝特别是采蛏的船拖采贝机
	福州市王建新	无底防雨套鞋
	福州市陈景模	有“四声”（包括轻声）的汉语拼音文字

续表

专利类型	单位或个人	项目名称
实用	省农科院土肥所	定氮分析仪器的供碱装置
	福州市肖景汤	畜力发电机组
	福州市陶明轩	弹簧式背带长度调节夹扣
	福州市卞楠	活动虾节式可调节的排污装置
	福州市陈淑冰	可编程序隔膜阀
	福州市陶明轩	衣裤两用架
	福州市陈敦源	多功能立式食品预煮机
	福州市彭金忠	120 照相机拍摄 35 毫米胶卷的附件
	福州市王建新	电器漏电报警装置
		方便的电动剃须刀保护罩

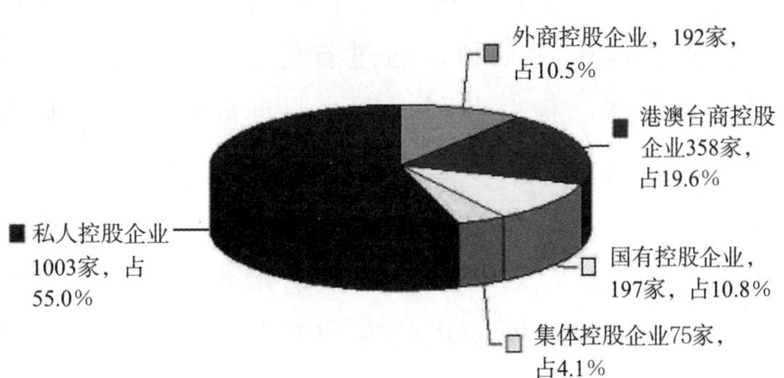

图 1-1　2006 年各种性质的企业申请专利比重图

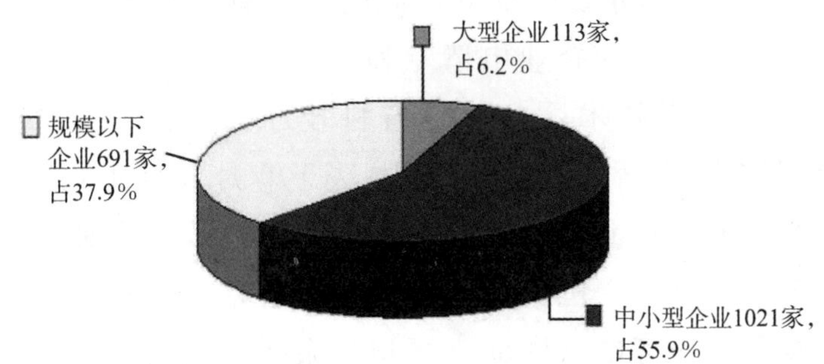

图 1-2　2006 年各种规模的企业申请专利比重图

（二）专利申请资金、资助管理

1985 年 11 月 14 日，省财政厅、省计划委员会联合印发《关于申请拨给专利周转金的批复》，拨给省专利局 10000 美元外汇额度，作为申请人向国外申请专利必需支付有关费用的周转外汇，配套人民币由申请单位或个人负担，在专利实施后如数归还。是年，福建省科学技术委员会（简称省科委）同意从1986年开始拨出适当专利周转金，给某些已有发明创造申报专利经费确有困难、在专利技术组织实施后可取得较显著经济效益的单位和个人。11月24日，省科委、省财政厅、省专利局联合发布《福建省专利基金使用管理办法》，设立省专利基金，作为向国内外申请专利的周转金。同时，省专利局设立专利基金办公室，负责管理专利基金。

1988年5月，省专利局制定《福建省专利新产品减免税审定办法》，对已授予发明和实用新型专利权，首家开发，技术成熟，且能形成工业化、商品化并提出申请减免税的新产品进行审定，并出具证明，报省科委按照省税务局、省科委联合制定的《福建省科技新产品的确认及申请减免税的暂行规定》办理减免税。7月1日，省专利局、省劳改局联合印发《关于在押犯人申请专利的暂行规定》，规定在押人员的发明创造可申请专利，且享有在专利文件中写明是发明人、设计人或申请人的权利，凡获得专利权的发明创造，按其经济或社会效益的大小和改造表现依法获得减刑或保释；在押期内做出的职务发明创造，专利申请权和批准后专利权归关押单位所有，专利权持有单位依规定给予发明人奖励和报酬；在押人员的非职务发明创造申请专利，通过省劳改局审查、负责委托专利服务机构，由专利代理人办理专利申请事宜，获得专利权后，服刑期间其专利权及其转让、许可实施暂由关押单位管理，刑满后专利权归还本人。省劳改局设立专利基金，在押人员的非职务发明创造的专利申请及其他费用不足部分可申请使用，该项发明获得的转让收入或许可贸易收入要先偿还所申请的专利基金，若该项专利申请未获得批准或无转让实施收益的，经省劳改局有关部门批准后可不再偿还所使用的专利基金；在押人员的非职务发明创造在服刑期间的转让、许可或实施所得的收益，依法纳税和偿还申请使用的专利基金后，剩余的60％归发明人所有，30％留关押单位作专利基金，10％上缴省劳改局做专利基金。

2000年11月2日，省政府办公厅批复，原则同意省经济委员会设立企业专利申请资助资金，每年100万元，用于资助企业申请专利。

2002年8月8日，省科学技术厅（简称省科技厅）、财政厅、知识产权局联合印发《福建省专利申请资助资金管理暂行办法》，该办法于9月8日正式施行。9月8日，省知识产权局启动福建省专利申请资助资金，省内（厦门市财政列支独立核算，专利申请资助也单独规定）注册的企事业单位、机关、团体和在本省辖区内有经常居所的个人，申请国内专利或向外国申请专利，均可申请资助。福州、泉州、龙岩、三明等4个设区市也相应设立配套专利申请资助资金。

至2003年4月中旬，全省首批得到专利申请资助资金的专利申请178件，其中发明专利申请43件，实用新型专利申请94件，外观设计专利申请35件，专利国际申请6件，总资助金额84205元。截至9月中旬，全省有1302件专利申请获得资助，其中发明专利申请196件，实用新型专利申请444件，外观设计专利申请656件，专利国际申请6件，总资助金额 50 万元。

2005 年 12 月 8 日，省科技厅、财政厅、知识产权局联合印发《福建省专利申请资助资金管理暂行办法补充规定》，规定专利申请资助资金扩大范围为涉及授权后第一年年费及提高向外国申请专利的资助金额；增加资助专利登记、印刷、印花费、授权当年年费；向外国申请专利的资助标准由原定的 3000～5000 元提高为 4000～8000 元，即通过 PCT（即专利合作条约，英文 Patent Cooperation Treaty 的缩写）程序提出专利国际申请 4000 元，进入国家阶段或直接申请外国专利的发明专利 8000 元、实用新型专利 6000 元、外观设计专利 4000 元。2006 年 1 月 1 日该补充规定实施。

至 2007 年，全省各设区市（不包括厦门市）共资助专利申请 11355 件，其中资助发明专利申请 2340 件、实用新型专利申请 3743 件、外观设计专利申请 5151 件、专利国际申请 121 件。

表 1-4　**2002—2007 年福建省专利申请资助情况表**

单位：件

设区市	2002 年	2003 年	2004 年	2005 年	2006 年	2007 年
福州市	0	688	846	1464	1657	3365
厦门市	1417	1957	2071	2796	2966	3050
漳州市	0	0	0	36	98	28
泉州市	19	95	423	436	443	514
三明市	9	18	33	30	63	35
莆田市	0	24	11	20	105	31
南平市	0	36	119	88	111	141
龙岩市	0	45	41	23	36	39
宁德市	0	14	17	19	50	82
合　计	1445	2877	3561	4912	5529	7285

注：厦门市财政列支独立核算，专利申请资助也单独规定。

二、专利授权

1985 年 12 月 26 日，省机械科学研究院的“直立输送禾秆的联合收割机”获中国专利局首批专利授权，为全省第一个单位、第一项获发明专利权，参加中国专利局在人民大会堂召开的全国首批专利证书颁发大会。

1986 年 7 月 23 日，福州市卞楠申请的“活动虾节式可调节的排污装置”、彭金忠申请的“120 照相机拍摄 35 毫米胶卷的附件”获中国专利局授权，申请人和项目同为全省最先获得实用新型专利权的个人和项目。10月8日，省煤炭工业科学研究所申请的“固定横梁式矿车液压清理机”获中国专利局授权，为全省最先获实用新型专利权的单位。

1987年3月10日，福清县鞋革橡胶厂申请的“按摩健身拖鞋”获中国专利局授权，为全省最先获外观设计专利授权单位。10月10日，厦门市朱靖申请的“家用小型三轮电动轿车”获中国专利局授权，为全省最先获外观设计专利授权个人。11月5日，漳州市吴毅雄申请的“脂松香脱色防晶法”获中国专利局授权，为全省最先获发明专利权个人。

1992年，全省获专利授权352件，其中发明17件，实用新型295件，外观设计40件，获授权量全国排第二十位。

1996年，全省获专利授权1194件，与去年同期相比上升起27.9%，上升幅度名列全国第一位。

1997年，全省获专利授权1546件，其中发明24件，实用新型468件，外观设计1054件，获授权量全国排第十位。

1998年，全省获专利授权2318件，其中发明20件，实用新型689件，外观设计1609件，获授权量在全国排第八位。

2003年，全省获专利授权5377件，比上年同期的4001件，增长34.4%，获专利授权量居全国第九位。三种获专利授权数量分别为发明137件、实用新型1658件、外观设计3582件，占当年获专利授权量的比重分别为2.6%、30.8%、66.6%，分别比上年同期增长117%、27%、36.1%。

2007年，全省获专利授权7761件，其中发明336件，实用新型3323件，外观设计4102件，获授权量在全国排第九位。

至2007年，中国科学院福建物质结构研究所（简称中科院福建物构所）获专利授权92件、福州大学获授权78件、福建师范大学获授权36件，为全省发明专利授权量前三位的单位。厦门进雄企业有限公司获专利授权221件、厦门大学获授权131件、福州大学获授权119件，为全省实用新型授权量前三位的单位。厦门星星工艺品有限公司获专利授权399件、厦门灿坤实业股份有限公司获授权384件、沙乐美（福州）精机有限公司获授权154件，为全省外观设计专利授权量前三位的单位。厦门灿坤实业股份有限公司获专利授权470件、厦门星星工艺品有限公司获授权456件、厦门大学获授权398件，为全省国内专利授权总量前三位的单位。

表 1-5　　**1985—2007 年福建省各类型专利申请授权情况表**

单位：件、位

年份	授权量	发明	实用新型	外观设计	全国排位
1985	1	1	0	0	11
1986	23	0	23	0	23
1987	78	3	73	2	21
1988	132	13	114	5	22
1989	203	20	176	7	22
1990	276	25	239	12	22
1991	277	21	206	50	21
1992	352	17	295	40	20
1993	850	36	697	117	19
1994	733	22	455	256	17
1995	933	17	439	477	16
1996	1194	15	467	712	13
1997	1546	24	468	1054	10
1998	2318	20	689	1609	8
1999	2934	32	1089	1813	9
2000	3003	93	1074	1836	9
2001	3296	82	1107	2107	9
2002	4001	63	1306	2632	8
2003	5377	137	1658	3582	8
2004	4758	160	1776	2822	8
2005	5147	242	1793	3112	8
2006	6412	310	2578	3524	9
2007	7761	336	3323	4102	9

表 1-6　　**1985—2007 年福建省职务与非职务专利申请授权情况表**

单位：件

年份	申请量	职务申请				非职务申请
		大专院校	科研院所	工矿企业	机关团体	
1985	1	—	—	—	—	—
1986	23	—	—	—	—	—

续表

年份	申请量	职务申请				非职务申请
		大专院校	科研院所	工矿企业	机关团体	
1987	78	—	—	—	—	—
1988	132	—	—	—	—	—
1989	203	—	—	—	—	—
1990	276	25	16	38	5	192
1991	277	19	15	39	36	168
1992	352	18	12	42	33	247
1993	850	29	14	93	125	589
1994	733	20	16	82	138	477
1995	933	19	10	154	216	534
1996	1194	13	9	395	141	638
1997	1546	21	10	722	18	776
1998	2318	9	2	1071	4	1222
1999	2934	29	22	1158	13	1712
2000	3003	30	13	1006	9	1945
2001	3296	38	28	1144	8	2078
2002	4001	35	19	1006	11	2930
2003	5377	58	34	1298	8	3979
2004	4758	82	33	1170	8	3465
2005	5147	87	25	1125	7	3903
2006	6412	146	43	1391	5	4827
2007	7761	177	39	2001	13	5531

注：表中“—”表示未统计。

第二节　作品登记

1995年，省版权局正式开展作品登记工作。是年，自愿登记各类作品481件，审核登记出版境外图书合同713项。

1996年，省版权局继续做好作品登记工作，全年受理各类自愿登记作品333件。

1997年，省版权局受理各类自愿登记作品449件。

1998 年，省版权局受理各类自愿登记作品 400 件；使用境外音像制品的合同登记审核和权利认证 210 种；境外图书合同审核 20 种；电子出版物和计算机软件合同审核 10 种。

1999 年，省版权局受理各类自愿登记作品 385 件；审核、登记各类作品合同 30 件。

2000 年，省版权局受理各类自愿登记作品 232 件，协助签订合同 60 种，意向 47 种。

2001 年，省版权局受理各类自愿登记作品 1317 件，在全国排名第二位。

2002 年，全省各地版权管理部门开始作品登记工作。是年，全省受理各类自愿登记作品 4266 件，居全国第一位。

2003 年，全省受理各类自愿登记作品 4786 件，居全国第一位。

2004 年，全省受理各类自愿登记作品 4342 件，居全国第二位。

2005 年，全省受理各类自愿登记作品 5584 件，居全国第二位。

2006 年，全省受理各类自愿登记作品 5990 件，居全国第二位。

2007 年，全省受理各类自愿登记作品 4951 件，居全国第二位。

表 1-7　**2000—2007 年福建省自愿登记作品类型情况表**

单位：件

年份	合计	文字	音乐	舞蹈	美术作品	摄影作品	影视作品	设计图	地图	模型作品	其他作品
1995	481	—	—	—	—	—	—	—	—	—	—
1996	333	—	—	—	—	—	—	—	—	—	—
1997	449	—	—	—	—	—	—	—	—	—	—
1998	400	—	—	—	—	—	—	—	—	—	—
1999	385	—	—	—	—	—	—	—	—	—	—
2000	232	2	0	0	216	0	11	1	0	0	2
2001	1317	22	20	0	1116	137	4	0	0	18	0
2002	4266	33	18	0	4198	0	1	0	0	1	0
2003	4786	19	1	0	4756	0	0	10	0	0	0
2004	4342	33	7	0	4279	4	0	19	0	0	0
2005	5584	68	34	0	5476	1	1	2	0	0	2
2006	5990	89	41	0	5813	43	2	2	0	0	0
2007	4951	140	60	0	4685	36	11	1	3	15	0

第三节　商标注册与认定

一、商标注册

清光绪三十年（1904年），清政府商部颁布《商标注册试办章程》及实施细则。当时，福建使用注册商标的基本上是国外商品，民族工商业注册商标总量极为有限，相当一部分民族工业使用的商标没有注册。

民国二十二年（1933年），国民政府商标局在福州设立商标局专员办事处，负责全省商标注册核转工作。

民国二十五年，商标注册改由省建设厅第一科承办，采取一级核转办法，各县市由建设科主办。针对有些省份建设厅越权受理商标注册登记一事，经济部下令全国各省建设厅不得再直接受理商标注册登记。福建商标注册登记出现省建设厅核转和申请人径呈商标局两办法并存的局面。

民国三十年3月，福建立群工业社向省建设厅申请注册各色复写纸“立鹤”商标。省建设厅第一科将申请文件转呈经济部商标局。

民国三十一年9月，福州利侨制皂厂向省建设厅一科申请注册“鹰”牌和“象”牌商标。12月，福州太平山瑞元酱厂向省建设厅一科申请注册“飞机”牌商标。

中华人民共和国成立初期，政务院及中央财经委先后公布《商标注册暂行条例》《商标注册暂行条例实施细则》。福建工业基础薄弱，海峡两岸关系紧张，国家没有在福建安排较大的工业项目建设，注册商标数量极为有限。

1950年7月，福建在贯彻实施政务院的《商标注册暂行条例》和中央财经委员会制定的《商标注册暂行条例实施细则》过程中遇到两个难题，即解放区各地方人民政府自行注册的商标如何处理；国民政府商标局注册的商标如何处置。针对这两个问题，省建设厅一科根据国家有关部委制定的《各地方人民政府商标注册证更换办法》和《前国民党反动政府商标局注册商标处理办法》，对各地方人民政府注册的商标，承认注册人的商标专用权，但必须在4个月内向中央私营企业局换领新的商标注册证，过期不换的不保障其专用权；对国民政府商标局注册的商标，不承认其商标专用权，原商标使用人应在6个月内呈缴注册证，重新申请注册。

1951年2月21日，省政府商业厅发出通知，名国营公营企业接受名厂之商标，依照国民政府商标局注册商标处理办法之规定，重新申请注册。

1957年，省政府转发《关于实行商标全面注册的意见》，全省商标全面注册工作由商业厅主要负责。省工业厅实行强制性商标注册制度，全省各工厂、企业所使用的商标向商标管理机关申请注册。此后，“闽松”牌新闻纸商标、“灯塔”牌苜莉青酒商标、“南桥”

牌水泥商标、“光荣”牌雨伞商标、“丰收”牌雨伞商标、“新城”牌豉油商标、“蓝田”牌蚊帐布商标、“跃进”牌藤箱商标、“飞跃”牌蚊香商标等，先后申请注册，并获中央工商行政管理局审查核准颁发注册证。全省商标注册数虽有增加，但并未实现全面注册的目的，还有相当部分在使用的商标没有申请注册。

1958 年 4 月，福建全面贯彻实施中央工商行政管理局制定的《关于废止商标审定程序的决定》，但由于企业不重视商标注册，商标申请注册数量日趋减少。

1966 年 6 月 15 日，福建省人民委员会转发《中央工商行政管理局关于改进商标管理工作的报告》，在福州、厦门两市试行内销商品的商标注册工作。县以下企业的商标注册工作，仍向中央工商行政管理局申请。受“文化大革命”影响，至 1976 年一些群众喜闻乐见的商标图案和名称被注销或撤换，如“如意奏本”“特别奏本”“财神”“五子登科”“观音”“丽人”“富贵”等商标被视为“封建迷信色彩”或“资产阶级庸俗思想的表现”遭到清理；一些被斥为“封、资、修”的东西，如第一批名优商品南平造纸厂的新闻纸“闽松”牌商标被注销；有的被强行撤销或被迫更换为“红旗”“红星”“红太阳”等带有政治色彩的商标。“文化大革命”期间，全省各地工商行政管理部门受到冲击，有的被撤销，有的与商业部门合并，有的把工商管理职能交给打击投机倒把办公室，有的虽勉强保留，但也是名存实亡；随即商标注册工作停止，商标档案和有关资料散失。

1978 年 9 月，中华人民共和国工商行政管理总局（简称国家工商总局）成立。11 月，国家工商总局商标局正式恢复商标统一注册制度，省工商局开始恢复中断 13 年之久的商标管理及承办商标核转业务工作；并下发《关于恢复全国商标统一注册工作的通知》，明确规定商标核转工作实行两级核转基本制度，闽侯、同安两县分别由福州、厦门工商局审核报送省工商局，相关县对清理整顿保留下来的商标及时核转上报商标局，重新换发注册证。次年 11 月 1 日，全省实行商标注册申请两级核转制度。

1980 年，全省申请注册商标 158 件。对评出 1979 年度的 68 种优质产品中有注册商标的 42 种产品颁发福建省著名商标证书。

1981 年 3 月，全省外贸公司有 107 个商标（包括同一商标在不同国家和地区的重复注册数）在海外获准注册，已在英国、法国、奥地利、印度尼西亚、叙利亚、德意志联邦共和国、瑞士、摩洛哥、香港、新加坡、马来西亚、沙巴、文莱、阿联酋、加拿大、瑞典、丹麦、荷兰、科威特、卡塔尔、巴林、沙特、喀麦隆等 20 余个国家和地区获准注册。省工商局核转上报国家商标局重新注册的商标 1148 件，经国家工商总局商标局审核合格并登记发证 1125 件。随着商品经济的迅速发展，商标全面注册办法限制了企业经营的灵活性，不利于商标专有权得到切实保护。是年，全省经省工商局核报国家工商总局准予注册的商标共 199 件，因商标混同被驳回的 65 件。此外，各地对混同商标问题进行调查研究和处理。其中报请撤销 60 个；对临时保留使用的 128 个，由省工商局发给商标临时使用证，期限 3 年。

至1982年，全省办理有效注册商标1434件，其中新核准注册商标528件；发给准用证的831件；外贸注册71件；发给临时使用证162件。

1983年，全省核转商标注册申请321件。此时，全省已注册商标累计仅1363件，全省有工业企业2.11万家，按1个企业占有1件商标测算，仅占企业数的6.4%。

1984年，全省新申请商标442件。

1985年，福建农学院杨振华发明的“851超级营养液”获国家专利和布鲁塞尔尤里卡金奖及北京世界博览会银质奖，省工商局及时指导申请“851”商标注册，协助办理注册手续。全省有效商标总数2040件，新申请843件。

1986年，全省核报注册商标申请964件。是年，全省注册商标总数达3004件。

1987年，全省核转注册商标330件。

1988年，全省核转注册商标1163件，有效注册商标达4349件，位居全国中下水平。1990年3月，省工商局下发《关于开展注册商标验证工作的通知》，规范注册商标使用行为，加强商标使用日常管理。是年，全省各级商标管理机构根据国家工商局的《关于加强企业商标工作的通知》，加强大中型企业商标工作，强化企业商标战略意识。根据国家工商局《关于解决工贸双方注册同一商标问题的意见》，各地工商管理机关对历史遗留的“两本账”（即同一商标使用在相同商品上可以核准工贸双方注册共用，分开使用于内、外销商品）商标逐一进行调查研究和处理。是年，全省核转注册商标申请2410件，有效注册商标数升至5836件。

1991年，省工商局指导企业做好商标注册申请和掌握商标使用策略；鼓励引导国有重点企业和地方骨干企业以及生产创汇产品、优质产品的企业争创驰名商标，跻身国际市场，取得较好成效。厦门市工商局举办首届商标节活动，漳州市工商局开展促进企业创名牌商标系列活动，均取得较好成效。全省核转注册商标申请2990件，累计有效注册商标6099件。省工商局协调解决历史遗留“两本账”商标7件。

1992年，全省新核转商标申请3030件。全省注册商标总数8753件。评选97件省著名商标。

1993年，全省商标注册10155件。

1994年，全省有效注册商标总数达19745件，比1993年增长94.4%。

1995年，全省有效注册商标达22249件，平均每13户企业拥有1件注册商标。

1996年，省工商局完成《福建省著名商标认定的管理办法》的起草、送审工作。当年全省有效注册商标达23000件。

1997年3月，针对商标注册量偏少的现状，省工商局制定商标注册年发展速度达到15%的增长指标。各地工商管理部门把指导企业商标注册作为年度考核目标，明确各地区的增长指数。其中三明市工商局商标注册量年增长18.3%。漳州市工商局指导具有地方特色的水仙花、蜜柚、芦柑等农副产品注册证明商标，指导名牌产品“万利达”商标在8

个国家进行注册，开拓境外市场。全年，全省的商标注册量有新的突破，新申请注册商标达5135件，有效注册商标达30405件。

1998年，各级工商管理部门注重把提高商标注册总量与当地政府实施名牌战略紧密结合起来，引导外向型企业和高知名度产品申请商标国际注册，鼓励和推动当地行业协会或其他有关组织注册证明商标和集体商标。福州市工商局指导福州水表厂“中福”商标在27个销售国家进行国际注册，开拓国际市场。12月底，“平和琯溪蜜柚”“长汀河田鸡”“安溪铁观音”“仙游度尾文旦柚”“漳州芦柑”“武夷山大红袍”6个地理标志证明商标先后通过国家工商局商标局实地考察。全省新申请商标注册数6000件，有效注册商标总数33713件。

1999年，全省商标注册量持续增长，质量有所提高，注册类别从较单一的商品商标向服务商标、地理标志证明商标、集体商标等多门类方向拓展。是年，全省共申请注册各类商标5000件，其中申请境外注册商标57件；全省注册商标总量达39079件。宁德、莆田、三明、龙岩、漳州等五地市当年注册农副产品商标113件，出现县、乡（镇）政府、个体私营经济业主、农业集团一起注册农副产品商标的情况，促进农副产品商品化进程。

2000年，全省商标总量保持较快增长，新申请注册商标8525件，获准注册5612件，均位居全国第七位，全省有效注册商标总数44691件。大多数地区增长率超过20%，其中三明市增长率最高，达67%。地理标志证明商标、集体商标、涉外商标注册工作有较大突破。南平、宁德、泉州、龙岩、莆田等地尤为重视名优土特产品商标注册，原产地证明商标保护处全国领先地位。“柘荣太子参”申请原产地名称商标注册，通过国家工商局商标局实地论证。福耀集团、樱花文具有限公司等企业一次性注册涉外商标20件。

2001年，全省商标总量超常增长，新申请注册商标突破12166件，获准注册7504件，增长率均超过30%，其中福州市新申请注册3000件，比2000年增长近一倍，其他地区增长均超过20%。福鼎等市、县纷纷提出注册申请，如“福鼎四季柚”“福鼎槟榔芋”等；“武夷山大红袍”“柘荣太子参”“古田白木耳”“建宁莲子”等地理标志证明商标获准注册，地理标志证明商标继续保持全国领先地位。是年，服务商标和防御商标开始引起重视。莆田市注册“西天尾扁食”等服务商标。福鼎市工商局为保护太姥山旅游资源，在23个类别上申请注册“太姥山”系列防御商标。福州、泉州、漳州、厦门等地涉外商标申请注册量成倍增长。自然人申请商标注册崭露头角，第一个月申请注册超过百件，继续列全国第二位。

2002年，全省各级工商管理部门通过研究本地域特色和优势，指导企业开展商标注册，引导规模大、创新力强、市场竞争优势明显的企业进行多方位防御商标注册和国际注册，力促商标总量全面增长。莆田市工商局引导新兴的旅游服务、电子、农产品、海产品等行业企业开展商标注册。宁德市工商局将商标注册工作的重点放在食用菌、水产品、电机电器、石板材、茶叶、药品、房地产等领域。龙岩市工商局引导“龙工”“龙净”等商标进行了全类注册，引导“七匹狼”“富健”等商标进行国际注册和分解注册。南平市工商局引导南平南孚电池有限公司申请注册防御商标9件，引导南平长富集团申请注册防御商标15件。是年，受2001年“武夷山大红袍”原产地证明商标获准注册的影响，闽北众多名、优、特产品纷纷申请商标注册，南平市自然人申请商标注册势头迅猛，推动商标注册量创历史新高。全省新申请注册商标量达19612件，有效注册量达8874件，新申请量和有效注册量均进入全国前五位，创历史最高水平。

2003年，全省商标注册工作克服“非典”疫情带来的影响，商标总量继续快速增长，商标申请注册量创历史新高，突破24386件，继续保持全国前五位。地理标志证明商标总计15件，列全国第二位。集体商标实现零的突破。全省有效注册商标总数72685件。宁德市根据当地农副产品资源丰富特点，注重培育一县一品、一地一特色产品商标，并开辟“绿色通道”，专人指导、初审、上报及勘察，成功注册4件证明商标，位居全省之首。龙岩市实施分类指导商标注册，采取“商标注册建议书”“商标策略提示书”等方式，宣传、指导、帮助企业注册商标，全市商标注册量较2002年增长23%。漳州市把商标注册任务分解到基层工商所，商标注册量较2002年增长70%。

2004年4月，国家工商总局商标局、欧盟市场协调局共同在厦门举办提高企业家商标注册意识中国巡回研讨会（厦门站），200家企业、商标代理组织参加会议。11月，“安溪铁观音”“福鼎槟榔芋”“平和琯溪蜜柚”等地理标志证明商标的注册、使用和管理经验在全国地理标志工作研讨会上交流，受到赞誉。是年，上杭县、长泰县实施每件奖励1000元的措施推进农字号商标注册工作。全省各级工商行政管理部门普遍建立商标注册建议书、商标策略提示书制度。漳州、泉州、莆田、龙岩、宁德等地工商部门发放商标事宜联系卡，主动服务上门，有力地推动了全省商标总量快速增长。全省商标申请量30627件，核准注册14645件，增长20%，继续保持全国前五位，全省有效注册商标总数87330件。地理标志证明商标全年新注册5件，总数20件，继续居全国第二位。地理标志证明商标服务“三农”工作，受到国家工商行政管理总局领导的多次肯定。

2005年，商标总量持续稳定增长。年度全省商标申请量达36084件，核准注册量达12415件，全省有效注册商标总数99745件。农字号商标工作成效显著，新申请地理标志证明商标、集体商标12件，位居全国第一位，累计总数达20件，继续列全国第二位。

2006年，全省各地全面推行和完善商标注册建议书、商标策略提示书、商标法律告知书（简称“三书”）商标行政指导制度，结合企业年检、企业回访、企业咨询、辖区巡查等及时发放“三书”。是年，全省商标注册申请39890件，核准注册12420件，全省有效注册商标总数112165件，居全国前五名，新增地理标志证明商标、集体商标4件，总量达26件，列全国第二名。南平市商标注册申请量涨幅最大，达50%。宁德、龙岩、三明、漳州等地市申请农产品商标注册量均超过商标申请注册总量的30%以上。宁德市新申请注册地理标志证明商标8件，居全省首位。福州市实现地理标志证明商标核准注册量零的突破。厦门市实现地理标志证明商标、集体商标双双申请量零的突破。平和县工商局指导“平和琯溪蜜柚”地理标志证明商标向 19 个国家或地区申请领土延伸保护。莆田市政府继上杭、长泰、南靖、松溪等地对申请商标注册实施补贴奖励的政策之后，制订奖励注册地理标志证明商标有功单位 30 万元的措施。

2007 年 1 月 22 日，省工商局下发《关于商标监督管理工作实施行政指导的通知》，全省各级工商部门做好自主品牌创建工作，引导开展农产品商标、地理标志证明商标和集体商标申报工作，扶持培育一批“名、特、优、新、稀”地理标志农产品商标品牌，指导商标权利人依法使用注册商标、组织实施“三书”等。是年，全省商标申请量达 33770 件，比 2006 年增长 11%；核准注册量达 12714 件，全省有效注册商标总数 124879 件。周宁、尤溪县工商局积极向当地政府汇报沟通，分别促成“鲤鱼溪”“朱子故里”等特定地理、文化名称申请商标全类注册保护。省内企业通过马德里协定进行国际注册取得专用权的商标共 600 件，占全国总量的 8.6%，位居全国前列。福安市工商局引导泰格公司在 80 多个国家和地区、安波公司在 78 个国家和地区、凯捷利公司在 96 个国家和地区申请注册自主商标。福州市工商局引导福耀公司在 146 个国家或地区申请商标境外注册。

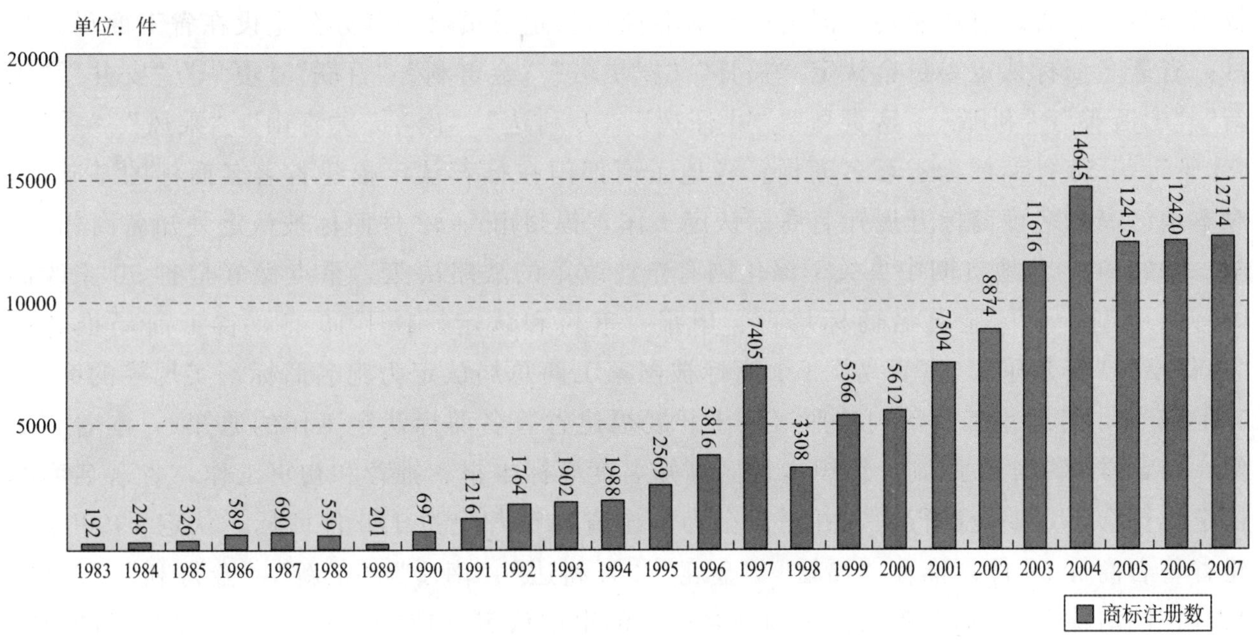

图 1-3　1983—2007 年福建省商标注册数情况示意图

二、商标认定

1992 年，开展评选著名商标和推选全国驰名商标活动，全省共评选福建省著名商标 89 件，推荐 43 件商标参加全国驰名商标评选。

1996 年，省工商局组织深入各地开展福建省著名商标认定调研活动。9 月，将《福建省著名商标认定和管理暂行办法》（送审稿）及起草说明报告送省政府法制局审核。

1997年，全省以地（市）为单位开展面向企业的“扶持名牌”活动。以当地大中型企业、涉外企业、具有传统特色企业为对象，结合消费者意见培育一批有代表性的知名企业形象。7月，省工商局向国家工商局商标局推荐“片仔癀”“富贵鸟”“雪津”“安乐”“企鹅”“青山”6件商标参加驰名商标的申请认定。12月18日，省工商局与省经济贸易委员会、省技术监督局联合下发《福建省著名商标认定工作实施方案》，从1998年1月1日开始著名商标的推荐和初审工作。对认定著名商标，在商品信誉、企业经济效益、商标管理制度方面应具备的条件做了规定，规定认定著名商标应具备注册商标所指定的商品质量好、有较高的市场占有率，在消费者中信誉好；商标在省内同行业中具有较高的知名度和较好的经济效益；广告费用在目标市场的投入能适应企业营销的需要，对刺激需求、拓展市场效果好。

1998年，按照《福建省著名商标认定工作实施方案》，全省采取企业自愿报名、各主管机关或行业协会推荐，由工商行政管理机关受理，并逐级审核上报的认定原则、程序，抓好高知名度商标的推荐、申报工作。5月底，全省九地市共推荐上报205件商标参加福建省著名商标的认定。7月，根据省政府批复，省工商局牵头联合省经济贸易委员会、省技术监督局、省政府法制局共同组成省著名商标认定委员会，其办公室设在省工商局。12月，省著名商标认定委员会认定“福日”“罗星塔”“金得利”“百联”“厦华”“安井”“正新”“七匹狼”“利郎”“富贵鸟”“片仔癀”“万利达”“南孚”“青山”“乘风”“雪津”“才子”等58件商标为省著名商标。各地工商部门在推荐认定福建省著名商标的基础上，对本地区高知名度商标开展知名商标认定工作，福州市有32件商标被认定为知名商标。

1999年，各地贯彻中央关于深化国有企业改革的战略决策，重点做好全省50家改制国有大中型企业的驰著名商标培育、申报、审核和认定。1月15日，省工商局推荐的“片仔癀”“安尔乐”“富贵鸟”3个商标被国家工商总局认定为驰名商标，实现零的突破。5月13日，各地市工商部门按照《关于开展福建省著名商标认定工作的通知》，本着“成熟一个，推荐一个”原则，组织本地区高知名度商标申报、推荐和初审工作，省著名商标认定委员会不定期地进行认定并予以公布。全省共推荐上报120件商标，认定1999年福建省著名商标59件；推荐“福耀”“金鹿”“万利达”“南孚”“正新”“金得利”“厦华”“青山”“雪津”“永林”等商标参加驰名商标的申请认定。12月29日，“福耀”“万利达”“金得利”获国家工商局认定为驰名商标，福建省驰名商标总数增加到6个。

2000年，各级政府进一步重视商标品牌建设，全省共推荐129件商标参加角逐，其中46件商标经省著名商标认定委员会严格筛选，被认定为2000年福建省著名商标。“福耀”“厦华”“南孚”3件商标被国家工商总局认定为驰名商标。年底，全省累计拥有驰名商标9件，福建省著名商标129件。福州、泉州、漳州、三明、宁德等市开展知名商标认定，共认定市级知名商标305件。

2001年3月，省著名商标认定委员会召开驰著名商标新闻发布会，对认定的46件福建省著名商标以及国家工商局认定的3件驰名商标公告社会。三明、漳州、石狮等市政府分别召开实施名牌战略企业动员会。是年，各级政府和相关部门共推荐109家企业的109件商标参加2001年福建省著名商标认定申请，其中59件商标经福建省著名商标认定委员会严格筛选，被认定为2001年福建省著名商标。对三年有效期满的53件1998年福建省著名商标复核，44件继续认定为福建省著名商标。是年，福建省著名商标达238件。福州、厦门、泉州、漳州、南平、宁德等市工商局也分别开展了知名商标的认定工作，全省新增知名商标173件，累计470件。

2002年，全省多层次实施名牌工程，引导企业走创名牌道路。三明市工商局制定《关于2002年个私经济争创名牌的工作意见》，将商标工作的重点定位在为农副产品、林产品、机械配件及三明市名、优、特产品提供商标咨询、策划、申请注册等一条龙服务上。漳州市的南靖、东山、长泰等县主动争取县政府支持，先后以不同形式召开创名牌大会和打假保名优新闻发布会。长泰县工商部门在最繁华的路段设立“知名企业、名牌产品公益广告一条街”，致力营造创名牌的良好氛围。是年，全省各地市共推荐177件商标参加福建省著名商标的认定，其中71件商标被认定为福建省著名商标。新推荐14件商标申报驰名商标认定，累计申报数增至25件。部分设区市也积极开展名牌工作，全省新增知名商标155件，累计知名商标625件。是年，“SBS”“七匹狼”“安踏”“金鹿”“佳丽斯”5件商标被国家工商总局认定为驰名商标。至此，全省拥有驰名商标14件，居全国第七位。

2003年，省著名商标认定委员会对著名商标认定工作进行改革，实行“个案认定为主、主动认定为辅”，著名商标认定在经地市工商局初审的基础上采取随时申报、随时受理的方式进行。著名商标坚持淘汰制，每三年复核一次。是年，全省新认定福建省著名商标102件，39件1999年福建省著名商标通过复核，全省拥有福建省著名商标352件。“九牧王”“溪石”“银鹭”“惠尔康”“西瓜太郎”“劲霸”“天福”等十几家企业商标申报驰名商标认定。各设区市工商局新认定市知名商标202件，总计691件。

2004年，福州、厦门、漳州、三明、宁德、龙岩等市召开各种品牌研讨会、表彰会，推动品牌战略实施工作。是年，全省共推荐11件商标申请认定驰名商标，其中“九牧王”“银鹭”“溪石”“惠尔康”“劲霸”“才子”“浩沙”“正新”“西瓜太郎”等9件商标先后被国家工商总局认定为驰名商标，驰名商标认定数接近历年累计总和，使福建省经国家工商总局认定的驰名商标总数增至23件。司法机关开始启动认定驰名商标认定工作。“拼牌”“柒牌”“特步”分别被省高级人民法院、福州市中院人民法院、厦门市中院人民法院认定为驰名商标。福建省著名商标认定和复核工作继续开展，是年，新认定福建省著名商标166件，46件2000年福建省著名商标通过复核，总数达518件。各地市也同步开展知名商标认定，龙岩市工商局首次开展知名商标认定。全年全省新认定知名商标312件，总数达970件。

2005 年，全省实施商标品牌战略取得新成效，优势产业品牌群逐步形成。宁德市工商局以商标战略促进福安电机企业做强做大，电机行业著名商标达 6 件，占全市著名商标总数的 18.2%。泉州市工商局根据各县区产业特点，打造晋江鞋业、食品、玩具，石狮服装，南安水暖建材，惠安石雕，安溪茶叶，德化陶瓷，鲤城电子、机械、汽配，丰泽树脂、包袋，泉港石化等优势产业品牌群。是年，省工商局向国家工商总局推荐 19 件商标申请认定驰名商标。“乔丹”“帝牌”“彬伊奴”“斯得雅”“石狮”“天福”“安溪铁观音”“361°”“金威世家”“雪津”“古龙”“厦工”12 件商标被国家工商总局新认定为驰名商标，福建省拥有的经国家工商总局认定的驰名商标总数增至 35 件，连同省司法机关认定的 19 件驰名商标，福建省驰名商标总数达 54 件。200 件商标被新认定为福建省著名商标，59 件 2001 年福建省著名商标、44 件 1998 年福建省著名商标通过复核，福建省著名商标总数达 718 件。

2006 年 4 月 7 日，省工商局印发《关于推进实施商标品牌战略工作意见的通知》，省政府办公厅 7 月 23 日予以转发。是年，省工商局向国家工商总局商标局、商标评审委员会推荐驰著名商标认定，14 件商标被认定为驰名商标；277 件商标被认定为福建省著名商标；39 件 1999 年福建省著名商标、71 件 2002 年福建省著名商标通过复核。福建省著名商标总数达 718 件。

2007 年 4 月 23 日，省政府发布《福建省著名商标认定、管理和保护办法》。是年，省工商局向国家工商总局商标局、商标评审委员会推荐 30 件商标认定驰名商标。福建省“第 779315 号图形”“银祥”“舒华”“永林蓝豹”“闽铝”“Athletic”“冠福”“沃特”“平和琯溪蜜柚”“三棵树”“蜡笔小新”等 17 件商标被国家工商总局新认定为驰名商标，全省拥有驰名商标总数增至 66 件，连同省司法机关认定的 19 件驰名商标，全省驰名商标总数达 85 件。320 件商标被新认定为福建省著名商标，延续认定 286 件 2006 年福建省著名商标，51 件 2000 年福建省著名商标，111 件 2003 年福建省著名商标；注销 6 件 2000 年、2003 年福建省著名商标。福州市一个月内申请注册量超过百件。全省形成法人、自然人竞相注册，服务商标、证明商标、集体商标和涉外商标多门类发展的良好态势。

表 1-8　**1999—2007 年福建省经国家工商总局认定的驰名商标名表**

序号	企业名称	商标名称	类别	休闲服	认定年度	地区
1	福建恒安集团有限公司	安尔乐	5	卫生巾	1999	泉州
2	福建石狮福林鞋业有限公司	富贵鸟	25	鞋		泉州
3	福建金得利集团有限公司	金得利 JINDELI 及图	7	首饰磨具		福州
4	福耀玻璃工业集团有限公司	福耀 FY 及图	12	玻璃		福州

续表

序号	企业名称	商标名称	类别	休闲服	认定年度	地区
5	漳州片仔癀集团公司	片仔癀 PIENTZEHUANG	5	药品		漳州
6	万利达集团有限公司	万利达 MALATA	9	影碟机		漳州
7	厦门华侨电子企业有限公司	XOCECO	9	电视机	2000	厦门
8	福建省珠宝首饰进出口公司	福辉及图	14	珠宝、首饰		福州
9	福建南平南孚电池有限公司	南孚及图	9	电池		南平
10	福建浔兴拉链科技股份有限公司	SBS	26	拉链	2002	泉州
11	福建七匹狼实业股份有限公司	七匹狼 SEOTWOLVES 及图	25	休闲服		泉州
12	安踏（福建）鞋业有限公司	安踏 ANTA 及图	25	运动鞋		泉州
13	福建省金鹿日化股份有限公司	金鹿 GOLEDDE 及图	5	蚊香、杀虫气雾剂		泉州
14	福建佳丽斯家纺有限公司	佳丽斯及图	24	床上用品		龙岩
15	九牧王（福建）服饰发展有限公司	九牧王及图	25	服装	2004	泉州
16	溪石集团发展有限公司	溪石 XISHI 及图	19	石料、石材		泉州
17	劲霸（中国）有限公司	劲霸及图	25	服装		泉州
18	福建省晋江市浩沙制衣有限公司	浩沙 HAOSHA	25	健身服、游泳衣、游泳裤		泉州
19	厦门银鹭集团有限公司	银鹭 YINLU	30	八宝粥		厦门
20	厦门惠尔康食品有限公司	惠尔康	32	饮料		厦门
21	厦门正新橡胶工业有限公司	正新及图	12	轮胎、内胎		厦门
22	福建才子集团有限公司	才子及图	25	衬衫		莆田
23	福建新代实业有限公司	西瓜太郎及图	16	文具盒		福州
24	乔丹（中国）有限公司	第 3028870 号图形	25	运动鞋、运动服装	2005	泉州

续表

序号	企业名称	商标名称	类别	休闲服	认定年度	地区
25	石狮市大帝集团公司	帝 DI	25	服装		泉州
26	石狮市彬伊奴闲服饰有限公司	彬伊奴 BINYINU 及图	25	服装		泉州
27	三六一度（福建）体育用品有限公司	第 1509113 号图形	25	运动鞋		泉州
28	安溪县茶叶总公司	安溪铁观音及图	30	茶叶		泉州
29	福建石狮市斯得雅服饰有限公司	斯得雅及图	25	服装		泉州
30	厦门卷烟厂	石狮 SHISHI	34	卷烟		厦门
31	厦门工程机械股份有限公司	厦工 XIAGONA 及图	7	装载机		厦门
32	厦门古龙罐头食品有限公司	古龙 GULONG 及图	29	肉罐头		厦门
33	金威服装（福建）有限公司	金威世家 JINWEISHIJIA	25	西服制服		莆田
34	福建雪津啤酒有限公司	雪津	32	啤酒		莆田
35	漳州天福茶叶有限公司	天福 TIANFU	30	茶叶		漳州
36	泉州市三兴体育用品有限公司	XEP	25	运动鞋	2006	泉州
37	福建恒利集团有限公司	好舒爽HAOSHUSHUANG	5	卫生巾		泉州
38	福建金莱克体育用品有限公司	金莱克及图	25	运动鞋		泉州
39	福建省燕京啤酒股份有限公司	惠泉	32	啤酒		泉州
40	福建省石狮市福盛鞋业有限公司	木林森 MULINSEN	25	皮鞋		泉州
41	福建省石狮市华联服装配件企业有限公司	KAM	26	塑料扣、鞋扣		泉州
42	厦门金龙联合汽车工业有限公司	KINGLONG 及图	12	客车		厦门
43	厦新电子股份有限公司	夏新	9	激光视盘机、手机		厦门
44	福建汇达时装有限公司	卡朱米 KAZHUMI	25	羽绒服		莆田
45	福建云敦服饰有限公司	云敦 WHACKO 及图	25	服装		莆田

续表

序号	企业名称	商标名称	类别	休闲服	认定年度	地区
46	福建福人木业有限公司	福人 FUREN 及图	19	半成品木材		福州
47	福建龙溪轴承（集团）股份有限公司	LS	7	轴承机器零件		漳州
48	福建铙山纸业集团有限公司	铙山 NAOSHAN 及图	16	机制纸		三明
49	柘荣县太子参协会	柘荣太子参 ZRTZS	5	太子参		宁德
50	申鹭达股份有限公司	申鹭达及图	11	管道龙头、水暖设备、卫生用水管设备	2007	泉州
51	福建冠福现代家用股份有限公司	冠福及图	21	日用陶瓷		泉州
52	利郎（中国）有限公司	利郎	25	服装		泉州
53	泉州寰球鞋服有限公司	Athletic	25	运动鞋		泉州
54	福建省舒华体育用品有限公司	舒华及图	28	跑步机		泉州
55	蜡笔小新（福建）食品工业有限公司	蜡笔小新及图	29	果冻		泉州
56	厦门帝尔特企业有限公司	爱得利 IVORY	10	奶瓶、奶嘴		厦门
57	厦门市金鹭首饰有限公司	金鹭及图	14	首饰		厦门
58	厦门银祥集团有限公司	银祥及图	29	猪肉、猪肉食品		厦门
59	厦门航空有限公司	第 779315 号图形	39	航空运输		厦门
60	莆田市三江化学工业有限公司	三棵树 SANKESHU	2	涂料、油漆		莆田
61	福建省莆田市华丰鞋业有限公司	沃特	25	运动鞋		莆田
62	福建省平和琯溪蜜柚发展中心	平和琯溪蜜柚及图	31	蜜柚		漳州
63	福建省永安林业（集团）股份有限公司	永林蓝豹及图	19	纤维板		三明

续表

序号	企业名称	商标名称	类别	休闲服	认定年度	地区
64	福建省南平铝业有限公司	闽铝	6	铝型材		南平
65	福建省龙岩工程机械（集团）有限公司	龙工 LONGGONG	7	铲运机、挖掘机		龙岩
66	福建泰格动力机械有限公司	Tiger 及图	7	马达及其部件		宁德

表 1-9　**1998 年福建省著名商标名表**

序号	地区	企业名称	商标名称	类别	认定商标或服务
1	福州	福建东海漆业有限公司	东海牌及图	2	油漆
2		福建省金得利集团有限公司	金得利及图	7	首饰模具
3		福建福日电子股份有限公司	福日及图	9	电视机，便携计算机，手提无线电话机
4		福耀玻璃工业集团股份有限公司	福耀及图	12	汽车用弯夹层玻璃，钢化玻璃
5		福建水泥股份有限公司	连福及图	19	水泥
6		福建水泥股份有限公司	炼石	19	水泥
7		福建华侨家具有限责任有限公司	舒尔康及图	20	床垫
8		福建白鸽塑胶有限公司	白鸽牌及图	25	塑料拖鞋
9		福建百联实业有限公司	百联及图	29	加工过的瓜子，加工过的花生
10		福州富成味精食品有限公司	罗星塔及图	30	味精，鸡精等系列调味品
11	厦门	厦门中药厂有限公司	鼎爐及图	5	中成药
12		厦门正新橡胶工业有限公司	正新牌及图	12	轮胎，内胎
13		福建安井食品股份有限公司	安井及图	29 30	冷冻食品，肉制品，香肠，牛肉片，鱼制食物，鱼制食品

续表

序号	地区	企业名称	商标名称	类别	认定商标或服务
14	厦门	厦门航空有限公司	第779315号图形	39	空中运输，运送旅客，货运
15	漳州	福建片仔癀化妆品有限公司	皇后及图	3	护肤（膏 霜 蜜类）化妆品，洗面奶，洗澡用化妆品
16		漳州片仔癀药业股份有限公司	片仔癀 PIEN TZE HUANG	5	药品，中西成药
17		福建龙溪轴承（集团）股份有限公司	浪升	7	关节轴承，深沟球轴承，滚珠（工业钢球）
18		福建紫山集团股份有限公司	紫山及图	29 32	罐头，酱菜，矿泉水
19		福建糖业股份有限公司	白玉兰及图	30	糖
20	泉州	福建恒安集团有限公司	安尔乐	5	卫生巾，卫生裤
21		石狮市富贵鸟鞋业发展有限公司	富贵鸟及图	25	鞋，服装
22		福建泉州匹克体育用品有限公司	PEAK及图	25	鞋，服装
23		福建七匹狼实业股份有限公司	七匹狼 SEPT-WOLVES	25	服装，领带，鞋
24		利郎（中国）有限公司	LILANG及图	25	服装
25		福建柒牌集团有限公司	第1283610号图	25	服装
26		安踏（中国）有限公司	安踏ANTA及图	25	鞋
27		福建达利食品有限公司	第3318330号图	30	饼干，蛋糕，糕点
28		福建省安溪茶厂有限公司	FENGSAHN及图	30	茶叶
29		福建燕京惠泉啤酒股份有限公司	惠泉	32	啤酒
30	三明	福建三钢闽光股份有限公司	第662548号图	6	普通金属及其合金，金属建筑材料，铁轨用金属材料
31		福建省青山纸业股份有限公司	青山及图	16	纸袋纸等

续表

序号	地区	企业名称	商标名称	类别	认定商标或服务
32	三明	福建省永安林业（集团）股份有限公司	企鹅及图	19	胶合板，刨花板，细木工板
33		福建省大田县岩城水泥有限责任公司	岩城及图	19	普通硅酸盐水泥
34	莆田	莆田市精密铸锻有限公司	PJ 及图	12	摩托车配件
35		才子服饰股份有限公司	才子及图	25	衬衫，西服制服，裤子
36		英博雪津啤酒有限公司	雪津	32	啤酒，不含酒精饮料
37	南平	福建省顺昌富宝实业有限公司	富宝及图	1	化肥
38		福建省南平铝业有限公司	闽铝及图	6	铝锭，铝型材，铝板
39		福建南平南孚电池有限公司	南孚 NANFU 及图	9	干电池
40		福建南平太阳电缆股份有限公司	太阳及图	9	电线，电缆
41		福建省建瓯黄华山酿酒有限公司	福矛及图	33	酒
42	龙岩	新洲（武平）林华有限公司	平川及图	2	松香
43		龙岩烟草工业有限责任公司	WETPWOLVES	34	烟草
44	宁德	福建白莲花化工有限公司	白莲花及图	2	涂料

表 1-10　**1999 年福建省著名商标名表**

序号	地区	企业名称	商标名称	类别	认定商标或服务
1	福州	福建实达集团股份有限公司	实达及图	9	与计算机联用的打印机，计算机外围设备，计算机周边设备
2		福建省福辉贸易实业有限公司	福辉及图	14	珠宝，金刚石
3		福建新代实业有限公司	西瓜太郎及图	16	削笔机，文具，彩色笔
4		福建振云塑业股份有限公司	振云及图	17	塑胶管材
5		福建龙旺食品饮料有限公司	龙旺及图	30	冰淇淋，雪糕，冰制品
6		福建茶叶进出口有限责任公司	蝴蝶及图	30	茶叶（外销）

续表

序号	地区	企业名称	商标名称	类别	认定商标或服务
7	福州	福州民天集团有限公司	民天	30	酱油，奇油，醋，鱼露，酱
8		福州海马饲料有限公司	海马及图	31	饲料
9	厦门	国药控股星鲨制药（厦门）有限公司	第 1184276 号图	5	化学医药制剂，鱼肝油，维生素制剂
10		厦门三圈电池有限公司	三圈及图	9	电池
11		厦新电子股份有限公司	夏新	9	激光视盘机，手机
12		厦门灿坤实业股份有限公司	灿坤	11	电水壶，电火锅，电饭锅，电咖啡壶
13		伟士（厦门）体育用品有限公司	第 337308、353305 号图	28	网球拍，羽毛球拍
14		厦门银鹭集团有限公司	银鹭 YINLU	30	花生牛奶（软饮料），牛奶饮料，八宝粥
15		厦门夏商淘化大同调味品有限公司	海堤及图	30	酱油，醋，调味品
16		厦门厦工机械股份有限公司	第 201042 号图	7	装载机，推土机
17	漳州	福建省腾龙工业公司	第 208609 号图	2	油漆
18		漳州水仙药业股份有限公司	水仙及图	5	西药制剂
19		福建力佳股份有限公司	力佳及图	7	柴油机
20		漳浦县鸿运纺织制品有限公司	马车及图	24	床单，床罩，被罩，垫套，枕套
21		漳州市海新饲料有限公司	HX 及图	31	饲料
22	泉州	福建莱克石化有限公司	莱克	4	工业用油及油脂
23		新恒利集团有限公司	舒爽	5	卫生巾（含卫生护垫）
24		红孩儿（中国）有限公司	红孩儿及图	25	服装
25		福建省石狮市亿源裕制衣有限公司	兰灵顿及图	25	服装
26		盖奇（中国）织染服饰有限公司	GQ	25	服装

续表

序号	地区	企业名称	商标名称	类别	认定商标或服务
27	泉州	福建省足友体育用品有限公司	足友	25	鞋
28		福建省石狮市华联服装配件企业有限公司	KAM 华联及图	26	塑料扣，鞋扣
29	三明	福建福维股份有限公司	双轮及图	1	聚乙烯醇
30		福建省永安林业（集团）股份有限公司	永林蓝豹及图	19	地板
31	莆田	福建省莆田三路鞋业有限公司	Sunroll	25	旅游鞋，运动鞋，黏胶鞋
32		福建省红太阳精品有限公司	国圣及图	29	酱菜
33	南平	福建源光亚明电器有限公司	南亚及图	9	整流器，启辉器，电容器
34		福建省南纺股份有限公司	闽	24	PU 革基布
35		福建省建瓯酒厂	黄华山及图	33	酒
36	龙岩	福建百花化学股份有限公司	百花及图	2	油漆
37		福建佳丽斯家纺有限公司	佳丽斯及图	24	床上用品
38		福建标致食品饮料有限公司	标致	32	矿泉水，无酒精果汁，苏打水
39	宁德	福安市康华电器有限公司	五洲及图	10	电子针灸按摩器

表 1-11　**2000 年福建省著名商标名表**

序号	地区	企业名称	商标名称	类别	认定商标或服务
1	福州	福州耀隆化工集团公司	双福及图	1	工业碳酸钠，工业氯化铵，食用碳酸氢铵，食用碳酸钠
2		福州振华 851 药业有限公司	851	5	医用营养饮料，医用解酒茶，医用营养物品，微生物营养物质

续表

序号	地区	企业名称	商标名称	类别	认定商标或服务
3	福州	福建捷联电子有限公司 冠捷电子（福建）有限公司	AOC	9	荧幕显示器
4		福建福人木业有限公司	福人 FUREN 及图	19	半成品木材
5		福州市鼓楼区立日有肉松老铺	立日有	29	肉松
6		福州面粉厂	茉莉花 MLH	30	面粉
7		福建南海岸生物工程股份有限公司	南海岸	30	非医用营养片
8		福州小黑子食品有限公司	小黑子	32	水（饮料）
9		福建天香实业集团有限公司	天香及图	29	食用油
10	厦门	厦门金日制药有限公司	金日及图	5	洋参茶，洋参丸
11		厦门中盛粮油集团有限公司	盛洲及图	29	食用油
12		厦门古龙罐头食品有限公司	古龙 GULONG 及图	29	肉罐头，水果罐头
13		亚洲酿酒（厦门）有限公司	第 486449 号图	33	酒（饮料），米酒，酒精饮料（啤酒除外）
14	漳州	多棱新材料股份有限公司	富棱及图	6	钢砂
15		福建红旗股份有限公司	第 1041390、1053370 号图	7	针织机，织带机，编织机
16		福建省东山县海魁水产集团有限公司	海魁及图	29	螃蟹肉，鱼片，冻虾
17		福建永得利食品有限公司	庆威及图	30	方便面
18		福建港兴集团有限公司	鹅仙及图	30	饼干，糕点
19	泉州	新恒利集团有限公司	好舒爽	5	卫生巾
20		福建省闽发铝业股份有限公司	MF 及图	6	铝制建材
21		申鹭达股份有限公司	申鹭达及图	11	管道龙头，水暖设备，卫生用水管设备
22		中宇建材集团有限公司	中宇及图	11	水龙头，管道，水暖装置用管子零件

续表

序号	地区	企业名称	商标名称	类别	认定商标或服务
23	泉州	泉州三盛橡塑发泡鞋材有限公司	三盛及图	17	半加工泡沫橡胶或塑料
24		福建省晋江万利瓷业有限公司	万利 WANLI 及图	19	瓷砖
25		溪石集团发展有限公司	溪石 XISHI 及图	19	石料，石材
26		泉州现代家具企业有限公司	金戈 K	20	办公用家具，家具
27		石狮市华宝集团有限公司	Wellable 及图	24	布
28		虎都（中国）服饰有限公司	虎都及图	25	服装，衬衣，裤子
29		旗牌王（中国）纺织服饰有限公司	第 546798 号图	25	服装
30		石狮市豪健服装实业有限公司	豪健及图	25	服装
31		福建铁民海洋生物股份有限公司	TM	29	鱼制食品，鱼片
32		福建福马食品集团有限公司	福马	30	膨化食品，糖果
33		金冠（中国）食品有限公司	金冠及图	30	软糖（糖果）食用糖果，牛奶硬块糖（糖果）
34		福建泉州味精厂	第 296913 号图	30	味精
35	三明	智胜化工股份有限公司	一支花	1	尿素
36		福建陶金峰新材料有限公司	陶金峰及图	1	高岭土原矿，精细高岭土
37		厦工（三明）重型机器有限公司	三重及图	7	压路机，垃圾处理装置(废物)，垃圾压实机
38		福建铙山纸业集团有限公司	铙山 NAOSHAN 及图	16	机制纸
39	莆田	莆田德信电子有限公司	TAKSUN	9	计算器，计时器
40		樱花（福建）包装文具有限公司	樱花	16	文件夹，资料册，名片薄
41		福建云敦服饰有限公司	云敦 WHACKO 及图	25	服装
42	南平	福建南平水泥股份有限公司	武夷及图	19	水泥

续表

序号	地区	企业名称	商标名称	类别	认定商标或服务
43	龙岩	福建省龙岩工程机械（集团）有限公司	龙工 LONGGONG	7	铲运机、挖掘机
44		福建龙岩喜鹊纺织有限公司	喜鹊及图	24	纺织品毛巾，毛巾被，浴巾
45		永定县金丰酿酒有限公司	金丰及图	33	烧酒，酒，果酒
46	宁德	福建省白马调味品开发有限公司	白马河及图	30	酱油，鱼露，虾油

表 1-12　**2001 年福建省著名商标名表**

序号	地区	企业名称	商标名称	类别	认定商标或服务
1	福州	福建革新机器厂	福马及图	7	编织机，圆盘缝合机
2		福州港发机电工业有限公司	GANGFA 及图	7	电机，发电机，水泵
3		福州琴声电子有限公司	SOGAO	9	收音机，电视机，磁带录音机，车轮收音机
4		福建新大陆科技集团有限公司	新大陆 NEWLAND 及图		电子计算机及其外部设备，车辆计程器
5		福州钜全汽车配件有限公司	JCC	12	活塞（车辆用），活塞环（车辆用），活塞销（车辆用）
6		福建瑞达精工股份有限公司	REIDA	14	钟，表，表带
7		福建亚通新材料科技股份有限公司	亚通 ATON	19	非金属排水管，非金属水管，非金属门窗
8		福州大世界橄榄有限公司	大世界	29	蜜饯，橄榄蜜饯，冷冻水果
9		福建光阳蛋业股份有限公司	光阳及图	29	皮蛋，蛋品
10	厦门	厦门科华恒盛股份有限公司	KELONG	9	不间断电源设备
11		厦门市金鹭首饰有限公司	第 1124800 号图	14	首饰
12		厦门三荣陶瓷开发有限公司	三荣	19	瓷质地砖，建筑陶瓷砖
13		厦门优佳丽服饰有限公司	黎姿	25	服装

续表

序号	地区	企业名称	商标名称	类别	认定商标或服务
14	厦门	厦门茶叶进出口有限公司	海堤及图	30	茶
15		厦门建发集团有限公司	建发	35	进出口代理、推销（他人）
16	漳州	漳州市芗城晓莉卫生用品有限公司	安月	5	卫生巾，卫生垫
17		协能（福建）拉链工业有限公司	三力	26	拉链
18		福建东方食品集团有限公司	含羞草及图	29	蜜饯
19		平和县阳山茶厂	彭溪	30	茶
20	泉州	福建晋工机械有限公司	JG	7、12	铲运机
21		泛科轴承集团有限公司	第794451号图	7	轴承
22		福建泉州大华蓄电池有限公司	DAHUA及图	9	蓄电池，电池极板
23		晋江恒达陶瓷有限公司	恒达HD	19	砖，瓷砖，波形瓦
24		福建宏发集团有限公司	宏发HF	19	石，混凝土或大理石像，石头，混凝土或大理石艺术品
25		福建省晋江县磁灶汇丰陶瓷建材厂	汇丰HF	19	墙地砖
26		福建省南安市森源木业有限公司	森源及图	20	家具，办公用家具，床，沙发
27		福建省南安市帮登鞋业有限公司	Bangdeng帮登	25	鞋
28		斯舒郎（中国）服饰有限公司	斯舒郎	25	运动衣，衣服，裤子
29		福建省石狮市威明制衣实业有限公司	威明	25	服装
30		石狮市大帝集团有限公司	帝DI	25	服装
31		泉州宝峰鞋业有限公司	宝人及图	25	鞋
32		泉州寰球鞋服有限公司	亚礼得	25	鞋
33		劲霸男装（上海）有限公司	第1156470号图	25	服装
34		九牧王股份有限公司	九牧王	25	服装，夹克，西服

续表

序号	地区	企业名称	商标名称	类别	认定商标或服务
35	泉州	威兰西（中国）服饰有限公司	威兰西	25	服装
36		三六一度（福建）体育用品有限公司	361°及图	25	鞋，运动鞋
37		特步（中国）有限公司	第1942632号图	25	服装，鞋
38		舒华（中国）有限公司	舒华SHUA	28	锻炼身体器械，体育活动器械等
39		石狮市华宝明祥食品有限公司	明祥及图	29	鱼制食品，冷冻水果，紫菜，海带
40		石狮市黎祥食品有限公司	黎祥及图	30	糖果
41		福建八马茶业有限公司	八马及图	30	茶叶
42		福建省晋江福源食品有限公司	盼盼及图	30	虾条，米乐，菊花茶，酱菜（调味品），佐料（调味品）
43		宏发集团（中国）有限公司	第1078022号图	30	方便面，调味品
44		福建省南安市福乐食品工业有限公司	贵格及图	32	不含酒精饮料
45	三明	福建三钢（集团）三明化工有限责任公司	斑竹及图	1	化学肥料，尿素
46		福建海峡科化股份有限公司	岩花yh	2	炸药（雷管），导爆索，增效爆破剂（截止）
47	南平	福建建宁孟宗笋业有限公司	孟宗	29	蔬菜罐头，笋罐头，水果罐头
48	莆田	三棵树涂料股份有限公司	洪洋及图	2	粘合剂，涂料，油漆
49		郭氏（福建）鞋业有限公司	Sandic及图	25	鞋，服装
50		福建汇达时装有限公司	卡朱米KAZHUMI	25	服装
51		金威服装（福建）有限公司	金威世家JIN-WEISHIJIA	25	西服制服，裤子，大衣，衬衫
52	南平	福建省华银铝业有限公司	闽鑫及图	6	铝，铝锭，金属板

续表

序号	地区	企业名称	商标名称	类别	认定商标或服务
53	南平	福建巨力活塞工业有限公司	巨力及图	7	铝活塞
54		福建省建阳武夷味精有限公司	武夷及图	30	味精，鸡精，调味品
55		福建省武夷酒业有限公司	武夷及图	33	白酒，有色酒
56	龙岩	福建省力菲克药业有限公司	力菲及图	5	洋参冲剂，医用营养饮料
57		福建龙净环保股份有限公司	龙净及图	9	高压静电除尘用整流设备
58		龙岩烟草工业有限责任公司	七匹狼	34	香烟、烟草
59	宁德	福建省健神生物工程有限公司	第 795035 号图	29	食用菌干品，鱼制食品，水果罐头

表 1-13 **2002 年福建省著名商标名表**

序号	地区	企业名称	商标名称	类别	认定商标或服务
1	福州	福州金日涂料有限公司	金日及图	2	涂料
2		东南（福建）汽车工业有限公司	东南及图	12	汽车
3		福建融音塑业科技有限公司	融鹰及图	19	非金属排泄管，建筑用非金属硬管
4		福建省闽清县诺利兴陶瓷有限公司	第 1136752 号图	19	釉面砖
5		诚丰家具（中国）有限公司	SHINGFENG 及图	20	家具，办公用家具，屏风（家具）
6		福建省家具工贸集团公司	第 607601 号图	20	家具，家具部件
7		福建茶花家居塑料用品有限公司	第1503558、1398758号图	20、21	塑料包装容器，塑料箱皿
8		福州市仓山天天筷厂	天	21	筷子
9		福州春晖制衣有限公司	翔奴及图	25	服装，鞋，帽子
10		福州谢氏时装有限公司	名师路	25	服装
11		福建省连江县粮油食品公司	联发及图	29	食用油脂

续表

序号	地区	企业名称	商标名称	类别	认定商标或服务
12	厦门	厦门舫昌实业有限公司	梅春及图	3	卫生香
13		厦门经济特区房地产开发集团有限公司	第1260304号图	19	非金属建筑物
14		厦门翔鹭化纤股份有限公司	翔鹭及图	22	纤维纺织原料
15		厦门中鹭植物油有限公司	宝鹭	29	食用植物油
16		厦门兴盛食品有限公司	第1351378、1023591号图	30	面条，挂面
17		厦门金壶春茶业有限公司	金壶春及图	30	茶及茶叶代用品
18		厦门银祥集团有限公司	银祥及图	31	饲料
19		厦门信达股份有限公司	XINDECO及图	35	进出口代理
20		厦门路桥建设集团有限公司	第983917号图	37	道路，桥梁，港湾建设
21		厦门市舒友海鲜大酒楼有限公司	舒友及图	42	餐馆，备办宴席
22	漳州	东山东兴水产加工有限公司	大有及图	29	鱿鱼，鱼制食物，鱼制食品
23		天伦食品（福建）有限公司	天伦	30	饼干，面包，糕点，蛋糕
24		福建天用茶业有限公司	天岽及图	30	茶
25		长泰南华糖业有限公司	玉津及图	30	白砂糖
26	泉州	泉州市洛江区双阳金刚石工具有限公司	飞雁及图	7	金刚石锯片，金刚石磨盘
27		福建南方路面机械有限公司	NFLG及图	7	混凝土搅拌机（机器），沥青制造机
28		福建省白沙消防工贸有限公司	远红及图	9	室内消火栓，直流水枪，消火栓箱，泡沫灭火器
29		天广消防股份有限公司	天广	9	直流水枪，室内消火栓
30		辉煌水暖集团有限公司	辉煌水暖HHSN	11	水龙头，沐浴器，水暖设备

续表

序号	地区	企业名称	商标名称	类别	认定商标或服务
31	泉州	福建省石狮市富兴包装材料有限公司	富兴及图	16	锡纸，包装纸，包装用塑料膜
32		南安协进建材有限公司	协进 xiejin	19	瓷砖
33		冠达星股份有限公司	冠达星及图	20	家具，衣帽架，陈列柜
34		福建冠福现代家用股份有限公司	华鹏 HP	21	餐具，砂锅，茶具
35		福建鸿星尔克体育用品有限公司	鸿星尔克	25	服装，鞋
36		通亿（泉州）轻工有限公司	通亿 TY	25	衣物，裤
37		晋江思梦发织造制衣有限公司	道亨	25	皮衣（服装）
38		宝威（福建）制衣实业有限公司	宝威 BAOEWEI	25	服装
39		福建野豹儿童用品有限公司	YEBAO	25	童装
40		石狮市华迪服饰有限公司	迪娜	25	胸罩，内衣，内裤
41		福建石狮市福盛鞋业有限公司	木林森	25	皮鞋
42		福建石狮市斯得雅服饰有限公司	斯得雅	25	服装
43		正大（中国）服饰有限公司	正大 ZHD	25	鞋
44		贵人鸟股份有限公司	贵人鸟	25	服装，鞋，袜
45		乔丹体育股份有限公司	第3028870、3148047号图	25	服装，运动鞋
46		浩沙实业（福建）有限公司	浩沙	25	游泳衣，游泳裤
47		福建泉州市金穗米业有限公司	金润及图	30	米
48	三明	福建三钢闽光股份有限公司	闽光	6	普通金属及其合金，金属建筑材料，铁轨用金属材料
49		福建省三明纺织有限公司	奔鹿及图	24	棉布，混纺布，牛仔布
58		福建省清流县九利油脂有限公司	九利	29	食用油
59		福建文鑫莲业食品有限公司	文鑫及图	29	莲子，莲芯，食品用果胶
60	莆田	沃特体育股份有限公司	VOIT	25	鞋，运动鞋

续表

序号	地区	企业名称	商标名称	类别	认定商标或服务
61	南平	福建亚亨动力科技集团有限公司	YAHENG	9	电池，蓄电池，蓄电瓶
62		福建长富乳品有限公司	第3577211号图	29	牛奶，牛奶制品，牛奶饮料（以牛奶为主）
63		福建圣农发展股份有限公司	圣农及图	29	肉冻，肉干，肉
64		福建省武夷山市永生茶业有限公司	戏球及图	30	茶
65		福建兴华啤酒有限公司	第1364270号图	32	啤酒
66	龙岩	福建省龙岩市豪迪化工有限公司	豪迪及图	2	油漆，涂料，稀释剂
67		福建省民爆化工股份有限公司	福龙及图	13	岩石粉状铵梯炸药，乳化炸药
68		福建龙麟集团有限公司	龙麟及图	19	普通硅酸盐水泥
69	宁德	福建省闽东力捷迅药业有限公司	力捷迅	5	口服液，冲剂，片剂
70		福建省天湖茶业有限公司	绿雪芽及图	30	茶叶
71		福建惠泽龙酒业有限公司	惠泽龙及图	33	黄酒

表1-14 **2003年福建省著名商标名表**

序号	地区	企业名称	商标名称	类别	认定商标或服务
1	福州	福州海王福药制药有限公司	福药	5	西药
2		福州金飞鱼柴油机有限公司	福柴FC	7	农业机械，柴油机，汽油机
3		福建星网锐捷通讯股份有限公司	升腾	9	数据处理设备，计算机，计算机外围设备
4		丽声助听器（福州）有限公司	LISOUND	10	助听器，听力保护器，耳塞，医用测试仪
5		福州统联文具礼品有限公司	酷狗及图	16	文具
6		福建新福兴玻璃有限公司	新福兴	19	镀膜玻璃，建筑玻璃
7		福建成龙林产工业有限公司	成龙万家利CLWJL	19	铺地木材，地板，木板材条

续表

序号	地区	企业名称	商标名称	类别	认定商标或服务
8	福州	福州叶下塑革有限公司	浩福 HARPBIRD 及图	25	鞋，拖鞋
9		福建东龙针纺有限公司	东龙及图	26	服装花边，花边，衣服饰边
10		福州百洋海味食品有限公司	百洋	29	鱼制食品
11		福建省盛辉物流集团有限公司	第 1372413 号图	39	汽车运输
12	厦门	厦门美真香佛具艺品有限公司	第 1111817 号图	3	香（卫生香），香木，熏香
13		厦门三圈电池有限公司	第 1377770 号图	5	杀虫剂，蚊香
14		厦门协成实业有限公司	第 950703 号图	9	高低压开关板，高压负荷开关
15		厦门聚富塑胶制品有限公司	JF	16	货盘装运用可延伸塑料粘膜，包装用塑料膜，垫货盘用可伸展塑料膜，垃圾袋（塑料制）
16		厦门福太洋伞有限公司	第 3236365 号图	18	伞，伞骨，伞架
17		建发房地产集团有限公司	建发	19	非金属建筑物
18		厦门禹洲集团股份有限公司	禹洲禹	19	非金属建筑物
19		厦门大洲控股集团有限公司	第 1520795 号图	19	非金属建筑物
20		厦门华纶印染有限公司	三角梅及图	24	印花棉布
21		厦门万杰隆集团有限公司	第 1320966 号图	25	衣物
22		厦门国贸集团股份有限公司	第 1061537 号图	35	进出口代理，推销（替他人）
23		厦门艺发装饰有限公司	FY	37	室内装潢，室内装潢修理
24		福建双赢集团有限公司	撒得利及图	1	磷肥（肥料），混合肥料，化学肥料
25	漳州	青蛙王子（中国）日化有限公司	青蛙王子及图	3	化妆品，护肤用化妆剂，洗发液

续表

序号	地区	企业名称	商标名称	类别	认定商标或服务
26	漳州	漳州市美味食品公司	厨师及图	29	牛肉干，肉松，生熟肉食
27		福建盈丰食品集团有限公司	盈丰及图	29	五味姜、酸姜、姜酱
28		漳浦县农朋食品有限公司	联侨	29	罐头食品、香菇、木耳
29		诏安花正农业开发有限公司	活力宝及图	32	果汁，果汁饮料，矿泉水，碳酸饮料
30	泉州	福建省泉州市力达机械有限公司	罗威及图	7	空气压缩机，电焊机
31		九牧集团有限公司	九牧	11	水管龙头，淋浴用设备，卫生用水管设备
32		福建省昇邦电子科技有限公司	升邦	14	原子钟，钟表机件，计时器（时钟）
33		福建省晋江优兰发纸业有限公司	优兰发	16	纸，卫生纸，纸张
34		福建省石狮市富达塑胶文体用品有限公司	三奇	16	笔记本，复写本，活页夹
35		梅花伞业股份有限公司	梅花	18	雨伞
36		福建雨丝梦洋伞实业有限公司	第 1460920 号图	18	伞
37		晋江腾达陶瓷有限公司	腾达	19	瓷砖
38		福建南鹰陶瓷有限公司	南鹰	19	瓷砖
39		福建华泰集团有限公司	华鸿	19	建筑砖瓦
40		福建省东升石业股份有限公司	东升	19	石板，花岗石，大理石
41		菲莉集团（福建）有限公司	菲莉 FL	20	钢、木、塑椅，桌，床
42		福建省佳美集团公司	第 1010069 号图	21	瓷陶的工艺品，赤陶工艺品
43		泉州华美密胺塑料制品有限公司	第 3198475 号图	21	非贵重金属茶具
44		福建东纶织造企业有限公司	东纶	24	风雨布
45		福建鸿星沃登卡集团有限公司	沃登卡	25	鞋
46		名志体育用品（中国）有限公司	名志及图	25	鞋

续表

序号	地区	企业名称	商标名称	类别	认定商标或服务
47	泉州	晋江市威鹿制衣发展有限公司	威鹿及图	25	服装
48		福建省晋江市竞渡健美服饰有限公司	竞渡	25	服装
49		晋江市亨佳斯服饰发展有限公司	亨佳斯	25	服装
50		福建索力鞋业有限公司	索力	25	运动鞋，鞋底，鞋
51		晋江志顺服装有限公司	志顺及图	25	服装
52		佳亿（福建）鞋塑有限公司	佳意及图	25	鞋
53		福建省晋江市喜得狼体育用品有限公司	喜得狼	25	鞋
54		露友（中国）有限公司	露友及图	25	鞋
55		名足体育用品（中国）有限公司	名足	25	鞋，皮便鞋
56		石狮市彬伊奴休闲服饰有限公司	彬伊奴	25	服装
57		石狮市雄豹狼服装发展有限公司	雄豹狼	25	服装
58		石狮市恒业服装有限公司	小玩皮及图	25	服装
59		石狮市赛琪体育用品有限公司	赛琪	25	服装，运动鞋，袜
60		石狮市达鑫奇服饰发展有限公司	第1645280号图	25	服装
61		福建省石狮市彭田健健针织服装厂	东方健健 DFJIAN—JIAN	25	服装
62		石狮市爱登堡制衣发展有限公司	爱登堡 EDENBO	25	服装
63		石狮市皇宝服装织造有限公司	皇宝及图	25	服装
64		福建南安市劲达鞋服有限公司	GONGMAO	25	鞋
65		福建省南安市菲克鞋服有限公司	菲克及图	25	鞋
66		喜得龙（中国）有限公司	喜得龙 XIDELONG 及图	25	鞋
67		飞亚世（中国）有限公司	飞亚世	25	鞋
68		石狮市非凡运动器材有限公司	威尔夫 weierfu	28	运动球拍，网球拍，羽毛球拍

续表

序号	地区	企业名称	商标名称	类别	认定商标或服务
69	泉州	金冠食品（福建）有限公司	金冠园及图	30	酱油，调味品
70		福建尧记食品有限公司	尧记及图	30	醋，调味品，酱油
71		安溪县茶业总公司	安溪铁观音及图	30	茶叶
72		福建泉州市龙珠酿酒有限公司	龙珠	33	含酒精饮料
73		石狮市宝湖绿岛海鲜酒楼	绿岛及图	35	饭店管理，饭店商业管理
74		泉州市潮兴集团公司	潮兴集团及图	40	艺术品装框，雕刻
75	三明	福建省将乐三华轴瓦股份有限公司	三华	7	曲轴轴瓦，连杆轴瓦，止推轴瓦，衬套
76		福建省永安轴承有限责任公司	飞捷	7	工业轴承
77		福建省永安飞桥水泥厂	桥福	19	水泥
78		福建省兴辉食品有限公司	山雪及图	32	不含酒精饮料
79	莆田	福建省莆田凯松化工厂	凯松	1	防腐剂，渗透剂
80		福建东亚机械有限公司	DY	7	活塞环
81		百花（福建）文具有限公司	第 1045071 号图	16	文件夹（文具），公文套，文具盒
82		福建大老古食品有限公司	牧童及图	29	咸蛋，皮蛋（松花蛋）
83		莆田市东南香米业发展有限公司	东南香	30	谷类制品，米，人食用的去壳谷物
84		敦信纸业有限责任公司	敦信	16	印刷品，纸牌，扑克牌
85		莆田市精工家俱有限公司	精达及图	20	办公家具，家具
86	南平	福建三爱药业有限公司	第 1428370 号图	5	中药成药，药物胶囊针剂
87		福建三山（集团）南平市钢铁有限公司	第 1171112 号图	6	金属建筑材料，钢条
88		福建省南平市三红电缆有限公司	三红	9	电缆，电线
89		福建浦城鸿发工程塑料有限公司	鸿发 HF	19	非金属管道，建筑用塑料管及配件

续表

序号	地区	企业名称	商标名称	类别	认定商标或服务
90	南平	福建省邵武福莲有限公司	福莲	21	洗洁巾
91		福建大乘乳业股份有限公司	大乘 dacheng	29	牛奶，牛奶制品
92		武夷星茶业有限公司	武夷及图	30	茶
93	龙岩	福建省连城锰矿	福连及图	6	未加工的锰，半加工的锰，锰粉，锰矿
94		三德（中国）水泥股份有限公司	三德	19	水泥
95		福建春驰水泥集团有限公司	春驰及图	19	水泥
96		福建省龙岩天宇水泥有限公司	天宇及图	1	水泥
97	宁德	福安市太平洋电机有限公司	第 1384961 号图	7	发电机，水泵
98		福安市闽东安波电器有限公司	第 1035283 号图	7	电机
99		福建闽东德丰电机有限公司	凯捷利 KAIJIELI	7	发电机，电动机，水泵
100		闽东阳光食品有限公司	阳光	30	酱油，醋，虾油
101		福建省宁德市仙山茶业有限公司	憩园及图	30	茶叶
102		宁德市大登服饰有限公司	好男儿及图	35	推销（替他人）

表 1-15　**2004 年福建省著名商标名表**

序号	地区	企业名称	商标名称	类别	认定商标或服务
1	福州	福州福川化学有限公司	海峡及图	2	丙衡酸系漆，涂料
2		福州金风涂料有限公司	风美 FM	2	涂料
3		福建神象工贸有限公司	神象及图	5	蚊香，空气清新剂，净化剂
4		福建梅生医疗科技股份有限公司	第 1114011 号图	10	医疗用分析仪器，医用放射屏幕
5		福建恒杰塑业新材料有限公司	恒杰 HJ	17	非金属套管，非金属套筒，非金属软管
6		福建财茂集团有限公司	第 3150965 号图	25	服装，婴儿全套衣，鞋
7		福建省连江县东岱塑胶厂	飞鹭及图	25	鞋，靴，凉鞋

续表

序号	地区	企业名称	商标名称	类别	认定商标或服务
8	福州	福建天成集团有限公司	PRUDENCE	25	服装，童装，鞋
9		福建腾新食品股份有限公司	海欣	29	猪肉食品，鱼制食品，豆腐制品等
10		傅天甫（福建春伦茶叶集团有限公司）	春伦	30	茶
11		福州桐口白鹤粉干有限公司	榕鹤及图	30	米粉，面条
12		福州大昌盛饲料有限公司	大昌	31	饲料
13		中国国际投资贸易洽谈会组织委员会	CIFIT 及图	35	组织商业或广告展览，组织商业或广告交易会，组织技术展览
14		福建国广一叶建筑装饰设计工程有限公司	国广一叶	37	室内装潢，室内装潢修理
15		福州明视眼镜有限公司	明视眼镜及图	44	眼镜行
16	厦门	厦门厦化实业有限公司	鹭岛及图	1	过磷酸钙，混合肥料
17		厦门协办土产畜产进出口有限公司	雄鸡及图	5	蚊香
18		厦门市清宏实业有限公司	清宏及图	8、21	非贵重金属厨房用具，餐具（刀、叉、匙），刀
19		好利来（中国）电子科技股份有限公司	HOLLYLAND 及图	9	保险丝
20		厦门宝龙工业股份有限公司	宝龙	9	电池
21		坤联（厦门）照相器材有限公司	宝达 PROTAX	9	照相机（摄影），照相机架，闪光灯架
22		厦门市榕兴新世纪石油设备制造有限公司	RONGXING 及图	9	加油站发油泵，加油站汽油泵，电脑计量加油机
23		福建光电有限公司	福光及图	9	光盘
24		厦门华联电子有限公司	华联 HL	9	半导体器件

续表

序号	地区	企业名称	商标名称	类别	认定商标或服务
25	厦门	厦门蒙发利科技（集团）股份有限公司	轻松伴侣及图	10	按摩器械
26		厦门龙舟电气有限公司	龙舟 LZ	11	电热水器
27		厦门市东林电子有限公司	FIREFLY	11	节能灯
28		厦门通士达有限公司	TOPSTAR 及图	11	节能灯
29		厦门金龙联合汽车工业有限公司	KINGLONG 及图	12	汽车，公共汽车，客车
30		厦门宏达洋伞工业有限公司	宏达	18	伞
31		太阳城（厦门）雨具有限公司	太阳城及图	18	伞
32		东龙（厦门）陶瓷有限公司	东龙及图	19	瓷质墙地砖，建筑陶瓷砖
33		厦门千秋业水泥制品有限公司	千秋业及图	19	混凝土建筑构件
34		厦门市优必德工贸有限公司	优必德 YOUBIDE	20	漆线雕
35		厦门欧迈家居有限公司	好兆头	20	家具，餐具架，柜台
36		厦门宏旺味香食品有限公司	香贡贡及图	29	肉松，香肠，肉干
37		厦门市昌友粮油食品有限公司	昌友	30	挂面，鸡蛋面，米排粉
38		厦门宏祥食品有限公司	宏祥及图	30	谷类制品，面条，方便面
39		厦门市金香穗米业有限公司	厦鹭及图	30	谷类制品，米
40		厦门市上好仁真食品工业有限公司	仁真	30	馅饼，糕点
41		厦门安德鲁森食品有限公司	安德鲁森 ANDERSEN	30	面包，糕点，蛋糕
42		厦门夏商农产品集团有限公司	民兴及图	31	鲜水果，新鲜蘑菇，新鲜蔬菜
43		厦门百穗行科技股份有限公司	百穗行及图	31	饲料，糠，动物饲料
44		联发集团有限公司	联发及图	36、37	不动产出租，不动产管理，建筑

续表

序号	地区	企业名称	商标名称	类别	认定商标或服务
45	厦门	厦门象屿集团有限公司	第1382823号图	35、37、39	进出口代理，建筑，运输，驳船装卸
46		厦门海投房地产有限公司	第3864749号图	36、37	商品房销售服务，商品房建造服务
47		厦门市建安集团有限公司	第1691769号图	37	建筑
48		厦门市盈众汽车销售有限公司	盈众ENJOY及图	39	汽车租赁
49		厦门豪享来餐饮娱乐有限公司	豪享来及图	42	餐馆，快餐馆
50		厦门建发旅游集团股份有限公司	悦华及图	42	餐馆，旅馆服务
51	漳州	漳州市万安实业有限公司	WANAN	2	涂料
52		福建省梦娇兰日用化学品有限公司	小浣熊	3	化妆品，洗发液
53		福建龙溪轴承（集团）股份有限公司	LS	7	轴承（机器零件），关节轴承，轴承座
54		福建省长泰县正士餐具有限公司	正士作	8	刀，大砍刀（刀具），切肉刀
55		漳州市恒丽电子有限公司	MOVEBEST	14	钟，手表，电子钟表
56		坚实（福建）集团有限公司	坚实及图	19	混凝土建筑构件，非金属引水管道
57		南靖龙之味食品工业有限公司	龙之味	30	酱油，酱菜（调味品）
58		福建胜兴米业有限责任公司	胜兴	30	米
59		漳州市花卉协会	漳州水仙花及图	31	水仙花，鳞茎
60	泉州	泉州市信和涂料有限公司	信和及图	2	油漆，木材涂料（油漆），陶瓷涂料
61		福建泉州市欧美润滑油制品有限公司	欧美OM	4	工业用油，润滑油，润滑脂
62		福建高科日化有限公司	贝斯特	5	净化剂，杀虫剂，蚊香
63		福建泉州市春生堂酒厂有限公司	春生堂	5	药酒
64		泉州市辉盛防火设备有限公司	辉盛	6	金属门

续表

序号	地区	企业名称	商标名称	类别	认定商标或服务
65	泉州	泉州佰源机械科技股份有限公司	BAIYUAN 及图	7	纺织机，精纺机，织布机传动齿轮
66		福建泉州凹凸精密机械有限公司	凹凸及图	7	织机（机器）
67		泉州奇星机械有限公司	QISHU 及图	7	推土机，挖掘机
68		泉州培新机械制造实业有限公司	培新及图	7	自动卫生巾机，自动餐巾机
69		福建火炬电子科技股份有限公司	火炬及图	9	电容器
70		福建神州电子股份有限公司	SHENZHOU	9	音像接收机
71		泉州凯旺塑胶五金制品有限公司	凯旺及图	11	马桶座圈
72		泉州市双塔汽车零件有限公司	ST	12	车辆引擎罩，车辆保险杆，挡泥板
73		福建友达胶粘制品有限公司	友达及图	16	文具用胶带
74		泉州远太文化用品有限公司	好得利 haodeli 及图	16	圆珠笔，文具盒（文具），钢笔
75		晋江东风橡胶有限公司	锦亭 JINTING	17	再生胶，生橡胶或半成品橡胶，硬橡胶（硫化的）
76		晋江鸿盛雨具有限公司	雨中鸟及图	18	伞，雨伞或阳伞骨，雨伞或阳伞伞架
77		泉州联群建材有限公司	联群及图	19	墓碑，木质包装制品，混凝土或大理石艺术品
78		晋江市昆鹏陶瓷建材有限公司	昆鹏及图	19	建筑砖瓦
79		晋江远东陶瓷有限公司	信源及图	19	瓷砖
80		晋江市品质陶瓷建材有限公司	国星及图	19	瓷砖，砖
81		福建省华辉石业股份有限公司	华辉及图	19	建筑石料，石板
82		港龙（泉州）石材有限公司	港龙城及图	19	石料
83		福建省泉州美岭集团有限公司	美岭 ML	19	胶合板，水泥，纤维板

续表

序号	地区	企业名称	商标名称	类别	认定商标或服务
84	泉州	福建省晋江磁灶三吴前兴建筑陶瓷厂	第1395612号图	19	瓷砖
85		福建省南安市鼎美家私有限公司	美芬	20	家具，沙发
86		福建泉州顺美集团有限责任公司	顺美 shunmei	21	瓷器，日用瓷器，日用陶瓷
87		福建德化真泰尔陶瓷有限公司	真泰尔及图	21	瓷器
88		福建冠福现代家用股份有限公司	冠福及图	21	日工瓷器，日用陶器，家庭用陶瓷制品
89		泉州海天材料科技股份有限公司	第3007299号图	24	纺织织物，布，纺织的弹性布料
90		福建鑫华股份有限公司	第1350721号图	24	布，鞋的衬里织物，装饰织品
91		福建天辉织造有限公司	天辉 TIANHUI	24	纺织织物，轻薄织物(布料)
92		依凌（泉州）服饰有限公司	依瑶	25	服装，鞋，腰带
93		泉州红瑞兴纺织有限公司	HOPOERISE 及图	25	运动服，夹克，童装
94		福建省泉州南琦鞋业有限公司	乖乖狗 kinddog 及图	25	鞋
95		晋江喜伯登体育用品有限公司	步之霸	25	足球鞋，运动鞋
96		泉州市伊望奇体育用品有限公司	伊望奇 yiwangqi 及图	25	鞋
97		福建晋江恒达利鞋业有限公司	派克 PAIKE 及图	25	旅游鞋，运动鞋，凉鞋
98		福建八匹马鞋业有限公司	八匹马	25	鞋
99		晋江华闽织造有限公司	第1937001号图	25	裤子，夹克，套服
100		石狮市吉祥鸟鞋业有限公司	吉祥鸟	25	鞋
101		福建金迈王鞋服制品有限公司	金迈王 jimaire	25	鞋
102		石狮市铭键服装织造有限公司	利通及图	25	服装，风衣，紧身衣裤
103		福建南安市万家美针织有限公司	万姿曼及图	25	服装，针织服装

续表

序号	地区	企业名称	商标名称	类别	认定商标或服务
104	泉州	福建省南安市波辉鞋服有限公司	七波辉及图	25	鞋
105		蓝猫（福建）鞋服有限公司	蓝猫	25	运动鞋，球鞋，胶鞋
106		泉州克拉克体育用品	洲克 ZOKE	25	服装，紧身衣裤，内裤（服装）
107		泉州益源鞋业有限公司	策乐 CELE	25	鞋（脚上的穿着物），鞋盒靴的金属附件，鞋垫
108		福建省惠安恒惠鞋业有限公司	科山及图	25	鞋，旅游鞋，胶鞋
109		鑫威（福建）轻工有限公司	飞克及图	25	鞋（脚上的穿着物）
110		福建省晋江市陈埭爱利宝鞋服有限公司	爱利宝及图	25	运动鞋，鞋，运动鞋
111		卡宾服饰（中国）有限公司	卡宾 cabbeen	25	服装，鞋，皮带（服饰用）
112		石狮市福达织造实业有限公司	超威迪	25	服装
113		泉州市圣吉奥服饰实业有限公司	圣吉奥及图	25	服装
114		福建省老人城服饰发展有限公司	老人城及图	25	服装
115		石狮市四海龙服饰发展有限公司	四海龙及图	25	服装
116		晋江泉胜服饰有限公司	仕泰兰及图	25	服装
117		福建省晋江市恒人鞋业有限公司	恒人及图	25	拖鞋，凉鞋
118		石狮市七彩云服饰有限公司	七彩云车	25	服装
119		石狮市皇鑫服饰有限公司	黎诗奇及图	25	服装，鞋
120		福建宝德服饰有限公司	MOMOCO	25	服装（童装）
121		福建省晋江佳迪鞋业有限公司	贝奇及图	25	鞋，服装
122		石狮市信荣五金皮具有限公司	达宁胜及图	26	服装扣，皮带扣，拉链
123		晋江市福兴拉链有限公司	3F	26	花边饰品，衣服装饰品，拉链
124		李宁（福建）羽毛球科技发展有限公司	KASON	28	羽毛球拍

续表

序号	地区	企业名称	商标名称	类别	认定商标或服务
125	泉州	石狮市快克体育用品有限公司	快克	28	运动球拍，网球拍，羽毛球拍
126		晋江市阿一波食品工贸有限公司	阿一波	29	紫菜，海带
127		福建省南安市永利源综合食品有限公司	永利源及图	29	蔬菜罐头，豆腐制品鱼制食品
128		蜡笔小新（福建）食品工业有限公司	蜡笔小新	29	果冻
129		福建泉州市伍氏特香包有限公司	伍氏特香包及图	30	蛋糕，面包，春卷皮
130		福建省泉州市安记食品有限公司	安记	30	调味酱油，味精调味酱
131		福建仙境食品有限公司	仙境及图	30	冰淇淋，冰糕，加奶可可饮料
132		新大发（福建）材料可以有限公司	大发及图	35	推销（替他人）
133		石狮市通海汽车配件有限公司	通海	37	车辆维修，汽车保养
134		石狮市荣誉大酒店	荣誉及图	43	快餐馆，旅馆
135	三明	福建省沙县明福木业有限公司	明福及图	19	建筑用木材，胶合板，三合板
136		福建闽江源绿田实业投资发展有限公司	闽江源 MINJAYO	32	果汁，蔬菜汁（饮料），水（饮料）
137		沙县小吃同业公会	沙县小吃同业公会及图	43	自助餐馆，快餐馆，餐馆
138	莆田	三棵树涂料股份有限公司	三棵树 sankeshu	2	涂料，油漆，漆
139		福建省新威电子工业有限公司	SUNWAY	9	计算器，计算机，计算机周边设备
140		双驰实业股份有限公司	双驰及图	25	鞋，运动鞋，足球鞋
141		祥田贸易有限公司	达芙妮	25	女鞋，体操鞋，帽袜
142		莆田市涵兴食品有限公司	涵兴记	29	腐乳，紫菜，腌制蔬菜

续表

序号	地区	企业名称	商标名称	类别	认定商标或服务
143	莆田	福建莆田市八重洲饲料科技有限公司	八重洲及图	31	饲料，非医用饲料添加剂
144		福建正源饲料有限公司	冠源及图	31	动物饲料，饲料
145		福建康辉食品有限公司	康辉	32	不含酒精的果汁饮料
146		福建宏丰实业集团有限公司	宏丰及图	6	钢条，钢板，铁板
147	南平	福建省南平南线电缆有限公司	南线及图	9	绝缘铜线，电线，电缆
148		福建省邵武市正兴武夷轮胎有限公司	武夷及图	12	轮胎，内胎
149		福建省武夷山市茶叶总厂	正岩	30	茶，茶叶代用品
150		福建双龙戏珠酒业有限公司	建瓯	33	酒
151	龙岩	连城县东方经济开发有限公司	金鼠及图	16	纸袋纸，全木浆本色牛皮纸，玉扣纸
152		福建省远山农业发展有限责任公司	远山 YUANSHAN	31	活动物，坚果（水果），新鲜蔬菜
153		梁峰（福建）酒业有限公司	梁峰牌及图	33	酒
154	宁德	柘荣县太子参协会	柘荣太子参及图	5	太子参
155		福建福鼎京科化油器有限公司	第 1637667 号图	7	化油器
156		福建省友力化油器有限公司	KEIHIN 及图	12	摩托车化油器
157		闽东五一机电有限公司	第 838558 号图	7	割草机，割灌机
158		泰格工业集团有限公司	TIGER 及图	7	马达及其部件（包括发电机，电动机）
159		福建正阳汽车部件有限公司	JOYYOUNG	12	陆地车辆刹车片，车辆刹车闸瓦，陆地车辆刹车垫
160		福建省古田县武豪食品有限公司	29	29	干食用菌，腐竹，精制坚果仁
161		福建省古田县大丰工贸有限公司	八荒及图	29	干食用菌，干蔬菜，紫菜

续表

序号	地区	企业名称	商标名称	类别	认定商标或服务
162	宁德	福建品品香茶叶有限公司	品品香	30	茶，茶叶代用品
163		福建广生堂药业有限公司	广生堂	30	茶叶代用品，非医用营养胶囊，非医用营养液
164		福建省宁德市茶叶公司	鞠岭及图	30	茶叶
165		福建顶丰食品有限责任公司	顶丰	30	饼干
166		福建仁升食品有限公司	仁升及图	30	蛋卷，饼干，糕点，面包

表 1-16　**2005 年福建省著名商标名表**

序号	地区	企业名称	商标名称	类别	认定商标或服务
1	福州	红苹果化工（福建）有限公司	红苹果	2	染料，颜料，油胶泥（油灰、腻子）
2		福州黑金刚炭业有限公司	黑金刚及图	4	木炭（燃料），木块，点火用木片
3		明一（福建）婴幼儿营养品有限公司	明一	5、29	牛奶，牛奶制品，婴儿奶粉
4		福建奋安不锈钢有限公司	奋安及图	6	普通金属合金，钢管
5		福清市晨晖五金制品有限公司	富士山 FUJISAN	6	普通金属合金，金属窗，金属门
6		福建榕基软件股份有限公司	榕基及图	9	计算机软件（已录制），已录制的计算机程序，计算机外围设备
7		福州通尔达电线电缆有限公司	超阳	9	电线，电缆
8		福州畅通电器有限公司	CT 及图	9	配电箱（电），配电盘（电）
9		福建星网锐捷通讯股份有限公司	星网锐捷	9	信息处理机（中央处理装置），计算机，计算机周边设备

续表

序号	地区	企业名称	商标名称	类别	认定商标或服务
10	福州	福建雪人股份有限公司	SNOWKEY	11	制冰机和设备，冷冻设备和装置，冷却装置和机器
11		福建省马尾造船股份有限公司	第1163074号图	12	水用机动运载器，船，轮船，渡船
12		福州和声钢琴有限公司	HARMONY	15	钢琴
13		福建友谊胶粘带集团有限公司	友日久及图	16	文具或家用胶带，文具用胶带，文具和家用粘合剂（胶水）
14		福建日报社	海峡都市报	16	报纸
15		福建省闽清东升陶瓷有限公司	富美斯FMS	19	瓷砖
16		福建省闽清三得利陶瓷有限公司	华尔顿HED及图	19	瓷砖
17		福建省福马企业集团有限公司	福马及图	25	衣物，针织衣服
18		福州何氏服饰有限公司	滨盟尔bmr	25	服装
19		福建天生农业股份有限公司	天生及图	29	食用油脂，食用油
20		贝奇（福建）食品有限公司	贝奇及图	29	萝卜干，腌制蔬菜，豆腐制品
21		福建省罗源县味中味食品有限公司	味中味	29	肉松，猪肉食品
22		鼎鼎（福州）食品有限公司	鼎鼎	29	肉松，肉脯，猪肉食品
23		飞龙（福清）食品工业有限公司	速力	30	咖啡，麦片，面包，糕点
24		福建省神蜂科技开发有限公司	第3038430号图	30	蜂蜜，蜂胶（非医用营养），蜂王浆（非医用）
25		福州榕城贸易有限公司	榕诚及图	30	味精，调味品
26		元洪面粉食品（福建）有限公司	元洪及图	30	面粉，米，面包，糕点
27		福建高龙实业有限公司	高龙及图	31	动物饲料（包括非医用饲料、添加剂及催肥剂）

续表

序号	地区	企业名称	商标名称	类别	认定商标或服务
28	福州	福建天马饲料有限公司	健马及图	31	饲料
29		福清市凯辉食品有限公司	奥必佳	32	无酒精果汁饮料，无酒精饮料，茶饮料（水）
30		福建省台福食品有限公司	台福及图	32	非酒精饮料，果汁饮料
31		福建省宏盛闽侯酒业有限公司	第 629865 号图	33	酒
32		永辉超市股份有限公司	永辉 YH	35	推销（替他人）
33		福建星美生态建筑装饰有限公司	第 1121736 号图	37	室内装潢，室内装潢修理
34		福州市鼓楼区梳剪城	舒简城	44	美容院，理发室
35	厦门	厦门鑫油造漆工业有限公司	第 908990 号图	2	涂料，漆
36		厦门市益尔寿佛具有限公司	金双喜	3	香
37		厦门新明鸿佛具艺品工贸有限公司	新明鸿及图	3	香
38		厦门市金典实业有限公司	金属及图	6	金属门
39		厦门市东亚机械有限公司	捷豹 JAGUAR	7	空气压缩机
40		厦门市育明工程机械有限公司	育明 YUMING	7	挖掘器（机械）的专用配件，装载机的专用配件
41		厦门金藏机电有限公司	第 842468 号图	8	锯刃（手工具零件），锯（手工具）
42		厦门市华侨电子股份有限公司	PRIMA	9	电视机
43		厦门市立林科技有限公司	LEELEN	9	信号铃，内部通讯设置，报警器
44		厦门联创微电子股份有限公司	第 3011210 号图	9	集成电路，芯片
45		三达膜科技（厦门）有限公司	SUNTAR	11	水净化设备和机器，过滤器（家用或工业装置上的零件），污水处理设备

续表

序号	地区	企业名称	商标名称	类别	认定商标或服务
46	厦门	厦门安妮股份有限公司	安妮及图	16	复印纸，彩色喷墨打印纸，记录机用纸
47		厦门市龙鳞凤山建材有限公司	国道及图	19	水泥
48		厦门市台亚塑胶有限公司	台亚及图	19	非金属排水管，非金属管道
49		厦门翔球集团有限公司	玉鹭及图	20	床垫
50		厦门金牌橱柜股份有限公司	GOLDENHOME	20	餐具柜，有抽屉的橱
51		厦门华诚实业有限公司	三角梅即将图	22	纺织纤维，纤维纺织原料
52		厦门市佳贝美集团有限公司	佳贝美及图	25	服装
53		厦门市亲亲服装有限公司	丝培力及图	25	服装，帽子，手套
54		厦门市圣达威服饰有限公司	圣达威	25	服装
55		厦门群鑫机械工业有限公司	ENERE	28	锻炼身体肌肉器，健美器，锻炼身体器械
56		厦门市双丹实业发展有限公司	燕之屋	29	食用鸟窝
57		厦门银祥集团有限公司	银祥及图	29	猪肉，猪肉食品
58		如意情集团股份有限公司	如意情及图	29	腌制蔬菜，冷冻水果，速冻方便菜肴
59		慈光食品（厦门）有限公司	BB	30	酱油，辣椒酱，番茄沙司
60		厦门市奇奇保健食品有限公司	凯悦及图	30	糖果，糕点，面粉制品
61		厦门市鹭滨食品有限公司	鹭滨 LB	30	饼干，糕点
62		厦门洋江食品有限公司	洋江及图	30	耗油，调味品，酱油
63		厦门市黄则和食品有限公司	黄则和及图	30、42	餐馆，糕点，馅饼（点心）
64		厦门向阳坊食品有限公司	向阳坊及图	30	面包，蛋糕，水果馅饼
65		厦门烟草工业有限责任公司	金桥及图	34	卷烟

续表

序号	地区	企业名称	商标名称	类别	认定商标或服务
66	厦门	厦门市中闽百汇商业有限公司	中闽百汇及图	35	推销（替他人），进出口代理，商业管理辅助
67		厦门威扬广告有限公司	WEIYANG 及图	35	广告，室外广告，广告设计
68		福建新华都广场股份有限公司	新华都及图	35	推销（替他人）
69		泉舜集团有限公司	泉舜及图	36、37	不动产管理，不动产代理，建筑
70		厦门中联建设工程有限公司	中联及图	37	电气设备的安装与修理
71		厦门海投房地产有限公司	未来海岸及图	37	建筑
72		福建省闽南快运股份有限公司	闽南及图	39	旅客运送
73		福建省厦门轮船有限公司	第 1759193 号图	39	海上运输
74		厦门市鹭达燕京有限公司	鹭达 LUDA 及图	42	眼镜行
75		厦门华视眼镜有限公司	华视及图	42	眼镜行服务（包括修理和加工），验光，配制眼镜
76		厦门夏商旅游集团有限公司	好清香	42	餐馆，备办宴席
77		厦门鹭发美食大庄园娱乐有限公司	鹭发美食及图	42	备办宴席，餐厅
78		厦门市南普陀寺实业社	南普陀	43	餐馆，饭店
79	漳州	福建省锦江日用化工有限公司	锦江及图	5	蚊香
80		漳州生物化学制药集团有限公司	神薰及图	5	药油，中成药
81		漳浦县金浦钢丝厂	金浦及图	6	铁丝，钢丝，铝丝
82		福建三宝钢铁有限公司	第 1762069 号图	6	钢板，钢条，金属建筑材料
83		金冠（龙海）塑料包装有限公司	今冠及图	16	包装用塑料膜，包装用纸袋，塑料袋
84		福建绿宝食品集团有限公司	绿鲜及图	29	水果罐头，蔬菜罐头，肉罐头

续表

序号	地区	企业名称	商标名称	类别	认定商标或服务
85	漳州	福建哈龙峰茶叶有限公司	哈龙峰及图	30	茶，茶叶代用品
86		雅佳福（福建）食品有限公司	雅佳福及图	30	糕点，饼干，蛋糕
87		福建天醇茶业有限公司	天醇及图	30	茶，茶叶代用品
88		漳州市闽京果蔬有限公司	八卦芦及图	31	新鲜水果和蔬菜
89		福建省平和琯溪蜜柚发展中心	平和琯溪蜜柚及图	31	蜜柚
90		龙海市常常满烧腊饭店	常常满及图	42	饭店，餐厅，餐馆
91	泉州	泉州明益轻工业有限公司	金耐尔及图	6	挂锁，金属锁（非电），车辆用金属锁
92		泉州卜硕机械有限公司	卜硕及图	7	纺织机，编织机，织布机
93		泉州市长江工程机械有限公司	第1321990号图	7	机械传动装置，机轮，传动齿轮
94		福建先创电子有限公司	第860808号图	9	通讯导航设备
95		福建福泉集团有限公司	宏浪及图	11	水龙头，水管龙头，龙头
96		福建泉州联兴纸业集团有限公司	南风及图	16	纸板或纸板盒
97		兴业皮革科技股份有限公司	兴业及图	18	（动物）皮，仿皮革，皮制家具套
98		泉州跃茂皮塑有限公司	跃茂及图	18	书包，旅行包（箱）旅行袋
99		福建省晋江市火炬建材有限公司	火炬及图	19	瓷砖
100		福建省南安市豪联建材发展有限责任公司	豪联及图	19	砖，非金属建筑材料屋顶
101		福建省凤山石材集团有限公司	凤凰山及图	19	花岗石，大理石，石材
102		福建省晋江豪山建材有限公司	豪山	19	瓷砖
103		福建省晋江市矿建釉面砖厂	美胜及图	19	墙地砖
104		福建澳盛集团有限公司	澳盛及图	19	瓷砖，石板，大理石

续表

序号	地区	企业名称	商标名称	类别	认定商标或服务
105	泉州	福建省南安市东星石材有限公司	东星及图	19	花岗石，大理石，建筑石材
106		泉州海日星工艺美术有限公司	海日星及图	20	树脂工艺品，玻璃钢工艺品
107		泉州顺通艺品有限公司	第 168146 号图	20	树脂工艺品
108		福建省泉州得胜集团有限公司	第 3343067 号图	21	家庭用陶瓷制品，日用陶器
109		福建省德化县飞天陶瓷艺术研究所	飞天及图	21	瓷器，陶器
110		晋江市龙兴隆染织实业有限公司	龙兴隆及图	2	布，织物，纺织纤维物
111		冠宏股份有限公司	GUANHONG	24	布，无纺布
112		晋江市兴泰无纺制品有限公司	兴泰 XINGTAI 及图	24	布，无纺布，纺织品餐巾
113		福建省晋江福联织造有限公司	第 1801373 号图	24	布，衬料，纺织织物
114		台隆控股集团有限公司	台隆及图	24	纺织织物，棉织品，无纺布
115		福建玛莱特针织制衣有限公司	MALAITE 及图	25	服装
116		福建金苑服饰有限公司	金苑 JINYUAN	25	时装，套装
117		石狮市豪迈鞋业有限公司	公牛巨人	25	鞋
118		晋江金豪雀服装织造有限公司	金豪雀及图	25	服装
119		福建省晋江市龙湖雷马服装实业有限公司	雷马及图	25	服装
120		福建省石狮市棒球手鞋业有限公司	BASEMAN	25	鞋
121		泉州市西域骆驼服饰有限公司	第 2004406 号图	25	服装
122		福建万里达轻工业有限责任公司	名朗及图	25	鞋，服装
123		福建南安市南华鞋业有限公司	南华龙及图	25	鞋，运动鞋，凉鞋

续表

序号	地区	企业名称	商标名称	类别	认定商标或服务
124	泉州	东方骆驼制衣织造（中国）有限公司	东方骆驼及图	25	服装
125		石狮市凯而来体育用品有限公司	凯而来及图	25	服装，童装，夹克
126		福建泉州市仕达斯制衣有限公司	仕达斯	25	服装，衬衫服制衣
127		晋江市天姿纺织实业有限公司	天姿及图	25	泳衣，柔道服，防水服
128		晋江市夺标体育用品有限公司	夺标及图	25	服装
129		泉州圣利人服装织造有限公司	圣利人 SENLIREN	25	服装，裤子，针织服装
130		福建霸岛鞋服有限公司	霸岛及图	25	鞋，运动鞋，足球鞋
131		石狮市利美斯制衣有限公司	第 1150740 号图	25	服装
132		晋江市卡丹皮草时装有限公司	夜游神及图	25	服装，领带，鞋
133		晋江市超达鞋服有限公司	喜攀登及图	25	鞋，服装
134		泉州新鞋豪鞋服有限公司	雷洛 LEILUO	25	鞋
135		华飞（中国）服饰有限公司	全垒打及图	25	服装，鞋
136		旺仔服饰（福建）有限公司	旺仔 WANGZAI	25	服装
137		福建省晋江市时兴鞋服有限公司	巴巴逗及图	25	鞋
138		泉州梅峰扣具有限公司	第 1051665 号图	26	领钩扣，鞋扣，提包滑口
139		福建新宇拉链织造有限公司	XYZ	26	拉链
140		晋江市信鑫拉链织造有限公司	信鑫	26	拉链
141		福建高宝利装饰礼品有限公司	都纳 DOULA	26	皮带扣，服装扣，扣子（服装配件）
142		石狮市艾思特体育用品有限公司	艾思特及图	28	网球拍，羽毛球拍，乒乓球拍
143		福建省伟志兴体育用品有限公司	九日山及图	28	体育活动器械
144		福建省万里香食品工贸有限公司	回味	29	水产罐头，鱼子酱，肉铺
145		福建省龙头山粮油发展有限公司	龙头山	29	食用油

续表

序号	地区	企业名称	商标名称	类别	认定商标或服务
146	泉州	泉州市金华油脂食品有限公司	鸵鸟及图	29	食用油脂
147		日春股份公司	日春及图	30	茶，茶叶代用品
148		福建省安溪县华福茶厂有限公司	华福及图	30	茶，茶叶代用品
149		福建安溪岐山魏荫名茶有限公司	魏荫	30	茶，绿茶，乌龙茶
150		福建省南安市和统食品有限公司	和统及图	30	面条及米面制品
151		泉州五矿（集团）公司	QZMM	35	进出口代理，组织商业或广告展览，工业管理辅助业
152		泉州轻艺股份有限公司	QLAC 及图	35	进出口代理，组织商业或广告展览，商业管理辅助业
153		福建捷龙商业有限公司	捷龙超市及图	35	推销（替他人）
154		福建协盛协丰印染实业有限公司、协盛（石狮市）染织实业有限公司、协丰（福建）印染有限公司	协盛协丰及图	40	纺织品精细加工，纺织品染色
155		石狮市浪潮服饰文化传播有限公司	浪潮商标及图	42	印刷，包装设计，服装设计
156	三明	东南新材料股份有限公司	东南及图	7	碳酸钙
157		沙县宏盛塑料有限公司	宏光及图	1	酚醛塑料粉
158		辉煌重工集团有限公司	辉煌及图	7	辉煌重工集团有限公司
159		福建汇华集团东南汽车缸套有限公司	鹤鸣及图	12	汽车气缸
160		福建海峡科化股份有限公司	第 750273 号图	13	工业火雷管，瞬发电雷管，毫秒延期雷管
161		永安市大地竹叶有限公司	家丰及图	19	胶合板，树脂复合板，贴面板
162		福建三明毓才玻璃制品有限公司	三山牌及图	21	玻璃瓶
163		永安市宝华林实业发展有限公司	宝华林	24	无纺布，金属棉（太空棉），纺织品过滤材料

续表

序号	地区	企业名称	商标名称	类别	认定商标或服务
164	莆田	福建省新威电子工业有限公司	KENKO 及图	9	计算器，计算机，电话机
165		福建省莆田市金嘉利珠宝首饰有限公司	金嘉利及图	14	贵重金属合金，装饰品(珠宝)铂金饰品
166		福建汇达时装有限公司	九点钟及图	25	服装
167		莆田市华南副食品有限公司	青林源及图	29	蜜饯，干荔枝，桂圆
168		福建省中源食品有限公司	大家发及图	29	皮蛋，咸蛋，皮蛋（松花蛋）
169		仙游县度尾镇文旦柚协会	度尾 DUWEI	31	文旦柚
170		福建省闽中有机食品有限公司	闽中及图	31	鲜食用菌，新鲜蘑菇，新鲜蔬菜
171		莆田市秋泗名优果树基地开发有限公司	萩芦及图	31	鲜水果，花生(果品)，鲜枣
172	南平	福建青松股份有限公司	青松及图	5	合成樟脑丸
173		南平市双友金属有限公司	双友及图	6	钢条，铁条，家具用金属附件
174		南平市朝日电缆有限公司	朝日及图	9	电线，电缆，电源材料
175		福建顺昌虹润精密仪器有限公司	虹润及图	9	压力指示剂，速度计，流量计
176		华闽南配集团股份有限公司	NPM 及图	12	陆地车辆动力装置
177		福建省建阳市鲁班木业有限公司	鲁班及图	19	胶合板
178		福建省南平金月合成革有限公司	JINYUE 及图	24	布，无纺布，纺织织物
179		福建省南平市新华安制衣有限公司	港飞 GANGFEI	25	服装
180		福建明良集团有限公司	明良及图	29	笋干，蔬菜罐头，干食用菌
181		武夷星茶叶有限公司	武夷星及图	30	茶
182		福建武夷山国家级自然保护区正山茶业有限公司	元正及图	30	茶

续表

序号	地区	企业名称	商标名称	类别	认定商标或服务
183	龙岩	福建省漳平化肥有限公司	闽化	1	氮肥，氰氨化钙
184		永定采善堂制药有限公司	采善堂及图	5	中成药
185		福建伍旗机械有限公司	伍旗及图	12	汽车底盘，车辆底盘，机车的前后桥
186		福建园东食品有限公司	园东山	29	果皮，蜜饯果类，话梅
187		福建森宝食品集团股份有限公司	SUMPO 及图	29	肉，腌肉，香肠
188	宁德	福建三祥工业新材料有限公司	三祥 FSM	6	耐磨金属，硅铁，普通金属合金
189		福建银嘉机电有限公司	YINJIA 及图	7	非陆地车辆发动机，发电机，泵（及其发动机或马达部件）
190		福鼎市华益机车部件厂	华益及图	7	化油器
191		福建省霞浦三沙华美实业有限公司	HMK	7	火花塞，三清过滤器（空气，机油，汽油），高压线组（点火线）
192		福建大吉刀剪五金有限公司	吉及图	8	剪刀，刀片（手工具）
193		福建怡和电子有限公司	怡禾康及图	10	按摩器械，振动按摩器
194		福建省圣王食品有限公司	圣王	29、32	牛奶制品，牛奶饮料（以牛奶为主的）
195		福建福鼎海鸥水产食品有限公司	九洋及图	29	鱼（非活的），虾（非活），鱼制食品
196		宁德市海洋技术开发有限公司	海名威及图	29	鱼（非活的）
197		宁德市南洋实业有限公司	海旸及图	29	猪肉食品，牛肉食品
198		宁德市恒信粮油贸易有限公司	青牛	30	米，谷类制品
199		福建福安市城湖茶叶有限公司	第 7661377 号图	30	茶，茶叶代用品，茶饮料
200		福建仙洋洋食品科技有限公司	仙洋洋	5、30、32	药茶，茶饮料，非医用营养液

表 1-17　**2006 年福建省著名商标名表**

序号	地区	企业名称	商标名称	类别	认定商标或服务
1	福州	福清龙光漆业有限公司	添姿	2	油漆
2		福清市龙港金属制品有限公司	龙固及图	6	金属门，金属窗
3		中铝瑞闽铝板带有限公司	瑞闽及图	6	建筑专用金属板，金属建筑壁板铝板
4		福州市广福有色金属制品有限公司	广福及图	6	铜，未加工或半加工铜，黄铜，铝
5		福建省金盛钢业有限公司	第 1581615 号图	6	金属建筑材料，建筑用金属加固材料，金属建筑构件
6		福清市龙兴工程机械制造有限公司	福工	7	装卸设备，升降设备，推土机
7		福州福善风动设备有限公司	绿 GREEN	7	喷枪，吹枪，风动工具
8		福建中能电器股份有限公司	第 3087178 号图	9	电缆，电缆接头套，配电箱（电）
9		福州昌晖自动化系统有限公司	昌晖及图	9	计量仪表
10		福州金宇电器设备有限公司	金宇 JINYU	9	变压器，配电箱（电），高低压开关板
11		福州科杰电子衡器有限公司	科杰及图	9	秤，衡器，台秤
12		福建北讯智能科技有限公司	北迅网络　NORTEC	9	计算机外围设备，计算机用界面卡
13		福州天健光电有限公司	天健 SENVIEW	9	光学器械和仪器，照相物镜
14		福建福光数码科技有限公司	福光	9	光学镜头，光学品，光学器械和仪器
15		网讯信息技术（福建）有限公司	VTION 及图	9	计算机外围设备，计算机周边设备，网络通讯设备
16		福州三协电子有限公司	SANXIE 及图	11	水冲洗设备，卫生间用手干燥器，浴室装置

续表

序号	地区	企业名称	商标名称	类别	认定商标或服务
17	福州	福建冠良汽车配件工业有限公司	冠良及图	12	陆地车辆刹车片，汽车用离合器片，陆地车辆用离合器
18		福建峰记珠宝首饰有限公司	峰记及图	14	类宝石（珠宝），翡翠，珍珠（珠宝）
19		福州汉强电子有限公司	SIONSTR 及图	14	钟
20		福州彩福珠宝有限公司	彩福及图	14	装饰品（珠宝），贵重金属艺术品，宝石
21		骏洋（福清）旅游用品有限公司	高源及图	18	书包，旅行包（箱）公文包
22		金强硅酸钙板（福州）有限公司	金强及图	19	石膏板，地板，建筑用非金属隔板
23		鸿盛家具（福建）有限公司	鸿盛及图	20	家具，办公家具
24		福州云蕊日用品有限公司	云蕾	21	抹布，清洁器（手工操作），家务手套
25		福建锦江科技有限公司	创造者及图	23	人造线和纱，纺织用弹性纱和线，弹力丝（纺织用）
26		福建永丰针纺有限公司	永丰及图	24	衬料（纺织品），纺织的弹性布料，非编纺织品
27		福建福田服装有限公司	佩吉 PAGE ONE	25	服装
28		福州茂盛投资有限公司	第 3150958 号图	25	服装
29		福州新琪眉妇幼用品有限公司	新琪	25	婴儿全套衣，婴儿纺织品尿布
30		福州罗力卡服饰营销有限公司	LUOLIK 及图	25	服装
31		福州豪峰食品有限公司	赛园及图	29	蜜饯，蜜饯果类，干橄榄
32		福州康利达乳业有限公司	康利达及图	29	牛奶，牛奶制品

续表

序号	地区	企业名称	商标名称	类别	认定商标或服务
33	福州	福建康宏股份有限公司	多佰及图	29	食用油
34		福建海壹食品饮料有限公司	海旺及图	29	水生贝类动物，加工的鱼
35		福建鸭嫂食品有限公司	鸭嫂	29	皮蛋，咸蛋，蛋
36		福建省连江天源水产有限公司	浪涛及图	29	海带，紫菜，鱼制食品
37		福建省罗源县美味食品有限公司	名师及图	29	肉松
38		福建坤兴海洋生物有限公司	坤兴 KUNXING	29	鱼制食品
39		福州惠万家食品有限公司	好人家及图	29	腌制蔬菜，加工过的花生，豆腐制品
40		福州金穗粮油贸易有限公司	迎福	29	食用油
41		福建省永泰县顺达食品有限公司	李都及图	29	蜜饯果类，陈皮梅，话梅
42		福建省罗源县味中有食品（集团）有限公司	味中有及图	29	肉松，肉罐头，鱼松
43		福州昌盛食品有限公司	福盛及图	30	面粉制品，面条，挂面
44		福建红冠面粉工业有限公司	红冠	30	食用面粉
45		福州满堂香生态农业有限公司	满堂香	30	茶
46		福州榕新香米业有限公司	榕新及图	30	米
47		福建一川食品有限公司	福寿全	30	方便面
48		福建新之源生物制品有限公司	心之源 XINZHIYUAN	30	蜂蜜
49		福州鼓楼区同利肉燕老铺	同利及图	30	肉燕（福州馄饨），燕皮（福州馄饨皮）
50		福建省华龙集团饲料有限公司	华龙及图	31	饲料，饲料添加剂
51		福清市东源食品有限公司	辰成	32	无酒精果汁饮料，果汁饮料（饮料）
52		拓福集团有限公司	拓福	35	推销（替他人）
53		平潭县冠超市发展有限公司	冠 GUAN	35	推销（替他人）

续表

序号	地区	企业名称	商标名称	类别	认定商标或服务
54	福州	福建骊特房地产综合服务有限公司	骊特	36	不动产代理，住房代理，不动产中介
55		融侨集团股份有限公司	融侨及图	37	建筑
56		福建三木集团股份有限公司	第 891808 号图	37	建筑，室内装潢修理
57		福建顶点软件股份有限公司	APEX 及图	42	计算机编程，计算机软件设计
58	厦门	厦门汇达化工有限公司	汇大	1	未加工的环氧树脂，未加工合成树脂，未加工人造树脂
59		福建省台华化学工业有限公司	恒森及图	2	涂料（油漆），油漆，水溶性乳胶漆
60		厦门佛星三宝香业有限公司	三宝及图	3	香
61		厦门市吉和香业有限公司	吉和及图	3	香，香木
62		英科新创（厦门）科技有限公司	第 1292737 号图	5	医药生物制剂，医用制剂，医用诊断制剂
63		鹭燕（福建）集团有限公司	鹭燕及图	5	类医用药物，人用药，药用植物根
64		厦门新长诚钢构浪板有限公司	新长诚 NCC	6	钢板，金属柱
65		厦门立洲五金弹簧有限公司	立洲及图	6	弹簧（金属制品）
66		厦门万明电子有限公司	WMEC	9	电容器，电阻器，变阻器
67		厦门顶尖电子有限公司	顶尖及图	9	台秤（条码电子称），收现金机（收款机）
68		诚益光学（厦门）有限公司	PARIM	9	眼镜，眼镜片，镜架
69		利胜电光源（厦门）有限公司	曼佳美 MEGAMAN	11	照明器，照明器械及装置
70		厦门迪尔康科技有限公司	迪尔康及图	11	冷冻设备和装置
71		厦门正新橡胶工业有限公司	樱花 SAKUA	12	轮胎

续表

序号	地区	企业名称	商标名称	类别	认定商标或服务
72	厦门	厦门耀健纸品有限公司	多吉美 DUOJIMEI	16	卫生纸，餐巾纸
73		厦门泰茂雨具日用制品有限公司	彩雨 color rain	18	伞，雨伞，遮阳伞
74		厦门山田聪达涂料有限公司	山田及图	19	涂层（建筑材料），非金属建筑涂面材料
75		厦门艾思欧标准砂有限公司	第 1580724 号图	19	标准砂
76		厦门鑫五洲国际贸易有限公司	DFC 及图	21	非贵重金属制家用或厨房用容器，家庭用陶瓷制品，瓷，赤陶或玻璃艺术品
77		双利（厦门）化纤有限公司	宏维丝及图	24	纺织织物，布
78		厦门元贝琪服饰有限公司	赑琪	25	服装，围巾，皮带（服饰用）
79		厦门咏仕服饰有限公司	咏仕 YONGSHI	25	服装
80		厦门市名士鞋业有限公司	名士及图	25	皮鞋
81		厦门福禄源实业有限公司	福禄源及图	29	肉铺，肉松，肉干
82		厦门夏商黄金香食品有限公司	第 3410031 号图	29	猪肉食品，肉，蛋
83		厦门市陈友香调味品有限公司	陈有香	30	调味粉，调味酱，酱
84		厦门市同安区恒利茶叶有限公司	雅豪及图	30	茶
85		厦门市惠德福食品有限公司	第 1438567 号图	30	面条，挂面，米粉
86		农友种苗（中国）有限公司	第 976848 号图	31	种子
87		中绿食品集团有限公司	中绿及图	31	新鲜蔬菜，鲜水果
88		厦门中和实业有限公司	第 3503812 号图	31	饲料，动物食用谷物，牲畜用菜籽饼
89		厦门岳口矿泉水有限公司	岳口	32	矿泉水
90		厦门 SM 商业城有限公司	SM	35	组织商业管理辅助，推销（替他人）
91		厦门契合展览服务有限公司	契合	35	组织商业或广告展览，室外广告，广告代理

续表

序号	地区	企业名称	商标名称	类别	认定商标或服务
92	厦门	厦门城市年轮策划代理有限公司	城市年轮及图	35	商业信息代理，广告策划
93		厦门大卓品铝型材有限公司	大卓品	35	推销（替他人），进出口代理
94		厦门永同昌集团有限公司	GOLD COMMON 及图	36	不动产管理，住所（公寓）
95		厦门新景祥投资控股有限公司	新景祥及图	36	不动产代理
96		厦门经济特区工程建设公司	特工及图	37	工厂建设，建筑
97		厦门市筼筜新市区开发建设公司	第 1357483 号图	37	建筑，室内装潢，工厂建设
98		厦门晋联物流有限公司	晋联物流及图	39	货运，货运经济，运输经纪
99		厦门国际航空港集团有限公司	XIAGC 及图	39	空中运输，航行安排运货
100		厦门福隆置业集团有限公司	福隆及图	37	商品房建造，建筑，建筑信息
101		厦门日月谷温泉度假村有限公司	日月谷及图	42	住宿（旅馆、供膳寄宿处），餐厅，公共卫生浴
102	漳州	福建双赢集团有限公司	双赢及图	1	磷肥（肥料）混合肥料，化学肥料
103		福建鑫展旺集团有限公司	鑫展旺及图	2	油漆，涂料，涂层（油漆）
104		漳州市格莱雅化妆品有限公司	伊诗蒙 YISHIMENG	3	美容用面膜，防皱霜，化妆品清洗剂
105		漳州市麒麟电子有限公司	第 1917798 号图	9	工业操作遥控电力装置，工业操作遥控电器设备，自控旋转栅门
106		福建国安船业有限公司	国安及图	12	船，汽艇，独木舟
107		福建省国农农业发展有限公司	国农及图	16	纸质或塑料制水果套袋，包装纸，纸箱

续表

序号	地区	企业名称	商标名称	类别	认定商标或服务
108	漳州	漳州市绿通塑胶有限公司	绿通及图	19	非金属水管，非金属板
109		漳州市国辉工贸有限公司	GUOHUI 及图	20	家具，办公家具
110		漳州红梅家具有限公司	红梅 RED PLUM	20	金属家具，家具，办公家具
111		东山县蓝特水产加工有限公司	蓝特及图	29	鱼（非活的），鱼制食品，鱼片
112		东山县顺达水产食品有限公司	顺达及图	29	鱼（非活的），沙丁鱼，虾（非活的）
113		漳浦县云海贸易有限公司	云瀚及图	29	贝壳类动物（非活的），虾(非活的),鱼(非活的)
114		漳州立兴罐头食品有限公司	LIXING 及图	29	罐装水果，蘑菇罐头，蔬菜罐头
115	泉州	福建南海食品有限公司	南胜 NANSHENG 及图	29	速冻菜，脱水菜，冷冻水果
116		龙海市文鸿食品有限公司	文鸿 WENHONG	29	酱菜，水果罐头，蔬菜罐头
117		福建二宜楼茶业工贸有限公司	二宜楼及图	30	茶，乌龙茶
118		漳州市金峰食品工业有限公司	金峰	30	饼干，糕点，糖果
119		福建升源粮业有限公司	第 1390684 号图	30	谷类制品，食用面粉，人用去壳谷物
120		福建康之味食品工业有限公司	康之味	32	果汁饮料（饮料），茶饮料（水）
121		福建惠安县惠兴工贸有限公司	美惠 MEIHUI	2	油漆，刷墙用白浆，漆
122		福建省南安市汇盈化学品有限公司	第 798010 号图	3	洗涤剂
123		福建省南安市天和妇幼日用品有限公司	新欣及图	5	卫生巾
124		福建泉州市金星钢丸有限公司	锦光及图	6	合金钢丸

续表

序号	地区	企业名称	商标名称	类别	认定商标或服务
125	泉州	福建省永春双恒铝材有限公司	双恒及图	6	普通金属合金，铝合金型材，金属栅栏
126		南安市三晶硅品精制有限公司	FJSJ	6	硅铁
127		泉州市盛德机械发展有限公司	盛德及图	7	齿条齿轮传动装置，机器轮
128		群峰智能机械股份有限公司	群峰	7	农业机械，陶瓷工业用机器设备（包括建筑用陶瓷机械）
129		福建省晋江市信龙机械工业有限公司	第 1629673 号图	7	染色机
130		泉州市华东电力设备有限公司	日豹及图	7	空气压缩机，焊接机械
131		泉州众志金刚石工具有限公司	第 709186 号图	7	金刚石圆锯片，金刚石磨盘
132		福建泰克通信有限公司	第 1241075 号图	9	移动通信直放机
133		泉州通政电力设备科技有限公司	通政及图	9	电缆，电线，断路器
134		泉州力声电子有限公司	易信	9	电话机，成套无线电话
135		晋江华威电源有限公司	第 1509754 号图	9	车辆用蓄电池
136		中骏电气（泉州）有限公司	第 1286261 号图	9	变压器（电），配电箱，变阻器
137		福建省南安市春城水暖器材厂	春洪	11	水龙头，喷头，热水嘴
138		福建省特瓷卫浴实业有限公司	特瓷 TECI	11	水龙头
139		泉州特库克汽车零部件有限公司	第 1711815 号图	12	陆地车辆发动机，陆地车辆动力装置，陆地车辆电力发动机
140		晋江市征途汽车部件制造有限公司	索密克	12	汽力底盘，机动车的前后桥，陆地车辆变速箱
141		石狮市信佳电子有限公司	信佳及图	14	钟，表，电子钟表

续表

序号	地区	企业名称	商标名称	类别	认定商标或服务
142	泉州	金时达（福建）电子科技发展有限公司	杰时帝及图	14	钟，手表，钟表机件
143		福建省永春宏益纸业有限公司	第 1925790 号图	14	箱纸板，瓦楞原纸，白纸板
144		泉州市三星消防设备有限公司	天星	16	纺织材料制软管，消防水龙头带，帆布水龙头带
145		福建宇源轻工有限公司	宇源及图	17	手提包，旅行包，书包
146		晋江集成轻工有限公司	集成及图	18	伞
147		泉州市海潮轻工有限公司	SHUTTLE	18	旅行箱，旅行提包，旅行袋
148		福建省晋江市内坑社仔顺兴陶瓷建材厂	彩菱及图	18	瓷砖
149		福建省晋江市丰盛陶瓷有限公司	金虎及图	19	瓷砖
150		福建省茂兴建材发展有限公司	MALACI	19	瓷砖
151		福建省南安市华盛陶瓷建材厂	第 3213127 号图	19	建筑用非金属砖瓦，瓷砖，建筑用非金属砖墙
152		福建省新鹏飞实业发展有限公司	新鹏飞及图	19	瓷砖，砖，非金属地板砖
153		福建佳豪石材有限公司	第 3320983 号图	19	花岗石，大理石，人造石墓碑，墓石，大理石艺术品
154		福建惠安县崇武海峡雕刻有限公司	海峡及图	19	木材，石头，混凝土或大理石像，石头，混凝土或大理石艺术品
155		福建磊艺石业有限公司	磊艺及图	19	石头，混凝土或大理石艺术品，石头，混凝土或大理石半身雕像塑像，墓碑
156		福建省安溪三元岩水泥有限公司	三元岩及图	19	水泥

续表

序号	地区	企业名称	商标名称	类别	认定商标或服务
157	泉州	亚伦（中国）有限公司	亚伦及图	20	树脂工艺品
158		泉州柏亚礼品有限公司	柏亚及图	20	树脂工艺品
159		福建省泉州市佳雅商贸有限公司	第 3241164 号图	20	树脂工艺品，漆器工艺品，木，蜡，石膏或塑料文艺品
160		泉州现代家居企业有限公司	现代风及图	20	家具，床，桌子，沙发
161		福建省泉州龙鹏集团有限公司	龙鹏及图	21	瓷，赤陶或玻璃艺术品
162		泉州市创意集团公司	创意及图	21	瓷器，陶器
163		福建省德化协发光洋陶器有限公司	LUZERNE	21	家庭用陶瓷制品，日用陶瓷，瓷器装饰品
164		福建省德化世盛陶瓷有限公司	第 3174643 号图	21	家庭用陶瓷制品，日用陶瓷，瓷器装饰品
165		曼妮丝绸时装（德化）有限公司	跨域及图	25	服装
166		锦兴（福建）化纤纺织实业有限公司	锦兴及图	23	弹力丝（纺织用），长丝，人造丝
167		福建宏远集团有限公司	日隆及图	24	布，纺织织物，纱布（布）
168		泉州嘉庆轻工有限公司	LKD	25	服装，鞋
169		福建省晋江保日达体育用品有限公司	第 1303542 号图	25	游泳衣，游泳裤
170		晋江明伟鞋服有限公司	明伟及图	25	鞋，服装
171		福建省晋江泉发骑士鞋业有限公司	泉发骑士及图	25	鞋，靴，运动鞋
172		福建省泉州远泰石业有限公司	远泰及图	19	花岗石
173		晋江市狄威龙服装织造有限公司	战狼世家	25	服装
174		晋江市恒豪服装织造有限公司	恒豪及图	25	服装
175		福建恩东体育用品有限公司	恩东	25	鞋，服装
176		福建省晋江市池店达仕鞋业有限公司	谊嘉宝 YIJIABAO	25	鞋

续表

序号	地区	企业名称	商标名称	类别	认定商标或服务
177	泉州	福建省晋江侨丰鞋服有限公司	第 702873 号 a 图	25	鞋，服装
178		晋江市远力鞋业有限公司	远力及图	25	鞋，凉鞋，运动鞋
179		石狮市三羊服装织造有限公司	恒羊	25	服装，夹克（服装），衬衫
180		石狮市南鸟服饰发展有限公司	南鸟及图	25	服装，鞋，帽
181		石狮市赛威达运动服装有限公司	赛威达 SAIWEIDA	25	服装，鞋
182		福建省石狮市威派服装有限公司	威派及图	25	服装
183		福建省南安市隆鹰鞋业有限公司	隆鹰 LONYE	25	鞋
184		福建省南安市剑桥鞋服有限公司	剑乔及图	25	鞋
185		福建南安市顺昌鞋业有限公司	昂川及图	25	鞋
186		福建省南安市驰之狼制衣有限公司	驰之狼 CHIZHILANG	25	服装，领带，皮带
187		福建省南安市南利斯织造有限公司	泉鑫及图	25	服装
188		福建泉州爱格乐制衣有限公司	爱格乐	25	服装
189		福建惠安县富士来鞋业有限公司	富士来	25	鞋
190		惠安县布龙鞋业有限公司	红泥巴 RED MUD	25	鞋
191		福建欧美龙体育用品有限公司	第 1263544 号图	25	服装，童装，鞋
192		福建泉州弘耕鞋材有限公司	弘耕及图	25	鞋帮，鞋面，防滑鞋底
193		泉州市天线宝宝食品有限公司	天线宝宝	29	果冻
194		福建省晋江市绿色保健蛋品有限公司	家凤及图	29	蛋
195		福建省惠香粮油食品有限公司	惠香飘	29	食用植物油，食用菜籽油
196		德化县春美乡春美村	十八格及图	29	黄花菜，笋干
197		福建省泉州市裕园茶叶有限公司	裕园及图	30	茶，茶叶代用品
198		福建省安溪县龙馨茶业有限公司	感德龙馨	30	茶

续表

序号	地区	企业名称	商标名称	类别	认定商标或服务
199	泉州	福建安溪县颖昌茶厂	颖昌及图	30	茶
200		福建大清集团有限公司	DAQING 及图	36	不动产出租，不动产管理
201		泉州市宏泰兴交通发展有限公司	宏泰兴记图	39	货运经纪
202		信诚集团（福建）有限公司	XC 及图	40	纺织品化学处理，织物漂白，皮革上色
203		石狮市亿祥染整有限公司	第 3065015 号图	40	纺织品精细加工，布料防缩处理，纺织品化学处理
204		福建省石狮市华丰针织有限公司	华丰及图	40	纺织品精细加工，染色，服装制作
205		晋江太子酒店	第 1695921 号图	42	餐厅，饭店
206		福建省晋江市大自然彩色印刷有限公司	第 1141719 号图	42	印刷业
207	三明	福建省泰宁县金湖炭素有限公司	石仙及图	1	活性炭
208		三明市三元轧辊有限公司	三圆及图	7	轧钢机滚筒，轧钢机
209		福建华橡自控技术股份有限公司	第 1185654 号图	7	橡胶工业用机器，塑料工业用机器
210		永安市吉通板业有限公司	明通及图	19	竹胶合板，木胶合板，细木工板
211		福建省将乐县乐洪活性炭有限公司	乐洪及图	1	活性炭
212		健盛食品股份有限公司	明健盛及图	29	速冻菜，干食用菌，蘑菇罐头
213		福建省明溪三老食品有限公司	三老及图	29	肉脯，香肠，肉干
214		福建省尤溪县沈郎乡食用油有限公司	沈郎乡及图	29	食用油脂
215		福建省建宁县翠源食品有限公司	翠源馨及图	29	蔬菜罐头，腌制蔬菜，笋干

续表

序号	地区	企业名称	商标名称	类别	认定商标或服务
216	三明	三明市佳源米业有限公司	佳宁及图	30	谷类制品，米
217		福建省三明市华兴贸易有限责任公司	山田乡及图	30	米，谷类制品，人食用的去壳谷物
218		福建省麦丹生物集团有限公司	MAIDAN 及图	30	味精
219		三明市亨得利眼镜有限公司	第 1591827 号图	42	眼镜行
220		福建斯特力气动工具有限公司	斯特力	7	喷气机，喷漆枪
221		福建省大田石凤企业（集团）有限公司	石凤及图	19	水泥
222	莆田	莆田市化兴珠宝首饰有限公司	第 960645 号图	19	非金属铸模（石膏模具，加工金银首饰用）
223		莆田市加利珠宝有限公司	加利及图	19	非金属模具
224		福建百祥车饰有限公司	百祥及图	20	垫子（靠垫），垫褥，草垫，垫枕，竹工艺品
225		福建省仙游县贡品轩古典家俱有限公司	贡品轩及图	20	家具，漆器工艺品
226		莆田圣邦服饰有限公司	圣邦及图	25	服装
227		莆田艾力艾鞋服有限公司	KNUP	25	鞋，运动鞋，足球鞋
228		福建省新黑龙食品工业有限公司	摩莎及图	29	牛奶饮料，酱菜，腌制蔬菜
229		福建复茂食品有限公司	复茂及图	30	面包，糕点，饼干，新鲜蔬菜
230		莆田市华林蔬菜基地有限公司	闽强及图	31	鲜枇杷
231		仙游县书峰优质枇杷开发有限公司	书峰及图	31	推销（替他人）
232		莆田市华昌首饰有限公司	第 1754324 号图	35	纺织品染色，染布
233		福建众和股份有限公司	众和及图	40	纺织品化学处理，纺织品染色

续表

序号	地区	企业名称	商标名称	类别	认定商标或服务
234	莆田	莆田市华峰工贸有限公司	第 3441584 号图	40	纺织品化学处理，染色，纸张加工工业品外观设计，包装设计
235		莆田市鸿立印刷包装有限公司	第 1739786 号图	42	钢条，未加工或半加工普通金属，金属板条
236		莆田市恒达机电实业有限公司	LINGYING 及图	6	金属片和金属板
237		莆田市上得利珠宝首饰有限公司	第 1275319 号图	19	石膏模具（非金属铸模）
238	南平	福建建阳龙翔科技开发有限公司	龙翔及图	7	整修机，蒸化机，印模冲压机
239		福建省政和县七星水轮机有限公司	第 1693690 号图	7	水轮机，水力发电机和马达，水力动力设备
240		福建南平华阳电线电缆有限公司	福阳及图	9	电线，电缆，电源材料，电话线
241		福建源光亚明电器有限公司	第 868295 号图	11	灯具，灯泡
242		福建华泰汽车零部件工业有限公司	NPHT	12	陆地车辆动力装置，汽车刹车垫
243		福建省三森竹木有限公司	三森及图	19	木屑板，胶合板，纤维板
244		福建省特艺环保科技有限公司	武夷及图	21	筷子
245		南平市延发竹木有限公司	延发及图	27	垫席，苇席，席，枕席
246		福建亚达集团有限公司	亚达及图	29	腌制蔬菜，干食用菌，蔬菜
247		福建省建瓯茶厂	北苑及图	30	茶叶
248		顺昌县幸福来保健品有限公司（福建省幸福生物科技有限公司）	幸福来及图	30	非医用营养液，非医用营养胶囊
249		福建省武夷山深宝裕兴茶叶有限公司	兴九及图	30	茶，茶叶代用品
250		福建一春农业发展有限公司	一春	31	种猪，猪（活的）
251		福建省南平绿袖饮品有限公司	绿袖	32	矿泉水

续表

序号	地区	企业名称	商标名称	类别	认定商标或服务
252	南平	南平天宇化工有限公司	远洋及图	1	工业用粘合剂
253		邵武市振达机械制造有限责任公司	振达及图	7	木材加工机，拼板机，制木屑的机器
254	龙岩	龙岩市中林工业有限公司	中林及图	12	车辆悬挂弹簧，车辆减震弹簧，车辆悬置减震器
255		紫金矿业集团股份有限公司	第 1560573 号图	14	金锭，银锭
256		福建省龙岩紫金水泥有限公司	紫金及图	19	水泥
257		连城县旅游食品厂	旺果佳	29	加工过的地瓜干，地瓜干蜜饯
258		连城红心地瓜干协会	连城红心地瓜干	29	地瓜干（熟）
259		福建省龙岩嘉丰米业有限公司	家丰及图	30	米，面粉制品
260		福建好日子食品有限公司	好日子及图	30	茶，茶叶代用品
261		龙岩卓越新能源股份有限公司	ZHUONENG 及图	4	柴油，燃料，燃料油
262		龙岩市华锐硬质合金工具有限公司	强锐及图	6	粉末冶金，耐磨金属钨粉
263		福建省招宝生态农庄有限公司	招宝及图	30	米，面粉制品
264		福建省漳平市惠口食品饮料有限公司	惠口	32	矿泉水(无酒精,非医用)
265	宁德	古田康宏食品有限公司	古宏及图	29	冬菇，木耳，干蔬菜
266		福建贝吃乐食品有限公司	贝吃乐及图	30	蛋糕，馅饼，糖果
267		福建天工电机有限公司	TEMCO 及图	7	发电机（组），离心泵
268		柘荣县东艺茶叶加工厂	彭山翠芽及图	30	茶，茶叶代用品
269		闽东张一元茶叶有限公司	双芽及图	30	茶，茶叶代用品，绿茶
270		霞浦县目海茶厂	目海及图	30	茶，茶叶代用品
271		宁德市瑞丰工贸有限公司	安瑞 ANRUI	31	贝壳类动物（活的），活鱼，甲壳动物

续表

序号	地区	企业名称	商标名称	类别	认定商标或服务
272	宁德	宁德市夏威食品有限公司	第 3521806 号图	31	贝壳类动物（非活的），活鱼，鱼（非活的）
273		福建福安闽东亚南电机有限公司	YANAN	7	发电机，电动机
274		福安远东华美电机有限公司	JIANMING	7	非陆地车辆电力发动机
275		福鼎市佳馨通用部件有限公司	创科及图	7	节油器，化油器
276		福建欧诺漆科技有限公司	欧诺及图	19	涂层（建筑材料），非金属建筑涂面材料

表 1-18　**2007 年福建省著名商标名表**

序号	地区	企业名称	商标名称	类别	认定商标或服务
1	福州	福州德贤化工有限公司	德贤 DEXIAN	2	油漆，清漆，木材涂料（油漆），油漆稀释剂
2		福建南少林药业有限公司	南少林及图	5	水针剂
3		福州闽海药业有限公司	闽海及图	5	人用药
4		福建仙芝楼生物科技有限公司	仙芝楼及图	5	医用营养品，医用保健茶，药用草药茶
5		闽清聚福工艺品有限公司	BIGFORTUNE及图	6	青铜制品（艺术品），普通金属艺术品，金属箱
6		福州金飞鱼柴油机有限公司	金飞鱼及图	7	柴油机，机械加工装置，农业机械
7		福建五友模具科技有限公司	五友及图	7	加工塑料用模具，冷冲模，铸模（机器部件）
8		福建闽威电路板实业有限公司	闽威及图	9	印刷电路
9		福建伊时代信息科技股份有限公司	ETIM 伊时代	9	电脑软件（录制好的），网络通讯设备电子防盗装置
10		福建德诚黄金有限公司	德诚	14	贵重金属锭，仿金制品链（珠宝）

续表

序号	地区	企业名称	商标名称	类别	认定商标或服务
11	福州	福州和升达表业有限公司	HSD	14	石英钟，钟表
12		福建祥龙塑胶有限公司	轩龙及图	17	塑料管、板、杆、条
13		福建宝利特集团有限公司	BAOLITE 及图	18	半加工或未加工皮革，仿皮，仿皮革
14		福建省闽清豪业陶瓷有限公司	精艺瓷及图	19	瓷砖，建筑用非金属墙砖
15		福建源鑫建材有限公司	福源鑫及图	19	水泥
16		福清建融水泥有限公司	建融及图	19	水泥
17		福建省闽清红叶陶瓷建材有限公司	红叶 HONGYE	19	瓷砖
18		福建汇达陶瓷有限公司	卡斯迪	19	瓷砖
19		福建省永泰鸿宇水泥制品有限公司	鸿泰	19	水泥管，水泥电杆
20		福建省长乐市红梅网具有限公司	红梅及图	22、9	渔网，安全网，绳，线
21		福建经纬集团有限公司	宝圈及图	23	毛线，棉纱
22		长乐力源锦纶实业有限公司	力源及图	23	纺织用弹性纱和线，弹力丝（纺织用），纺织线和纱
23		福州开发区正泰纺织有限公司	三泰	23	纺织线和纱，棉线和棉纱，线
24		福清洪良染织科技有限公司	第 1285721 号图	24	针织布，聚酯棉布，合成纤维布
25		福建哥仑步户外用品有限公司	KOLUMB	25	服装，鞋
26		福清市谊华水产食品有限公司	YIHUA 及图	29	鱼(非活的)，虾(非活的)，贝壳类动物(非活的)
27		福清隆裕食品开发有限公司	隆裕及图	29	贝壳类动物（非活的）鱼制食品，鱼翅
28		福建元盛食品工业有限公司	海味岛	29	鱼制食品，虾（非活的），海蜇皮

续表

序号	地区	企业名称	商标名称	类别	认定商标或服务
29	福州	福建吉百年食品有限公司	吉百年	29	鱼制食品，水果罐头，蛋
30		福建金山医药实业集团有限公司	第4425900号图	30	非医用营养液，非医用营养粉，非医用营养胶囊
31		福州青芝山面粉有限公司	青芝及图	30	面粉，食用淀粉，豆类，粗粉
32		福州百味食品有限公司	第987412号图	30	味精
33		福州春源食品有限公司	福蜂园及图	30	蜂蜜
34		福建省新闽科生物科技开发有限公司	闽农 MINNONG	31	动物饲料（包括非医用饲料添加剂及催肥剂）
35		福建胜基食品饮料有限公司	玉叶	32	无酒精饮料，水（饮料）
36		一丁信息集团股份有限公司	一丁 EADING	35	推销（替他人），进出口代理，替他人作中介（替其他企业购买商品或服务）
37		福建惠好四海医药连锁有限责任公司	惠好及图	35	推销（替他人）
38		福建省农资集团公司	龙得宝	35	推销（替他人）服务
39		福州迈新生物技术开发有限公司	第1285019号图	1	科学用化学制剂
40		福州大匠环保建筑材料有限公司	大匠	2	油胶泥（腻子）
41		万源（福州）药业有限公司	永龙及图	5	止痛药，胶丸，中药成药
42		南方铝业（中国）有限公司	第860582号图	6	普通金属及其合金，板，各种型材（不包括焊接及铁路用金属材料），铝箔，铝材
43		福建省长乐市宏顺型材有限公司	第4431902号图	6	未加工或半加工普通金属，金属建筑构件，金属建筑材料

续表

序号	地区	企业名称	商标名称	类别	认定商标或服务
44	福州	福州永通电线电缆有限公司	辉阳及图	9	电线，电缆
45		福州宜美电子有限公司	宜美 EMAX	9	精密计时器，电子钟表，电子万年台
46		福建三元达通讯股份有限公司	三元达	9	电子信号发射机，发射机（电信），网络通讯设备
47		福州志荣感应设备有限公司	ZILONG 及图	11	水冲洗装置，盥洗室用手干燥器，卫生设备
48		福州澳蓝空调设备有限公司	澳蓝 AOLAN	11	空气调节设备，空气过滤设备
49		福州新同富木业有限公司	好林居及图	19	地板，树脂复合板，拼花地板条
50		福建省闽清金陶瓷业有限公司	凯佳丽及图	19	瓷砖，非金属地板砖，建筑用非金属墙砖
51		福州福兴纺织装饰用品有限公司	福兴及图	24	床罩，被子，被罩
52		福建省永泰县安利席业有限公司	安丽及图	27	垫席，席，枕席
53		福建光华农牧科技开发有限公司	光华百特及图	29	猪肉食品，肉，猪肉
54		河南豪峰食品有限公司	香当当	30	谷类制品，糕点，食用淀粉产品
55		福州伊尔洁洗涤有限公司	伊尔洁及图	37	洗涤，干洗，皮革保养
56		福建盛丰物流集团有限公司	第 3161222 号图	39	货运，汽车运输
57		福州网龙计算机网络信息技术有限公司	网龙	42	计算机编程，计算机软件设计，计算机软件升级
58		福州聚春园集团有限公司	聚春园	43	餐馆，备办宴席
59	厦门	厦门鹰君药业有限公司	鹰君	5	西洋参冲剂，西洋参胶囊，西洋参口服液
60		厦门特宝生物工程股份有限公司	特宝 AMOYTOP	5	生物制品（冻干粉针）

续表

序号	地区	企业名称	商标名称	类别	认定商标或服务
61	厦门	厦门众达钢铁有限公司	众达及图	6	钢条，钢板，角铁，大钢坯（冶金）
62		厦门宏发电声股份有限公司	宏发 HF	9	继电器，插座及其他接触器，低压电器元件
63		厦门敏讯信息技术有限公司	STELCOM 及图	9	网络通讯设备，程控电话交换设备，电话受话器
64		厦门迈士通电器有限公司	迈士通 MILESTONE	9	电线连接物，电器接插件，插座，插头和其他连接物（电器连接）
65		厦门闽光电气实业有限公司	闽发及图	9	配电箱（电），配电盘，配电控制台（电）
66		厦门市华乐电缆有限公司	科通及图	9	电线，电缆，磁线，电源材料（电线，电缆）
67		厦门格瑞斯特环保科技有限公司	HEPEC 及图	9	空气分析仪器，气体检测仪，测量器械和仪器
68		厦门雅迅网络股份有限公司	雅迅及图	9	数据处理设备，计算机软件，导航仪器
69		厦门海莱照明有限公司	第 3184335 号图	11	灯，照明灯（电光管），照明器
70		厦门飞鹏工业有限公司	第 3692180 号图	12	汽艇，游艇
71		厦门高特高新材料有限公司	高特及图	17	保温用非导热材料，合成树脂（半成品），玻璃纤维保温板和管
72		厦门恒好旅游用品有限公司	PICNICSOURCE	18	野营手提袋，手提包，帆布背包，旅行包（箱）
73		明达玻璃（厦门）有限公司	UNITEX 及图	19	建筑玻璃，安全玻璃，镀膜玻璃，钢化玻璃
74		厦门华特集团有限公司	第 3672691 号图	19	柏油，铺路沥青，沥青

续表

序号	地区	企业名称	商标名称	类别	认定商标或服务
75	厦门	厦门祥盛特种玻璃有限公司	祥盛及图	19	窗玻璃（车窗玻璃除外），安全玻璃，镀膜玻璃
76		厦门永德饰品有限公司	德林及图	19	木地板，木材
77		厦门西华家具有限公司	SHERWOOD	20	家具
78		厦门鑫艺锦工艺品有限公司	ARTSALBUM 及图	20	玻璃钢工艺品，树脂工艺品，木制或塑料制招牌
79		厦门东纶股份有限公司	鹭宝及图	23	长丝，弹力丝（纺织用），人造丝
80		厦门市浪漫宣言制衣有限公司	浪漫宣言	25	服装
81		厦门康乐佳运动器材有限公司	康乐佳	28	锻炼身体器械，锻炼用固定自行车，健美器
82		福建同发食品集团有限公司	同发	29	水果罐头，蘑菇罐头
83		福建省银芝集团有限公司	YZ 及图	30	茶
84		厦门市仙灵旗生态农牧科技有限公司	仙灵旗及图	31	鲜水果，柑橘，坚果（水果）
85		厦门市巷南酿酒有限公司	巷南	33	白酒
86		厦门东帝士广告有限公司	东帝士及图	35	广告传播，广告设计，广告策划
87		厦门市达辉商贸有限公司	达辉及图	35	推销（替他人），商业管理辅助，商业信息
88		福建省九龙建设集团有限公司	第 1946755 号图	37	室内装潢修理，电器设备的安装和修理，建筑
89		厦门旅游集团有限公司	凤凰花假期及图	39	观光旅游，安排游览，旅游安排
90		厦门市巨龙软件工程有限公司	第 977468 号图	42	计算机程序编制，计算机软件设计，计算机硬件咨询

续表

序号	地区	企业名称	商标名称	类别	认定商标或服务
91	厦门	厦门舒心餐饮有限公司	舒心及图	43	餐馆，备办宴席，自助餐馆
92		福建珠山复合肥有限公司	珠山及图	1	混合肥料，肥料，农业肥料
93		福建兴发机械有限公司	XINGFA 及图	7	压力机，整修机（机械加工），自动镦锻机
94		厦门源福祥卫生用品有限公司	露婷	5	卫生垫，卫生巾
95		厦门市装载机有限公司	厦装及图	7	挖掘机，装卸设备，装载机
96		厦门宏美电子有限公司	HOMER	9	插座及其他接触器（电接头），断路器，起动器
97		厦门达真电机有限公司	达真及图	9	磁头
98		厦门威迪亚建材工业有限公司	WDI	11	进水器，冲水装置
99		三达膜科技（厦门）有限公司	第 3605258 号图	11	水净化设备和机器，污水处理设备
100		厦门瀚盛游艇有限公司	瀚盛 HANSHENG	12	游艇
101		厦门夏商集团有限公司	夏商	19	非金属建筑结构非金属建筑物，可移动的非金属建筑物
102		厦门东纶股份有限公司	东纶及图	23	长丝，弹力丝（纺织用），纺织用弹性纱和线
103		厦门钢宇工业有限公司	COWELL 及图	28	锻炼用固定自行车，锻炼身体器械，健美器
104		厦门新阳洲水产品工贸有限公司	新阳洲	29	紫菜
105		晋华和佐（厦门）食品有限公司	佐佐	29	果冻
106		华祥苑茶业股份有限公司	第 1963130 号图	30	茶，茶叶代用品
107		厦门老作坊食品工业有限公司	日光岩及图	30	饼干，糕点

续表

序号	地区	企业名称	商标名称	类别	认定商标或服务
108		厦门住宅建设集团有限公司	第 6354669 号图	36	商品房销售，不动产出租，不动产管理
109		厦门船舶重工股份有限公司	厦船重工 XSI	37	造船
110		厦门市利泰盛食品冷冻有限公司	第 3056769 号图	40	蔬菜保鲜加工
111		厦门磐金集团有限公司	第 3847022 号图	42	建设项目的开发，室内装饰设计
112		厦门海迈科技股份有限公司	海迈	42	建筑咨询，计算机硬件咨询
113		厦门市集美区味友饮食店	味友	43	餐厅
114	漳州	漳州市南云包装设备有限公司	第 4249490 号图	7	烫号机，贴标机，食品包装机
115		富华（漳州）光学工业有限公司	第 1212903 号图	9	眼镜，眼镜玻璃，镜架
116		福建漳州久依久化工有限公司	膨威及图	13	炸药，硝化铵炸药
117		漳州宏源表业有限公司	第 1608713 号图	14	手表，手表带，钟表盘（钟表制造）
118		龙海市美佳人造板木业有限公司	美佳及图	19	胶合板，三合板，贴面板
119		华安县巨龙工贸有限公司	巨龙及图	19	建筑石料，大理石艺术品，大理石塑像
120		福建省诏安四海食品有限公司	麦士及图	29	干果，蜜饯
121		东山新福水产加工有限公司	DSXF 及图	29	加工过的鱼，水生贝壳类动物，鱼制食品
122		信华食品（漳州）有限公司	SINGSHUA 及图	29	猪肉食品，香肠，肉松
123		福建省丰盛食品有限公司	第 4060999 号图	29	贝壳类动物（非活的），蛤（非活的），鱼制食品
124		福建格林食品产业集团有限公司	格林氏及图	29	鱼制食品，速冻菜，甲壳动物（非活的）
125		平和县白芽奇兰茶协会	白芽奇兰	30	茶，茶叶代用品

续表

序号	地区	企业名称	商标名称	类别	认定商标或服务
126	漳州	福建闽星集团汇全茶业开发有限公司	汇全	30	茶
127		福建晨晖茶业有限公司	晨晖及图	30	茶，茶叶代用品
128		漳浦县夏农蔬菜发展有限公司	夏农及图	31	鲜水果，鲜土豆，新鲜蔬菜
129		长泰泛华生态产业投资有限公司	发现之旅	42	工程，建设项目的开发
130		福建福贞金属包装有限公司	第 989145 号图	6	马口铁罐
131		优科能源（漳州）有限公司	YOKU	9	电池
132		龙海协祥电池有限公司	满祥	9	电池
133		福建东山县顺发水产有限公司	友鱼及图	29	鱼制食品，鱼（非活的），水产罐头
134		福建宏绿食品有限公司	宏绿及图	29	腌制蔬菜，蔬菜罐头，笋干
135		绿香园茶业（诏安）有限公司	绿香园及图	30	茶，茶叶代用品
136		佳香源（福建）茶业工贸有限公司	睿轩及图	30	茶，茶叶代用品
137		漳州市茶农世家实业有限公司	茶农世家及图	30	茶，茶叶代用品
138		东山县超然食品有限公司	第 3548678 号图	30	茶，茶饮料，冰茶，茶叶代用品
139		福建省新润食品有限公司	UNILAND 及图	31	新鲜蘑菇，新鲜蔬菜，鲜水果
140		诏安县红星乡青梅技术研究会	诏安红星青梅及图	31	新鲜青梅
141		欣宇科技（福建）有限公司	Sinyu 及图	40	定做材料装配（代他人），电镀，镀镍
142	泉州	福建嘉豪化工有限公司	KYLIN	2	油漆
143		圣泉（福建）制釉有限公司	莫来石及图	2	瓷釉（漆），釉料（漆、清漆）
144		福建泉州恒泉化妆品有限公司	迪豆	3	洗面奶，化妆品，粉刺霜

续表

序号	地区	企业名称	商标名称	类别	认定商标或服务
145	泉州	永春县达埔彬达制香厂	彬达及图	3	卫生香
146		石狮市朗泉贸易有限公司	朗泉及图	5	中药材，冬虫夏草（中药材）
147		晋江市融耀螺丝工业有限公司	融耀及图	6	螺丝，螺母
148		福建固美金属有限公司	固美及图	6	普通金属合金，未加工或半加工普通金属，金属板条（不锈钢制品）
149		建德（泉州）工程机械制造有限公司	第 1399979 号图	7	装卸设备，推土机，挖掘机
150		福建南美机械有限公司	NANMEI 及图	7	金属加工机械，金属切割削机床，磨床
151		泉州市泉永机械发展有限公司	QUANYONG 及图	7	传动装置（机器），活门（机器零件），轴承（机器零件）
152		福建省闽华电源股份有限公司	MINHUA 及图	9	电池，蓄电池，电力蓄电池
153		福建泉州赛特电源科技有限公司	BAOTE 及图	9	电池
154		泉州市森川电气有限公司	SAVCH	9	计数器，网络通讯设备，整流用电力装置
155		石狮文行灯饰有限公司	第 738578 号图	11	灯具
156		晋江市光华电子工贸有限公司	博升及图	14	电子钟表，闹钟
157		源兴包装（中国）有限公司	源鑫及图	16	塑料泡沫包装用品（包装用）
158		福建省晋江市群兴包装有限公司	群兴及图	16	纸板盒或纸盒，纸箱，箱纸板
159		泉州大日塑胶有限公司	大日及图	17	塑料管、板、杆、条
160		峰安皮业股份有限公司	峰安及图	18	皮革和人造皮革
161		惠安惠诚手袋有限公司	万奇 VINKIN	18	手提袋，公文箱，旅行包

续表

序号	地区	企业名称	商标名称	类别	认定商标或服务
162	泉州	泉州市华总箱包服装有限公司	总及图	18	书包，旅行包，公文包
163		南安市美升塑钢材料有限公司	美升及图	19	塑钢窗，塑钢门，非金属建筑材料
164		福建省南安市荣达建材有限公司	荣达及图	19	瓷砖
165		福建省南安市官桥岭兜建材二厂	金鸡山及图	19	砖，瓷砖，非金属地板砖
166		福建省泉州市瑞发石材有限公司	瑞发及图	19	石板，花岗石，大理石
167		福建惠安县振惠家私有限公司	振惠及图	20	办公家具，家具，屏风（家具）
168		福建惠安辉腾玻璃塑业有限公司	第 3790078 号图	20	非金属容器（存储和运输用），塑料包装容器，非金属密封容器
169		泉州明日艺品有限公司	第 1236583 号图	21	瓷，混合陶器半身雕塑瓷，赤陶工艺品
170		福建省泉州市德化县中国白陶瓷有限公司	陈仁海	21	瓷，赤陶或玻璃艺术品，陶器
171		德化县大丰陶瓷研究所	东方玉及图	21	家庭用陶瓷制品，瓷器，陶器
172		泉州泓霖化纤有限公司	泓霖企业及图	23	纺织用弹性纱和线，纱，尼龙纱
173		福建隆盛轻工有限公司	第 1937634 号图	25	鞋底，服装，鞋，袜
174		泉州安超鞋业有限公司	安超	25	鞋
175		泉州市洛江万达利鞋材有限公司	踏旺	25	鞋，鞋底
176		清美（中国）有限公司	第 3722492 号图	25	鞋，运动鞋
177		福建威名达鞋业发展有限公司	威名达及图	25	运动衫，皮衣
178		石狮市豪迈王制衣有限公司	豪迈王及图	25	皮带扣，揿扣，拉链
179		福建高利宝装饰礼品有限公司	高利宝及图	26	皮带扣，扣子，服装扣
180		晋江市鸿达五金皮具有限公司	德保力	26	琼脂（食用）

续表

序号	地区	企业名称	商标名称	类别	认定商标或服务
181	泉州	福建省金燕海洋生物科技股份有限公司	乘风及图	29	鱼制食品，猪肉食品
182		泉州富邦食品有限公司	第1374146号图	29	香肠
183		建乐天食品有限公司	乐隆隆及图	29	水果罐头，水产罐头，蔬菜罐头
184		福建省晋江市富鸿水产有限公司	春竹及图	29	鱼（非活的），鱼片
185		金维他（福建）食品有限公司	金维他	29	谷类制品，麦片，面粉制品
186		福建南安市振华副食品有限公司	振盛及图	30	八宝饭，谷类制品，面条
187		福建省安溪县琦泰茶业有限公司	琦泰及图	30	茶
188		福建南安市华闽粮油有限公司	华闽及图	31	豆（未加工），谷（谷类）
189		泉州市嘉太中外名酒有限公司	嘉太	33	含酒精饮料（啤酒除外），酒（饮料）
190		泉州市丰泽溪香茶庄	溪香及图	35	推销（替他人）
191		泉州南海建设开发有限公司	宝珊及图	36	不动产代理，不动产中介，不动产管理
192		中国农业银行股份有限公司泉州分行	金博士及图	36	银行，金融服务，金融管理
193		福建鸿达运输有限公司	鸿达HD	39	运输，货物经纪（发运），汽车运输
194		惠安县双喜制衣有限公司	第1219889号图	40	服装制作
195		向兴（中国）集团有限公司	第3092380号图	4	纺织品化学处理，染布
196		泉州金百利包装用品有限公司	金百利及图	42	包装设计，工业品外观设计，工业品外观设计（造型）
197		福建省泉州市华邦树脂有限公司	第3076919号图	1	促进剂，未加工人造树脂，未加工合成树脂硅树脂

续表

序号	地区	企业名称	商标名称	类别	认定商标或服务
198	泉州	福建省华强涂料工业有限公司	金刚及图	2	油漆，木材涂料，防火油漆
199		泉州市华德机电设备有限公司	星豹及图	7	空气压缩机
200		泉州亿兴电力有限公司	亿兴电力	9	变压器，电开关，继电器（电的）
201		文创太阳能（福建）科技有限公司	WINCHANCE 及图	11	空气净化杀菌灯，照明器械及装置
202		福建南安市恒利日用品有限公司	好吉利 haojili	16	卫生纸，纸巾，纸餐巾
203		泉州恒利集团有限公司	爽儿宝 shuangerbao	16	婴儿纸尿布褥（一次性）
204		泉州市亿威皮塑制品有限公司	亿威	18	背包，公文箱，旅行包
205		泉州芳源旅游用品有限公司	芳源	18	大衣箱（行李），旅行包（箱），旅行袋
206		南安市乐普艺术陶瓷有限公司	第 3879956 号图	19	建筑用非金属墙砖，建筑用非金属砖瓦，非金属地板砖
207		福建七彩陶瓷有限公司	七彩及图	19	瓷砖
208		宗艺石材发展有限公司	综艺 ZONGYI	19	石板，花岗石，大理石
209		福建省晋江市碧圣建材有限公司	碧圣及图	19	瓷砖
210		泉州雅泰橱柜有限公司	雅泰	20	椅子（座椅），柜台（台子），办公家具
211		泉州协兴轻工有限公司	第 3020545 号图	20	树脂工艺品，瓷器工艺品
212		安溪县英发家具装饰有限公司	第 3509226 号图	20	凳子（家具），桌子，金属家具
213		福建安溪聚丰工艺品有限公司	第 1660994 号图	20	竹编制品，藤编制品
214		福建省南安市新厅皮塑有限公司	第 1150174 号图	22	帐篷，车辆盖罩（未安装），蒙古包
215		福建省晋江市帝星鞋塑有限公司	帝兴及图	25	鞋，运动鞋

续表

序号	地区	企业名称	商标名称	类别	认定商标或服务
216	泉州	惠安县港燕服装鞋业有限公司	越豪及图	25	鞋
217		福建飞越鞋服有限公司	第 3722651 号图	25	鞋，足球鞋
218		石狮市亨祥服饰配件有限公司	亨利及图	26	拉链
219		石狮市湖滨农贸批发市场	第 4789693 号图	29	豆腐，豆腐制品，腐竹
220		福建省嘉士柏食品工业有限公司	嘉士柏	30	糖果，口香糖
221		永春县永春老醋有限责任公司	桃溪及图	30	醋
222		福建省万事达汽车贸易有限公司	第 4116161 号图	35	推销（替他人）
223		福建诺奇股份有限公司	诺奇	35	进出口代理，推销（替他人）
224		福建省联丰盛漂染植绒有限公司	第 3207085 号图	40	纺织品化学处理，服装制作，皮革加工
225	三明	福建省三明明竹机械有限公司	明竹及图	7	机器联动机件，铸模（机器部件），铸造机械
226		福建华闽纸业有限公司	开心一百及图	16	卫生纸，纸餐巾，木浆纸
227		福建环科化工橡胶集团有限公司	第 1732105 号图	17	生橡胶或半成品橡胶，再生胶，硬橡皮模（硫化的）
228		福建省三明辉捷织造有限公司	辉捷及图	22	尼龙编织袋（仿麻袋），编织袋，集装袋
229		永安市华福竹制品有限公司	华福及图	27	垫席，席，枕席
230		三明市恒祥农牧有限公司	竹洲及图	29	腐竹，笋干，肉
231		福建省闽牛乳业有限公司	闽牛 MINNIU	29	牛奶，牛奶饮料（以牛奶为主的），酸奶
232		三明市辣倒神调味品有限公司	辣倒神	30	调味品（辣），辣椒粉，蒜汁
233		建宁县建莲产业协会	建宁通心白莲及图	31	莲子
234		永安市贡川农业技术服务部	永安	31	活家禽，种家禽

续表

序号	地区	企业名称	商标名称	类别	认定商标或服务
235	三明	茂溪酒业（福建）有限公司	茂溪及图	33	黄酒，料酒，米酒
236		将乐玉华洞风景名胜区管理委员会	玉华洞及图	39	旅游安排，观光旅游，旅行预订
237		永安含笑大酒楼	含笑及图	42	住所（旅馆、供膳寄宿处），餐厅，饭店，餐馆
238		福建三明市圣华助剂有限公司	神水及图	1	水泥助磨剂
239		福建省三联化工股份有限公司	琉璘及图	1	过磷酸钙（肥料），混合肥料，硫酸
240		福建省大田县昌盛机械制造有限公司	占昌及图	6	生铁或半锻造铁，铸钢，未加工或半加工铸铁
241		福建省尤溪县三林木业有限公司	龙杉及图	19	制家用器具用木材，已加工木材，半成品木材
242		福建省华融禽业有限公司	华融禽业及图	29	死家禽，肉，蛋
243		福建雄风电气有限公司	雄风	37	电器设备的安装与修理，空调设备的安装与修理，机械安装保养和修理
244		福建省泰宁县国有资产投资营运有限公司	大金湖	39	观光旅游，安排游览，旅行社
245	莆田	莆田市红日涂料有限公司	也迪	2	漆，油漆，涂层（油漆）
246		福建省华隆机械有限公司	华隆及图	7	石材加工机械，采矿选矿用机器设备，花岗岩大理石切割机械
247		莆田市亚太计量仪器有限公司	ATAY	9	天平（秤），台秤，秤
248		福建新世纪电子材料有限公司	KARSER	9	计算机器，计算器，便携计算机
249		福建福通金属有限公司	莆兴及图	12	摩托车刹车蹄块
250		福建省莆田市荔城纸业有限公司	佳爽及图	16	卫生纸，纸巾，婴儿纸尿布（一次性）

续表

序号	地区	企业名称	商标名称	类别	认定商标或服务
251	莆田	福建保兰德箱包皮具有限公司	保兰德及图	18	手提包，公文箱，旅行包
252		莆田市宏龙木业有限公司	第1528781号图	19	半成品木材，成品木材，贴面板
253		莆田市大家之家古典家具有限公司	庆财	20	家具，办公家具，竹木工艺品
254		福建省本地香食品发展有限公司	本地香及图	29	食用油脂，食用油
255		福建天下农庄食品发展有限公司	天下农庄及图	30	米
256		福建莆田鸿达牧业有限公司	鸿达及图	44	动物育种，动物饲养
257		莆田市城厢区美诚达（李氏）工艺雕塑研究所	美诚达及图	20	木、蜡、石膏或塑料艺术品，树皮画，树脂工艺品
258		福建省三福古典家具有限公司	三福工艺及图	20	竹木工艺品，未加工或半加工象牙，软木工艺品
259		福建省仙游面粉发展有限公司	万寿塔及图	30	面粉，食用面粉，米
260		福建省仙游县龙华金溪茶厂	仙溪及图	30	茶，茶叶代用品
261	南平	福建邵化化工有限公司	常溪及图	1	硝酸钠，亚硝酸钠，硝酸盐
262		南山(福建）炭业有限公司	溪源洞	1	竹炭，过滤用炭，活性炭
263		福建省南平市榕昌化工有限公司	武夷及图	1	聚氯乙烯，液氯，片碱
264		邵武华新化工有限公司	海华星及图	1	氢氟酸，氟化铵，氟化氢铵
265		福建省南平金弘钢缆有限公司	金弘及图	6	钢丝，金属绳索
266		福建省南平铝业有限公司	南铝	6	铝锭，铝型材，铝板，铝杆
267		福建南电股份有限公司	第164896号图	7	水力发电设备

续表

序号	地区	企业名称	商标名称	类别	认定商标或服务
268	南平	福建省建瓯精工齿轮（机械）有限公司	金鸥及图	7	齿轮，花键轴
269		南平市汇雄钟表有限公司	汇雄及图	14	钟，电子钟表，钟表机件
270		福建省建瓯市万木林木业集团有限公司	万木林及图	19	胶合板，狭木板，混凝土非金属模板
271		福建省南平市光明塑业有限公司	剑源及图	19	塑钢门窗，铝塑板（以塑料为主）
272		福建昌隆竹业有限公司	闽竹	19	胶合板，三合板，纤维板
273		武夷山市茶叶科学研究所	武夷山大红袍	30	茶
274		福建省建瓯市龙山茶叶有限公司	节节清及图	30	茶
275		福建省建阳市富林食品有限公司	林师傅	30	方便面，米粉，面条
276		福建大禾农牧发展有限公司	和宝及图	31	动物饲料，活家禽
277		福建圣元电子科技有限公司	圣元及图	11	太阳能热水器电热水器
278		邵武市宝姿日用品制造有限公司	宝姿及图	21	清洁抹布，家务用手套，清洁用钢丝绒
279		武夷山市美华实业有限公司	武夷及图	21	梳子，刷子，制刷原料
280		福建一家工贸有限公司	一家及图	21	筷子
281		福建省松溪县湛卢宝剑厂	湛庐及图	28	宝剑
282		福建省政和县白牡丹茶叶有限公司	白牡丹城	30	茶叶
283		福建省浦城县旭和米业有限公司	旭禾及图	30	米，谷类制品
284		福建省神六保健食品有限公司	盾盾顶	30	螺旋藻（非医用营养品）
285		建阳市楠木林葡萄专业合作社	楠木林	31	鲜葡萄
286		福建省武夷山市赤诚酒业有限公司	武夷山及图	33	酒，黄酒，米酒

续表

序号	地区	企业名称	商标名称	类别	认定商标或服务
287	龙岩	福建金鑫钨业股份有限公司	石雁及图	1	钨酸，碳化钨，三氧化钨
288		福建正盛无机材料股份有限公司	正字正及图	1	硅胶，硅酸盐，工业用炭黑
289		福建省媖洁日用品有限公司	媖洁及图	5	卫生巾，卫生垫
290		龙岩市万腾车桥制造有限公司	WANTENG 及图	12	车辆车轴，倾卸装置（卡车和货车的零件）
291		福建响牌建材工业有限公司	响牌及图	19	石灰粉，建筑灰浆，石灰
292		连城百冠人造板有限责任公司	百冠及图	19	纤维板，制家用器具用木材
293		福建省漳平木村林产有限公司	美丽家园及图	20	家具，竹木工艺品，家庭爱畜窝
294		福建丹海床垫有限公司	丹海及图	20	沙发，床垫，床
295		福建省卡鑫隆服饰制造有限公司	卡鑫隆	25	针织服装，童装
296		福建龙岩渝家仔食品有限公司	渝家仔及图	29	蔬菜罐头，肉罐头，水产罐头
297		福建龙岩闽西好食品有限公司	闽西好	29	肉罐头，加工过的花生，冬菇
298		漳平市永福杜鹃花行业协会	永福及图	31	自然花，新鲜的园艺草木植物，植物
299		福建龙岩绿泉食品饮料有限公司	食水井及图	32	矿泉水，纯净水，果汁
300		龙岩高岭土有限公司	东宫	1	高岭土
301		福建丰力机械科技有限公司	丰力及图	7	粉碎机（机器），鼓风机
302		连城久安机械制造有限公司	久安	12	汽车制动鼓
303		福建省闽兴专用汽车有限公司	闽兴及图	12	货车（车辆），货车翻斗
304		龙岩中洋日用品有限公司	中洋	21	牙签，竹牙签，水果签

续表

序号	地区	企业名称	商标名称	类别	认定商标或服务
305	龙岩	福建龙岩梅花山矿泉水有限公司	梅花山	32	矿泉水
306	宁德	闽东宏宇冶金备件有限公司	第 1394169 号图	6	中心加热设备的金属输送管，管道金属接头
307		福安市大成电机有限公司	华美及图	7	电动机，发电机
308		福建华日汽车配件有限公司	第 883582 号图	12	机动车刹车片
309		宁德市裕丰水产有限公司	裕峰及图	29	腌制鱼，鱼（非活的），鱼片，鱼制食品
310		福鼎市海川食品有限公司	石兰及图	29	盐腌鱼，鱼肉干，紫菜
311		福建新味食品有限公司	新未及图	29	葡萄干，蜜饯，橄榄蜜饯
312		福建华粤食品有限公司	华江	30	饼干，糕点
313		福安市天海电子有限公司	天火及图	34	气体打火机（吸烟用）
314		福建万达电机有限公司	WONDER 及图	7	电泵，电动机（非陆地车辆用）
315		福建省福安市银鑫电源有限公司	第 4258526 号图	9	车辆用蓄电池，电池箱，蓄电池，电池极板
316		福建岳海水产食品有限公司	岳海及图	29	水产罐头，腌制鱼，鱼制食品
317		福安市茶业协会	坦洋工夫及图	30	茶

第四节　集成电路布图设计专有权登记与获准

2001 年 6 月 1 日，省政府办公厅印发《福建省贯彻国务院关于鼓励软件产业和集成电路产业发展若干政策的实施意见》，全省集成电路布图设计保护工作开始走上轨道。11 月 12 日，厦门联创微电子股份有限公司向国家知识产权局提交“CM2007”集成电路布图设计专有权登记，这是全省第一项集成电路布图设计提交专有权登记。

2002 年，全省集成电路布图设计登记并获专有权 12 项。

2004 年，全省集成电路布图设计登记并获专有权 4 项。

2005 年，全省集成电路布图设计登记并获专有权 16 项。

2006 年，全省集成电路布图设计登记并获专有权 11 项。

2007 年，省政府印发《福建省人民政府关于加快集成电路设计业的意见》，提出立足核心基础及新型优势产业，促进自主创新，全省集成电路设计业进一步得到发展。当年，全省集成电路布图设计登记并获专有权 2 项。至是年，全省集成电路布图设计共登记并获专有权 45 项。

第五节　地理标志产品申请与获准

一、地理标志产品注册与获准

2001 年 4 月 1 日，福建检验检疫局开始原产地标记产品注册业务工作。4 月 21 日，省质监局向国家质量监督检验检疫总局（简称国家质检总局）报送武夷山市政府“武夷岩茶”原产地域产品保护申请。6 月 18 日，福建检验检疫局受理莆田市仙游县度尾镇人民政府的“度尾牌”原产地域产品（后统一改为“地理标志产品”）注册保护。

2001 年 12 月 18 日，漳州出入境检验检疫局组织，国家质检总局现场通过漳州“宜春牌”水仙花、“圆山牌”片仔癀、“圆山牌”片仔癀胶囊、“龙江牌”复方片仔癀茵胆平肝胶囊、“心舒宝”通过原产地标记现场认证。漳州水仙花是全国第一个通过原产地标记认证的植物类产品；片仔癀系列产品是全国第二个通过认证的药品类产品。

2002 年 1 月 29 日，仙游县度尾镇人民政府的“度尾牌”原产地域产品保护申请获国家质检总局批准。3 月 8 日，省质监局向国家质检总局报送的“武夷岩茶”原产地域产品保护申请获国家质检总局批准。

2004 年 1 月 7 日，厦门检验检疫局首次举行原产地标记注册颁证仪式，国家质检总局向厦门洋江蚝油进出口有限公司颁发“洋江牌”鳄鱼屿蚝油、蚝汁的“原产地标记注册证”。这是厦门市首家获得原产地标记保护的企业和产品。

至 2007 年，省质量技术监督系统受理并报送国家质检总局审核的地理标志产品 23 个，全部获准。福建检验检疫系统共受理地理标志产品注册报送国家质检总局注册 42 个，获准 37 个。

表 1-19　　2002—2007 年福建省质量技术监督系统报送获国家地理标志保护产品情况表

序号	产　地	产品名称	国家质检总局公告号	公告时间
1	武夷山市	武夷岩茶	2002 年第 23 号	2002-03-08
2	古田县	古田银耳	2004 年第 72 号	2004-06-16
3	安溪县	安溪铁观音	2004 年第 91 号	2004-07-08
4	建瓯市	建瓯锥栗	2004 年第 106 号	2004-08-09
5	永春县	永春芦柑	2005 年第 165 号	2005-11-29
6	建宁县	建莲	2006 年第 147 号	2006-09-30
7	永春县达埔镇	永春篾香	2006 年第 199 号	2006-12-27
8	德化县	德化白瓷	2006 年第 201 号	2006-12-27
9	永春县	永春佛手	2006 年第 203 号	2006-12-28
10	福安市	坦洋工夫	2007 年第 30 号	2007-02-14
11	福建省 35 个县市区	福建乌龙茶	2007 年第 33 号	2007-02-14
12	柘荣县	柘荣太子参	2007 年第 45 号	2007-03-05
13	政和县	政和白茶	2007 年第 55 号	2007-03-20
14	尤溪县	尤溪金柑	2007 年第 60 号	2007-04-02
15	永安市	永安莴苣	2007 年第 61 号	2007-04-02
16	漳州市芗城区和南靖县 7 个乡镇	天宝香蕉	2007 年第 62 号	2007-04-02
17	莆田市秀屿区南日镇	南日鲍	2007 年第 136 号	2007-09-06
18	平潭县	平潭水仙花	2007 年第 175 号	2007-12-06
19	德化县	德化黑鸡	2007 年第 198 号	2007-12-24
20	清流县	清流豆腐皮	2007 年第 200 号	2007-12-24
21	云霄县	云霄枇杷	2007 年第 206 号	2007-12-24
22	永泰县	永泰李干	2007 年第 208 号	2007-12-26
23	连城县	连城红心地瓜干	2007 年第 210 号	2007-12-26

表 1-20　　2002—2007 年福建检验检疫系统报送获国家保护地理标志产品情况表

序号	地理标志产品	单位名称	国家质检总局公告号	公告时间
1	仙游度尾文旦柚	莆田市仙游县度尾镇人民政府	2002 年第 7 号	2002-01-29
2	安溪铁观音	安溪县西坪溪源茶厂	2002 年第 7 号	2002-01-29
3	安溪铁观音	安溪茶厂有限公司	2002 年第 7 号	2002-01-29

续表

序号	地理标志产品	单位名称	国家质检总局公告号	公告时间
4	武夷山正山小种红茶	福建武夷山国家级自然保护区元勋茶厂	2002 年第 7 号	2002-01-29
5	永春老醋	永春县永春老醋有限责任公司	2002 年第 7 号	2002-01-29
6	诏安红星青梅（青果/干湿梅）	诏安县人民政府	2002 年第 63 号	2002-07-22
7	漳港海蚌	漳港镇人民政府	2002 年第 64 号	2002-07-22
8	莆田枇杷	萩芦镇人民政府	2002 年第 64 号	2002-07-22
9	莆田枇杷	常太镇人民政府	2002 年第 64 号	2002-07-22
10	莆田枇杷	书峰镇人民政府	2002 年第 64 号	2002-07-22
11	建宁白莲	建宁绿田莲业有限公司	2002 年第 64 号	2002-07-22
12	建宁白莲	建宁文鑫莲业有限公司	2002 年第 64 号	2002-07-22
13	官井洋大黄鱼	宁德岳海水产有限公司	2002 年第 86 号	2002-08-29
14	莆田龙眼	莆田市农业局	2004 年第 4 号	2004-01-12
15	兴化桂圆	福建省莆田市农业局	2004 年第 4 号	2004-01-12
16	武夷山正山小种红茶	武夷山市桐木茶厂	2004 年第 4 号	2004-01-12
17	连城白鸭	连城县畜牧水产局	2004 年第 14 号	2004-02-04
18	连城红心地瓜干	连城县人民政府	2004 年第 14 号	2004-02-04
19	福鼎槟榔芋	福鼎市人民政府	2004 年第 14 号	2004-02-04
20	福鼎四季柚	福鼎市人民政府	2004 年第 14 号	2004-02-04
21	福鼎绿茶	福鼎市品品香茶厂	2004 年第 14 号	2004-02-04
22	福鼎白茶	福鼎市品品香茶厂	2004 年第 14 号	2004-02-04
23	福鼎白茶	福鼎市东南白茶有限公司	2004 年第 14 号	2004-02-04
24	福鼎白茶	福鼎市天湖茶叶有限公司	2004 年第 14 号	2004-02-04
25	太姥山绿雪芽茶	福鼎市天湖茶叶有限公司	2004 年第 14 号	2004-02-04
26	惠安余甘果系列产品	惠安老爸食品有限公司	2004 年第 150 号	2004-10-21
27	东山白芦笋	东山县农业局	2004 年第 150 号	2004-10-21

续表

序号	地理标志产品	单位名称	国家质检总局公告号	公告时间
28	桐口米粉干	福州桐口白鹤粉干有限公司	2004年第158号	2004-10-26
29	福建料酒	福建省宏盛闽侯酒业有限公司	2004年第158号	2004-10-26
30	福州青红酒	福建省宏盛闽侯酒业有限公司	2004年第158号	2004-10-26
31	福鼎太姥绿雪芽	福鼎市人民政府	2005年第8号	2005-01-11
32	福鼎白毫银针	福鼎市人民政府	2005年第8号	2005-01-11
33	福鼎大白茶	福鼎市人民政府	2005年第8号	2005-01-11
34	福鼎白琳工夫	福鼎市人民政府	2005年第8号	2005-01-11
35	宁德大黄鱼	宁德市人民政府	2005年第41号	2005-03-23
36	长汀河田鸡	长汀县畜牧水产局	2006年第93号	2006-07-12
37	东山鲍鱼	东山县农业局	2006年第119号	2006-08-17

二、地理标志产品标准确认

（一）国家标准确认

2002年6月13日，国家质检总局发布省标准化协会等单位编制的《原产地域产品　武夷岩茶》（GB18745-2002）国家标准，8月1日实施。2006年7月18日，该标准修订为《地理标志产品　武夷岩茶》（GB/T18745-2006）。

2004年11月4日，国家质检总局发布安溪县质量技术监督局等单位编制的《地理标志产品　安溪铁观音》（GB19598-2004）国家标准，2005年1月1日实施。2006年12月29日修订为《地理标志产品　安溪铁观音》（GB/T19598-2006）。

2005年9月26日，国家质检总局发布由省标准化协会等单位编制的《地理标志产品　建瓯锥栗》（GB/T19909-2005）国家标准，2006年1月1日实施。

2006年9月18日，国家质检总局发布由永春县质量技术监督局等单位编制的《地理标志产品　永春芦柑》（GB/T20559-2006）国家标准，2007年2月1日实施。

2007年12月13日，国家质检总局发布由永春县质量技术监督局等单位编制的《地理标志产品　永春篾香》（GB/T21262-2007）国家标准，2008年5月1日起实施。

（二）地方标准确认

2007年8月3日，省质监局发布由漳州市农业局等单位编制的《地理标志产品　天宝香蕉》（DB35/T752-2007）地方标准，9 月 1 日起实施。10 月 15 日，省质监局发布由永安市质量技术监督局等单位编制的《地理标志产品　永安莴苣》（DB35/765-2007）地方标准，11 月 10 日实施。11 月 1 日，省质监局发布由尤溪县质量技术监督局等单位编制的《地理标志产品　尤溪金柑》（DB35/766-2007）地方标准，11 月 10 日起实施；12 月 28 日，省质监局发布由建宁县莲子科学研究所等单位编制的《地理标志产品　建莲》（DB35/796-2007）地方标准（该标准 2008 年 1 月 20 日起实施）。

第六节　植物新品种申请与授权

1997 年 3 月 20 日，国务院正式发布《中华人民共和国植物新品种保护条例》（简称《植物新品种保护条例》）。1999 年 4 月 23 日，中国加入《国际植物新品种保护公约》，同日农业部正式启动实施《植物新品种保护条例》，开始受理国内外的品种权申请。

2000 年 11 月 28 日，三明市农科所谢华安、郑家团等人向农业部品种保护办公室申请“明恢 86”水稻新品种权，为全省第一个申请植物新品种保护。

2002 年 3 月 22 日，三明市农科所谢华安、张建新等人向农业部品种保护办公室申请“II 优明 86”杂交水稻组合新品种权。11 月 1 日获得授权，为全省第一个获得植物新品种权。

2005 年，全省选育出并通过审定的具有自主知识产权的水稻品种（组合）52 个。

至 2007 年，福建省申请保护的作物新品种共 90 个，位居全国第十二位，其中获授权 54 个。全省选育出并通过审定的具有自主知识产权的水稻品种（组合）76 个，其中水稻品种授权量 48 个，占全国水稻品种总授权量的 9%。三明市农科所是全省申请新品种及获授权数量最多的单位，共获得新品种权 13 个。

表 1-21　**2000—2007 年福建省申请与授权的植物新品种一览表**

序号	品种名称	属或者种	品种权人	培育人	品种权号	申请日	授权日	附注
1	明恢 86	水稻	福建省三明市农业科学研究所	谢华安　郑家团　张建新　罗家密　林美娟	CNA200000298.5	2000-11-28	2003-07-01	恢复系
2	特优 175	水稻	福建省农科院水稻研究所	王乌齐	CNA20010088.2	2001-05-17	2005-01-01	杂交水稻组合
3	福伊 A	水稻	福建省农科院水稻研究所	雷捷成　游年顺　黄利兴　朱雄涛　郑向华　雷上平　林伟峰　黄宝华	CNA20010089.0	2001-05-17	2005-01-01	不育系
4	II 优明 86	水稻	福建省三明市农业科学研究所	谢华安　张建新　郑家团　罗家密	CNA20020038.0	2002-03-22	2002-11-01	杂交水稻组合
5	Ⅱ优辐 819	水稻	福建省南平市农业科学研究所	江文清　刘端华　黄庭旭	CNA20020119.0	2002-07-05	2004-05-01	杂交水稻组合
6	明恢 100	水稻	福建省三明市农业科学研究所	郑家团　张建新　罗家密　黄显波　谢华安　邓则勤	CNA20020190.5	2002-10-08	2003-07-01	恢复系
7	明恢 73	水稻	福建省三明市农业科学研究所	张受刚　许旭明　卓　伟	CNA20020193.X	2002-10-08	2005-07-01	恢复系
8	金两优 36	水稻	福建农林大学	李维明　林荔辉　陈启锋　祁建民　潘润森　周元昌　季彪俊　陈志伟	CNA20020240.5	2002-12-05	2005-11-01	杂交水稻组合
9	Hs-3	水稻	福建农林大学	李维明　林荔辉　陈启锋　祁建民　潘润森　周元昌　季彪俊　陈志伟	CNA20020239.1	2002-12-05	2005-11-01	不育系
10	花优 63	水稻	福建农林大学	李维明　陈启锋　潘润森　张　轼　祁建民　林光霖　江树叶　林荔辉　陈志伟	CNA20020238.3	2002-12-05	2005-11-01	杂交水稻组合

续表

序号	品种名称	属或者种	品种权人	培育人	品种权号	申请日	授权日	附注
11	花 1A	水稻	福建农林大学	李维明 陈启锋 潘润森 张　轼 祁建民 林光霖 江树叶 林荔辉 陈志伟	CNA20020237.5	2002-12-05	2005-11-01	不育系
12	T80A	水稻	福建农林大学	李维明 祁建民 潘润森 郑　璇 陈志伟 陈启锋 李　宇 林荔辉 江树业	CNA20020236.7	2002-12-05	2005-11-01	不育系
13	福 Es1	水稻	福建农林大学	杨仁崔 张书标 黄荣华 章清杞	CNA20020231.6	2002-12-02	2007-05-01	不育系
14	T55A	水稻	福建农林大学	潘润森 陈启锋 张　轼 李维明 周元昌 毛大梅 林培清 林光霖 祁建民 林荔辉 陈志伟	CNA20020234.0	2002-12-03	2005-11-01	不育系
15	T78A	水稻	福建农林大学	李维明 曾汉章 林荔辉 潘润森 陈志伟 陈双龙 毛大梅 江树业	CNA20020233.2	2002-12-03	2005-11-01	不育系
16	R669	水稻	福建农林大学	杨仁崔 梁康迳 黄荣华 陈启军 王乃元 邓晚健 李美德	CNA20030005.9	2003-01-08	2007-05-01	恢复系
17	闽恢 89	水稻	福建农林大学	杨仁崔 王乃元 梁康迳 黄荣华 陈清华 陈启军 陈顺辉	CNA20030010.5	2003-01-15	2007-05-01	恢复系
18	SE21s	水稻	福建省农科院水稻研究所	赵明富 郑建华 胡如英 吴春珠 吴华聪 陈金模 谢华安	CNA20030052.0	2003-02-26	2005-09-01	不育系

续表

序号	品种名称	属或者种	品种权人	培育人	品种权号	申请日	授权日	附注
19	航1号	水稻	福建省农科院水稻研究所	谢华安　王乌齐	CNA20030206.X	2003-06-16	2005-11-01	恢复系
20	II优航1号	水稻	福建省农科院水稻研究所	谢华安　王乌齐	CNA20030222.1	2003-07-03	2005-11-01	杂交水稻组合
21	D奇宝A	水稻	刘文炳	刘文炳	CNA20030535.2	2003-12-25	2006-05-01	不育系
22	金优明100	水稻	福建省三明市农业科学研究所	郑家团　张建新　罗家密　黄显波　邓则勤　林美娟	CNA20030008.3	2003-01-09	2007-05-01	杂交水稻组合
23	明恢2155	水稻	福建省三明市农业科学研究所	张受刚　许旭明　卓　伟　马彬林　杨腾帮　范祖军	CNA20030296.5	2003-08-06	2006-05-01	恢复系
24	谷丰A	水稻	福建省农科院水稻研究所	雷捷成　游年顺　黄利兴　雷上平　潘玉卿	CNA20030323.6	2003-09-08	2006-05-01	不育系
25	特优航1号	水稻	福建省农科院水稻研究所	王乌齐	CNA20030428.3	2003-11-11	2006-07-01	杂交水稻组合
26	明恢07	水稻	福建省三明市农业科学研究所	张受刚　许旭明　卓　伟　马彬林　杨腾帮　范祖军	CNA20030297.3	2003-08-06	2007-01-01	恢复系
27	II优1273	水稻	福建省三明市农业科学研究所	罗家密　郑家团　张建新　黄显波　邓则勤　林美娟	CNA20030491.7	2003-12-08	2006-07-01	杂交水稻组合
28	II优1259	水稻	福建省三明市农业科学研究所	张受刚　许旭明　卓　伟　马彬林　杨腾帮　范祖军	CNA20030490.9	2003-12-08	2006-07-01	杂交水稻组合
29	明恢1259	水稻	福建省三明市农业科学研究所	张受刚　许旭明　卓　伟　马彬林　杨腾帮　范祖军	CNA20030489.5 CNA20030281.7	2003-12-08 2003-07-30	2006-07-01 2006-01-01	恢复系 恢复系
30	武恢898	水稻	福建省龙岩市农业科学研究所	兰华雄　兰志斌　徐淑英				

续表

序号	品种名称	属或者种	品种权人	培育人	品种权号	申请日	授权日	附注
31	特优 898	水稻	福建省龙岩市农业科学研究所	兰华雄　兰志斌　徐淑英	CNA20030283.3	2003-07-30	2007-01-01	杂交水稻组合
32	龙恢 158	水稻	福建省龙岩市农业科学研究所	李双盛　兰华雄　游月华	CNA20030361.9	2003-10-14	2007-01-01	恢复系
33	特优 158	水稻	福建省龙岩市农业科学研究所	李双盛　兰华雄　游月华	CNA20030282.5	2003-07-30	2007-01-01	杂交水稻组合
34	福优 158	水稻	福建省龙岩市农业科学研究所	李双盛　兰华雄　游月华	CNA20030362.7	2003-10-14	2007-01-01	杂交水稻组合
35	宁特优 420	水稻	福建省宁德市农科所	陈若平	CNA20030210.8	2003-06-23	2007-05-01	组合
36	东南 201	水稻	福建省农科院水稻研究所	郑金贵	CNA20040106.8	2004-02-23	2005-11-01	杂交水稻组合
37	光香 A	水稻	刘文炳	刘文炳	CNA20040256.0	2004-06-01	2007-11-01	不育系
38	京福 2A	水稻	福建超大现代种业有限公司	周天理	CNA20040291.9	2004-07-01	2007-01-01	不育系
39	D 奇宝优 527	水稻	刘文炳	刘文炳　黄华康　张　轼　郑　旋　蔡为铭　陈双龙　黎汉云　李仕贤　林宜茂　庄淑芳　陈善杰　林　琼　罗维禄	CNA20040315.X	2004-07-26	2007-11-01	杂交水稻组合
40	特优 671	水稻	福建省宁德市农科所	陈若平	CNA20040314.1	2004-07-26		杂交水稻组合
41	II 优 131	水稻	福建省泉州市农业科学研究所	陈秉发	CNA20040321.4	2004-07-29	2007-07-01	杂交水稻组合
42	泉恢 131	水稻	福建省泉州市农业科学研究所	陈秉发	CNA20040474.1	2004-11-09	2007-07-01	恢复系

续表

序号	品种名称	属或者种	品种权人	培育人	品种权号	申请日	授权日	附注
43	D奇宝优1号	水稻	刘文炳	刘文炳　黄华康　张　轼　郑　旋　蔡为铭　陈双龙　林宜茂　庄淑芳　陈善杰　林　琼　罗维禄	CNA20040485.7	2004-11-16	2007-11-01	杂交水稻组合
44	明恢112	水稻	福建省三明市农业科学研究所 福建六三种业有限责任公司	许旭明　卓　伟　马彬林 杨腾帮　张受刚　范祖军　杨旺兴　邹文广	CNA20040507.1	2004-11-19	2007-11-01	恢复系
45	明恢118	水稻	福建省三明市农业科学研究所	许旭明　卓　伟　马彬林　杨腾帮　张受刚　范祖军　杨旺兴　邹文广	CNA20040508.X	2004-11-19	2007-11-01	恢复系
46	明恢339	水稻	福建省三明市农业科学研究所	许旭明　卓　伟　马彬林　张受刚　杨腾帮　范祖军　杨旺兴　邹文广	CNA20040509.8	2004-11-19	2007-11-01	恢复系
47	金山s-2	水稻	福建农林大学	林荔辉　周元昌　陈志伟　潘润森　毛大梅　吴为人　官华忠　吴建梅	CNA20040522.5	2004-11-23		不育系
48	金山s-1	水稻	福建农林大学	周元昌　林荔辉　潘润森　陈志伟　吴为人　毛大梅　练进旺　林培清	CNA20040523.3	2004-11-23		不育系
49	金山A-1	水稻	福建农林大学	周元昌　潘润森　陈志伟　李维明　郑　旋　林荔辉　毛大梅　张　轼　吴为人　曾汉章　祁建民	CNA20040524.1	2004-11-23		不育系

续表

序号	品种名称	属或者种	品种权人	培育人	品种权号	申请日	授权日	附注
50	金山 A-2	水稻	福建农林大学	潘润森 周元昌 吴为人 陈志伟 林荔辉 李维明 郑 旋 毛大梅 曾汉章 陈双龙 祁建民 吴建梅 张 轼	CNA20040525. X	2004-11-23		不育系
51	Ⅱ优 6 号	水稻	刘文炳	刘文炳 陈由禹 姚祖武 陈双龙 蔡为铭 池晓雯 罗维禄 兰兴庆 林宜茂 林 琼 陈善杰 卓传营	CNA20040572. 1	2004-12-08		杂交水稻组合
52	京福 1A	水稻	福建省农科院水稻研究所	周天理	CNA20040721. X	2004-12-31	2007-01-01	不育系
53	乐丰 A	水稻	福建省农科院水稻研究所	游年顺 黄利兴 张以华 潘玉卿 雷上平 郑长林 雷捷成	CNA20050295. 6	2005-05-23		不育系
54	全丰 A	水稻	福建省农科院水稻研究所	游年顺 黄利兴 雷捷成 潘玉卿 雷上平 张以华 郑长林	CNA20050296. 4	2005-05-23		不育系
55	Ⅱ优航 148	水稻	福建省农科院水稻研究所	谢华安 王乌齐 黄庭旭 郑家团 肖承和	CNA20050291. 3	2005-05-23		杂交水稻组合
56	Ⅱ优 139	水稻	福建省农科院水稻研究所	王乌齐 黄华康 章 杏 陈双龙 郑长林	CNA20050292. 1	2005-05-23		杂交水稻组合
57	特优 923	水稻	福建省农科院水稻研究所	王乌齐 谢华安 黄庭旭 张海峰 郑家团	CNA20050293. X	2005-05-23		杂交水稻组合
58	Ⅱ优 936	水稻	福建省农科院水稻研究所	谢华安 郑家团 黄庭旭 王乌齐 张海峰	CNA20050294. 8	2005-05-23		杂交水稻组合

续表

序号	品种名称	属或者种	品种权人	培育人	品种权号	申请日	授权日	附注
59	特优 627	水稻	福建省宁德市农科所	陈若平	CNA20050306.5	2005-05-27		杂交水稻组合
60	Ⅱ优 3169	水稻	福建省农科院生物所	王　锋　陈建民　罗家密　苏　军　刘华清	CNA20050373.1	2005-07-01		杂交水稻组合
61	Ⅱ优 3229	水稻	福建省农科院生物所	王　锋　陈建民　罗家密　苏　军　刘华清	CNA20050374.X	2005-07-01		杂交水稻组合
62	闽恢 3119	水稻	福建省农科院生物所	王　锋　陈建民　罗家密　苏　军　刘华清	CNA20050375.8	2005-07-01		恢复系
63	闽恢 3229	水稻	福建省农科院生物所	王　锋　陈建民　罗家密　苏　军　刘华清	CNA20050371.5	2005-07-01		恢复系
64	Ⅱ优 3139	水稻	福建省农科院生物所	王　锋　陈建民　罗家密　苏　军　刘华清	CNA20050372.3	2005-07-01		杂交水稻组合
65	谷优 3119	水稻	福建省农科院生物所	王　锋　陈建民　游年顺　罗家密　苏　军　刘华清	CNA20050376.6	2005-07-01		杂交水稻组合
66	红肉蜜柚	柑橘属	福建省农科院果树所	陆修闽　卢新坤　黄新忠　金　光　蔡盛华　林金山　林海青　周子坤	CNA20050515.7	2005-09-05		品种
67	T78 优 2155	水稻	福建省三明市农业科学研究所 福建六三种业有限责任公司	许旭明　潘润生　张受刚 林荔辉　卓　伟　马彬林　范祖军　杨腾帮　杨旺兴	CNA20050530.0	2005-09-13	2009-01-01	杂交水稻组合
68	金优 2155	水稻	福建省三明市农业科学研究所 福建六三种业有限责任公司	许旭明　张受刚　卓　伟 马彬林　杨腾帮　范祖军　杨旺兴	CNA20050529.7	2005-09-13	2009-05-01	杂交水稻组合

续表

序号	品种名称	属或者种	品种权人	培育人	品种权号	申请日	授权日	附注
69	Ⅱ优明 62	水稻	福建省三明市农业科学研究所	黄显波 邓则勤 郑家团 林美娟 罗家密 林成豹	CNA20050538.6	2005-09-16	2008-11-01	杂交水稻组合
70	汕优 161	水稻	福建农林大学	林文雄 梁义元 梁康迳	CNA20050637.4	2005-11-01		杂交水稻组合
71	闽早恢 150	水稻	福建省农科院水稻研究所	叶新福	CNA20050819.9	2005-12-19		恢复系
72	明糯 S-1	水稻	福建省三明市农业科学研究所	黄显波 邓则勤 郑家团 林美娟 林成豹 罗家密	CNA20060007.9	2006-01-06	2009-11-01	不育系
73	明恢 62	水稻	福建省三明市农业科学研究所	黄显波 郑家团 邓则勤	CNA20060008.7	2006-01-06	2009-11-01	恢复系
			福建六三种业有限责任公司	罗家密 林美娟 林成豹				
74	宜优 673	水稻	福建省农科院水稻研究所	黄庭旭 谢华安 游晴如 王乌齐 郑家团 张海峰 黄洪河 杨 东 涂诗航 张水金	CNA20060426.0	2006-07-25		杂交水稻组合
75	两优航 2 号	水稻	福建省农科院水稻研究所	黄庭旭 谢华安 游晴如 王乌齐 郑家团 张海峰 黄洪河 杨 东 涂诗航 张水金 马宏敏 董瑞霞 谢鸿光 章 杏	CNA20060426.0	2006-07-25		杂交水稻组合
76	Ⅱ优 125	水稻	福建省南平市农业科学研究所	江文清 刘端华 周仕全 应薛养 谢冬容 吴作灿 陈泳和 饶溶晖 邱慧明 邹荣春	CNA20060424.4	2006-07-25		杂交水稻组合

续表

序号	品种名称	属或者种	品种权人	培育人	品种权号	申请日	授权日	附注
77	Ⅱ优 183	水稻	福建省南平市农业科学研究所	江文清　刘端华　周仕全　陈泳和　姚祖武　黄庭旭　饶溶晖	CNA20060423.6	2006-07-25		杂交水稻组合
78	特优 009	水稻	福建省南平市农业科学研究所	刘端华　江文清　周仕全　谢冬容　林　芳　林　明　陈泳和　应薛养　邹荣春	CNA20060425.2	2006-07-25		杂交水稻组合
79	Ⅱ优航 2 号	水稻	福建省农科院水稻研究所	谢华安　王乌齐　肖承和　黄庭旭　郑家团　涂诗航　杨　东　谢鸿光　马宏敏　张水金　董瑞霞　章　杏	CNA20060766.9	2006-12-18		杂交水稻组合
80	京福 1 优	水稻	福建省农科院水稻研究所	谢华安　郑秀平　王乌齐　周天理　肖承和　黄庭旭　郑家团　张海峰　游晴如　黄洪河　涂诗航　谢鸿光　翁国华　董瑞霞	CNA20060767.7	2006-12-18		杂交水稻组合
81	943	水稻	福建省三明市农业科学研究所	卓　伟　马彬林　张受刚　许旭明　杨腾帮　范祖军　杨旺兴　宋家炀　邹文广	CNA20060770.7	2006-12-19	2010-09-01	不育系
82	九丰 A	水稻	福建省三明市农业科学研究所	许旭明　卓　伟　马彬林　张受刚　杨腾帮　范祖军　杨旺兴　宋家炀　邹文广	CNA20060771.5	2006-12-19	2011-05-01	不育系
83	广抗 13A	水稻	福建农林大学	梁康迳　梁义元　林文雄　柯庆明　郑履端	CNA20060772.3	2006-12-19		恢复系

续表

序号	品种名称	属或者种	品种权人	培育人	品种权号	申请日	授权日	附注
84	金恢 2689	水稻	福建农林大学	梁康迳 黄利兴 梁义元 游 顺 林文雄 张以华 柯庆明 郑履端	CNA20060773.1	2006-12-19		杂交水稻组合
85	全优 2689	水稻	福建省龙岩市农业科学研究所	兰华雄 徐淑英 林金虎	CNA20060849.5	2006-12-30		恢复系
86	龙恢 3381	水稻	福建省三明市农业科学研究所	黄显波 邓则勤 林成豹 郑家团 林美娟 唐江霞 梁水金	CNA20070036.7	2007-01-19	2011-03-01	不育系
87	D67	水稻	福建省农科院水稻研究所	黄利兴 游年顺 雷捷成 雷上平 潘玉卿	CNA20030019.9	2007-01-01	2012-05-01	恢复系
88	元丰 A	水稻	福建省三明市农业科学研究所	黄显波 邓则勤 叶新福	CNA20070037.5	2007-01-19		不育系
			福建省六三种业有限责任公司	郑家团 林美娟 林成豹 梁水金 唐江霞				
89	明香 10S	水稻	福建省农科院生物所	王 锋 陈建民 罗家密 苏 军 刘华清 颜静宛 田大刚	CNA20070356.0	2007-07-24		恢复系
90	闽恢 3301	水稻	刘文炳	刘文炳	CNA20070604.7	2007-11-20		恢复系

第二章　知识产权转化

1985年起，省专利行政机关每年均组织专利项目参加各种技术展示、贸易活动。1986年5月，福建省开始版权贸易活动，主要是参加各种图书博览会等文化活动时进行，贸易除在中国台湾、香港、澳门地区开展外，还在多个国家举办图书展示交易，每次贸易活动均取得显著成果。2000年，福建省开始组织种子企业和科研、教学单位参加全国性农业植物新品种展示交易会。2002年，福建省依托原产地特性发掘与运用地理标志资源，地理标志产品转化工作取得良好经济和社会效益。2006年，省知识产权局调查1719家企业专利实施情况，有9354项专利已实施；出台多个优惠政策，推进专利技术转化。至2007年，全省授权水稻品种全面进入市场，实现产业化播种面积占全国水稻的10%；授权品种转让率超过60%，转让费突破1000万元，推广面积400万公顷，增加收益达18亿元。

第一节　专利展示交易与实施

一、专利展示交易

1985年10月14日至25日，省科委、省专利局共同组织全省10多个已申请专利可供技术转让的项目，参加国家科学技术委员会（简称国家科委）、联合国亚洲太平洋经济社会委员会、联合国跨国公司中心联合在福州举办的关于通过跨国公司管理和谈判技术转让亚太地区培训班会外技术贸易活动。这是福建第一次组织专利（申请）项目参加技术贸易活动，且是国际性技术贸易活动。同月，全省组织5个申请专利项目参加在北京举办的全国首届发明展览会，其中福建农学院杨振华的“利用大气氮生产单细胞蛋白和维生素E”、福建物构所的“光学晶体低温偏硼酸钡”获展会发明奖，有美国、日本客商订货；省专利局推荐的福州马尾造船厂的“半自动滚丝工夹具”作为中国科技大学的高效工夹具之一参加英国伯明翰技术交易会。

1986年，省科委、省专利局联合组织12个专利（申请）项目参加全国第二届发明展览会，推荐6个专利（申请）项目参加全国第二次专利工作会议举办的全国专利技术展览会，推荐3个专利项目参加“广交会”，其中省机械科学研究院的“直立输送禾秆的联合收割机”获叙利亚客商订货2台。

1987年3月29日至4月2日，省专利局组织24项新技术参加在上海举行的全国首届大型专利技术交易会，其中“半自动螺纹滚轧工具”“直立输送禾秆的联合收割机”“植绒花布及其工艺方法和有关设备”“多功能可编程时间控制器”“不中断供电的可控硅可逆变换装置”联系到生产厂家，有15个厂家签订购买“C-1023玻璃彩色涂料技术”意向书。3月，省专利局推荐福州大学吴汉光、林孝义发明的“高效能单相异步发电机接线方式”被国家科委选送参加在日内瓦举行的国际发明与新技术展览会，一家瑞士公司在展览第一天即签订该技术许可意向书。10月5日至13日，省专利局组织10项发明专利技术参加在长春举行的第三届全国发明展览会。是年，省专利局推荐福州大学吴汉光、林孝义发明的“高效能单相异步发电机接线方式”再次与福建农学院杨振华“超级饲料粘结剂”一起参加在比利时举办的第36届布鲁塞尔尤里卡新产品新技术展览会；省专利局选送17项专利技术参加“1987年深圳专利技术展销会”。全年共推荐83项专利技术参加各种交易会或展览会。

1988年11月，全省4项发明成果参加在广州举办的首届国际专利及新技术设备展览会，获铜牌奖1项。霞浦县新进电子器材厂的“UPS-正玄波稳频稳压不间断电源”申请专利技术与5个单位签订订货合同，与4个单位签订订货意向书。是年，省专利局共推荐83项专利技术参加各种交易会或展览会。

1989年6月，省专利局编印《1985—1988年福建专利（申请）技术项目汇编》，向全省发送，推介专利技术。11月，省专利局组织42项发明成果参加在成都举行的第四届全国发明展览会，有项目签订意向性协议；省专利局从上万项国内专利中筛选500多项参加南平地区技术交易会，有40项专利技术签订技术转让合同或合作意向书（其中“磁带音像抹消机”项目大受青睐），签订意向合同金额达300万元。该交易会南平地区签订合同引进35项省外专利技术。是年，省专利局组织专利产品参加厦门、广州、深圳、新加坡等对外贸易展示，玻璃彩色涂料、高辣度辣椒及晶体、启振自行车驱动器等获出口。

1990年，省专利局、省发明协会联合组织项目参加在上海举办的’90中外专利日用工业品展销会、在新疆举办的新疆丝路专利技术博览会、在广州举办的第二届国际专利及新技术、新产品展览会；参加第二届国际专利及新技术、新产品展览会，签订合同成交额1000万元和24万美元；参加第五届全国发明展览会，取得历届参展最好成绩，意向成交额达1亿元，福建被评为先进展团。省专利局组织项目参加福建省首届发明与革新成果展览会。

1991年10月27日至29日，省专利局、省发明协会联合组团，组织33个专利（申请）项目参加第六届全国发明展览会展示交易。11月27日至30日，省专利局组织21个项目参加在深圳举办的第三届发明和专有技术展销会，其中签订合同、协议17份，成交额12.5万元，意向协议达200万元，展销产品全部销售一空。是年，省专利局还组织参加湖南省首届专利产品展销会、湖北沙市展销会、安徽省科技成果博览会；汇编出版《1985—1990年专利申请技术汇编》，对全省已公开、公告的1000项以上专利申请技术进行调查，建立150项已实施的、效益较好的专利项目档案，向省外推荐320项；并从省外专利项目中筛选370项，推荐给全省有关单位。筹建专利产品陈列室，展示专利产品40件。

1992年3月10日至15日，省专利局组织21个项目参加中国专利局在广州市举办的中国首届外观设计专利及新产品展览会，签订合同6项，成交额67.5万元；签订意向协议36个，金额900万元。4月3日至12日，省专利局与省发明协会共同遴选10个项目（其中9项专利）参加在瑞士举行的第20届日内瓦国际发明与新技术展览会。10月，省专利局与省发明协会共同组织47项发明参加北京国际发明展览会，签订合同6项，成交额1000万元；签订意向合同500份，金额1500万元。是年，省专利局还组织专利项目参加全国星火计划成果暨专利技术乌鲁木齐展销洽谈会、福建省发明与革新成果展览会、福建省二轻工业首届技术洽谈交易会。

1993年7月8日至12日，省专利局组织省直有关单位共27个项目参加中国专利报社、漳州市政府联合主办的第二届中国专利新技术新产品博览会展示交易，正式签订合同成交额达2000万元。是年，省专利局组织29个项目参加在武汉举办的’93中国专利技术博览会和中国专利产品订货会，共签订合同金额3188万元，销售金额10万元；组织参加第七届全国发明展览会。

1994年，省专利局选送专利项目图文资料由福建电视台视频展示，每月两次。是年，省专利局组织18个专利项目分别参加在北京举行的第五届亚太国际贸易博览会和在广西北海举办的第三届中国专利新技术新产品博览会展示交易；报送6个专利项目参加中国专利局举办的’94中国专利博览会；选送2个专利项目参加美国国际专利博览会。

1995年3月17日至22日，省专利局组织50项专利成果参加中国专利局在北京举办的中国专利十年成就展暨第四届（北京）全国专利新产品新技术展览会，有多个项目签订销售意向合同。5月，省专利局与省技术市场办、漳州市科委在漳州联合举办科技成果信息发布交易会，发布展示30家高校、科研院所的1000项新技术、新成果、新产品。11月，省专利局组织8个项目参加’95中国（黄山）专利技术与产品博览会。

1996年4月，省专利局组织项目参加第五届（郑州）中国专利新产品新技术博览会。是年，省专利局组织项目参加全国（常州）专利技术博览会。

1997年6月10日至12日，省专利局组团参加大连全国专利技术博览会。是年，省专利局组团参加第六届中国专利新技术新产品博览会。

1998年3月6日至8日，省专利局组团参加第六届中国专利技术博览会暨中国专利产品订货会。6月10日至14日，省专利局组织20个专利项目参加由中国专利局和天津市政府举办的第七届中国专利新技术新产品博览会。是年，省专利局还组织专利项目参加第七届（大连）中国专利技术博览会暨中国专利产品订货会。

1999年4月13日，省专利局组织50个专利项目参加中国专利局在北京举办的庆祝专利法颁布十五周年成就展。5月，省专利局组织专利项目参加福州市政府主办的招商月活动。

2000年，省专利局组织专利技术和专利产品50个参加国家知识产权局举办的专利法实施15年成就展和第九届（西安）中国专利新技术新产品博览会。

2001年4月，省专利局组织41个项目参加全国首届外观设计专利大赛。9月，省知识产权局与省总工会、省科技厅、省发明协会联合遴选45个项目参加在昆明举办的第十三届全国发明展览会。是年，省知识产权局还组织项目参加第十届中国专利新技术新产品博览会。

2002年6月，省知识产权局筛选专利项目加入省科技厅展团，参加第一届中国·福建项目成果交易会。8月15日至19日，省知识产权局组织18项专利技术参加在浙江举办的第十届中国专利新技术新产品博览会和第九届中国杨凌农业高新技术成果博览会。

2003年10月24日至28日，省科技厅、省知识产权局、省总工会、省发明协会联合组织115个项目参加在厦门举办的第十四届全国发明展览会，设30个展位参展，参展项目共签订意向合同43项，金额5000万元，其中有13个项目在会后进一步洽谈合作开发或技术转让。

2004年6月，省知识产权局组织15个专利项目参与省科技厅展团，参加第二届中国·福建项目成果交易会。8月18日至21日，省知识产权局组织中国科学院福建物质结构研究所和福州大学获得中国专利金奖及优秀奖的项目参加在大连市举办的2004年中国国际专利技术与产品交易会。

2005年6月，省知识产权局组织6个专利项目参与省科技厅展团，参加第三届中国·福建项目成果交易会，其中2项专利技术对接成功，项目总投资3.15亿元。

2006年4月，省知识产权局参与中国保护知识产权成果展览会，推荐专利试点企业中国科学院福建物质结构研究所、麦克奥迪实业集团有限公司的实物参加成果展，麦克奥迪实业集团有限公司在现场为参观者介绍自主创新开发的远程疾病诊断系统新成果。6月18日至20日，省知识产权局组织20个专利项目参与省科技厅展团，参加第四届中国·福建项目成果交易会，其中9个项目在展台上展出，另外11个项目在会刊上推介。

2007年6月18日至21日，国家知识产权局首次加盟第五届中国·福建项目成果交易会为主办单位，国家知识产权局局长田力普出席开幕式。国家知识产权局的加入，进一步提升中国·福建项目成果交易会的水平和档次，更好地推动专利技术实施和转化，促进产学研相结合，使更多的专利技术和产品在福建省转化落地。省知识产权局组织20个专利项目与科技展团项目一起参加该交易会。10月12日至17日，福建团组参加在深圳举行的第九届中国国际高新技术成果交易会，全省21家企业和6所高校共46个项目（其中包括专利技术）参加展示交易。

二、专利转化实施

1985年，省机械科学研究院的专利项目“直立输送禾秆联合收割机”在福州市拖拉机厂组织实施。福建师大化学系的发明专利（申请）“锡焊助焊剂”推广省外30多家工厂生产，福日公司将该产品作为进口替代品。福州大学的专利（申请）“TY系列电子彩色印刷机”产值达60万，产品销往国内20多个省，国外市场创汇36万美元；福建林学院发明专利（申请）“马尾松深度脱脂技术”产品销往日本、新加坡、马来西亚等国，出口产值20万元。个人实用新型专利（申请）“电磁驱动多功能儿童摇篮”转让多家工厂生产；福州陈鸿林的“弹烟盒”实用新型专利（申请）转让江苏省的县办工厂生产。

1986 年，福建物构所的专利项目“光学晶体低温偏硼酸钡”创汇 40 万美元。

1987 年，省专利局起草，省科委、省税务局联合印发《福建省专利新产品的确认及申请减免税的有关规定》，采取多种优惠政策，支持专利技术实施。省专利局编辑《福建专利技术汇编》第一期（共 91 个项目），向省内外寄送 140 份，推进专利技术转化实施。省科委将省农业科学院的“土壤识别与优化施肥”专利技术项目列为国家星火计划，上报国家科委获批准，当年拨给 25.3 万元推广经费。至 1987 年，全省已实施或将实施的专利与专利技术共 50 项，签订转让合同的专利使用费和转让费 1500 万元，为国家创汇或节省外汇支出 90 万美元。

1988 年 9 月 13 日，省政府召开专题会议，研究进一步支持省农业科学院副教授杨振华科研和技术开发工作，促进发明专利“851”营养液技术在福建开花结果，推进发展外向型经济，并形成会议纪要。是年，省科委拨给 26 万元经费，省专利局设立专利开发基金，与霞浦、长乐县的 2 个企业签订专利开发合同。霞浦县新进电子器材厂生产的“UPS-正弦波稳压不间断电源”专利产品，并形成 1200 台生产能力，与北京、上海、浙江、贵州等地签订 1550 台供货合同，金额达 540 万元，产品供不应求。长乐县富利塑料厂“带收音机的电子多功能手杖”，年内研发出第三代产品，与福建省轻工业品进出口公司签订 1988 年 9 月至 1989 年 6 月出口 11 万支、金额 128 万美元合同。是年生产 3 万支，产值 144 万元，创汇 34.9 万美元。中科院福建物构所的“熔盐籽晶法生长低温相偏硼酸钡单晶”申请专利技术，年产值 100 万美元，出口创汇 140 万美元。三明制药厂的“山楂精降脂片”专利产品创年产值 600 万元，利税 100 万元，创汇几十万美元。省专利局对福州、厦门、三明、龙岩、宁德等地市 234 项专利或专利申请项目调查了解，实际实施 132 项，其中 88 项累计产值共 10959 万元，税利 5777 万元，经济效益 16100 万元。

1989 年，省科委推广省农科院的“土壤识别与优化施肥”专利技术，3 年来投入推广经费 147 万元，推广 60 多万公顷，共增产粮食 8450 千克，增收达 8709 万元。中国科学院福建物质结构所的“偏硼酸钡晶体”出口创汇 350 万美元。仙游县企业的“小型无刷电机”专利项目，新增产值 210 万元，利税 40 万元。福建师大“新型铝体系偶联剂”“AC 型活性炭酸钙”“新型 PEP 填充母料”等 3 个专利成果产值 2237 万元，税利 540 万元，总经济效益达 4587 万元。

1990 年，全省实施 400 项专利，新增产值 2 亿元。省农科院的“土壤识别与优化施肥”专利技术被中国专利局、农业部列为首批（全国 16 项）农业专利技术向全国推荐实施。厦门鹭江工艺美术厂的“箔画纸”实用新型专利，创产值 1399 万元，创汇 100 万美元。

1991 年，省专利局对申报福建首届专利奖评奖的 80 个专利项目实施情况统计，实施专利新增产值 5.27 亿元，新增利税 1.83 亿元。

1992 年，省专利局收集湖南、广东、江苏等省市 1500 项实施效益好和比较成熟的专利技术，选择其中 100 多项推荐省内有关单位和厂家开发实施。对申报省首届专利奖的 113 个专利项目实施情况统计，新增产值 5.5 亿元，利税 1.9 亿元，创汇 1200 万美元。

1993 年，全省有 30%的专利技术得到实施。漳州糖厂的“甘蔗渣提取木糖”3 年来实现产值6344万元，利润1941.53万元，上缴税金514.24万元。正大振华“851”生物工程公司的“851”系列产品投放国内外市场，远销美国、日本、韩国等20多个国家和地区，创产值6632万元，利税3489万元，出口创汇50万美元。中科院福建物构所的“熔盐籽晶法生长低温相偏硼酸钡单晶”出口创汇100万美元。

1994年，首届“福建省十佳专利企业”有41项专利技术实施，新增2.353亿元，新增利税8788万元，创汇5540万美元。其中福州九星包装机械集团公司实施电蚊拍专利产品创产值5000万元。

1996年，福州九星集团公司年内实施九星电蚊拍（等）专利项目创产值4797万元，销售4100万元，税收185万元。中科院福建物构所专利项目BBD、LBD晶体至是年创产值5000万元，其中专利技术使用费1200万元。

1997年，省专利局对全省42家申报评选福建省专利先进企业的503项专利技术实施情况进行统计，共创产值60.83亿元，利税3.86亿元，创汇7062万美元。

1999年6月23日，省专利局印发《福建省促进专利技术产业化示范工程实施方案》，实施“促进专利技术产业化示范工程”，推进专利产业化，提高国际、国内市场竞争力。至1999年，中科院福建物构所专利技术创产值1.00亿元，创利税6000万元，创汇1500万美元。

2000年，在国家知识产权局推动下，漳州市科林人造板实用技术研究所“纤维板湿法生产线改造为干法中密度纤维板生产线的方法”发明专利推广应用到12个省的21个企业，累计新增产值12.1亿元，新增利税2.43亿元；向市场提供中密度纤维板100万立方米，可替代250立方米天然原木；累计节煤60万吨，节电2亿千瓦时，减少排放5000万吨高浓度有机废水，节约用水6000万吨；为国家节约6亿元建设资金，解决4000人就业，救活一批濒临倒闭的湿法纤维板生产企业，使原已形成的2亿元固定资产得以继续发挥效益。

2002年，根据国家知识产权局开展专利实施许可合同备案工作部署，省知识产权局对2项专利实施许可合同进行备案，合同金额480万元。是年，漳州市科林人造板实用技术研究所的“纤维板湿法生产线改造为干法中密度纤维板生产线的方法”获发明专利技术转让费300万元。

2003年，省知识产权局对22项专利实施许可合同进行备案，合同金额665.6万元。

2004年6月，福建农林大学等创办的福建省神蜂科技开发有限公司与中国女排签订备战奥运会中国女排唯一专用蜂系列产品协议。是年，对37项专利实施许可合同进行备案，合同金额1300万元。

2006年，根据国家知识产权局的《关于开展企业专利实施状况专项调查的通知》，省知识产权局在全省1719家企业开展专利实施状况调查，有9354项专利已实施。4月26日，全省首家知识产权转化基地——厦门知识产权产业化基地正式授牌，该基地用地面积14.15万平方米，建筑面积30万平方米，总投资约4亿元，分三期建设。至2007年，完成一期4.4万平方米中试厂房建设，并入驻13家拥有自主知识产权企业。

第二节　版权贸易

1986 年 5 月，福建省贯彻执行国家版权局发布的《关于内地出版港、澳同胞作品版权问题的暂行规定》，开始对外国和中国台湾、香港、澳门地区进行版权贸易。

1989 年起，福建出版界组团参加第二、三届北京国际图书博览会、参加由中国国际合作出版促进会举办的国际合作出版洽谈会，进行对外合作出版和版权贸易。

至 1992 年，省出版系统对外国和中国台湾、香港、澳门地区合作出版和版权贸易 292 项，其中对台港澳地区 287 项，对新加坡和美国 5 项。福建人民出版社出版的《学生常用字字典》《气功自我控制疗法》《中学英语语法举要》《泉州洪氏百年历》，海峡文艺出版社出版的《林则徐演义》《三弦艺术论》《台湾长篇小说论》《台湾文学史》，福建科学技术出版社出版的《中草药彩色图谱》《太极气功十八式》，福建少年儿童出版社出版的《能言善辩五十法》等 127 种图书，通过合作出版与版权贸易推向海外。

1993 年，全省对台、港和外国的版权贸易有 102 项，其中售出为 80 项，购进为 22 项。全年出口图书 2100 多种 4.8 万册，码洋 38.2 万元；其中闽版图书 2000 种、4.3 万册，码洋 31.9 万元。总社系统 8 家刊物，全年出口 2 万多册，远销世界各地。一些出版社与台、港等地出版商建立长期的合作关系。

1996 年，全省有 13 批、72 人次出国（境）进行出版、印刷、发行的交流与贸易。是年，福建省与外国及台湾地区达成版权贸易合同 95 项。

1998 年，全省出版系统开展版权贸易 266 项，直接出口图书码洋 66.6 万元；通过涉外宾馆、机场间接出口图书达码洋 62.5 万元。

1999 年，全省出版系统开展版权贸易 39 项，其中图书 5 项、音像 29 项、电子出版物 4 项、软件 1 项。全省出口图书 17.9 万册，码洋 210 万元，达到历史最高水平。

2000 年，全省有 9 家出版社参加第八届北京国际图书博览会，共展出图书 595 种，签订版权引进合同 5 项 28 种，达成版权引进意向 27 项 132 种，达成版权输出意向 1 项 2 种。

2001 年，全省共达成版权贸易 94 种，其中引进 82 种，售出 12 种。全省在境外共举办书展 5 次，直接出口图书达 4 万种，12.7 万册，总码洋 258 万元；由国内编印出版的菲律宾华语课本，受到菲律宾华文学校的欢迎。

2002 年，全省直接出口图书、音像制品和电子出版物 12.5 万种，码洋 485.4 万元。

2003 年，全省 9 家出版社参加北京国际图书博览会，展出图书 600 多种，达成版权贸易意向和正式签订合同的共 106 种，其中引进版权 80 种，输出版权 26 种。

2004 年，福建对台湾地区书刊出口比 2003 年翻一番，达 142.8 万美元，向台湾地区输出出版物达码洋 1800 万元；出口菲律宾华文教材 10 万册（盘），码洋 133 万元，为历年最高。

2005 年 7 月 29 日至 31 日，首届海峡两岸图书交易会在厦门国际会展中心举办。海峡两岸图书交易会作为增进两岸出版业界交往、版权交易、文化交流的重要平台，轮流在两岸举办。闽台出版界经过交流与洽谈，交易会首日达成14种图书版权项目的交易意向，包括引进图书版权7种，输出图书版权5种，输出图书版权意向2种。厦门对外图书交流中心与台湾问津堂书店签定购书协议，台湾问津堂书店每年通过厦门对外图书交流中心进口1000万元的大陆简体字图书。是年，福建出版物进出口达码洋4638.03万元，其中进口码洋413.7万元，出口码洋4224.33万元。

2006年9月20日，第二届海峡两岸图书交易会在台北市开幕，这是海峡两岸图书出版、发行界人士首次共同在台湾举办大型文化活动。此次展场面积超过6000平方米，分为大陆出版物展销区和台湾出版物展销区两部分。大陆出版界展示的图书共分26类，达10万种、35万册，现场交易金额400万。10月31日至11月3日，首届中国（莆田）海峡工艺品博览会在中国·莆田工艺美术城展示中心举行，以“发扬民族艺术文化传统，培育壮大工艺美术产业”为主题，设有830个国际标准展位，展出海峡两岸工艺美术企业和艺术家们送展的7大类30个品种、约1万多件工艺美术作品。这次艺博会有来自全国各地及东南亚游客和莆田市观众14万多人次，实现产品成交额6126万元、签定合同金额12675万元、意向17563万元。

2007年10月26日至31日，第三届海峡两岸图书交易会在厦门举办，设有5个展馆，有4个设在厦门国际会展中心，总面积26400平方米，设普通展位400个，包括台湾地区150个展位，特装展位100个，展示书架500个，采购书架600个，在厦门书城设有10000平方米图书销售区。此届交易会除邀请大陆所有出版发行单位参加外，台湾地区综合实力排名前100家的出版发行单位全部参加。此外，还邀请全国地、市以上1000多家图书馆和全国新华发行集团（书店）到场看样和采购。交易会期间除图书展示和销售、版权贸易之外，还增加图书馆和书店看样采购，两岸出版产业合作项目展示洽谈，主宾省（市）文化成果展示等3项功能，其中主宾省（市）文化成果展示是首次。此届图书交易会中省出版总社所属的10家出版社展出有关传统文化、历史古籍、闽南方言的图书，与台湾地区客商签订13项图书版权输出协议，其中2项为合同、11项为意向，共输出40多种图书；还有一批闽版图书被台湾书商全部买走，并达成购买版权后内地印刷、台湾销售的意向。北京版权代理公司与台湾6家出版社达成22项版权贸易协议（版权输出17项，版权输入5项），其中版权输出的图书有《漫画游中国》《关键在于落实》等，版权输入的图书有《偷看大师的英文日记》《一次写好英文写作》等。10月27日至31日，首次升格由国务院台湾事务办公室和省政府主办的第二届中国（莆田）海峡工艺品博览会在中国·莆田工艺美术城展示中心举行。第二届艺博会以“弘扬中华优秀文化，增进海峡两岸交流”为主题，吸引来自缅甸、越南和国内24个省（市、自治区）的1000多家企业和个人参展。展馆面积14800平方米，共设3个大展厅19个展区881个展位，集中展出大师精品、新人新作、民间艺术、古玩字画、工艺礼品等参展作品1万多件。艺博会实现版权产品成交额8690万元，签订合同金额1.31亿元，意向合同金额2.38亿元。其中，古典家具馆成交额5600万元，合同金额8600万元，意向合同金额1.31亿元。至是年，安溪县拥有藤铁工艺生产加工企业382家，全行业总产值约20亿元，从业人员达到12万人以上；产品98%以上出口外销，年出口创汇2亿美元，占全国同类产品交易额1/3以上。

表2-1　　**2000—2007年福建省图书版权引进地情况表**

单位：种

年份	合计	美国	英国	德国	法国	俄罗斯	加拿大	新加坡	日本	韩国	中国香港	中国澳门	中国台湾	其他地区
2000	40	0	0	0	0	0	0	0	0	0	9	0	31	0
2001	54	0	12	0	0	1	0	0	2	0	14	0	24	1
2002	48	3	5	1	0	0	0	0	2	6	21	0	10	0
2003	105	7	4	5	1	0	0	0	31	1	24	0	26	6
2004	57	4	8	2	0	0	0	0	10	5	8	0	19	1
2005	41	3	1	1	0	0	0	0	13	6	9	0	0	8
2006	27	0	4	0	1	0	0	0	1	0	0	0	20	1
2007	10	0	0	0	0	0	0	1	1	0	0	0	6	2

第三节　地理标志产品转化

2002年，福建省依托原产地特性发掘与运用地理标志资源，地理标志产品转化工作取得良好经济和社会效益。“武夷岩茶”生产企业在产品包装上加贴地理标志产品专用标志，每公斤大红袍、名枞单价提高600多元，仅提升附加值一项，企业和茶农平均每年增收1500万元以上。

2004年，“古田银耳”获地理标志产品保护，种植面积扩大，银耳鲜品产量、单价开始提高。

2005年，借助地理标志“宁德大黄鱼”，宁德市大力发展大黄鱼养殖，是年大黄鱼产量5万吨，出口量占全国80%。同时，国内销售大黄鱼也逐步使用“宁德大黄鱼”地理标志，比同类产品价格平均高10%～20%。

2006年，“建莲”获地理标志产品权，建宁县成立建莲地理标志品牌保护中心，加大对建莲品牌的监管和保障机制，鲜莲销售价格从原来每公斤14元上升为20元，种植面积由原来的2000公顷发展到2666.67公顷，年产值达1.4亿元，农民单项人均年收入为1000多元。这些有力地促进县域经济的发展、农民增收和农村稳定，相关加工产品的产值和销售额亦得到提升。是年，“永春篾香”获地理标志产品权，永春县成立永春篾香地理标志产品专用标志管理工作领导小组，“永春篾香”的产量4.0万吨，产值2.5亿元；出口量1.3万吨，出口销售额1000万美元，产品远销欧洲、美国、日本、印度、泰国、韩国、马来西亚、新加坡等国家和中国香港、澳门、台湾地区。“永春芦柑”自2005年获得保护后，品牌效应明显增强，芦柑产地的平均销售单价从2004年的1.4元/千克增长到2006年2.5元/千克，增长78.5%；永春芦柑的社会产值从2004年的4亿元增长到2006年的6亿元，增长50%。德化县成立德化白瓷保护工作领导小组，对相关企业在项目申报、融资、企业技术中心的组建、政策资金扶持等方面给予政策倾斜，大力推动地理标志产品开发与转化。古田县“古田银耳”鲜品产量从2003年的12.4万吨增加到2006年的17.6万吨，单价从2003年的2000元/吨提高到2006年的2500元/吨，产值从2003年的2.5亿元增加到2006年的4.4亿元，银耳种植户和企业每年多创收1500多万元。至是年，建瓯锥栗栽培面积达2.8万公顷，年产量2.55万吨，实现产值16100万元，锥栗产业成为建瓯市五大支柱产业之一。“安溪铁观音”获地理标志产品保护权后，总产值从2004年的12.6亿元增长到2006年的15.2亿元，涉茶行业总产值从2004年40亿元增长到2006年的51亿元。

2007年，“连城红心地瓜干”品牌化开发使当地农户通过建设生产基地，发展地瓜加工业，直接促成“六亿产值富半县”的区域经济兴盛格局。福安市“坦洋工夫”获得保护后，通过打造坦洋工夫茶品牌，开展茶园标准化种植与管理，建设生态茶园、推广农业物联网在茶产业的应用，实现茶叶生产的标准化、数字化管理，打造“基地＋农户＋研发＋标准＋营销”的现代化经营模式，当年取得好的经济效益。是年，“柘荣太子参”获得保护，在全国中药材专业市场中，“柘荣太子参”产品单价高出国内其他产区产品价格的20%～30%。“福建乌龙茶”全省有35个主产县（市、区），促进全省茶业发展。2007年下半年，“宁德大黄鱼”地理标志的大黄鱼累计出口3613吨，货值1834.6万美元，同比分别增加2.01倍和3.09倍，单价由原来的不足4500美元/吨提高到5000美元/吨至5500美元/吨；出口市场由原来单一的韩国，新增美国、加拿大、中东、中国香港等国家和地区。是年，“德化白瓷”产品总产值达35.29亿元。

至2007年，“宁德大黄鱼”年累计内销增加1000吨；地理标志产品年产值5亿元以上的有莆田枇杷、永春芦柑；年产值2亿元以上的有建瓯锥栗、天宝香蕉、云霄枇杷、永泰李干、莆田桂圆、建阳桔柚；年产值1亿元以上的有度尾文旦柚、建宁黄花梨、莆田荔枝等。地理标志产品已经成为区域一项重要的农业支柱产业，有力推进福建区域经济发展。

第四节　植物新品种转化

2000年，省农业厅开始组织种子企业和科研、教学单位参加农业部分别在洛阳、成都、扬州等地举办的全国农业植物新品种展示交易会，推进授权品种供需对接和转化应用。

2001年，全省推广水稻新品种“II优明86”面积为1.07万公顷。

2002年，福建省“II优明86”将经营权转让给安徽隆平高科有限责任公司，推广面积1.07万公顷。

2004年全省推广，“II优明86”的推广面积达30万公顷。按“II优明86”两年参加全国区试平均比“汕优63”亩增32.565千克、每千克1.20元计算，增产稻谷14654.25万千克，增值17585.1万元。农业部授权的29种（组合）、不育系、恢复系制种面积在1333.33公顷以上，占全省杂交水稻制种面积40%；当年推广面积2.085万公顷，占全年水稻播种面积的46.6%。2005年，“II优明86”推广面积增加到33.33万公顷。

至2007年，全省选育的“Ⅱ优明86”“Ⅱ优航1号”“Ⅱ优航2号”“特优航1号”等4个水稻授权品种成为全国超级稻主推品种，其中“II优明86”推广面积居全国第五位。按推广面积6666.67万公顷以上的水稻品种统计，全省授权水稻品种占全国水稻播种面积的10%，授权品种全面进入市场，实现产业化；授权品种转让率超过60%，转让费突破1000万元，推广面积400万公顷，增加收益18亿元。

附：典型案例

谢华安主持育成三系杂交稻和超级稻育种

谢华安长期主持三系杂交稻和超级稻育种，在“恢复系亲本的选择技术”“测交配组技术”“抗瘟性筛选育种程序”“杂交水稻中稻制种技术”等方面都有创新研究成果，先后育成各具特色的系列杂交水稻新组合20多个，累计推广面积7333.33万公顷，其中“Ⅱ优明86”“特优航1号”“II优航1号”“II优航2号”“宜优673”“两优616”等6个品种被农业部认定为超级稻品种。1990年，主持育成中国稻作史上种植面积最大的水稻良种“汕优63”，并通过国家、省品种审定委员会审定；育成中国杂交水稻亲本遗传贡献最大的恢复系“明恢63”。1992年，育成“汕优67”早稻新品种，通过国家、省品种审定委员会审定。1993年，育成“601”水稻品种，通过省品种审定委员会审定。1994年，育成“威优77”水稻良种，是福建优质早稻主栽品种。1998年，先后育成“汕优77”“明恢86”“汕优88”等水稻良种。1999年育成“特优70”水稻良种，通过国家、省级品种审定委员会审定。2000年11月，“明恢86”向国家申请植物新品种权；同年育成“威优82”和“汕优70”两个水稻新品种。2001年，育成“II优明86”杂交水稻组合。2002年11月，“II优明86”杂交水稻组合获得国家农业部授予植物新品种权；同年育成“II优航1号”杂交水稻组合。2003年7月，“明恢86”获农业部植物新品种授权。至2004年，

“II优明86”杂交水稻组合全省推广面积达30万公顷。2005年11月，“II优航1号”杂交水稻组合获国家农业部授予植物新品种权，该品种在云南省永胜县涛源乡种植，创单产17.95吨/公顷的世界纪录。至2007年，还育成“优航1号恢复系”水稻品种、“II优936”“II优航2号”“京福1优943”杂交水稻组合、“宜优693”和“两优616”等水稻品种。

第三章 试点与示范

1990年开始，省版权局通过建立版权产业基地开始对全省工艺美术行业的版权实行保护。1992年，省科委、省专利局开始通过试点、示范推进知识产权工作发展，当年福州、漳州、宁德等3地共确定专利工作试点企业19家。1998年，福州第一开关厂、福建革新机器厂被列为第一期全国专利工作试点企业；一个专利项目被列入全国“促进专利技术产业化示范工程”。1999年，厦门市被确定为第一轮全国专利工作试点城市。2001年，中国科学院福建物质结构研究所（简称中科院福建物构所）、厦门华侨电子企业有限公司被确定为第一批全国企事业专利工作试点单位。2004年，福州市、厦门市、泉州市被列为全国知识产权试点城市。2005年，省版权局确定全省第一批15家版权重点保护企业。2007年，全省确定第一批推进软件正版化工作70家；国家知识产权局批准福州市、厦门市为国家知识产权示范城市创建市，认定中科院福建物构所、厦门华侨电子股份有限公司为首批全国企事业知识产权示范创建单位；农业部确定福建省为农业植物品种权工作试点省；省农业厅在平和、武夷山、沙县、上杭等4个县建立授权植物新品种示范片。

第一节 专利试点与示范

一、专利试点

1991年，省专利局对全省15个企业专利工作进行调查摸底，拟开展企业专利试点工作。

1992年4月18日，省科委、省专利局联合印发《关于加强企业专利工作的通知》，全省各地市科委分别确定4至10个专利工作试点单位开展工作，其中宁德地区科委确定宁德市电子元件厂等10家企业、漳州市科委确定漳州香料总厂等4家企业、福州市专利局专利管理处确定福州第三电器厂等5家企业为企业专利工作试点单位。10月26日，省专利局召开部分企事业专利工作座谈会，交流和探讨企业专利工作经验。

1994年6月21日，省科委、省经委、省专利局联合授予福州市包装机械厂、厦门华侨电子企业有限公司、福建省仙游电机总厂、漳州香料总厂、福建龙岩智电科技开发联营公司等10个单位为“首届福建省十佳专利企业”。

1995年8月8日，省专利局印发《关于进一步加强企业专利工作的意见》，全省各地市科委以企业专利工作试点单位为主，在开展企业专利工作方面先行一步，积累经验，以点带面，推动企业专利工作发展。

1996年3月22日，省专利局转发中国专利局等五部委联合下发的《关于进一步开展企业专利试点工作的通知》，全省各地、市依据专利工作试点企业标准选择、确定专利工作试点企业。6月至7月，省专利局认定福州大学、福建师范大学为福建省高校专利工作试点单位；福日公司、福州九星企业集团公司、福建革新机械厂、省机械科学研究所为省试点企事业单位，并与试点企事业单位签订专利试点工作协议书。

1997年11月，执行中国专利局等五部委联合印发的《企业专利工作办法》，省专利局在大中型企业开展企业专利试点工作。是年，省专利局确定石狮市丰利五金平板有限公司为省专利试点企业，并签订专利试点工作协议书；同时做好福日公司、福州九星企业集团公司、福建革新机械厂、石狮市五金平板有限公司等企业专利试点工作，派员到试点企业帮助建章立制，协助做好专利申请、信息利用、专利实施等工作；配合中国专利局部署企事业专利工作试点工程，带动企事业单位专利工作全面开展。

1998年1月23日，省经贸委、省科委、省专利局根据国家经贸委、中国专利局联合下发的《企业专利工作试点方案（试行）》，联合确定福州第一开关厂、福州人造板厂、福建革新机器厂为省专利工作试点企业，同时推荐为全国专利工作试点企业。5月19日，福州第一开关厂、福建革新机器厂被国家知识产权局、经贸委联合列为第一期全国专利工作试点企业，试点内容：建立健全规章制度和政策措施；做好宣传普及和培训工作；增加专利申请，使新技术新产品及时得到保护；加强专利信息的收集、管理和利用工作；促进专利技术的实施和产业化；制定和运用专利战略，搞好专利无形关键资产的评估、保护。试点期2年（至2000年6月）。6月，省经贸委、省科委、省专利局联合表彰18家企业为1994年至1997年福建省先进企业、13家企业为1994年至1997年福建省优秀企业。8月，国家知识产权局实施“促进专利技术产业化示范工程”，漳州市科林人造板实用技术研究所的专利技术“湿法纤维板生产线改产干法中密度纤维板技术及全套设备”被列为全国首批30个示范工程项目之一。

1999年，继续实施国家知识产权局“企事业专利工作试点工程”，做好福州市第一开关厂、福日公司、福州九星企业集团公司、福建革新机械厂、石狮市丰利五金平板有限公司、福州大学和福建省机械研究院的试点工作。经省专利局推荐，12月15日，国家知识产权局确定省专利局推荐的厦门市为第一轮全国专利工作试点城市。厦门市按照国家知识产权局印发的《促进技术创新城市专利试点工作导则》开展工作。

2000年6月，福州第一开关厂、福建革新机器厂完成为期2年的试点工作，按要求进行试点工作总结，上报国家知识产权局。省专利局与省科委、省经贸委联合转发国家知识产权局、经贸委联合印发的《企事业专利管理办法（试行）的通知》，继续做好全省企业专利试点工作。

2001年8月10日，中科院福建物构所、厦门华侨电子企业有限公司被国家知识产权局确定为第一批全国企事业专利工作试点单位，试点周期2年（2001年8月至2004年2月）。中科院福建物构所同时是全国10所科研院所专利工作试点单位之一。

2002年，省知识产权局做好漳州科林人造板技术研究所专利技术产业化示范工程工作。是年，厦门市被国家知识产权局列为第二轮全国专利工作试点城市。

2003年5月13日，省知识产权局发文组织推荐全省专利工作试点企业。8月18日，省知识产权局印发《福建省专利工作试点企业管理办法（试行）》，同日发文确定第一批福建省专利工作试点企业54家。试点时间为2003年8月至2005年8月。9月5日，省知识产权局在福州召开全省专利工作试点企业会议，给第一批54家省专利工作试点企业授牌，国家知识产权局局长王景川在会上作《积极实施知识产权战略，培育和发展核心竞争力》专题报告。会议期间，王景川到国家级专利试点企业中科院福建物构所调研考察。11月，根据国家知识产权局通知，省知识产权局开始征集第二批全国企事业专利试点单位。

2004年2月6日，厦门华侨电子企业有限公司和中科院福建物构所被国家知识产权局确定为第二批全国企事业专利工作试点单位。12月，福州市、泉州市被国家知识产权局列为全国知识产权试点城市；厦门市由全国专利工作试点城市转为国家知识产权试点城市。

2005年5月15日至19日，国家知识产权局副局长张勤到福州、泉州、厦门3个城市进行调研，对知识产权主动融入海峡西岸经济区建设，促进科技创新和经济发展所取得的成绩给予肯定；对中科院福建物构所、厦门华侨电子企业有限公司专利试点工作进行考察。8月，省第一批专利工作试点企业试点工作期满，省知识产权局按照《福建省专利工作试点企业管理办法（试行）》组织考评，54家企业全部通过验收。11月下旬，国家知识产权局对福建进行全国企事业专利工作试点单位考核验收，按照《试点城市专利工作评价标准（试行）》，厦门华侨电子企业有限公司以90分、中科院福建物构所以96.5分成绩通过试点工作考核验收。12月9日，省知识产权局在福州召开全省专利工作试点企业会议，各设区市科技局、知识产权局，有关单位人员、全省专利工作试点企业代表100人参会。国家知识产权局副局长邢胜才在会上作《企业知识产权试点工作为自主创新探路导航》专题报告。会议表彰省第一批专利工作试点企业先进单位23家，先进个人21人，发布《福建省第二批专利工作试点企业工作方案》，确定第二批全省专利工作试点企业51家。

2006年2月21日，福耀玻璃工业集团股份有限公司、厦门麦克奥迪实业集团有限公司、福建恒安集团有限公司、厦门灿坤实业股份有限公司、福建浔兴拉链科技股份有限公司等5家企业被国家知识产权局确定为第三批全国企事业知识产权试点单位。3月1日至4月20日，省知识产权局组织开展省专利试点企业专题调研活动，指导完善企业专利管理制度，解答企业在专利申请和纠纷中遇到的困难和问题。12月下旬，受国家知识产权局委托，省知识产权局牵头组织省委编办、省人大常委会教科文卫委、省财政厅、省工商局、省法院组成2个考核验收组，分别对福州、泉州、厦门市进行考核验收，并通过厦门、泉州、福州3个国家知识产权试点城市考核验收。

2007年6月20日至21日，国家知识产权局局长田力普到福建考察知识产权试点工作，考察晋江福建浔兴拉链科技股份有限公司（全国企事业知识产权试点单位）、德化福建冠福现代家用股份有限公司和德化宏益陶瓷雕塑研究所（省级专利工作试点企业），对福建试点工作给予肯定。

表3-1　**2003年福建省第一批专利工作试点企业名表**

序号	企业名称	序号	企业名称
1	福州九星企业集团有限公司	21	厦门金龙联合汽车工业有限公司
2	福州瑞达电子有限公司	22	麦克奥迪实业集团有限公司
3	福建新代实业有限公司	23	福建东亚机械有限公司
4	福建华科光电有限公司	24	福建省康辉食品有限公司
5	福建金得利集团有限公司	25	福建省仙游电机股份有限公司
6	福建省电力试验研究院	26	全冠（福建）机械工业有限公司
7	福建梅生医疗科技股份有限公司	27	福建恒安集团公司
8	福建省丰泉环保集团有限公司	28	福建金鹿日化股份有限公司
9	福建亚通新材料科技股份有限公司	29	福建浔兴拉链科技股份有限公司
10	福州钜全汽车配件有限公司	30	福建冠福现代家用股份有限公司
11	华映光电股份有限公司	31	晋江美斯达电子玩具有限公司
12	福建实达电脑设备有限公司	32	泉州市艺达车用电器有限公司
13	福建新大陆科技集团有限公司	33	福建南方路面机械有限公司
14	厦门华侨电子企业有限公司	34	泉州梅洋塑胶五金制品有限公司
15	厦门灿坤实业股份有限公司	35	福建省南安九牧轻工机械有限公司
16	厦门宏发电声有限公司	36	万利达集团有限公司
17	厦门三圈日化有限公司	37	福建红旗股份有限公司
18	厦门星星工艺品有限公司	38	漳州市片仔癀药业股份有限公司
19	厦门丰达新型石材有限公司	39	漳州市东方电子有限公司
20	坤联（厦门）照相器材有限公司	40	漳州市维德焊接技术开发有限公司

续表

序号	企业名称	序号	企业名称
41	福建龙净环保股份有限公司	48	福建省南平铝业有限公司
42	闽西丰力粉碎机械有限公司	49	福建源光亚明电器有限公司
43	龙岩卫东环保科技有限公司	50	福建南平南孚电池有限公司
44	龙岩卷烟厂	51	闽东东方神电子有限公司
45	福建紫金矿业股份有限公司	52	福鼎市永春摩托车配件有限公司
46	厦工集团三明重型机器有限公司	53	福鼎市蓝天电声有限公司
47	福建省永利集团有限公司	54	宁德市鑫森化工有限公司

表 3-2　**2005 年福建省第二批专利工作试点企业名表**

序号	企业名称	序号	企业名称
1	福建新大陆科技集团有限公司	17	厦门灿坤实业股份有限公司
2	福建实达电脑设备有限公司	18	厦门星星工艺品有限公司
3	福建新代实业有限公司	19	厦门宏发电声有限公司
4	福建亚通新材料科技股份有限公司	20	麦克奥迪实业集团有限公司
5	福耀玻璃工业集团股份有限公司	21	坤联（厦门）照相器材有限公司
6	福建飞毛腿股份有限公司	22	厦门雅迅网络股份有限公司
7	福州华衡称重设备系统有限公司	23	福建恒安集团有限公司
8	福州天宇电气股份有限公司	24	福建浔兴拉链集团有限公司
9	福州诚福陶瓷有限公司	25	福建冠福现代家用股份有限公司
10	福建省科力新技术服务公司	26	福建南方路面机械有限公司
11	厦门华侨电子企业有限公司	27	泉州梅洋塑胶五金制品有限公司
12	夏新电子股份有限公司	28	福建省九牧轻工集团有限公司
13	三达膜科技（厦门）有限公司	29	泉州市文创科技电子有限公司
14	厦门翔鹭化纤股份有限公司	30	晋江美斯达电子玩具有限公司
15	环维（厦门）光电有限公司	31	福建省南平铝业有限公司
16	厦门通士达照明有限公司	32	福建南平南孚电池有限公司

续表

序号	企业名称	序号	企业名称
33	福建顺昌虹润精密仪器有限公司	43	紫金矿业集团股份有限公司
34	福建建阳龙翔机械电器有限公司	44	福建省龙岩市天泉生化药业有限公司
35	厦工集团三明重型机器有限公司	45	福建龙马专用车辆制造有限公司
36	福建省永利集团有限公司	46	龙岩理尚精密机械有限公司
37	永安市洁能燃气器技术发展有限公司	47	龙岩市海德馨科技发展有限公司
38	正兴车轮集团有限公司	48	吉瑞龙（福建）工程机械有限公司
39	漳州科华技术有限责任公司	49	福鼎市一雄光学仪器有限公司
40	福建富顺电子有限公司	50	福建福鼎京科化油器有限公司
41	莆田市涵兴食品有限公司	51	宁德市鑫森化工有限公司
42	莆田市三江化学工业有限公司		

二、专利示范

2007年2月14日，中科院福建物构所、厦门华侨电子股份有限公司被国家知识产权局认定为首批全国企事业知识产权示范创建单位，创建期2年。5月24日，国家知识产权局批准福州市为国家知识产权示范城市创建市。6月15日，国家知识产权局批准泉州市为新一轮国家知识产权试点城市。10月10日，国家知识产权局批准厦门市为国家知识产权示范城市创建市。

第二节　版权示范

1990年起，省版权局在全省工艺美术行业开展版权保护工作，在福州建设纺织藤铁工艺产业版权基地，在厦门建设动漫游戏软件产业基地，在泉州建设树脂陶瓷产业版权基地，在莆田建设木雕产业版权基地。

2003年6月17日，省版权局在三明市召开全省版权工作会议，组织与会人员赴德化考察学习，在全省推广“德化经验”。

2004年3月23日，全国版权工作会议在泉州市召开，并在德化县举行现场办公会，德化县政府被授予“全国版权保护先进单位”，“德化经验”的“三个到位”（即领导到位、宣传到位、服务到位）向全国推广。

2005年4月，省版权局在福州举行“福建省版权保护重点企业代表座谈会暨授牌仪式”，确定福建省第一批15家版权重点保护企业。这些企业涵盖计算机软件、工艺美术品、动漫设计等与版权相关的诸多产业。

2006年4月，根据国家版权局等九部门联合下发《关于推进企业使用正版软件工作的实施方案》的通知，按照国务院领导小组办公室的要求和部署，福建省建立推进企业使用正版软件工作联席会议制度，成立联席会议办公室。省版权局确定第二批15家版权保护重点企业。4月17日，省版权局在福州召开全省版权工作会议，给第二批15家版权保护重点企业授牌。版权保护重点企业从原来的工艺品、计算机软件行业延伸到动漫制作、网络游戏等创意产业。

2007年1月，省推进企业使用正版软件工作联席会议办公室研究拟确定第一批推进软件正版化工作70家省级企业，由省国资委、省外经贸厅、省工商联、省银监局、省证监局、省保监局和省版权局等有关行业监管部门分别确定名单。软件正版化工作中企业主管部门负责具体指导。10月，全省第一批试点企业70家名单确定，推进企业使用软件正版化工作展开。12月10日，在北京召开的全国软件正版化工作会议上，全省有福建龙净环保股份有限公司、福建龙溪轴承股份有限公司、福建丰泉集团、新华都实业集团有限公司、华映光电股份有限公司、东南（福建）汽车工业有限公司、国脉科技股份有限公司等7家企业被确定为全国企业软件正版化示范单位。至2007年，全省形成了以福州纺织藤铁工艺产业、厦门动漫游戏软件产业、泉州树脂陶瓷产业、莆田木雕产业为主的海峡西岸版权产业基地。

表3-4　**2005年福建省第一批版权重点保护企业名表**

序号	企业名称	序号	企业名称
1	厦门星星工艺有限公司	9	福建七匹狼集团有限公司
2	纽威（厦门）轻工有限公司	10	龙岩卷烟厂
3	泉州南洋艺品有限公司	11	福建省武夷酒业有限公司
4	福建省佳美集团公司	12	福建莱克石化有限公司
5	德化意达陶瓷有限公司	13	福建恒安集团有限公司
6	福建新代实业有限公司	14	福建省德化辛默楼陶瓷研究所
7	福建网龙计算机网络信息技术有限公司	15	福州业通家居制造有限公司
8	厦门精图信息技术有限公司		

表 3-5　　2006 年福建省第二批版权重点保护企业名表

序号	企业名称	序号	企业名称
1	长乐东龙针织有限公司	9	厦门盘古软件公司
2	福建沙县天工仿古工艺厂	10	厦门青鸟动画有限公司
3	莆田市城厢区美诚达（李氏）工艺雕塑研究所	11	泉州市鲤城区肯特工艺品贸易有限公司
		12	厦门奇域科技有限公司
4	泉州顺美集团有限公司	13	厦门市御风行数码科技有限公司
5	德化晖德有限公司	14	迦博数码科技有限公司
6	泉州海日星工艺品有限公司	15	福建佳丽斯家纺有限公司
7	福建冠福现代家用股份有限公司		
8	福州艺源日用品有限公司		

表 3-6　　2006—2007 年福建省第一批软件正版化试点企业名表

序号	企业名称	序号	企业名称
1	人保产险福建省分公司	15	兴业银行福州分行
2	平安产险福建省分公司	16	省农发行
3	中华联合	17	光大银行福州分行
4	中国人寿福建省分公司	18	中信银行福州分行
5	平安人寿	19	厦门国际银行
6	太平洋人寿	20	平安银行
7	泰康人寿	21	福建人民出版社
8	生命人寿	22	福建科学技术出版社
9	民生人寿	23	海峡文艺出版社
10	中英人寿	24	海潮摄影艺术出版社
11	省工行	25	福建美术出版社
12	省中行	26	福建少年儿童出版社
13	省农行	27	鹭江出版社
14	省建行	28	厦门大学出版社

续表

序号	企业名称	序号	企业名称
29	福建地图出版社	50	国脉科技股份有限公司
30	福建教育出版社	51	福建 JVC 电子有限公司
31	华映光电股份有限公司	52	日立数字映像（中国）有限公司
32	东南（福建）汽车工业有限公司	53	福建省福州华侨塑料厂
33	冠捷电子（福建）有限公司	54	福建省厦门侨星实业总公司
34	福建富士通信息软件有限公司	55	福建省纺织品公司
35	福建恒安集团有限公司	56	福建省糖酒副食品总公司
36	福建浔兴拉链科技股份有限公司	57	福建省思源物资再生利用有限公司
37	福建凤竹纺织科技股份有限公司	58	福建省思进拍卖有限公司
38	漳州市灿坤实业有限公司	59	中国武夷实业股份有限公司
39	漳州万利达数码科技有限公司	60	福建省工业设备安装有限公司
40	诺尔起重设备（中国）有限公司	61	福建金得利集团有限公司
41	福耀玻璃工业集团股份有限公司	62	福建亚通塑胶有限公司
42	福建发展高速公路股份有限公司	63	福建丰泉集团
43	冠城大通股份有限公司	64	新华都实业集团有限公司
44	福建龙净环保股份有限公司	65	安踏体育用品有限公司
45	福建新大陆电脑股份有限公司	66	富贵鸟集团公司
46	福建龙溪轴承股份有限公司	67	恒安集团公司
47	漳州片仔癀药业股份有限公司	68	福建闽星集团有限公司
48	福建省燕京惠泉啤酒股份有限公司	69	福建才子集团有限公司
49	福建省南纸股份有限公司	70	福建七匹狼实业股份有限公司

第三节　植物新品种试点与示范

2007 年，农业部确定福建省为农业植物品种权工作试点省。省农业厅成立福建省农业植物品种权执法试点工作小组，成员有省农科院、福建农林大学、省种植业技术推广总站、种子总站、农业执法总队和有关单位的领导、专家组成。省农业厅印发《2007年福建省农业植物品种权试点工作实施方案》，组织全省已获农业部授权的水稻、柑橘品种（组合），开展植物新品种试点与示范工作。在试点单位开展执法队伍建设，举办植物新品种保护培训班；组织执法检查，查处品种权侵权及假冒案件；建立授权品种示范片，组织现场观摩，开展品种权宣传；研究探索保护农业植物新品种的长效机制与有效模式等工作。9月，省农业厅在平和、武夷山、沙县、上杭四县建立授权植物新品种示范片。10月，省农业厅在沙县召开福建省农业植物品种权执法试点项目授权品种“II优1273”示范现场观摩会，三明市农业局、三明市农业科学研究所、沙县农业局、有关乡镇农业部门负责人共60多人参会。是年，全省举办4场红肉蜜柚、水稻授权品种示范现场观摩会，省、市、县、乡农业部门、科研、教学单位、种业企业负责人，种植大户，授权品种制种、育苗专业户共270人参加观摩会。

第四章　合作与交流

1985年至2007年，全省各类知识产权部门通过省际、国际互访，参加联席会议和协作网等进行合作与交流，促进全省知识产权工作发展。1985年起，省专利局参加华东片六省一市第一次专利工作联谊会，首次开始省际交流活动。1987年，省专利局首次邀请联邦德国专利法院专家到福建访问讲学，之后有德国、美国、日本等专利有关团体、人员到福建访问讲学。1993年，省专利局首次应邀到中国香港考察专利工作，加强与香港中国专利代理有限公司的合作。1996年，省专利局首次参加中国专利局代表团到法国进行专利考察。2005年，省知识产权交流访问团首次赴中国台湾访问。省工商局从2004年起参加或承办各种研讨会，与相关代表进行商标管理交流，与泰国、美国、日本等知识产权代表进行交流商标保护问题。2005年，“安溪铁观音”地理标志证明商标企业分别参加国际性、全国性研讨会并作主题发言。2007年省工商局牵头进行华东六省一市商标重点保护联合专项行动。版权方面，主要通过国内、国际的图书交易会、影展画展、高峰论坛等交流，探索深度合作和寻求商机。海关部门通过与各部门合作，打击知识产权侵权行为。

第一节　专利合作与交流

一、国际合作与交流

1987年6月，省专利局邀请联邦德国专利法院专家到福建访问讲学，讲授专利侵权案件审理问题。厦门、福州、莆田市等专利机关，省科委、法院、高等院校、工厂企业等有关单位共110人参加听讲。

1991年3月17日至21日，德国联邦专利法院首席法官豪杰等一行5人到福建访问交流，在省农科院作专利业务报告，126名专利工作者听取报告。

1996年7月16日至29日，省专利局局长罗燕生参加中国专利局代表团赴法国开展专利考察。

2002年2月，省知识产权局派员参加国家知识产权局组织的考察团赴日本，学习考察专利信息和普及工作。7月11日，由联合国开发计划署、中华全国工商联合会、外经贸部中国国际经济技术交流中心、中国外商投资企业协会优质品牌保护委员会主办，省对外经济贸易合作厅、省工商业联合会协办的入世后的知识产权及品牌战略研讨会在福州开幕，来自政府、企业、律师事务所等相关人员150人听取报告。10月27日至11月8日，省科技厅组织知识产权管理制度和工作体系考察团一行7人考察访问加拿大、美国，与加中科技交流中心集团、美国斯坦福大学进行交流。12月5日，省知识产权局与国家知识产权局、清华大学、日本贸易振兴会、日本庆应大学联合在福州举办企业知识产权管理研讨会，日本知识产权协会、日本松下电器产业公司的2名专家讲授企业知识产权管理及日本企业知识产权概况、经营战略、日本知识产权协会和松下电器公司知识产权管理等问题，回答与会代表提问；省市有关部门领导，在榕有关企业、高校管理人员和科研院所的有关人员130人参加研讨会。

2004年4月15日，美国驻广州领事馆总领事率美国企业知识产权考察团考察福建，副省长汪毅夫，省政协副主席、科技厅厅长王钦敏及省知识产权局领导与代表团就知识产权保护问题进行交流座谈。

2005年9月7日，在厦门举行的第九届中国国际投资洽谈会期间，福建省参加亚太经合组织（APEC）知识产权高级研讨会，亚太经合组织成员的代表、知识产权专家分别在会上介绍各自国家实施知识产权保护措施，并提出构建全球知识产权保护合作平台的设想；中国商务部官员介绍中国知识产权保护工作开展情况；香港特别行政区知识产权署谢肃方署长做“APEC知识产权高级研讨会”主题演讲。

2006年1月3日至4日，省知识产权局、省版权局、省工商局、省对外经贸厅、省信息产业厅、省质监局和省台办在福州联合主办发展中国家知识产权保护研讨会，邀请贝宁、尼日利亚、塞舌尔等29个国家政府官员参加会议，各自交流国家知识产权保护现状，共同探讨发展中国家在知识产权保护方面所面临的法律和观念等问题。2月17日，省科技厅、知识产权局等单位领导与到访的美国全国商会北欧区事务负责人进行座谈，双方交流加强知识产权保护，尤其是专利保护的情况，并就合作举办中美知识产权研讨会进行探讨。3月，省科技厅组织省知识产权工作考察团一行7人考察访问奥地利、德国、荷兰、比利时、法国。8月23日，省政府保护知识产权工作领导小组办公室成员单位与到访的美国贸易代表知识产权办公室知识产权执法谈判代表座谈和交流。9月，在厦门第十届中国国际投资贸易洽谈会期间，外国驻华使馆、地方知识产权管理部门、展会主办单位、外商投资企业及国内参展企业的100多名代表参加由商务部主办的展会知识产权保护国际论坛。国家知识产权局代表介绍展会期间的专利保护问题，商务部及国家工商总局的代表分别介绍《展会知识产权保护办法》和展会期间商标保护问题；来自欧盟驻华代表团、日本贸易振兴机构的代表分别介绍欧盟和日本的展会知识产权保护情况。

2007年3月11日至14日，美国贸易代表署知识产权代表团一行4人到福建进行知识产权保护执行情况交流，省保护知识产权办公室成员单位代表参加座谈交流。10月15日至16日，由世界知识产权组织、国家知识产权局主办，省知识产权局承办的《专利合作条约》（PCT）国家巡回研讨会在厦门举行。会上，中外企事业代表交流PCT使用经验和策略，讨论如何使用PCT满足申请人的需求；世界知识产权组织、国家知识产权局初审与流程管理部PCT一处的5名专家演讲并现场答疑；国家知识产权局副局长贺化作题为《PCT与中国》的专题报告。

二、省际合作与交流

1985年9月，省专利局参加在上海召开的华东片六省一市（福建、江苏、江西、浙江、广东、安徽、上海）第一次专利工作联谊会。会议商定每年各地轮流主持开片会一次，促进六省一市专利工作开展。此后省专利局每年均派人参加片会。

1987年5月，省专利局参加中国专利局在泉州召开的省外商企业投资法律问题研讨会，在会上作“涉外经济科技贸易中的专利保护问题”发言。10月11日至15日，省专利局在邵武市首次主持召开华东片专利工作联谊会，交流开展企业专利工作和专利保护经验。

1996年10月15日至17日，省专利局在武夷山市主持召开华东片专利工作联谊会，探讨专利“宣传—执法—实施”问题，24名代表参加联谊会。

2001年，海南省、北京市人大常委会分别组团到福建调研，交流专利立法和保护问题。省知识产权局等相关单位参加座谈和交流。

2002年12月16日，省政协科教文卫体委、省知识产权局等与到访的湖北省政协知识产权考察团进行座谈，相互交流两省知识产权工作情况。

2003年4月，省知识产权局加入由国家知识产权局主持协调建立的省市专利行政执法协作机制，与机制内其他15个省、市、自治区（北京、上海、天津、安徽、江西、山东、黑龙江、江苏、浙江、湖北、广东、四川、云南、宁夏、深圳）的专利管理工作部门签订《省际间专利行政执法协作协议》。

2004年8月16日，省知识产权局与到访的广东省泛珠三角区域知识产权合作调研组进行座谈交流。12月8日，福建与广东两省沿海城市保护知识产权工作联席会议在厦门举行，两省共12个沿海城市知识产权局领导参加会议，共同签订《闽粤两省沿海城市保护知识产权行动宣言（厦门）》。12月29日，省知识产权办公会议办公室组织成员单位共同参加由广东省知识产权办公会议办公室和广东省知识产权局组织召开的首届泛珠三角区域知识产权合作联席会议（福建、广东、广西、贵州、海南、湖南、江西、四川、云南、香港和澳门特别行政区组成，简称“9＋2”），商讨知识产权合作事宜，并签署《泛珠三角区域知识产权合作框架协议》。根据协议，与各成员省、市知识产权局将就知识产权政策研讨、宣传培训、中介与信息服务、企事业单位知识产权管理、知识产权保护、专利技术转移与产业化等内容进行合作；福建省为《研究探索泛珠三角区域知识产权保护状况评估办法》项目牵头省份。是年，省知识产权局分别参加在上海、北京举办的省际间专利行政执法经验交流会。

2005年，省知识产权局参加在四川省召开的泛珠三角区域知识产权合作联席会议，加入泛珠三角区域知识产权保护协作网，承担《区域知识产权保护与发展评价体系研究》课题。

2006年6月，省知识产权局参加由云南省主办的第二届泛珠三角区域知识产权合作暨第三届泛珠三角区域知识产权合作联席会议，交流加强知识产权保护工作。是年，福州市科技局主办省知识产权局协办的第三届闽粤两省沿海城市知识产权工作联席会在福州召开，广东、福建两省18个城市知识产权局及有关企事业单位的领导和代表100人参加会议，对知识产权与创新型城市建设进行讨论；会议特邀国家知识产权局协调管理司领导作《知识产权保护与建设创新型国家》讲座。

2007年6月，省经贸代表团成员单位参加在湖南长沙召开的第四届泛珠三角区域合作与发展论坛暨经贸洽谈会，省知识产权局首次作为成员单位参加该会，并在洽谈会内举办的第三届泛珠三角区域知识产权合作论坛交流3篇论文。8月13日至16日，省知识产权局、省知识产权协会联合组团赴江西调研、考察知识产权工作。闽赣两省知识产权局就知识产权工作、建立专利权交易平台进行座谈、交流。是年，省保知办与华东六省一市保知办、泛珠三角省（市）保知办以会议纪要的形式建立跨区知识产权保护转交办理和执法协调机制，福州、厦门、漳州、莆田、宁德市与广东省的12个城市建立闽粤两省沿海城市保护知识产权执法协作机制。

三、闽港台合作与交流

1993年6月2日至8日，应中国专利代理（香港）有限公司邀请，省专利局首次组团到香港考察，就专利技术的实施及技术转让、引进境外资金、加强合作等事宜进行交流和探讨。

2005年3月7日，香港特别行政区政府代表团一行9人访问福建，与省经贸、环保、旅游、知识产权等部门就知识产权保护等问题进行座谈、交流。9月6日至7日，在厦门第九届中国国际投资洽谈会期间，省知识产权局、厦门市知识产权局领导与在厦门参加APEC知识产权高级研讨会的香港特别行政区知识产权署领导就加强知识产权法制建设、打击知识产权侵权假冒违法行为及提高社会公众的知识产权保护意识等进行会谈、交流，并对进一步加强知识产权保护的交流与合作等问题进行探讨。12月11日至20日，省知识产权局与海峡科技交流协会牵头组织福建省知识产权交流访问团首次赴台湾访问，先后走访台湾大学、暨南大学管理学院、中兴大学科法所和高雄大学法学院公法研究中心，拜会台湾圣岛国际专利商标联合事务所台中所、台湾建业法律事务所高雄分所等，听取台湾大学法学院智慧财产权专家作《两岸智慧权的现状与发展》报告。双方就两岸智慧财产权发展现况，专利商标保护，专利、商标、著作权侵权行为的法院判案，文化知识产权知识的教育培训，知识产权中介服务机构的运作以及加入WTO对两岸知识产权保护的影响等进行座谈和研讨。12月12日至13日，省知识产权局副局长罗旋到海口参加国家知识产权局、香港特别行政区知识产权署、澳门特别行政区经济局共同主办的2006年内地与香港澳门知识产权研讨会，知识产权有关人士150多人参加会议，共同就知识产权的最新发展、奥运的知识产权保护、“十一五”期间知识产权规划及发展、企业知识产权保护等进行研讨和交流。

2006年，省知识产权局派员赴香港参加泛珠三角区域知识产权人才交流培训活动，并考察香港特别行政区知识产权署、海关、生产力促进中心等机构，了解香港特别行政区的知识产权制度。

2007年2月8日，省知识产权局、省知识产权协会联合举办海峡两岸知识产权学术研讨会。国家知识产权局知识产权发展中心副主任曹津燕，香港运豪集团副总裁陈晓晖，台湾中山大学企业管理博士、云林科技大学企业管理学系副教授耿筠，英国华威大学商学院行销暨策略管理博士、台湾暨南国际大学国际企业学习专任教授兼管理学院院长佘日新等分别演讲。

四、省内合作与交流

1987年5月，省专利局组织召开专利业务座谈会，与中央专利机构人员就专利技术业务问题进行探讨、交流。

2002年4月8日，省科技厅、知识产权局在福州联合举办“WTO与知识产权”专题讲座，省直有关厅局、高校、科研院所300人听取讲座。

2005年3月6日至8日，省知识产权局组织全省专利管理部门、专利试点企业、专利中介机构、高校、研究院所及法院、海关等单位共100人，听取国家知识产权局专利复审委员会外观设计申诉处对12件外观设计专利无效案件进行巡回口头审理、外观设计专利相关知识专场讲座。

2006年4月10日至11日，省知识产权局邀请国家知识产权局到福州现场审理外观设计专利无效案件，为听众答疑解惑，同时举行外观设计专利侵权判定知识讲座。各设区市高新技术企业、专利试点企业、科研院所、高校、专利代理及管理机构的400人旁听口头审理和讲座。9月4日至6日，省知识产权局在平潭召开第三届全省设区市知识产权工作联席会议，研讨知识产权试点示范工作、专利申请资助资金的使用管理及涉外知识产权交流合作等问题，9个设区市知识产权管理部门有关人员40多人参加会议。10月23日至25日，省知识产权局在武夷山市召开2006年华东片知识产权工作联谊会，探讨进一步加强知识产权保护，提高专利行政执法水平，30名代表参加会议。11月24日，受国家知识产权局委托，省知识产权局、泉州市知识产权局在泉州联合举办知识产权管理保护专题研讨班，有关专家、学者和省内企业界、知识产权管理部门的代表共100人参加研讨。

2007年6月，根据国家知识产权局的《企业专利工作交流站试行办法》，省知识产权局推荐福建浔兴拉链科技股份有限公司等3个企业为设站单位。9月，国家知识产权局在全国企事业知识产权工作会议上宣布福建浔兴拉链科技股份有限公司、福耀玻璃工业集团股份有限公司为全国第一批专利工作交流站设站单位。11月22日至27日，国家知识产权局4名资深审查员到泉州市福建恒安国际集团有限公司和泉州市群峰机械制造有限公司开展企业专利交流工作，并作《一次性吸收物品专利技术的发展趋势》《文献的检索及其作用》《实用新型专利制度概述》《权利要求书的撰写》等讲座。12月10日至13日，国家知识产权局主办、省知识产权局协办的第七期全国专利审查与专利代理业务研讨班在福州举办，副省长李川致辞，国家知识产权局副局长贺化讲话。全省各设区市知识产权局和来自国家知识产权局、专利局20多名司局级领导、全国40家专利中介机构共200名代表参加研讨交流。

第二节　版权合作与交流

2006年9月19日，海峡两岸出版发行界在台北举行的第二届海峡两岸图书交易会上第一次共同开展文化交流活动，进行图书交流，举办发展高峰论坛和图书馆资源开发研讨会、魅力福建图片展等活动。大陆展区内举办“福建风光摄影展”，大陆出版界向台湾两家图书馆赠送精品图书。两岸出版界人士共同举办出版发行高峰论坛。是年，继续在南非、埃及、印尼、泰国、新西兰、澳大利亚、美国、加拿大、英国、德国、菲律宾等地举办中国福建图书展，取得较好影响和效益。福建画报社出版的《走进马拉卡楠宫——菲律宾总统阿罗约夫人传》，成为福建省领导赠送给来闽访问的菲律宾总统阿罗约夫人的礼品。

2007年10月26日至31日，海峡两岸出版发行界在厦门举行的第三届海峡两岸图书交易会上合作举办海峡两岸出版发行高峰论坛，开展图书馆业界研讨和两岸知名作家签售及讲座等10余项配套活动。

第三节　商标合作与交流

2004年4月，全省200家企业、商标代理组织参加国家工商总局商标局、欧盟市场协调局共同在厦门举办的提高企业家商标注册意识中国巡回研讨会（厦门站）。9月，省工商局与各地代表进行交流，并与到会的泰国智慧财产厅官员交流商标监管经验。11月，省工商局与有关机构联合举办中日加强知识产权保护研讨会，全省各级商标执法人员50人参会。是年，省工商局多次组织省内企业参加商标品牌战略（福建）企业领导人峰会、博鳌商标与企业发展论坛、企业商标策略高层论坛（北京），指导省商标协会举办商标事业发展论坛（莆田），增长企业商标知识和提高商标意识。

2005年6月，“安溪铁观音”地理标志证明商标企业作为中国唯一代表，参加世界知识产权组织在意大利帕尔玛召开的全球地理标志研讨会，并作主题发言，得到与会国际友人的一致赞誉。9月，在厦门“9·8”中国投资贸易洽谈会期间，省工商局接受美国驻广州总领事馆政治经济部领事滕济世的商标咨询。11月8日，“安溪铁观音”地理标志证明商标企业再次作为中国企业代表之一，在北京召开的战略性利用商标促进经济暨农村发展国际研讨会上发言，获得好评；国家工商行政管理总局商标局专门向省工商局发来感谢函。是年，省工商局组织部分监管人员、驰著名商标企业、商标代理组织参加2005年商标与品牌战略论坛（成都）。

2006年5月，省工商局协助国家工商总局商标局在厦门举办中美地理标志保护研讨会，中国、美国、澳大利亚三国专家就地理标志保护问题进行深入交流。10月，省工商局主持举办华东六省一市商标管理协作会议，七省市交流商标执法的经验做法，签署《华东六省一市商标管理协作办法》。

2007年，省工商局牵头进行2007年华东六省一市商标重点保护联合专项行动，共查处案件518件；先后与到访的美国、日本等知识产权代表团进行座谈，交流商标保护问题。

第四节　植物新品种合作与交流

一、国际合作交流

1991年，省农业经济和农业经贸小组一行9人到马来西亚、新加坡、菲律宾考察农业、水产业，洽谈合作项目。

1993年，省农业厅与哥伦比亚阿劳卡省农业厅签订开展水稻、玉米、大豆、蔬菜、香蕉、柑橘等方面的引种与栽培技术示范项目。

1994年，省农业代表团赴菲律宾考察国际水稻研究所，考察并引进50个水稻品种。7月，省农科院院长、研究员刘中柱等3人赴美考察水稻育种。

2002年2月，省农业厅代表团一行4人赴澳大利亚、新西兰和香港地区考察，洽谈引进澳新良种繁育开发与鼓励模式，建立福建良种培育基地。是年，省农业厅组织农作、土肥等技术人员17人赴加纳执行联合国粮农组织粮食安全计划的“南南合作”项目，在加纳的4个省5个项目点11个自然村开展水稻、蔬菜田间试验示范，筛选出一批高产、抗病强的优良品种。

至2007年，福建省在25个国家承担农业对外援助任务，共派出农业专家和技术人员900多人次，完成花卉、蔬菜、甘蔗、热带水果等作物培育、种植，为当地建立良种培育基地，并培养一大批农业技术人才。

二、闽台合作交流

1985 年，福建开始从台湾地区引进水果等良种，至 1989 年，全省共引进水果、蔬菜、粮食、花卉、食用菌、水产等良种 2500 多种，其中有 150 多种良种得到规模化的推广和应用，形成全国最大的台湾良种引进繁育基地。其中，果蔬类从台湾引进的主要品种有芒果、木瓜、西瓜、香瓜、金苹枣、火龙果、甜柿、芭乐、蜜雪梨、花椰菜、黄花菜、苦瓜、胡瓜、毛豆、甜豆、甜椒、芦笋、牛蒡等；水稻品种主要有“台农 67”“台农 70”“台农 72”“台粳 12”“台粳 14”“台农籼 19”“台农籼 20”等，并利用“台农 67”品种选育出“粳籼 961”。

1990 年，省农业部门多次邀请台湾地区农业专家赴闽考察，与台湾“亚洲农业技术服务中心”（半官方组织，当年改称为财团法人农村发展基金会）、“中国农业交流协会”（当年改称海峡两岸农业交流协会）建立较为密切的两岸农业合作交流关系。

1991 年，在台湾亚农中心和中国农业交流协会推动下，闽台在东山开展技术合作，制定《海峡两岸合作试验——东山农业综合试验区实施方案》，包括建立东山石檀村农业综合试验区，种植芦笋 40 公顷，淡水养殖 3.67 公顷，农户养猪 250 头，还有芦笋加工、改善自然村环境等 5 个项目；建设东山西屿岛农业引进隔离区；进行东山鲍鱼养成合作试验等。

1995 年，福建省举办海峡两岸亚热带水果产销研讨会，台湾财团法人农村发展基金会先后派农业专家，在中国农业交流协会和闽台经济文化交往促进会农业分会配合下，到永春、长泰、南靖、漳浦等县进行考察，商定实施“海峡两岸（永春芦柑、漳州香蕉）综合技术改进项目”。

1997 年 1 月，在永春县、漳州市的部分县（区）正式实施“海峡两岸（永春芦柑、漳州香蕉）综合技术改进项目”，合作期 3 年，并制定实施方案，从技术合作做起，主要项目有永春芦柑综合技术改进、漳州香蕉综合技术改进，永春芦柑草生栽培法等技术，还推广到四川、广西、湖南等省柑橘主产区。

1999 年 5 月，省水土保持委员会办公室、福建农林大学、福州市水土保持委员会办公室与台湾中华水土保持学会、台湾财团法人农村发展基金会合作在福建农林大学校内建设福建金山水土保持科教园，为加强两岸水土保持交流与合作、普及水土保持知识和提高科研水平提供平台。

2000 年 3 月，邀请台湾大学植物病理学系苏教授到福建考察，并举行生物技术（分子诊断试剂）在植物检疫技术上的开发与应用等课题专题讲座，进行检测技术合作项目具体事宜讨论。6 月，闽台经济文化交往促进会农业分会邀请台湾农村发展基金会董事长王友钊一行 4 人到福建考察，商谈进一步推动闽台农业技术合作事宜，并确定继续支持永春芦柑、漳州香蕉等两个技术合作示范项目扩大成果推广三年计划。

2001 年 7 月 16 日至 30 日，应台湾财团法人农村发展基金会邀请，闽台经济文化交往促进会农业分会选派省农业厅、农科院、漳州市农业局 4 名检测技术人员到台湾大学参加柑橘病害检疫技术与无病苗管理短期培训。

2002 年 5 月，福建金山水土保持科教园开展“不同水土保持措施的生态效益及其对果树生长的影响”“果园生草的化感作用”“不同水土保持措施控制面源污染的效果”课题研究。

至 2005 年，省农科院新征集台湾水稻品种等（包括新育成的水稻品种）593 份，主编《引进台湾省品种资源》（列入农业部“948”引进技术丛书）。福州市累计引进台湾农业良种 600 多种，其中大面积推广 100 多种；漳州市累计引进台湾农业良种 1600 多种，其中大面积推广 100 多种，推广面积 6.67 万公顷。漳州市成为福建省及到大陆台商农业投资的密集区。全省花卉栽培品种达 7600 多种；先后引进台湾农产品生产、加工设备 5000 多台套，栽培、养殖和加工先进实用技术 800 多项，包括种植业的植物组培、脱毒技术，工厂化（设施农业）生产技术，速冻保鲜、包装技术，果树草生矮化修剪整形技术，香蕉套袋、整疏技术；台湾草虾的育苗技术、鲍鱼工厂化养成技术等；畜禽的人工授精技术，饲料配方技术及畜产品综合深加工技术等，以及有机生物肥、植物生产调节剂、新型农药、生物防治、农产品安全监测技术等。

第五节　海关保护合作与交流

一、福州关区保护合作与交流

2000 年，福州海关开始派员参加中国外商投资企业协会优质品牌保护委员会（QBPC）与海关总署联合举办的海关知识产权保护研讨活动。此后，福州海关每年均派员参加研讨活动。

2002 年 2 月，福州海关与省知识产权局、省工商局、省版权局联合行动，打击知识产权侵权盗版行为。3 月 28 日至 29 日，福州海关与厦门海关联合在晋江市召开知识产权海关保护工作现场会，推进晋江市企业知识产权海关保护工作。10 月 15 日，根据国家工商总局的有关批复，福州海关认定莆田华丰鞋业公司向福州海关申报出口运动鞋使用的“PEABOK”文字及图形商标与“REEBOK”商标构成近似侵权，以认定结论作为莆田华丰公司侵权案件处理结案的重要依据。这是福州海关首例请求工商部门协助认定近似商标争议的知识产权案件，也是海关与工商协力打假的典型案例。12 月 19 日，福州海关与省红十字会联合举行捐赠仪式，省知识产权局领导、第 29 届奥林匹克运动会组委会领导及阿迪达斯公司、耐克公司、省轻工业品进出口集团等权利人代表应邀参加。福州海关捐赠省红十字会罚没货物折款 63 万元，其中运动鞋 16020 双、拖鞋 191624 双、运动服 11489

件、太阳帽1800个、书包1076个，由省红十字会转赠灾区。

2003年1月22日，福州海关参加省知识产权局举办的知识产权工作座谈会，通报2002年知识产权工作情况并交流执法经验；与省高院、福州中院、省公安厅、省工商局、省版权局达成加强协作配合、实现信息共享、联合执法共识。4月21日，福州海关参加全省知识产权日宣传活动座谈会，研究联合开展“4·26”知识产权日打假及宣传活动事宜。12月，福州海关配合福州中院对南通某动力机械有限公司诉山东某进出口有限公司和福安某电机有限公司申报出口725台汽油发电机组涉嫌侵犯“TIGER”商标权案件进行调查。

2004年2月17日，福州海关参加省移动手机市场打假专项整治会议，通报近年来福州海关依法打击机电产品进出境假冒侵权活动的有关情况。2月23日，福州海关与德国知名汽配生产商罗伯特·博世有限公司知识产权代表商谈协力打假事宜。4月13日，福州海关走访省版权局，对涉嫌盗版侵权案件的鉴定和定性等进行协商。7月27日，福州海关向来访的国际知名商标“UL”权利人美国安全检测实验所公司中国知识产权代表介绍机电产品出口质量认证成效。权利人代表对福州海关有效保护UL商标权取得的突出成绩给予高度评价，并送“执法先锋　维权卫士”牌匾表示感谢。7月，福州海关多次走访省商标事务所，就商标注册与检索工作问题进行交流，协商建立执法资源互补、信息共享、联合培训的长期打假合作关系。9月21日，福州海关参加省部分企业保护知识产权工作座谈会，并通报知识产权海关保护工作成绩，解答企业提出涉及知识产权海关保护的申请程序、担保金的提交及侵权货物的处置、侵权争议案件的处理等问题。11月3日，福州海关与到访的日本本田技研工业株式会社知识产权代表就福州口岸出现的假冒本田产品新动态及简化授权鉴定程序等交换意见。11月17日，日本丰田自动车株式会社知识产权代表和中国贸促会商标专利事务所一行3人到福州海关，对福州海关在进出境环节积极有效打击各类假冒“TOYOTA”（丰田）产品表示感谢，赠送福州海关“国门卫士　护法先锋”牌匾。11月，福州海关参加在上海举办的世界海关组织知识产权保护地区论坛会，并在会场展出查获的部分知识产权侵权样品。12月16日，福州海关在马尾海关举办知识产权保护现场交流会，介绍亚太地区各国海关在知识产权保护方面的措施、成绩，交流查处假冒商品方法及品牌真伪鉴别知识、方法。中粮集团、法国路易威登、日本爱普生、德国欧司朗、阿迪达斯、美国劲量、戈尔等国内外知名品牌的权利人参会。

2005年1月13日，福州海关接待到访的日本索尼株式会社知识产权代表一行3人，知识产权代表赠送福州海关“公正执法　维权卫士”锦旗。4月14日，福州海关派员走访省工商局，双方就共同打击商标侵权案件以及工商部门协助海关认定近似商标问题进行探讨，并达成进一步加强知识产权保护工作协作共识。5月26日，福州海关派员走访省知识产权局，就办理知识产权案件过程中涉及的外观设计专利问题听取意见，达成进一步建立和完善工作联系、配合共识。6月，福州海关派员走访省工商管理局，对商标侵权案件查处中遇到的疑难问题听取意见。8月3日，福州海关接待到访的日本东芝株式会社知识产权代表一行5人，知识产权代表赠送福州海关“打击假冒伪劣　保护知识产权”牌匾。9月，福州海关和省工商局对新形势下进一步加强知识产权保护执法协作问题进行座谈，同时就宁德市商烨对外贸易有限公司在其出口汽油发电机组上使用的“TIGER”标识是否与南通泰格动力机械有限公司的“Tiger太格及图”商标构成近似商标问题进行探讨。9月20日，美国耐克公司中国区品牌保护总监访福州海关，对福州海关查获3996双假冒“NIKE及图形”商标的运动鞋表示感谢，双方达成进一步加强信息交流和打假合作共识。10月27日，本田技研工业（中国）投资有限公司知识产权部孙杰处长拜访福州海关并赠送“国门卫士”牌匾，对该关长期以来在打假维权方面所作的努力表示感谢，双方就进一步加强信息交流、密切联系配合交换意见。12月7日，福州海关接待到访的日产自动车株式会社知识产权代表，双方达成进一步增强沟通交流和打假合作共识。

2006年1月11日，福州、厦门海关法规处法制工作恳谈会在福州海关召开。双方交流加强法制建设、知识产权保护、公职律师试点以及与地方司法部门联系沟通等情况，并对进一步加强省内海关基层法制建设，促进福厦两关法制工作的对口合作交换意见，达成共识。1月16日，“NIKE”商标权利人美国耐克公司广州办事处拜访福州海关，对查获10000多双假冒“NIKE”商标的运动鞋等货物表示感谢，并表示加强与海关的信息交流，配合海关知识产权保护工作。1月24日，福州海关法规处与省版权局、省烟草专卖局举行知识产权保护执法协作问题座谈会，达成加快知识产权鉴定速度，联合开展现场执法人员培训等共识。4月4日，福州海关法规处走访省烟草专卖局，对加强查处进出境渠道假冒香烟案件合作，协助海关对香烟进行鉴定与销毁等进行探讨并达成共识。4月27日，在省信息产业厅牵头召开的福建省计算机软件知识产权保护工作座谈会上，福州海关法规处介绍打击侵权盗版以及计算机软件进出口通关和知识产权保护情况。5月23日，德国ESCADA商标权利人的代理人拜访福州海关，达成加强信息交流，进一步配合海关加强知识产权保护工作共识。5月24日，福州海关与省公安厅、厦门海关联合转发公安部、海关总署《关于加强知识产权执法协作的暂行规定》，对省公安机关和福、厦海关在保护知识产权工作中的协作配合作出规定。7月6日，耐克公司驻福建办事处负责人拜访福州海关法规处，对福州海关采取措施查获假冒“NIKE及图形”商标的产品表示感谢，双方达成加强信息交流和打假培训合作共识。7月10日，福州海关法规处向省工商局反馈2002年查获的一起3384双PU运动鞋近似侵犯“REEBOK”商标专用权案件处理情况。8月4日，福州海关法规处参加由福建省整顿和规范市场经济秩序领导小组办公室（简称省整规办）召开的联席会议，介绍全省整规工作中加强法制建设和执法衔接工作情况，并提出相关建议。8月9日，省公安厅经侦总队派员走访福州海关法规处，双方就重大侵权案件线索移交、侵权案件信息共享及建立联席会议制度等问题进行座谈，并达成共识。8月13日至14日，福州海关法规处派员参加省整规办在厦门召开的全省知识产权保护政企沟通协调会，听取有关部门和企业的意见和建议，表达加强知识产权海关保护工作的意愿。11月8日，福州海关法规处、厦门海关法规处与省公安厅经侦总队对加强保护知识产权行政执法与刑事执法衔接、完善重大案件线索通报机制，畅通“两法协作”渠道，维护良好的口岸秩序达成一致意见。11月，福州海关与厦门海关、省经贸委、省工商局、省版权局、省知识产权局、省贸促会联合制发《福建省“蓝天会展行动”——2006展会知识产权保护年度专项行动方案》。福州海关首次向省公安厅通报绥芬河市嘉诚进出口有限责任公司出口7932双涉嫌侵权“NIKE”运动鞋案件有关情况。

2007年2月12日，福州海关法规处与省版权局、烟草专卖局联合召开加强知识产权保护执法协作座谈会，对进一步密切联系配合，加快知识产权鉴定速度、联合开展现场执法人员培训等达成一致意见。3月30日，福州海关法规处、邮办处及福州市邮政局负责人对邮递渠道知识产权海关保护问题进行座谈。8月3日，福州海关法规处走访省版权局，对进一步加强知识产权协作配合、加大打击盗版侵权案件力度等事宜进行商谈，并达成一致意见。

二、厦门关区保护合作与交流

1995年8月，厦门海关就侵权和非法出版物的审查、鉴定问题与厦门市新闻出版办公室进行交流，双方决定在案件查处和侵权鉴定方面进一步加强协作，共同打击侵权行为。

2001年11月1日，厦门海关与厦门市优质品牌保护委员会联合在厦门鼓浪屿举办海关知识产权交流暨产品鉴别研讨会，对侵权动态、鉴别技术进行交流和研讨。

2003年3月13日，厦门海关与福州海关在福州召开福厦两关知识产权保护执法暨法制工作经验交流会，交流知识产权海关保护工作经验。3月26日，厦门海关与中国粮油食品进出口（集团）公司在厦门联合举办2003年中粮品牌保护研讨会，探讨加强国有自主知识产权保护工作等问题。8月26日，厦门海关接待到访的美国商务部法律顾问与美国驻广州领事馆人员，相互交流中美海关知识产权保护工作。

2004年9月9日，香港特别行政区政府知识产权署组团访问厦门海关，双方就权利人所关心的扣留侵权货物担保金收取、政府知识产权管理职责、信息沟通等业务问题进行交流。

2005年1月26日，最高人民检察院、最高人民法院关于知识产权刑事司法解释出台后，厦门海关及时走访厦门市检察院和厦门市公安局，对做好知识产权行政执法与刑事执法衔接，强化行政执法手段进行沟通与交流。11月2日，厦门海关首次向厦门市公安局移送一起达到刑事追诉标准涉嫌侵犯“PUMA”商标权的案件，该案案值约500万元。11月17日，厦门市公安局对该案正式立案侦查。

2006年4月，针对厦门关区行邮渠道有不法分子“蚂蚁搬家”手法携带盗版光盘进出境明显增多的现象，厦门海关与厦门市版权局在产品鉴别、执法培训等方面密切协作，开展打击侵权盗版专项行动。

2007年5月10日至12日，厦门海关主要领导应邀出席在香港举行的2007年泛珠三角商贸通关便利化论坛暨区域海关关长联席例会，作题为《和谐互动　协作共赢　全面提升知识产权海关边境保护水平》讲话。9月27日，丹麦王国驻广州总领事馆总领事拜访厦门海关，双方共同探讨、交流知识产权海关保护问题。

第六节　司法保护合作与交流

1994年，省高级人民法院（简称省高院）派员到北京参加第一届全国部分省市知识产权审判研讨会。

1995年6月，省高院承办第二届全国部分省市知识产权审判研讨会，着重对《反不正当竞争法》实施以来的问题及知识产权审判中的问题进行研讨和交流。最高法院、北京市高级人民法院、上海市高级人民法院、北京中院、上海中院、广州中院、长沙中院、深圳中院等20个法院30名代表参加会议，会议交流论文20多篇。

1997年9月3日至4日，省高院在长乐下沙法官培训中心召开全省各中院知识产权案件审判工作座谈会，交流知识产权案件审判情况、经验等。10月28日，省高院在福州召开全省部分中院知识产权案件审判工作座谈会，讨论知识产权审判庭收案范围问题、审理著作权、专利、商标、不正当竞争案件问题若干意见和侵权赔偿计算、举证责任及证据审查、专业鉴定的组织及质证采信、权利冲突处理问题等。11月14日至18日，省高院参加最高法院在江苏省吴县市召开的全国部分法院首次知识产权案件审判工作座谈会，参与知识产权案件审判工作中亟待解决的问题和5个司法解释（征求意见稿）的讨论。是年，省高院知识产权庭组织人员到北京参观考察，学习北京地区知识产权案件审判工作先进经验。

1999年3月，省高院知识产权庭派员到上海取经，学习上海中院系统专家的咨询及鉴定经验。

2001年，省高院派出一名知识产权审判法官到德国参加国际会议。

2002年9月，省高院组织召开福州中院、厦门中院知识产权审判庭、泉州中院民二庭审判人员参加的知识产权审判疑难问题研讨会。

2004年10月，省高院组织部分中院知识产权审判骨干到江苏、浙江等地法院考察，学习兄弟法院知识产权审判经验、做法。是年，省高院组织知识产权法官出国考察。

2005年9月，省高院民三庭组织泉州、莆田、南平、龙岩等中院相关人员到山东考察，学习知识产权审判经验；参加全国部分地区知识产权审判实务研讨会，交流审判疑难问题。11月，省高院对3年来司法认定驰名商标案件审理经验进行总结，并在当月召开的全国法院知识产权审判工作座谈会上作题为《积极探索与实践，认真做好驰名商标司法认定与保护工作》典型发言。是年，省法院领导专程到晋江市组织召开相关企业、商会人员座谈会，探讨加强品牌保护的有关法律问题。

2006年11月，省高院派1名知识产权审判法官参加中欧专利侵权认定考察团，到德国和英国考察专利保护制度。

2007年3月14日，省公安厅组团与美国贸易代表署知识产权办公室执法首席谈判员和驻广州领事馆就打击知识产权犯罪领域有关问题进行座谈，重点介绍开展打击侵犯商标专用权犯罪的“山鹰行动”和严厉打击侵犯知识产权犯罪的“山鹰二号”专项行动有关情况，并对美方代表关心的打击侵犯知识产权犯罪的主要措施、重点领域、缴获侵权产品的处理等问题作解答。3月，根据公安部统一组织，省公安厅组团赴美国参加中美刑事执法联合联络小组知识产权刑事执法工作组第一次会议，对中美双方确定的两起跨国知识产权犯罪案件进行情报交流，共同研究制定侦破方案。6月，省高院组织全省部分知识产权法官到四川、青海和甘肃省法院及其部分中院学习取经；组织参加全国部分省市法院驰名商标司法保护座谈会，作福建省司法认定驰名商标案件审理情况典型发言。10月，省高院派2名知识产权审判法官到澳大利亚、新西兰考察知识产权法律制度。

第五章　知识产权宣传

各知识产权行政管理部门和知识产权保护部门以宣传为先导，利用报刊、广播电视等媒体，以组织上街头、设置宣传栏、办简报等形式宣传知识产权知识和相关法律法规。2001年，在第一个世界知识产权日，开始组织知识产权宣传活动。2002年起，参加国际消费者权益日知识产权咨询宣传活动。2004年起，开展知识产权宣传周活动，相关知识产权管理和知识产权保护部门每年均参与或以纪念日为契机开展各种形式的宣传活动，全省知识产权宣传力度逐年提升。至2007年，民众的知识产权知识和相关法律知识普遍得到提高。

第一节　重大宣传活动

2001年4月26日是第一个世界知识产权日。省保知办组织召开“迎接第一个世界知识产权日”座谈会，省科技厅厅长叶双瑜在会上作《增强创新意识　保护知识产权》讲话；省人大常委会副主任林强在省电视台发表电视讲话；《福建日报》刊登副省长潘心城答记者问；省专利局、省工商局、省新闻出版局等12个知识产权相关部门联合举行知识产权宣传咨询活动。11月19日至20日，省政府知识产权办公会议办公室、省委政研室、省人大教科文卫委员会、省科技厅、省专利局、省新闻出版局、省工商局等在福州联合举办福建省知识产权与WTO论坛，邀请全国人大教科文卫委员会等单位7名专家、领导，演讲主题分别为“WTO与知识产权立法”“专利商标”“版权保护”“科技竞争”“企业知识产权保护战略”等，省人大常委会副主任林强在会上作《适应世贸规则 保护知识产权》讲话，全省有关工矿企业、科研院所、高校，设区市科委、省政府有关部门共200多名代表参加论坛。

2002年3月15日，省知识产权局、省工商局等10多家省保知办成员单位在国际消费者权益日联合开展咨询宣传活动，形式为上街头宣传，发放知识产权法律法规知识材料。4月26日，全省知识产权部门分别组织开展主题为“鼓励创新”纪念活动，省长习近平在《福建日报》发表《保护知识产权 鼓励知识创新》署名文章；省整规办（整顿和规范市场经济秩序领导小组办公室）、省知识产权局、省版权局、福州海关等单位联合在福州五一广场开展咨询宣传活动。各设区市分别组织开展纪念活动，在当地主要报纸发表纪念文章。

2003年3月15日，省消委会牵头组织国际消费者权益日知识产权咨询宣传活动，省知识产权局、省工商局、省版权局等参加。4月26日，全省知识产权部门分别组织开展主题为“知识产权与我们息息相关”的宣传活动。

2004年4月19日，根据全国整规办、全国“扫黄”办、国家知识产权局、公安部、海关总署、国家工商总局、国家质检总局、国家新闻出版总署、国家版权局等九部门联合下发的《关于开展2004年“保护知识产权宣传周”活动的通知》，省整规办、省知识产权局等10多个部门在福州联合召开全省“保护知识产权宣传周”新闻发布会，邀请新华社福建分社与《福建日报》、福建电视台等30多家新闻媒体记者参会，各新闻单位会后及时报道相关信息。4月19日至26日，省整规办和省知识产权局联合牵头组织相关部门开展以“尊重知识产权，维护市场秩序”为主题的“世界知识产权日”和“保护知识产权宣传周”活动，其间在省电视台“公关与经济”栏目录制两场“保护知识产权”专题访谈节目，滚动播出；省直10多个部门联合在福州市五一广场开展庆祝“世界知识产权日”宣传咨询活动，组织开展知识产权知识竞赛、通报知识产权侵权大要案、举行“福建省首届商标品牌运作风云人物”颁奖等一系列活动，通过现场咨询、资料赠送、图片或实物展示等形式，向社会公众宣传知识产权基本常识。8月31日，省人大常委会教科文卫委、法制工作委与省科技厅联合召开《福建省专利保护条例》宣传贯彻座谈会，省高院、省科技厅、省知识产权局领导分别讲话。10月18日，省政府办公厅转发省整规办《福建省保护知识产权专项行动实施方案》。10月，省司法厅和省法制宣传领导小组办公室、省知识产权局联合实施保护知识产权专项行动，对机关、学校、企业等人员进行知识产权普及教育；组织省直机关、高校、省属企业和福州市科技局、福州市知识产权局等相关单位200人收看国家知识产权局、司法部和全国普法办联合举办《知识产权法》卫星远程普法讲座。

2005年3月30日，省保知办会同省委宣传部等共14个部门在福州联合召开“保护知识产权宣传周”新闻发布会，20多家新闻单位记者出席新闻发布会，会后及时报道相关信息。4月20日至26日，在全省开展“保护知识产权 促进创新发展”为主题的保护知识产权宣传周活动，同时举行现场咨询；进行商标、版权、专利打假检查，销毁侵权产品以及举办展览、研讨会系列活动。4月26日，副省长李川在《福建日报》发表题为《实施知识产权战略 鼓励科技创新 促进海峡西岸经济区建设》的书面讲话，同时在《中国知识产权报》发表《加强知识产权工作 提高自主创新能力》署名文章。7月4日至10日，省保知办协同省司法厅组织开展“保护知识产权法制宣传周”活动。7月9日，省依法治省领导小组办公室、省司法厅、省整规办组织，省高院、省检察院、省公安厅、福州海关、省信息产业厅、省文化厅、省工商局、省版权局、省质监局、省食品药品监督管理局、省知识产权局及福州市有关单位等26家单位联合举办“增强法治观念，保护知识产权”现场咨询活动。

2006年3月15日，省消委会组织开展纪念2006年国际消费者权益日活动，成员单位联合发出“尊重知识产权、选择正版产品、抵制仿冒侵权”倡议，现场受理消费者投诉和咨询。4月16日至23日，省保知办、省委宣传部、省公安厅、省工商局、省版权局、省知识产权局、福州海关等部门组成福建展团，参加在北京军事博物馆举办的“中国保护知识产权成果展览会”。福建展区以“加强知识产权保护为海峡西岸经济区建设服务”为主题，展出“高度重视周密部署健全机制”“鼓励自主创新实施名牌战略支持主动维权”“加强宣传教育增强保护意识”“保护知识产权专项行动在展开”“扩大对外交流加强涉外知识产权保护”等5个版块，展示福建省保护知识产权工作的成效和企业自主创新、主动维权取得的成果，展区获时任国务院副总理吴仪等领导的肯定，被展会评为唯一的“最佳创作奖”。4月20日至26日，省保知办牵头在全省开展“保护知识产权 促进创新发展”为主题的保护知识产权宣传周活动，举办现场咨询日活动，商标、版权、专利打假大检查行动，销毁侵权产品以及举办展览、研讨会等一系列活动。

2007年4月，围绕世界知识产权日“鼓励创新”主题，省保知办印发《福建省2007年“保护知识产权宣传周”专刊》，宣传知识产权法律法规。4月26日，省保知办牵头组织省知识产权局、省工商局、省版权局、省公安厅、省检察院、省高院、福州海关、福州市知识产权局等联合在福州市五一广场开展保护知识产权宣传周活动，通过现场咨询、图片实物展示等解答市民提问。各设区市知识产权局等相关部门也联合组织开展保护知识产权宣传周活动。7月9日，省依法治省领导小组办公室、省司法厅、省整规办再次组织26家知识产权有关单位联合在福州市五一广场开展“增强法治观念，保护知识产权”大型宣传咨询活动。

第二节　专利和知识产权普及宣传

一、专利宣传

1984年，全省各级政府、地市科委及各专利管理机关宣传国家颁布的首部专利法，采取举办讲座，参加各种专业会议，开办专利刊物、简报、画廊，编发《专利法》宣讲资料，开展专利咨询等形式，对广大干部、科技人员，特别是各级领导干部进行专利知识宣传。年底，省专利局邀请中国专利局局长黄坤益做专场报告，100多人参加听讲。

1985年1月14日，省专利局创办《福建专利》（简报），宣传专利知识，报道国内外专利工作动态，全年共编发64期29800份。省专利局通过广播、报刊宣传专利工作；走访30家企业，宣传《专利法》和专利许可贸易等专利知识；接待来信来访500人次。全省各级专利部门组织举办40多次各种会议、培训班讲座等，听众4000人次。是年，省专利局组织编译《国际技术转让及谈判》，开展对外开放，技术引进宣传。

1986年，省专利局组织宣传组到科研单位、大中专院校、企业宣传《专利法》，与福州市科技局联合举办专利知识科普班、提高班；到地、市、县开展宣传；开辟街头宣传栏。龙岩师范专科学校把《专利法》列为选修课；三明化工厂邀请省专利局宣传组到分厂宣讲，指导签订专利技术转让合同。是年，省专利局编发《福建专利》51期。

1987年初，在全省经济工作会议和外经工作会议上，省专利局副局长陈履忠到会做专利工作专题发言。年内，省煤炭总公司邀请煤炭部专利宣讲团到福建举行5场宣讲，组织全系统16个单位500人听取宣讲。省专利局派员到省经委举办的深化改革研讨会、福州铁路分局举办的专利与科技研讨会上宣讲专利知识，放映专利知识和专利工作录像。是年，省专利局组织撰写专利知识宣传材料，向全省发放500多份专利文献宣传资料；编发《福建专利》36期14400份。

1988年，省专利局贯彻全国地方专利管理工作座谈会精神，宣传普及专利法，编发780份《专利法讲座》发放至有关单位。派出24人次先后到有关厅局、地市召开的业务会议上宣讲专利法。省专利局副局长罗燕生撰写《认真贯彻专利法 促进科技经济的发展》宣传讲座材料，除在专利培训班、有关会议宣讲外，还印发省六套班子领导参阅。

1989年2月至7月，省专利局与省人民广播电台联合开辟“专利信息”“专利知识”专栏，听众遍及城乡。7月1日，《政策优惠，资金扶持，福建实施专利尝到甜头》《福建师大专利工作有特色》2篇稿件同时被中国专利局当日才正式创办的《中国专利报》采用。7月9日，省专利局提供资料，省人民广播电台在“科学技术”专题节目开辟“专利法宣传”栏目，介绍专利基本知识。12月17日，《福建引入专利技术效益显著》信息在中央电视台播出。这是省专利局成立以来专利工作信息首次在中央电视台播放。是年，省专利局领导在省直部门会议和相关学习班上宣传专利法及专利有关知识10场以上，听众达1500人以上。

1990年初，省专利局将报导《专利法》和《〈专利法〉实施细则》列为主要内容，编辑《科技经济立法汇编》(之一)，印发40000册给全省各有关单位。3月，省专利局与省科委、省司法厅、省科技干部局联合成立省“两法”学习领导小组及其办公室，印发《关于掀起〈专利法〉〈技术合同法〉宣传学习高潮的通知》，在全省联合组织开展《专利法》《技术合同法》(简称“两法”)学习考试活动。其后，全省各地市相继组织开展多种形式的“两法”宣传活动。至9月，全省接受“两法”普及教育的人数达10000人。省人大常委会副主任张渝民在省电视台发表《认真贯彻专利法、技术合同法，引导我省科技沿着社会主义法制轨道健康成长》讲话，该讲话稿还印发全省有关单位。是年，省专利局组织参加由中国专利局开展的“益寿杯”专利知识竞赛；组织参加由省技术市场办公室开展的“米思奇杯”技术市场知识有奖问答竞赛。省专利局组织稿件46篇，在各种报刊登载，其中5篇分别被《中国专利报》《福建日报》《福建法制报》采用；印发专利普法资料104549张。

1991年，省专利局印发《福建省专利（申请）技术项目汇编（1989—1990）》，分发全省有关单位，宣传专利技术。

1992年3月，省专利局与省发明协会联合组织参加由中国专利局、中国发明协会、中国知识产权研究会、中国青少年先锋队全国工作委员会和《我们爱科学》杂志社联合举办的“全国少年小发明和专利知识竞赛”活动，福州市台江区台六小获小发明一等奖5项，二等奖5项，三等奖9项。6月，经中国专利局中国专利报社同意，省专利局建立《中国专利报》福建省通讯联络站（简称福建通联站），在全省确定38名通讯员。8月31日，省专利局首次在《中国专利报》组织专版，宣传报道福建省首届专利奖项目。是年，全省有35篇文章被《中国专利报》选用。

1993年3月至8月，省专利局组织参加全国“多星杯”专利知识竞赛，向全省发送刊有竞赛试题的《中国专利报》8410份，参赛8000人，居全国前十位，省专利局获专利知识竞赛最佳组织奖。是年，全省有25篇稿件被《中国专利报》《华东科技管理》杂志采用。针对有关专利纠纷案件，组织系列报道，《福建省高院审结一起重大专利实施许可合同纠纷案》被《中国专利报》头版头条刊登。省专利局通过电视、广播、报纸等新闻媒介加强专利宣传，先后接受省电视台“经济快车”、省人民广播电台《经济·生活》栏目组采访，还接受《港台信息报》、香港《文汇报》采访，向港台民众宣传福建省专利事业的发展形势、政策及专利项目。

1994年1月25日，省科委、省专利局联合授予龙岩地区科委、漳州市科委组织参加全国“多星杯”专利知识竞赛最佳组织奖。6月，省专利局与福建东南电视台图文电视栏目合作传播60多个项目100多条专利信息，宣传专利技术。是年，省专利局开展庆祝《专利法》实施十周年宣传活动。全省有18篇稿件被《中国专利报》选用。

1995年4月21日，省专利局召开“庆祝专利法实施十周年暨福建省仙游电机总厂荣获全国专利工作先进企业光荣称号”新闻发布会，新华社福建分社、《福建日报》、福建电视台等10多家新闻单位记者参加，会后作了相关报道。5月29日，省专利局召开“促进九星电蚊拍专利产品保护和实施”新闻发布会，向社会呼吁保护知识产权，制止专利侵权行为，推动专利技术的保护和实施。省科委，省高院知识产权审判庭、经济庭、行政庭，福州中院行政庭，福州市科委及福州市局专利管理处，台江区等有关领导出席，《人民日报》、《经济日报》、《法制日报》、《科技日报》、《工人日报》、《福建日报》、《福建经济报》、《福州晚报》、省电视台、省有线电视台、省人民广播电台、省经济广播电台、福州市电视台等单位的记者参加发布会，会后均作相关报道。5月下旬至6月初，省专利局组织专利项目参加“中国专利十年成就展”，宣传福建十年间的专利新产品、新技术；《中国专利报》相继发表“福建专利十年”采访文章《实施篇》《执行篇》《啼血篇》；中国专利报社福建通联站发表长篇报道《福建专利工作十年回顾》。是年，全省有63篇专利工作情况报道被《中国新闻》《福建日报》《中国专利报》《海峡科技导报》等报纸和《八闽快讯》

《省科技工作情况》等简报采用，其中有34篇稿件在《中国专利报》刊登，《我的失误》获中国专利报社征文比赛二等奖。

1996年4月25日，省专利局召开新闻发布会，宣传在第五届中国专利新技术新产品博览会上获金奖的环球天然有机肥（漳州）有限公司的“三环天然有机肥系列产品”。是年，在省有线电视台播出部分专利项目；在《海峡科技导报》刊登105项专利技术项目；全省有14篇稿件分别在《中国专利报》《福建日报》《海峡科技导报》《参考消息》《科技工作信息》刊出；省专利局宣传《专利法》《技术合同法》成绩突出，被省委宣传部、省司法厅联合评为全省“二五”普法先进单位。

1997年，省专利局组织召开福建通联站工作会议，传达全国专利宣传、通联站工作会议精神。有29篇稿件在《福建日报》《中国专利报》《中国技术市场报》《科技日报》《专利管理通讯》等刊出；省专利局领导带队到省人民广播电台、省科委星火计划培训班和有关企业宣传专利知识。

1998年，省专利局采取面上宣传、点上调研、社会新闻媒体报道和自办刊物宣传相结合的方式，加强专利宣传报道，推进专利法的宣传普及。全省有34篇稿件在《福建日报》《科技日报》《新华社福州电讯》《中国专利报》《中国环境报》《福建科技报》《福建商报》《福州晚报》《海峡科技导报》等报刊刊出。

1999年3月15日，省消委会牵头组织省专利局等17个省直职能部门联合开展宣传咨询活动，送发《专利法》《专利法实施细则》等资料。4月，《福建专利》因全国性出版物整顿暂时停刊，至此共编印223期。是年，全省有115篇稿件被《光明日报》《人民日报》《市场报》《福建日报》《科技日报》等报刊发。

2000年4月，省专利局在开展打击假冒、冒充专利违法行为专项行动中，组织各地专利行政机构开展现场咨询、发放宣传资料、媒体报道等方式向社会宣传假冒、冒充专利违法行为的识别等知识。是年，省专利局组织参加国家知识产权局开展的全国青少年“发明创新之星”电视大赛活动，从省科协、省青少年科技教育协会，福州、厦门、龙岩、三明、南平等市中学及所属县的小学筛选17个项目参赛。省专利局在《福建日报》和《福建科技报》上开辟福建专利工作专版和专栏，宣传新修改的《专利法》和15年来全省专利工作成就；出台《关于进一步加强专利政务信息和联通工作的意见》，提高稿件稿酬。省专利局订购《中国知识产权报》，首次向省、市、县有关领导，在闽两院院士，高等院校，大中型骨干企业，专利试点企业等赠阅（保持至2007年）。全省有29篇稿件被《福建日报》、《中国知识产权报》、《知识产权》杂志、国家知识产权局《专利工作动态》等报刊刊用。省专利局林进元撰写的《中科院福建物构所重视做好技术创新中的知识产权保护工作》一文获2000年度全国专利政务信息二等奖，省专利局被国家知识产权局评为2000年度全国专利政务信息工作先进单位。

2001年4月26日（第一个世界知识产权日），省专利局组织省电视台和《福建日报》

记者采访省领导，与省直有关部门联合开民用工业知识产权宣传咨询活动；参加厦门市专利、工商、新闻出版等知识产权相关部门联合举行的知识产权宣传咨询活动和专题报告会。组织全省企事业单位参加“全国知识产权知识百题竞赛”活动，发放20000份宣传材料，7000人参加答题。省专利局获国家知识产权局授予竞赛活动最佳组织奖，省专利局表彰全省参加该竞赛活动3个单位最佳组织奖，8个单位优秀组织奖。6月，省专利局召开设区市知识产权专利工作座谈会，开展新修订的《专利法》和《〈专利法〉实施细则》宣传活动，印发有关知识产权与专利知识彩色宣传资料2万份。

二、知识产权普及宣传

2001年7月30日，省专利局更名为省知识产权局，全省专利宣传与知识产权普及宣传相结合，多措并举，加大宣传力度。9月11日，省知识产权局与省人民广播电台联合举办“技术创新与知识产权”专题节目开播，年内播出11期（连续播出一年）。省专利局组织参加国家知识产权局和中央电视台青少年中心联合举办2001年全国青少年“发明创新之星”电视大奖赛活动，福州第八中学胡铃心发明的“高效率扳手”获二等奖，福州台江第六中心小学黄伟冰发明的“盲人音乐杯”获三等奖。是年，省知识产权局组稿在《福建日报》《中国知识产权报》等报刊发表26篇。省专利局被评为2001年度全国专利政务信息工作先进单位。省知识产权局林进元撰写的《拥有自主发明专利人员可申请在福州市落户》获2001年度全国专利政务信息二等奖。

2002年1月，省知识产权局与省人民广播电台合作，每周播放10分钟中国入世与知识产权的关系、新《专利法》和知识产权常识；与省电视台合作播出省内发明与实用新型专利及产品。到学校、研究所和厂、矿企业发放宣传材料和开展咨询等活动。4月26日，根据国家知识产权局部署，省知识产权局组织开展社会公众知识产权认知程度调查活动，发放调查问卷5000余份；与省工商局、版权局、福州海关联合开展纪念日大型咨询宣传活动。省知识产权局与全省主要大学和科研院所联合在学校和院所制作“WTO与知识产权”专栏，其中用卡通漫画宣传知识产权常识特别受师生和科研人员欢迎。是年，省知识产权局与省人事厅联合编制《中国知识产权法律法规汇编》；与省广播电台联合举办“技术创新与知识产权”专题节目；与《福建日报》开辟福建专利工作专版；与《福建科技报》联合举办“知识产权普及专栏”，宣传新《专利法》和15年来专利工作成就；全省有36篇稿件被《中国知识产权报》、国家知识产权局《专利工作动态》采用，其中省知识产权局林进元撰写的《福建省将知识产权基础知识作为全省专业技术人员继续教育公共必修课》被评为2002年度全国专利政务信息三等奖。

2003年3月，省知识产权局在宁德市举办专利管理与保护宣讲会，国家知识产权局协调管理司司长胡佐超应邀作专题宣讲。4月3日，省知识产权局、福州市知识产权局和福州市整规办联合在东街口东百广场举办专利打假咨询活动，通过现场咨询、资料赠送、图片展示等形式，向社会公众宣传介绍假冒、冒充专利和专利侵权行为的识别等知识。省电视台、《福州日报》、《东南快报》等媒体对活动进行报道。4月26日，围绕“知识产权与我们息息相关”世界知识产权日主题，省知识产权局与省科技厅、省科协联合在省科技馆举办为期一周的知识产权常识图片展览和咨询活动；与福建科技报社联合在《福建科技报》上开辟知识产权专版；与福州市知识产权局等8个相关部门在福州市五一广场开展大型咨询宣传活动。省知识产权局副局长黄威接受福建电视台公共与经济频道专访，就知识产权保护现状及对策回答记者问。是年，省知识产权局与《福建科技报》联合开辟“知识产权”专栏，历时一年。《福建专利》复刊，年内编印3期1600册。省知识产权局郭伟杰撰写的《福建抗非典献爱心专利产品唱主角》一文获2003年度全国专利政务信息三等奖。

2004年4月，省知识产权局参加省整规办牵头组织开展“保护知识产权宣传周”活动；组织全省企事业单位人员、群众参加《中国知识产权报》组织的知识产权知识竞赛活动，发放刊登《中国公众知识产权有奖知识竞赛试题》20000份。围绕庆祝第四个“世界知识产权日”，组织开展以“尊重知识产权，维护市场秩序”为主题的“保护知识产权宣传周”活动，在报刊上开辟知识产权专栏、专版，制作科普墙报，举办科普图片展，联合召开新闻发布会等，营造尊重和保护知识产权氛围。是年，省知识产权局制作《中国专利产品标记和专利号标准方式常识》宣传册、图片等，在商品批发市场、超市发放；在《福建日报》开辟知识产权专版；每季度编辑出版一期《福建专利》专刊及特刊；在知识产权局网站上发布信息150多条；向国家知识产权局报送专利工作动态信息82条，当年数量居全国省、市知识产权局第四位；在各类报刊上发表报道和科普文章80多篇，基本做到每星期在《福建科技报》出一个专栏，每个月有2～3篇文章在《中国知识产权报》和《福建科技报》上发表。组织开展“福建省宣传普及知识产权知识竞赛”活动，回收答卷5000多份，省知识产权局被评为2004年度全国专利政务信息工作先进单位，被省科技厅授予“全省科技系统信息宣传工作先进集体”称号。厦门市知识产权局洪烟庆、陈金琼撰写的《知识产权保护成为中国投资贸易洽谈会热点》获2004年度全国专利政务信息三等奖。

2005年，省知识产权局围绕“保护知识产权春季活动”及“保护知识产权宣传周”等开展系列活动。3月，省知识产权局组织全省重点企业、科研院所、政府机关有关人员参加中国知识产权报举办的“中国公共知识产权有奖知识竞赛”活动，发放竞赛试题20000份，收回试题答卷10000份；省知识产权局获“优秀组织奖”，全省2人获二等奖，2人获三等奖。4月26日，省知识产权局与省整规办组织协调各相关部门在福州市五一广场举行大型宣传活动，现场发放宣传资料、解答咨询、讲解案例，全省各新闻媒体纷纷报道；组织收听《知识产权法》卫星远程普法讲座。省知识产权局与省科协联合在省科技馆举办保护知识产权科普彩色图片展，开展“保护知识产权，促进创新发展”万人签名活动，社会各界众多人士参观和签名，青少年参加签名活动尤其踊跃。《中国知识产权报》

登载省知识产权局通讯员撰写的高端访谈文章《打开闽台知识产权合作领域合作的空间》。是年，全省有98篇稿件被国家知识产权局《专利工作动态》和《中国知识产权报》选登。省知识产权局被评为2005年度全国专利政务信息工作先进单位。省知识产权局史一菱撰写的《福建省知识产权局切实提高知识产权政务信息工作水平》获国家知识产权局专利政务信息三等奖。

2006年4月20日至26日，省知识产权局参加省保知办开展的“保护知识产权宣传周”系列活动，参加现场咨询，在电视、广播、新闻媒体上宣传世界知识产权日。各设区市知识产权局分别在各主要街区、广场等悬挂横幅标语、广告牌，发放知识产权宣传材料。省知识产权局组织“汤姆森”科技杯中国公众知识产权知识竞赛，收看《知识产权法》卫星远程普法讲座。8月，宁德市工艺茶叶研究所所长、福安市工夫茶叶有限公司副总经理薛彤云参加由国家知识产权局、全国妇联和中国发明协会共同组织的巡讲团，作题为《巧手铸青春，百花添新葩》报告，宣传中国女性科技工作者自主创新中的典型事迹。在第十届中国国际投资贸易洽谈会期间，在投资福建对口洽谈会设知识产权咨询台，向与会客商发放宣传材料，解答知识产权疑难。是年，省知识产权局林进元撰写的《中小型企业私人控股企业成为福建企业专利申请主力军》获国家知识产权局专利政务信息二等奖。

2007年4月，省知识产权局和福州市知识产权局到海峡都市报社，宣传辨别虚假违法专利广告知识及广告出证的相关程序；参与由省整规办牵头在福州市五一广场开展的“2007年福建省暨福州市保护知识产权宣传周”现场宣传咨询活动，在活动现场设立宣传牌、发放宣传材料，解答群众关于知识产权方面的咨询。6月18日至21日，省知识产权局在第五届中国·福建项目成果交易会上发放2000多份的专利宣传资料。9月8日，省知识产权局首次作为省代表团成员单位参加第十一届中国国际投资贸易洽谈会，牵头省及厦门市商标、专利、版权海关等部门开展知识产权保护宣传，在会上发放各类知识产权宣传资料2000多份，接受咨询200多人次。10月15日，省知识产权局《信息专报》创刊。该刊主要登载反映国内外知识产权动态的重大信息和全省专利工作的重大事项，专门报送省领导参阅，是年，省知识产权局编发《信息专报》6期，在网站发布信息107条；在国家知识产权局门户网站福建子站发布信息103条；全省知识产权系统在《中国知识产权报》、国家知识产权局《专利工作动态》等报刊发表稿件125篇。省知识产权局林进元撰写的《福建省专利有效状况报告》获国家知识产权局专利政务信息三等奖。

第三节　版权宣传

1991年5月15日，为迎接《著作权法》的正式实施，省新闻出版局、省版权局与省人大常委会科教文卫委员会、省委宣传部联合下发《关于学习宣传中华人民共和国著作权法的通知》。5月28日，省人大常委会、省委宣传部、省司法厅与省新闻出版局、省版权局联合举办贯彻实施《著作权法》座谈会。5月30日，省新闻出版局局长张黎洲在福建电视台发表贯彻实施《著作权法》电视讲话。是年，省版权局翻印和分发《著作权法》《著作权法实施条例》《中华人民共和国著作权法讲析》《著作权法知识问答》2600册；组织有关人员开展版权咨询活动；编发《福建版权工作》，刊载国家有关版权的法规，介绍国内外保护版权的最新动态。

1992年，省版权局开展《著作权法》有奖问答活动，宣传版权知识。

1993年6月26日，省版权局纪念《著作权法》实施两周年，组织召开“著作权保护实务问题”研讨会，来自法院、社科院、律师事务所等单位的代表20多人参加研讨会，讨论版权疑难案件及国外著作版权案例，加深对著作权法的理解，提高著作权保护业务水平。

1994年5月31日，《著作权法》实施三周年之际，省人大常委会、省委宣传部和省版权局联合召开知识界、文化界、新闻出版界和司法界40多个单位参加纪念座谈会，普及有关版权法律知识。中央人民广播电台、东南电视台和《中国新闻出版报》对座谈会消息进行报道。

1995年，省版权局在福州五一广场举办《著作权法》咨询活动；与国家版权局、IBM中国有限公司联合召开知识产权研讨会；与省高院联合召开计算机软件和工艺美术品版权保护座谈会；在《福建日报》刊登试题，举办《著作权法》法律知识有奖问答。

1996年5月，省版权局邀请省电视台记者到泉州摄制工艺品版权保护专题片，并在省电视台多次播出。6月，省版权局开展“著作权法律知识有奖问答”活动，在《福建日报》刊登著作权法律知识试题50道，全省1000多名读者参加问答，并评出一、二、三等奖共100名。

1997年6月5日，省版权局与省法院、省人大常委会教科文卫委员会联合召开“纪念著作权法实施5周年座谈会”，省领导及有关部门负责人等70多人参加座谈。会后新闻媒体对会议作广泛报道。6月15日，省版权局与省法院在福州五一广场联合开展著作权法律知识咨询活动，散发宣传品，回答群众法律问题，并与连邦软件福州专卖店联合举办“百万人士支持销售正版软件签名活动”。

1998年7月，省版权局在龙岩市举行“永定土楼纪念章”版权纠纷行政处罚听证会，邀请省电视台采访。该台连续数天播放采访内容，省内外10多家报纸从不同角度对该听证会报道。

1999年，省电视台《走进法庭》栏目和中央电视台《法制经纬》栏目分别播出“永定土楼纪念章”版权纠纷案，影响扩散全国。

2001年6月1日，纪念《著作权法》实施十周年，省版权局与省信息产业厅联合召开座谈会，福州市近20家软件业主到会，听取著作权行政管理和计算机软件版权保护有关知识讲解。6月30日至7月30日，在全省开展打击盗版软件专项行动中，省版权局编发8期《专项行动》快报，印发国家四部委《关于禁止销售盗版软件的通告》2500份到9个设区市在有关经营点和市场等位置张贴，促进形成“使用正版光荣，举报盗版有功”氛围。11月19日至20日，省版权局参与举办福建知识产权与WTO论坛，邀请国家版权局领导作《WTO与中国版权保护》专题报告。全省高校、企业、科研院所及省政府有关部门200多名代表参加论坛。12月20日，省版权局与省人大教科文卫委员会联合召开福建省宣传贯彻《著作权法》座谈会。

2002年1月，省版权局组织新华社、省电视台等新闻媒体，报道厦门京闽中心酒店在全省旅游酒店业中率先（首笔）向中国音乐著作权协会缴纳背景音乐使用费。

2004年4月26日，省电视台“公关与经济”栏目以专题访谈的形式宣传全省版权保护情况。5月8日，省版权局组队参加全国著作权知识电视大赛，获得三等奖，省版权局获得大赛优秀组织奖。7月9日，省版权局与省公安局、省工商局、省知识产权局、省高院、福州海关等部门联合组织在福州五一广场举行“增强法治观念，保护知识产权”法制宣传活动，宣传《著作权法》《商标法》《专利法》及计算机保护条例等有关法律法规，讲解保护知识产权的典型案例，现场解答有关知识产权法律问题。

2005年7月9日，省版权局和福州市版权局与省公安局、省工商局、省知识产权局、省高院、福州海关等相关部门联合在福州五一广场举行主题为“增强法治观念，保护知识产权”法制宣传活动，现场解答有关法律问题。9月至12月，省版权局牵头，省委宣传部、省教育厅、团省委联合在全省中学生中开展“拒绝盗版，从我做起——中学生版权保护主题教育”活动，组织参加“我与版权”全国征文比赛，泉州市培元中学高二（6）班王晓凝的《昨夜星辰昨夜风》获得一等奖（全国10名）；厦门市双十中学高一（10）班黄颖群的《当盗版成为一种习惯》和该校高一（16）班蔡巧妮的《数学题解——关于版权》获得二等奖（全国29名）。

2006年4月26日，省版权局联合全省30家版权保护重点企业，向全国版权界、企业和企业家发出“打击侵权盗版，保护自主创新”倡议书，并在《中国新闻出版报》《福建日报》《福州日报》《厦门日报》《泉州晚报》上同时发表。

2007年2月，省版权局局长白京兆在世界知识产权组织和国家版权局主办的国际版权论坛上，代表全国地方版权行政管理部门发表题为《保护创新，发展产业，版权工作要更好地为海峡西岸经济建设服务》演讲，宣传德化县版权保护做法和经验。4月25日，省版权局承办的“版权保护与创新型国家”全国巡回演讲福建报告会在省委党校举行，德化县代表作题为《泥巴也能变黄金》演讲，介绍陶瓷产业版权保护经验。省整规办、省高院、省工商局、省知识产权局、福州海关的有关部门负责人以及省委党校厅处级培训班的学员，省版权局、各图书出版社、福建新华发行集团、九个设区市版权局、全省30家版权保护重点企业及部分版权代理机构的负责人共500多人出席报告会。

第四节 商标宣传

1965年1月至2月，省工商局在福州、厦门、泉州、漳州、南平等城市均设2种展馆，进行商标和产品比质、比价巡回展览。

1966年，“文化大革命”开始，省工商局被迫停止工作。

1982年，福州、厦门市工商局分别在《福建日报》和《厦门日报》刊登《商标公告》，宣传企业注册商标文字和图形及其组合。其后，全省各地工商部门纷纷在当地报纸刊登《商标公告》。至年底，全省共刊登《商标公告》34期，其中福州、厦门两个市刊登13期，宣传41个企业115个注册商标158种商品，提高企业与商品的知名度，促进注册商标专用权保护。

1983年3月10日，省工商局在省工商培训中心召开为期6天的全省商标工作会议。会后，向全省印发近10万份学习宣传材料。此后，全省不少经济部门和手工业企业主动到工商部门咨询有关商标注册问题，踊跃订阅《商标公告》。

1986年，省工商局利用报纸、广播、宣传栏及召开企管人员会议等形式，向企业宣传《商标法》，指导企业正确使用商标、保护商标权。

1990年，全省工商部门相继组织开展各种商标法规宣传活动；三明市及各县举办假冒伪劣展览16次，参观人数达10.8万人次。

1992年3月，省工商局下发通知，在全省进一步组织开展商标法规宣传活动。

1994年，省工商局利用纪念《商标法》颁布十周年组织纪念集会，把商标法规宣传活动推向高潮，并向企业宣传自我保护意识。

1995年，省工商局开展“商标广告管理”征文活动，征集论文近百篇。

1996年，全省各级工商部门组织商标管理人员981人次，到1016家企业开展普法宣传，接受579家企业现场咨询。

1997年3月，各地工商行政管理部门加大宣传力度，主动上门接受咨询。

1998年，全省各级工商行政管理部门开展各种宣传活动，推进商标印制监管工作。漳州市工商局在全市开展“印制商标信得过单位”活动。

2000年2月，省著名商标认定委员会、福州市政府、南靖县政府、省个体劳动者协会、福耀玻璃股份公司先后召开6场驰名商标、福建省著名商标新闻发布会，对认定的59件’99福建省著名商标，6件驰名商标向社会进行公告和宣传，省内外十几家报刊、电视台、电台进行宣传报道。漳州、石狮、安溪等市（县）政府还分别召开实施名牌战略企业动员大会，省工商局派员到会宣讲名牌战略问题，创建省著名、驰名商标应注意的问题等。

2002年1月，省工商局下发《关于开展新〈商标法〉学习宣传活动的通知》，在全省组织开展商标法宣传培训。在“3·15”国际消费者权益日、“4·26”世界知识产权日及各种会议宣传商标法律知识。

2003年4月，省工商局指导省商标协会开展“《商标法》知识电视大赛”暨三十佳评选活动。是年，福州、厦门、龙岩市工商局创建驰著名商标一条街；南平市工商局开展“共建共创”武夷品牌活动；漳州、三明市工商局建立重点项目商标帮扶培育制度。全省推进名牌战略实施工作。

2004年3月，省工商局组织上百家企业参加“3·15”博览会。4月26日，省工商局在福州五一广场开展大型商标宣传咨询活动，发放宣传材料，现场接受群众咨询和媒体采访，普及商标知识。厦门市工商局在交通要道设立保护商标权益的公益广告40面。“9·8”投洽会期间，省工商局会同省市知识产权保护部门在展馆内设立投诉咨询点，接受客商投诉咨询。

2005年4月，省工商局组织“保护知识产权宣传周”活动，指导省商标协会编印、发放《商标权保护案例精选》近千本，被全国整规办、省整规办评为2005年“保护知识产权宣传周”活动先进单位。省工商局组织部分商标监管人员、驰著名商标企业、商标代理组织参加2005年商标与品牌战略论坛（成都）、首届中国商标节。龙岩市工商局配合中央电视台七套（农村经济频道）录制打假维权系列片，形象地展示工商行政管理执法部门在净化农村消费市场中的任务和作用。

2006年4月，省工商局在全省组织开展“4·26保护知识产权宣传周”活动，配合国家工商总局商标局、省保知办参加“中国保护知识产权成果展”，组织开展“品牌万里行”活动，指导厦门和福州开展“9·8”投洽会和“5·18”海交会期间商标咨询和保护工作。

2007年，省工商局对303家驰著名商标企业进行重点宣传，在《中国工商报》等省级以上媒体发表商标宣传报道稿件33篇，在《福建日报》《海峡都市报》刊登4版专版宣传。福州市政府把驰名商标企业收入《中国福州》宣传画册，给予免费宣传。各级工商局发放各类商标宣传资料近13万份，召开座谈会300多场次。厦门市工商局建成商标品牌展览馆，与各类媒介合作宣传商标知识；举办首届“厦门人喜爱的十大品牌暨十大创意商标颁奖晚会”，厦门市委五套班子领导出席颁奖晚会。泉州市工商局联合市委宣传部等部门开展“品牌泉州　公众印象奖”评选活动，有11万条（次）短信参与互动。

第五节　海关保护宣传

一、福州海关知识产权保护宣传

1995年，福州海关组织开展国务院新颁布的《知识产权海关保护条例》宣传。

1996年至1999年，福州海关采取“上门送法”（即到企业发送《知识产权海关保护条例》等法律法规材料）方式，做好关区进出口企业普法宣传。

2000年，福州海关组织开展知识产权海关保护法律法规宣传和知识产权海关保护典型案例活动宣传，邀请新华社、福建日报社等新闻媒体参加侵权货物公开销毁活动，并予以报道。5月18日，福州海关举行销毁假冒商品打击侵权活动现场会，省保知办、省工商局、省版权局有关领导参加现场会，新华社、中新社、国际商报、福建电视台、福州电视台、福建日报社等15家新闻单位对这次活动进行现场采访报道。

2001年2月22日，福州海关、省烟草专卖局联合召开销毁走私假冒外烟现场会。

2002年4月26日，福州海关与省知识产权执法部门联合开展街头宣传活动，通过陈列宣传栏、现场解答咨询、分发宣传手册等形式，向过往群众宣讲海关知识产权保护法律规定及职能工作。此后，福州海关每年均与省知识产权部门联合开展知识产权执法宣传活动。

2003年7月，福州海关对部分权利人知识产权保护意识淡薄、维权消极等设专题进行分析、讨论，相关报道在《光明日报》《经济日报》《国际商报》《福建日报》《福州日报》《福州晚报》等中央和地方多家报刊登载。

2004年3月至4月，福州海关参与省“保护知识产权宣传周”活动新闻发布会，与福建电视台联合制作《公关与经济——知识产权保护状况》节目，通报福州海关保护知识产权的措施和成效及进出境侵权典型案件。3月5日，福州海关打假典型案例介绍及领导访谈在福州电视台《法眼》栏目作专题报道。3月30日，福州海关参加省整规办召开全省“保护知识产权宣传周”活动新闻发布会，通报福州海关保护知识产权专项行动开展情况和取得的成果及2005年保护知识产权重点工作，回答记者提问。4月22日，中央电视台二套“经济新闻联播”节目报道福州海关连续从邮递快件渠道查获“化整为零”出境盗版美国影片光盘案件和对法规处负责人的采访。4月26日至27日，中央电视台第二套和第四套在“知识产权在中国”特别节目再次报道上述采访。4月26日，福州海关举办面向关区重点报关企业的《知识产权海关保护条例》宣讲会，分发《知识产权海关保护知识问答》手册；与省知识产权局等部门联合开展大型街头宣传咨询活动，通过悬挂大幅宣传气球、标语，陈列海关保护知识产权专题宣传栏，解答群众和企业的咨询等形式，宣传知识产权海关保护有关规定和福州海关近年来知识产权保护工作采取的措施和取得的成效。11月，福州海关参加上海世界海关组织知识产权保护地区论坛，展示福州海关查获的侵权光盘样品。“12·4”全国法制宣传日期间，福州海关在马尾海关举办以“重拳出击、打假维权”为主题的知识产权保护图片展，展出马尾海关历年来查获的重大侵权案件的图片和图解以及知识产权海关保护常识及知名品牌正品与侵权商品的鉴别技巧。

2005年4月1日至26日，福州海关和福州人民广播电台联合制作播出8期“保护知识产权　海关在行动”专题节目，公布知识产权海关保护咨询与打假举报电话。“保护知识产权宣传周”活动期间，中国海关互联网、《国际商报》、《科技日报》先后以《是“保护者”更是“引导者”——海关倾力保护“国有品牌”》为题报道福州海关保护国内企业自主知识产权的成效。中国海关互联网、《福建日报》、《福州日报》等媒体还刊登《侵权商品难逾国门》《福州海关一季度查获侵犯国内自主知识产权案件大幅增长》《知识产权海关保护凸显三大困局》《我市百个出口品牌列入海关保护范围》等文章。5月9日，中央电视台二套《经济与法》栏目以《藏在货柜里的秘密》为题报道福州海关利用H986大型集装箱检测系统查获假冒“白鸽”牌拖鞋典型案例。7月9日，福州海关派员参加省“保护知识产权法制宣传周”现场咨询活动，向群众分发《知识产权海关保护问答》等宣传材料，现场解答咨询问题，接受福州电视台《法眼》栏目记者现场采访。是年，福州海关保护知识产权工作情况在新华网、人民网、《法制日报》、《经济日报》等中央媒体和《福建日报》、《福州日报》等省内媒体共报道59篇（次）。

2006年，福州海关以“保护知识产权，促进创新发展”为主题，开展“知识产权宣传周”活动，印发知识产权海关保护关务公开手册，制作“保护知识产权　海关在行动”展板，参加省整规办组织的街头咨询活动。4月16日至23日，福州海关选送假冒“TIGER（泰格）”发电机、“白鸽”拖鞋、“HONDA（本田）”汽配、“GUCCI（古希）”手表、“寿”牌面线等侵权货物样品等参加在北京举办的中国保护知识产权成果展览会。4月，人民网、福建新闻网、中新网、中国海关网、《英国侨报》、《东南快报》、福州电视台等媒体分别以《福州海关集中销毁上百万元侵权货物》《打击盗版侵权　中国正在行动》《冒牌汽配危险！福州海关销毁4.4万件假冒名牌伪劣汽配》等为题对福州海关举行销毁侵权货物现场会进行报道。同月，福州海关印发《知识产权海关保护关务公开手册》3000册，普及知识产权海关保护基本法律知识。4月26日，福州海关参加省整规办组织的世界知识产权日宣传活动，在福州市五一广场陈列海关保护知识产权专题宣传栏，现场分发《知识产权海关保护关务公开手册》，解答咨询，接受省电视台新闻频道采访。8月8日，在第一个全国海关法制宣传日，福州海关派员到喜运来（福州）纸制礼品有限公司等送发《中华人民共和国知识产权海关保护条例》《中华人民共和国海关实施〈中华人民共和国行政复议法〉办法》读本，并针对企业的不同需求采取“量身定做，贴近服务”的法律援助形式，主动做企业的“法律顾问”。是年，《光明日报》、《经济日报》、《法制日报》、中国海关网等中央媒体及省内各大媒体先后93篇（次）报道福州海关保护知识产权的成效及知识产权海关保护的有关法规。

2007年1月26日，福州海关开展“国际海关日”宣传系列活动，在媒体刊发知识产权海关保护宣传文章，在关区向企业分发知识产权海关保护宣传手册，为福州日鼎电池有限公司、福建迈联贸易有限公司、建阳市对外贸易公司、福清威霖鞋业有限公司、福建省出版对外贸易有限公司等自主知识产权权利人及定牌加工企业解答知识产权海关保护的范围、程序等问题，促使福州日鼎电池有限公司寻求知识产权海关保护。3月26日，福州海关法规处接受记者采访报道的《知识产权侵权不仅仅是经济问题》，在《国际商报》“商务观察版”刊登。4月25日至26日，福州海关参加省整规办主办的“保护知识产权，促进创新发展——2007年福建省暨福州市保护知识产权宣传周”现场宣传咨询活动，向过往群众分发知识产权海关保护宣传手册，解答有关问题，并展出海关执法成果及海关保护奥林匹克标志内容展板；中央电视台12套《中国法治报道》以《和保知卫士一起上岗（三）：海关查验篇》为题对福州海关查获10万个假冒“ADIDAS”注册商标的典型案例进行报道；《人民日报》、《国际商报》、《法制日报》、人民网、中国海关网、《福建日报》、《福州日报》、《福州晚报》、《东南快报》、《海峡都市报》等媒体还分别以《各地海关采取措施广泛开展保护知识产权宣传活动》《知识产权侵权不仅仅是经济问题》《打假维权：国内企业更应闻鸡起舞》《销毁现场为何难见我国自有品牌》《权利人走上海关讲台有多难?》《商标备案率我省不到1%》等为题刊发福州海关呼吁国内企业人积极维权的宣传文章。5月18日，福州海关在“5·18”海交会上向与会客商特别是参展台商发放知识产权保护宣传手册。是年，福州海关共在新闻媒体上刊发宣传文章156篇（次）。

二、厦门海关保护宣传

2001年4月下旬，厦门海关参加厦门市庆祝第一个“世界知识产权日”宣传活动，在宣传现场设立咨询台，提供知识产权海关保护法规、备案申请等咨询，发放《知识产权海关保护法规汇编》200册。

2002年4月17日，中央电视台、《国际商报》、《厦门日报》等媒体纷纷报道厦门海关驻海沧办事处在《奥林匹克标志保护条例》实施后查获全国首例进出口环节侵犯奥林匹克标志专用权案件情况。

2003年2月17日，厦门海关建成全国海关系统第一个知识产权侵权样品陈列室，展出厦门海关查获的500多件侵权货物样品，涉及服装、鞋类、日用品、轻工产品、电子产品等类别。

2004年4月16日，中央电视台以《海关开展销毁侵权货物大行动》为题，报道厦门海关当日开展的侵权货物集中销毁活动。

2005年2月，厦门海关采用问卷调查、座谈、走访等方式，向厦门关区100家代表性企业发放自主知识产权保护情况问卷调查表。4月23日，中央电视台新闻频道、中央二套《经济与法》栏目及省、市新闻媒体对厦门海关侵权货物集中销毁活动进行现场采访报道。

2006年1月14日，《厦门商报》等媒体对厦门海关1月12日公开销毁13000余片盗版光盘的活动进行报道。7月11日，《人民日报》以《自主品牌为何不愿打“李鬼”》为题，对厦门关区多数企业忽视知识产权海关保护现象进行报道。

2007年4月12日，厦门海关举办销毁侵权货物活动暨保护知识产权新闻发布会，向新闻媒体及社会公众介绍该关保护知识产权的主要措施及取得的成绩。新华社、中央电视台等10多家中央及地方媒体记者现场采访。

第六节　司法保护宣传

1994年1月22日，省高院知识产权审判庭成立，邀请省人大常委会、省知识产权行政主管机关、报社、电视台等相关人员参加新闻发布会，并发布一批全省典型的知识产权案例，分发《福建省高级人民法院知识产权庭简介》宣传册。

1997年8月至年底，省高院知识产权庭联系《人民法院报》、《福建日报》、《福州晚报》、《法制日报》、福建电视台等10多家新闻媒体对全省知识产权审判工作报道20多篇（次），其中仅在《福建日报》《福州晚报》就先后报道9篇。是年，省法院共撰写调研文章和材料20多篇，其中2篇参加相关研讨会交流。

1998年，省高院在新闻媒体报道达80篇（次）。省法院知识产权庭邀请新闻记者对典型侵权案件的诉讼保全工作进行全程跟踪报道。是年，省法院编发《福建知识产权审判动态》9期、《审判信息》2期。

1999年，省高院召开纪念知识产权庭成立五周年新闻发布会，公布一批典型案例，开辟专栏，以案释法，组织召开《加强知识产权司法保护，促进我省技术创新》座谈会。邀请新闻单位记者参加公开审判，通过接受记者采访、典型案件报道等方式，宣传知识产权法律制度。省高院与福建法制报社共同开辟“知识产权”专栏，每期选择一个主题，通过典型案例解说知识产权法律。接待中央电视台《焦点访谈》及《今日说法》、福建电视台《与法同行》、福建法制报社、海峡都市报社、福建日报社、东南电视台等新闻媒体记者采访20人次，在新闻媒体上报道达100篇（次），对外撰写宣传稿件10篇。

2000年，省高院进一步加强知识产权司法保护宣传工作。

2001年，省高院接待东南电视台、福建法制报社、海峡都市报社、福建日报社等新闻媒体记者采访25人次，对外撰写稿件20篇；知识产权庭领导接受《福建法制报》记者专项采访，与福建法制报社共同开辟“知识产权”专栏，在省电视台《与法同行》栏目等宣传知识产权审判工作。

2004年4月，全省各级公安机关开展形式多样的知识产权宣传活动，介绍“山鹰行动”等全省打击知识产权犯罪情况和成果，解答知识产权保护问题。8月，在省高院、厦门中院知识产权庭成立10周年之际，省高院组织编纂《知识产权精案评析》（精选48个典型案例）一书，由人民法院出版社出版，全书407千字。全省法院为各种媒体提供案例30篇，撰写新闻稿件8篇。

2005年4月26日，省高院结合世界知识产权日活动，与多家中院借助新闻媒体，利用典型案例，加强知识产权法律制度宣传普及，增强公众知识产权保护意识。省高院民三庭派出法官给泉州市保知办成员单位、省文化厅和省企业家协会讲授知识产权法律制度和保护对策。省高院和福州、莆田等中院积极参加政府整规办组织的“保护知识产权——我们在行动”活动，上街开展法律咨询，加强知识产权法律宣传。厦门、漳州中院举办音像制品著作权保护专题讲座，以案释法。省高院推荐全省部分知识产权量多的企业到北京参加企业知识产权高层论坛，民三庭在论坛作关于司法认定驰名商标重点发言，展示福建知识产权司法保护的成效。

2006年4月25日，省高院召开世界知识产权日新闻发布会，全省高院知识产权审判工作座谈会人员参会，福州、厦门、泉州、漳州、南平等中院开展“上门送法”活动，主动到有关部门和企业，宣传知识产权法律制度，听取意见和建议，并对知识产权管理与保护中存在的问题建言献策。漳州中院派员参加漳州市保护知识产权法制宣传大型活动，宣传、普及知识产权法律法规。泉州中院建立知识产权司法保护工作宣传机制，与当地媒体合作定期报道典型案例，增强知识产权审判公信力。全省高院积极参加知识产权保护专项行动，注意加强与知识产权行政执法部门和行业协会联系、沟通和协调，拓展知识产权司法保护工作的发展空间。同时，全省法院及时把生效裁判文书在“中国知识产权裁判文书网”或地区法院网上向社会公开，接受社会监督，方便公众查阅。

2007年4月26日，省高院召开新闻发布会，公布2006年最高院列为全国十大案例立邦涂料（中国）有限公司与中山市可邦涂料有限公司、陈某个人不正当竞争纠纷案。省公安厅组织全省各级公安机关开展“保护知识产权宣传周”活动。各地公安机关结合2006年全省公安机关开展打击侵犯知识产权犯罪“山鹰二号”行动成效和侦破的典型案例，采取成果展示、以案说法、接受问答等形式展开宣传活动。7月9日，省公安厅参加省依法治省领导小组办公室组织在福州市五一广场举行的保护知识产权大型现场咨询宣传活动，对“山鹰行动”开展以来全省公安机关打击侵犯知识产权犯罪的基本情况、破获的重大典型案例以及侵犯知识产权犯罪7条罪名的刑事犯罪构成、追诉标准等内容以展板形式进行普法宣传，现场解答群众提出的问题。全省法院积极开展法制宣传，扩大知识产权审判的影响力。是年，全省法院向社会公布一批知识产权典型案例，专题宣传报道知识产权司法保护工作成果，引导公众对人民法院知识产权审判工作的认同。强化审判延伸服务，到有关部门、企事业单位召开知识产权保护专题座谈会或咨询会，通过典型案例以案释法，加强知识产权保护工作指导。按照最高法院的要求，省高院及时将审结生效的知识产权裁判文书上网公开，接受公众查询和监督。是年，省高院内共上传1212份知识产权裁判文书，占2005年以来判决和调解结案总数1318件的92%。

第六章　知识产权培训

1984年至2007年，各知识产权管理和保护部门通过举办各类培训班培养业务骨干，派员参加国内外有关培训班提高业务能力。专利方面，1984年起主要组织、派员参加《专利法》等法律法规和专利知识的学习培训；版权方面，1984年起主要组织、派员参加《著作权法》等法律法规、软件正版化工作学习培训；商标方面，1988年起主要组织、派员参加《商标法实施细则》等法律法规、商标管理业务培训；1991年起省高院进行知识产权相关法律法规学习、审判业务培训，提高知识产权审判水平。2001年起，福州海关和厦门海关主要举办知识产权执法培训班，学习相关法律法规知识和假冒商品鉴别技能。

第一节　专利和知识产权培训

一、专利培训

1984年12月13日，省科委采取以会代训方式在福州召开首届专利工作研讨会，开设专利管理班（历时24天）、专利检索班（历时21天）、专利代理班（历时35天）等3个研讨学习班，安排11名专家授课，其中中国专利局专家6名，省内各相关单位专家5名，培训700人。学习内容为专利基础知识、《专利法》概论、专利代理、专利申请文件的撰写、专利许可证贸易、专利文献的检索方法及国际专利分类法等。学员结业考试合格者发给结业证书，其中专利代理班学员考试合格者报请中国专利局批准获得专利代理人证书。中国专利局局长黄坤益出席研讨会，并在研讨会开幕式讲话。

1985年1月30日，省专利局组织开办第一期专利代理实习班，首届专利研讨会专利代理班的学员，福州大学、省劳改局、省建工总公司、莆田市科委、福州市摩托车制造厂、福州市缝纫机厂、福州市化工研究所、福州计量所，厦门大学法律系应届大专班毕业生等有关人员参加实习。在近两个月的实习中，学员走访华福公司、福日彩电公司、福州市抗菌素厂及省化工研究所、省煤炭研究所等12个单位，接待专利咨询50多人次，受理10件专利申请案。7月8日，省专利局、省机械工业厅联合举办省第二届专利工作研讨会，省、地专利部门工作人员，有关科研所、企业技术人员、大专院校理工科师生共53人参加为期36天的培训，学习专利基础知识、专利文献检索、专利代理等专门知识和有关民法知识。10月14日至25日，省科委、省专利局联合在福州承办通过跨国公司管理和谈判技术转让亚太地区培训班。培训内容为发展中国家技术转让、技术政策、外国技术评价，有关专利以及国际技术转让实例模拟谈判等，由来自联合国工业发展组织、联合国科技开发中心和美国、印度、日本、澳大利亚、韩国9名经济技术方面的博士、专家分别授课。培训班还进行会外技术贸易活动，国内学员得到了国际活动的锻炼。是年，省专利局举办4期培训班，培训260人。省直有关厅局、科研单位，福州、龙岩、建阳等地（市）分别举办专利知识讲座、专利检索培训班共8期，培训400人。全省各地（市）派人参加安徽科技咨询函授班学习专利知识，79人结业。全省有103名学员分别经考试合格，获得中国专利局颁发的专利代理人证书。

1986年4月，省专利局与福州市专利管理处、福州业余科技大学联合举办专利知识普及班。10月12日至18日，省专利局举办专利研讨会，邀请日本东京中村合同特许法律事务所专利律师大冢文昭、熊仑祯男讲授专利申请文件撰写、技术秘密和专利技术的关系、专利纠纷实例处理、专利许可证贸易及侵权费用计算等知识，来自上海、内蒙古自治区、甘肃、辽宁、湖北、四川、广州等14个省、自治区、市的专利工作人员参加学习培训。

1987年5月5日至21日，受中国专利局委托，省专利局在福州召开华东地区部分省、市企业干部专利知识研讨培训会，学习研讨专利基础知识、法律基础知识和企业专利工作知识。省专利局和浙江、江西、上海等省（市）专利局，省大中型企业分管专利工作干部共88人参训。全体学员经考试合格，分别获得中国专利局颁发的专利工作者证书。是年，省科委、经委、专利局联合组织30个大、中型企业的技术管理干部51人，参加中国专利局举办、中国专利局专利干部进修学院承办的企业干部专利基础知识培训班1期、企业专利工作者培训班2期培训，每期学习一个月，学员经考试合格者获中国专利局颁发的结业证书。

1988年，省专利局组织全省大、中型企业技术干部参加由中国专利局举办、中国专利局专利干部进修学院承办的企业专利工作者培训班第一、二、三、六、七期培训学习，每期培训时间一个月，学员经考试合格获得中国专利局颁发的企业专利工作者证书。全年全省各地先后举办28期专利知识培训班，1500多人参加学习，其中省专利局组织、协助举办培训班6期，参训240人。

1989年6月，根据省专利局通知，厦门、漳州、福州、南平、三明等地、市，省直有关厅（局）、高校举办专利工作者培训班，考试合格者经省专利局验收，发给福建省专利工作者证书。福州、厦门两市专利局专利管理处自行办班，并给考试合格者颁发专利代理人证书。是年，省专利局发给141人专利工作者证书。

1990年6月至7月，根据省科委的《全省〈专利法〉〈技术合同法〉学习考试实施方案》，省专利局组织举办三期骨干培训班。9月20日至24日，省专利局在福州举行第二期以省直各委、办、厅、局（及其下属单位）干部为主的《专利法》《技术合同法》学习考试骨干培训班，对各单位主管进行《专利法》《技术合同法》学习辅导和考试评卷培训。是年，全省举办《专利法》《技术合同法》学习考试培训班60余期，培训专利骨干4500多人。此外，省直有关厅局、大专院校举办多种形式的专利知识讲座、报告，派出骨干参加中国专利局举办的专利代理人培训班。

1991年5月，省科委、省专利局、省司法厅、省科技干部局（简称省科干局）联合进行《专利法》《技术合同法》学习考试工作总结，召开总结表彰大会，表彰《专利法》《技术合同法》学习考试活动的先进单位（57个）、表扬单位（33个）和先进个人（207人）。全省共19.6万名科技、经济战线的有关领导干部、科技人员和管理人员参加《专利法》《技术合同法》学习考试活动。7月，为巩固《专利法》《技术合同法》学习考试活动成果，省专利局、省科委、省司法厅、省科干局联合决定，今后每年组织一次《专利法》《技术合同法》学习考试活动，由省专利局具体组织实施。11月至12月，全省又有1.2万名科技人员参加《专利法》《技术合同法》学习考试。是年，省专利局派员参加中国专利局举办的全国专利系统技术合同登记员培训班、全国技术合同仲裁员资格统考，省技术市场办公室举办的技术合同登记培训班，参加人员分别取得相关结业证书。

1992年9月1日至14日，省专利局在厦门举办福建省专利代理人资格考试考前培训研讨会，全省32人参加。9月，省专利局组织全省29人参加在杭州、南京、广州、武汉等考点的全国专利代理人资格考试；派员到福建考生较多的杭州考点组织考务工作。是年，省专利局继续开展《专利法》《技术合同法》学习考试活动，给考试成绩合格者颁发合格证书共10000本。

1993年2月7日至10日，中国专利局团组一行6人到福建，对《关税及贸易总协定》与知识产权保护和贯彻新《专利法》进行辅导，省政府办公厅组织近千名省直机关委、办、厅、局、高校、研究所及省重点骨干企业领导和科技人员听取中国专利局副局长沈尧曾作知识产权保护专题辅导报告。8月，省经委、省专利局联合举办福建省企业专利工作者培训班，培训内容有《关税及贸易总协定》中的知识产权问题与专利保护、新《专利法》、企业专利工作要素、专利代理基本知识、专利文献检索、专利纠纷案件的处理、专利许可贸易。11月，省专利局再次组织全省有关部门开展《专利法》《技术合同法》学习考试活动。至12月，全省有5000多名相关领导干部和科技人员参加学习考试活动。

1994年9月，省专利局组织100多名科技人员参加国家专利代理人资格考试考前辅导培训。是年，省专利局继续开展《专利法》《技术合同法》学习考试活动，给1993年5000名考试合格者颁发合格证书。

1995年10月16日至19日，省专利局在福州举办专利执法人员培训班，各地市、县（区）科委专利工作负责人及省专利局部分干部72人全部获得由省政府统一制发的专利执法证和执法徽章。12月16日至17日，省专利局贯彻落实中国专利局、国家经贸委、国家科委印发的《企业专利工作办法》，举办企业专利工作者培训班，全省28个大中型骨干企业领导人参加培训，给考核合格者颁发福建省专利工作者证书。

1996年5月至6月，省专利局组织骨干参加1996年全国专利代理人资格考试及分片考前培训，全省共有25名学员报考，其中6名获得全国专利代理人资格证书。12月16日至17日，省专利局举办企业专利工作者培训班，全省28个大、中型骨干企业领导参加培训，给考核合格者颁发福建省专利工作者证书。

1997年12月12日至19日，省专利局派1人参加国家国有资产管理局、中国专利局联合举办的首期全国专利资产评估培训班（培训中国第一批具有上岗资格的专利资产评估人员），取得合格证。此后派出2人分别参加第二期、第三期培训，均取得合格证。

1998年10月17日至18日，省专利局组织全省23人参加在广州、南京、武汉举行的全国专利代理人资格考试，其中5人成绩合格，取得“专利代理人资格证书”。是年，省专利局举办一期企业专利工作者培训班，培训20家企业的22名有关人员，给考试合格者发给相关证书。

1999年5月至6月，省专利局与漳州市、三明市、泉州市科委联合举办企业专利工作者学习班，培训各市专利人员118名。6月20日，全省47名从事专利执法与管理的干部参加省政府法制办公室统一组织的全省行政执法资格考试，均考试合格取得福建省行政执法证。

2000年11月至12月，省专利局分别与福州、南平、莆田、龙岩、漳州等5个市科委联合举办5期培训班，培训辅导员和骨干222名。

二、知识产权培训

2001年上半年，省专利局在省科技管理干校举办3期全省科管干部专利培训班，与宁德市委党校、市科委联合举办知识产权培训班，培训200名乡镇领导、副处级以上干部。3月至12月，省专利局与南平、漳州、宁德、三明市科委和龙岩市连城县科委联合举办5期专利骨干培训班，培训专利工作骨干830名。10月15日至18日，省知识产权局与省经贸委联合在武夷山举办全省设技术中心的企业领导人知识产权培训班，邀请国家知识产权局2名专家授课，培训41名学员。11月19日至20日，省知识产权局与省科技厅、省政府知识产权办公会议办公室、省委政研室、省人大常委会教科文卫委、省工商局、省新闻出版局联合在福州举办福建知识产权与WTO论坛，邀请全国人大常委会教科文卫委等单位7名专家、领导分别对WTO与知识产权立法、专利、商标、版权保护、科技竞争、企业知识产权保护战略等问题作演讲，来自全省工矿企业、科研院所、高校、设区市科委及省政府有关部门的200多名代表参加论坛。是年，省知识产权局选派局内干部和各设区市专利管理机构人员共23人次，参加国家知识产权局举办的地方知识产权局领导培训班、师资培训班、执法人员培训班、专利法及其实施细则、审查指南培训班、专利宣传通联培训班、专利文献检索研讨班、集成电路布图设计保护条例等业务培训。

2002年4月8日，省知识产权局、省科技厅联合在福州举办“WTO与知识产权”专题讲座，国家知识产权局协调管理司领导应邀到会作报告，省直有关厅局、高等院校、科研院所等共300人听取讲座。4月16日至23日，省人事厅、省知识产权局在福州联合举办世界贸易组织和知识产权知识师资培训班，邀请国家知识产权局、省高院、省工商局、省版权局、厦门行政学院的专家、教授授课，培训全省各级干部院校（培训中心）、省级继续教育基地等125名骨干教师。是年，省知识产权局、省人事厅联合发文，把世界贸易组织和知识产权保护的基础知识作为全省专业技术人员继续教育的公共必修课，举办全省继续教育师资培训班，重点学习中国知识产权法律法规。省知识产权局先后与龙岩、宁德、南平、三明、福州等市科技局和福州大学、福建农林大学等联合举办14期骨干培训班，培训专利工作骨干1710名。

2003年2月25日至28日，由国家知识产权局主办，省知识产权局承办的全国涉外专利代理业务培训班在福州举办。国家知识产权局条法司司长尹新天、专利局初审及流程管理部副部长张晓玲及PCT处的有关领导和专家分别作国际专利制度发展态势、相关法律知识、PCT程序等讲授，全国新审批的37家涉外专利代理机构及各地150人参加培训。8月，省人事厅举办福建省“百千万人才工程”人选短期培训班，首次将知识产权保护知识列入培训内容，特邀国家知识产权局专家做知识产权保护专题讲座。12月1日至4日，省知识产权局与国家知识产权局中国知识产权培训中心在福州联合举办专利文献信息与企业科技创新培训班，来自北京、广西及省内的企业、高校、科研院所的专利管理部门50多名人员参加培训。培训班主要开设专利文献基础知识、专利信息在技术创新中的应用、专利信息检索与企业专利战略、专利文献检索方法、互联网上专利信息的利用等课程。年内，省知识产权局承办“知识产权与中国发展”讲座。是年，省知识产权局举办各类培训班和知识产权知识讲座共7期，培训专利业务骨干940人。

2004年，省知识产权局采取“请进来，走出去”的方式，做好领导干部、专业技术人员、企业专利骨干的培训工作。3月2日至6日，省知识产权局、国家知识产权局联合在厦门举办福建省专利执法业务培训班（全省首次统一培训班），邀请国家知识产权局、厦门大学、省政府法制办的专家授课，全国各省（市）及福建省各市（县、区）科技局、知识产权局及高等院校有关人员80余人参加培训，经考核合格有63名学员取得国家知识产权局颁发的专利行政执法证书。5月，省知识产权局派出2人参加国家知识产权局专利局举办的代办处上岗培训，均通过考试并获得代办处上岗证。6月22日至29日，省知识产权局与国家知识产权局联合在福州举办福建省专利代理人资格考试考前辅导班暨企业专利业务骨干培训班，企业、高校、科研院所及专利、商标、律师等中介服务机构的92名学员参加培训。11月11日至12日，省知识产权局和国家知识产权局主办，福州市委组织部、市科技局、市知识产权局联合承办的福州市知识产权培训班，邀请国家知识产权局条法司副司长文希凯、博士何越峰讲授WTO与国际知识产权保护形势对中国贸易的影响、知识产权制度概述、专利制度与专利战略、专利检索与专利文献利用等课程，福州市各县（市、区）政府领导、市直单位领导、全市科技系统有关人员和企事业单位负责人100人参加培训。11月12日，省知识产权局邀请原国家知识产权局专利局化学发明审查二部原部长、中华代理人协会顾问伍正滢到福建中医学院作题为《药物专利保护与申请策略》专题讲座，福建中医学院、福建医科大学、福建师范大学及省知识产权局和福州市专利代理机构的100多名教师、学生、科研和管理人员、专利代理人听取讲座。11月17日，省委党校邀请国家知识产权局副局长林炳辉作题为《知识产权面临的形势与对策》专题报告，省委党校处长进修班、中青年领导干部班、宣传部长班、乡镇书记班学员及党校部分教师和省知识产权局干部共300人听取报告。

2005年5月，省知识产权局派出2人赴北京参加国家知识产权局专利局初审及流程管理部举办的代办处上岗培训，通过考试并获得代办处上岗证。9月21日，国家知识产权局与省知识产权局在宁德市举办知识产权培训班，邀请国家知识产权局发展研究中心副主任曹津燕等讲授《知识产权战略与策略》《科技经济发展与知识产权保护》等专题，宁德市委组织部、宁德市人事局、宁德市科技局的领导、干部及福州大学管理科学与工程学院分院的学员等120多人参加听课。10月14日至15日，省知识产权局、泉州市政府办公室、泉州市知识产权局等部门联合在泉州举办泉州市企事业专利实务培训班，国家知识产权局协调管理司副司长陆毅应邀作专题讲座，泉州市政府办公室、泉州市政府知识产权办公会议成员单位人员，泉州市各县科技局分管领导及专利工作人员，省、市专利工作试点单位分管领导及科技人员、专利管理人员，泉州市知识产权保护协会会员单位分管领导及相关人员，部分市高新技术企业代表共300人参加培训。10月27日至28日，省知识产权局和三明市科技局在三明市联合举办知识产权培训班，国家知识产权局、省知识产权局、福州大学法学院的专家授课，三明市各政府机关、企事业单位和科技开发及管理部门共130人参加培训。是年，省知识产权局选派6人（包括厦门市、泉州市知识产权局人员）参加全国知识产权师资培训班。

2006年7月10日至18日，为配合全国专利代理人资格考试工作，省知识产权局在福州举办一期专利代理人资格考试考前辅导暨专利工作试点企业管理人员培训班，邀请9名国家知识产权局的专家授课，培训80人。培训班对专利法及其实施细则、相关国际条约知识、专利申请及审批流程、实质审查基础与发明专利申请文件的撰写、PCT专利国际申请、专利复审与无效程序中文件的撰写、专利文献与专利分类等内容进行讲解并现场为学员答疑解惑。10月，国家知识产权局主办、省知识产权局承办的全国知识产权资产评估与管理培训班在福州举办，省直有关部门、金融机构、各市知识产权局、省专利试点企业、省知识产权协会理事单位、高校院所、专利代理机构等共120人参加培训。同月，福州专利代办处开业前，省知识产权局派出2人赴武汉代办处学习业务。11月28日至29日，受国家知识产权局委托，省知识产权局与泉州、龙岩市知识产权局联合承办知识产权培训班，龙岩市县（市、区）科技局、科研院所、企事业单位知识产权管理人员共100人参加培训。省知识产权局与三明、莆田、南平市知识产权局联合举办法律法规培训班和企事业单位专利务实培训班。是年，省知识产权局举办各类专利培训班6期，受训1000人。

2007年4月2日至5日，中国知识产权培训中心主办、福建省知识产权局承办的2007年全国企事业单位知识产权高级培训班在福州市举行，邀请国家知识产权局、中国社科院知识产权中心、北京市第一中级人民法院、商务部等4位专家分别作《企业知识产权战略》《经济全球化背景下的知识产权》《知识产权司法保护》《如何应用国际贸易中的知识产权问题》专题讲座，培训全国各地企事业单位科研人员和管理人员、知识产权管理部门人员160人。5月30日至31日，省知识产权局与三明市知识产权局联合举办知识产权培训班，三明市各县（市、区）政府分管科技、经贸工作的领导和企事业单位管理人员和科技人员共100人参加培训。6月20日，省委中心组举行“自主创新与知识产权”专题学习会，国家知识产权局党组书记、局长田力普应邀作《我国知识产权工作面临的形式和任务》报告，省委、省政府、省人大常委会、省政协、省法院、省检察院主要领导，省科技厅、省知识产权局及省直有关单位主要负责人共200人参加学习会。9月12日，国家知识产权局印发《2007—2010年“百千万知识产权人才工程”实施方案》，福建省黄丹萍（泉州市知识产权局）、陈开平（莆田市知识产权局）、何朝晖（福州市知识产权局）、谢增鸿（福州大学教授）、丁丽瑛（厦门大学教授）等5人被列入“百千万人才工程”培养人员。9月19日至20日，省知识产权局在福州举办福建省专利行政执法业务培训班，邀请国家知识产权局、省委党校及省法院的专家、学者、法官授课，全省9个设区市及县（市、区）科技局、设区市知识产权局、专利代理机构、部分高等院校及企业知识产权管理部门共100名学员参加培训。10月23日至24日，国家知识产权局主办、省知识产权局承办的全国知识产权资产评估与管理培训班在福州举办，省直有关部门、金融机构、各设区市知识产权局、省专利试点企业、省知识产权协会理事单位、高校院所、专利代理机构等单位共120人参加培训。11月28日至29日，省知识产权局承办、泉州市知识产权局协办的国家知识产权局全国知识产权人才培训会议在泉州市召开，福建省5名全国“百千万知识产权人才工程”百名高层次人才培养人选及来自全国的代表共70人参加会议。省知识产权局局长罗旋、副局长李冬根一起参与《关于加强“百千万知识产权人才工程”人才培养工作的指导意见》和加强高层次知识产权人才培养具体措施的讨论。是年，省知识产权局共承办全国性的知识产权培训班8个班次，办班次数为历年最多，培训全国各省市1500人次，省知识产权局受训100人次，国家知识产权局派出高层次专家30多人前来授课。是年，省知识产权局组织全省企事业单位20多人参加国家知识产权局在省外举办的各类培训班。

第二节　版权培训

1984 年 2 月，福建人民出版社派员参加联合国教科文组织在上海举办的版权培训班。

1985 年 6 月，福建人民出版社在福州举办福建省第一期版权培训班，邀请版权专家沈仁干讲授版权保护基本知识，省内各出版社、期刊社、报社的主编和版权工作人员 70 多人参加培训。11 月，福建省出版总社①派员参加国家版权局和世界知识产权组织在南京举办的版权培训班。

1986 年至 1991 年 5 月，福建省出版总社组织福建少年儿童出版社、海峡文艺出版社和鹭江出版社及一些期刊社，陆续举办版权培训班，由省版权管理人员讲课。其间，省版权管理人员利用培训班和各种会议，讲授版权知识共有 25 次。

1988 年 9 月至 10 月，为成立版权管理机构，开展版权工作准备条件，福建省出版总社派员参加国家版权局和联合国教科文组织联合在北京举办的版权培训班、派员参加在湖南大庸举办的全国版权案例研讨会。是年，福建省出版总社还派员参加省外语培训班，为处理涉外版权、促进国际版权贸易准备条件。

1989 年 10 月，省版权局派员参加世界知识产权组织、最高人民法院和国家版权局联合在北京举办的亚太地区版权审判培训班。

1991 年 6 月 4 日，省新闻出版局、省版权局与省人大常委会、省司法厅、省出版工作者协会联合举办为期 7 天的福建省首期《著作权法》培训班，邀请国家版权局版权专家授课，培训 120 人。11 月，省版权局派员参加世界知识产权组织在匈牙利举办的版权培训班、派员参加世界知识产权组织、国家广播电影电视部和国家版权局联合在北京举办的音像唱片版权培训班。

1992 年 3 月，省版权局派员参加世界知识产权组织和国家版权局在广州联合举办的关于分类作品行使和管理版权培训班。

1995 年，省版权局在泉州举办工艺品著作权使用者培训班。

2002 年 7 月 8 日至 12 日，省版权局组织设区市版权干部 11 人，参加国家版权局在江西举办的华东地区版权干部行政执法研讨班，听取国家版权局专家《著作权法基本知识》《国际著作权条约简介》《计算机软件保护条例》专题讲座。9 月，省版权局分两批对大利嘉城 200 多家经营户进行培训，讲解《著作权法》和《计算机软件保护条例》。

2005 年 8 月，省版权局在连城县举办全省第一期版权干部培训班，邀请国家版权专业人员授课，培训厦门、漳州和龙岩 3 地市及有关县区版权干部 70 人，培训后学员还进

① 1985 年 10 月，福建人民出版社改称福建省出版总社，1987 年 1 月，福建人民出版社与福建省出版总社分离。

行闭卷测试，成绩合格者颁发培训合格证书。11 月，省版权局在福州举办全省第二期版权干部培训班，福州、莆田、泉州、三明、南平、宁德市版权局、稽查队版权干部及具有版权管理职能的县、区文体局版权干部 160 人参加培训，听取《著作权法》的基本法律知识录像讲解、版权保护的新趋势报告、著作权行政管理行政执法的要求和特点、互联网、计算机软件、音像制品的版权保护及正盗版品的识别、版权执法程序及文书制作、《著作权行政处罚实施办法》；著作权侵权的法律责任、案例分析等。培训后学员进行闭卷测试，发给 152 名考试合格者培训合格证书。

2006 年 3 月，省推进企业使用正版软件工作联席会议办公室举办推进企业软件正版化工作培训班，培训全省 170 家企业近 300 名有关人员。6 月 6 日至 8 日，省版权局在泉州举办全省各设区市版权干部培训班，重点培训《信息网络传播权保护条例》等新颁布的版权法律法规和《关于审理涉及计算机网络著作权纠纷案件适用法律若干问题的解释》等有关司法解释。是年，全省版权管理部门举办软件正版化工作培训班（研讨会）40 多场，培训 400 多家企业人员。

2007 年 3 月 1 日，全省第一批推进企业软件正版化工作培训班在福州举办。培训内容：企业软件正版化的工作目标、要求和意义，企业软件资产管理的知识，国产软件的发展现状和企业使用软件推荐目录，软件版权法律知识和企业软件正版化开展自查自纠的步骤和要求等五方面。6 月 6 日至 8 日，省版权局在泉州举办全省各设区市版权干部培训班，学习新颁布的版权法律法规及最高检察院、法院的有关司法解释。各设区市分管副局长及有关科室负责人共 50 人参训。

第三节　商标培训

1988 年 10 月，省工商局举办全省第一期商标管理干部培训班，学习国家工商总局新发布施行的《商标法实施细则》，邀请国家工商总局商标局专家讲授商标注册、国际商品分类法等知识。

1992 年，根据国家工商总局《关于做好国内商标续展工作的通知》，全省各级商标管理部门开展调查摸底，举办业务培训。

1995 年 6 月 22 日，省工商局在省工商行政管理学校举办为期 6 天的全省商标管理办案人员培训班，60 人参加学习《工商行政管理执法程序》《商标法》等内容。

1996 年 8 月 16 日，省工商局举办 1 期省属企业商标法管理人员培训班，参加培训 70 人，并给考试合格者颁发企业商标管理人员证书。

1997 年 5 月下旬，省工商局派出 3 人参加由国家工商总局商标局举办的第三期商标管理干部培训班。11 月中旬，省工商局、省商标所各选派 1 人参加国家工商总局商标评审委员会组织服务商标、集体商标和证明商标研讨会，研讨服务商标、集体商标申请注册问题。是年，省工商局多次举办培训班与专题讲座活动，培训2010人次。三明市工商局多次组织企业负责人和企业商标专管人员参加省工商局的培训。

1999年，全省工商系统实行条条管理的新体制，加强商标管理队伍的建设，全省举办法律法规培训或以会代训48期，受训人员4821人次。

2000年4月至8月，省工商局选派64人参加国家工商总局商标局在昆明、西安、大连举办的3期基层商标办案人员培训班（每期培训5天），学习商标法律制度、商标办案程序、商标案件诉讼规定。11月，省工商局举办全省商标执法培训班，邀请国家工商总局商标局专家授课，培训市县工商管理人员102人。是年，全省参加各种业务培训的商标管理人员达4719人（次），其中3批64人是参加国家工商总局举办的商标业务培训。

2001年5月15日至17日，省工商局在福鼎举办商标执法调研培训班，总结和推广基层工商部门商标执法联系点的经验和作法。12月，省工商局采取以会代训方式，举办“商标与WTO”高层研讨会，邀请中华商标协会秘书长曹中强、中国社会科学院教授李顺德等讲授。研讨会主要研讨中国加入世贸组织后，商标专用权保护和商标国际注册面临的问题与解决办法，120名商标管理和工商所干部、100名企业家参加研讨会活动。是年，省工商局在漳州、三明、南平、龙岩、宁德等地举办巡回讲座，厦门市工商局组织“一法一班”培训，邀请国家工商总局商标局人员和有关专家学者对全市34个基层工商所所长、商标广告监管员进行培训。

2003年12月17日至21日，省工商局举办培训班，全省工商系统商标广告执法人员127人参加培训。培训《WTO与商标广告法律法规》《商标广告执法与监督》《驰名著名商标的认定与保护》《证明、集体、涉外商标的注册与管理》等内容。是年，省工商局派出80多人次参加国家级商标业务培训，学习商标国际注册与保护、商标办案程序、地理标志证明商标和集体商标保护及监督管理方面的法律知识。省工商局与省质监局、省新闻出版局等联合在三明、南平等市举办20余期培训班，培训逾千人，为历年之最。

2004年4月21日，全省企业、商标代理人、工商管理部门代表148人参加国家工商总局商标局与欧洲商标局联合在厦门举办的提高企业家商标注册意识中国巡回研讨会。研讨会介绍欧盟商标注册、马德里商标国际注册、中国商标注册的有关法律制度及保护商标权益、促进企业发展经验。

2006年5月25日，全省工商管理部门、地理标志证明商标、集体商标注册单位、商标代理机构派员参加由国家工商总局商标局与美国专利局在厦门联合举办的中美地理标志保护研讨会。8月9日，省工商局在泉州举办推进实施商标品牌战略暨商标国际注册工作会议，邀请国家工商总局商标局专家讲授商标国际注册知识。

2007年5月9日至17日，省工商局举办全省工商系统商标业务培训班。9月14日至15日，省工商行政管理部门选派12人参加国家工商总局商标局在上海举办的第二期奥林匹克标志保护培训班。9月，省工商局下发《关于开展实施商标品牌带动战略巡回授课的通知》，组织有关人员到全省各地市巡回授课。

第四节　海关保护培训

一、福州海关

2002年，福州海关举办知识产权执法培训班，邀请耐克公司、阿迪达斯公司、戴姆勒克莱斯勒公司、中国粮油进出口集团公司等权利人给执法关员讲授商标鉴别知识。

2003年6月27日，福州海关举办海关保护知识产权实务培训班，邀请荷兰皇家飞利浦电子公司和德国奥斯拉姆公司知识产权代表讲授光源产品的真假鉴定知识，培训福州海关审单中心、马尾海关、福清海关、莆田海关、福州机场办事处、邮局办事处及鳌峰办事处20名关员。

2004年4月13日，福州海关举办知识产权保护商品知识培训班，培训通关、查验、监控岗位30名关员。培训内容包括《知识产权海关保护条例》的修改内容、新旧条例的衔接适用以及现行执法流程等，日本住友橡胶工业株式会社法律事务总裁、德国奥斯拉姆公司代理人上海涌道知识产权代理有限公司及北京捷鼎咨询有限责任公司代表分别介绍"DUNLOP"（用于轮胎）、"XXIO"（用于高尔夫球具）、"HITACHI"（日立）、"SUZUKI"（铃木）、"MAZADA"（马自达）、"MAKITA"（牧田）、"BOSCH"（博世）、"PHILIPS"、"OSRAM"等产品及其商标鉴别知识。8月9日，福州海关举办知识产权保护实务培训班，调查局、缉私局、通关处、监管处等部门及各隶属海关、办事处关员40人参加培训。培训内容包括《中国海关关于〈知识产权海关保护条例〉的实施办法》的重点内容及相关执法程序，《著作权法》和盗版光盘鉴定技巧等，国际知名权利人日本精工爱普生株式会社、荷兰皇家飞利浦电子股份有限公司、美国摩托罗拉公司、美国戈尔公司分别介绍"EPSON""PHILIPS""MOTOROLA""GORE"等产品真假鉴别知识。10月29日，福州海关举办《海关行政处罚实施条例》培训班，福州海关缉私、调查、法规、关税、通关、加贸、统计、监管部门及隶属海关、办事处等部门关员90人参加培训。11月，福州海关派员参加福州市知识产权培训班。12月16日，福州海关在马尾海关举办知识产权保护现场交流会，邀请中粮集团、路易威登、爱普生、欧司朗、阿迪达斯、劲量、戈尔等国内外知名品牌的权利人代表讲授查处假冒商品方法及品牌产品真伪鉴别知识。

2005年4月20日，福州海关派员参加省烟草质量监督监测站举办的2005年假冒伪劣卷烟鉴别检验培训班。4月26日，福州海关举办知识产权海关保护企业培训班，培训关区40多家重点生产和外贸型企业有关人员。培训内容有知识产权海关保护的含义、模式，权利人和收发货人的权利、义务、法律责任，企业在经营中应注意的问题等内容。5月，福州海关与福州海关报关协会合作开展关区报关员知识更新培训，为报关员解读知识产权海关保护法律法规。6月24日，福州海关应邀在省外经贸厅举办的省纺织品出口培训班上讲授知识产权海关保护知识。10月，福州海关派员参加海关总署政法司在苏州召开的中欧海关反假冒反盗版技术培训班，学习欧盟专家讲授风险分析技巧及兄弟海关实施知识产权保护的有关经验。

2006年3月30日至31日，福州海关邀请宝洁公司、强生（中国）有限公司、皇家飞利浦电子股份有限公司、耐克国际有限公司、伏斯洛·斯瓦伯公司、爱宝工业有限公司等多家权利人代表，到马尾海关和福清海关，给一线通关、查验、物流监控等关员开展知识产权海关保护打假技能培训。6月，福州海关与三明海关、三明市外经局联合举办进出口业务培训班，进出口企业代表40多人参加培训。9月4日，福州海关邀请通用、宝马、大众等9家知名汽配权利人代表给150名一线关员讲授品牌的真伪鉴别知识。12月1日，福州海关法规处与驻福州海关驻邮局办事处联合举办知识产权海关保护法律知识讲座，50名关员及邮局员工参加培训。

2007年4月20日，福州海关邀请福耀玻璃工业集团股份有限公司、福建省粮油进出口集团公司、福州白鸽贸易有限公司、耐克国际有限公司、阿迪达斯公司、皇家飞利浦电子股份有限公司、拉科斯特股份有限公司、爱思卡达股份公司、比克公司等9家国内外知名权利人，给一线关员讲授品牌产品鉴别技巧。4月21日至22日，福州海关举办关区报关员知识更新培训班，福州关区报关企业、关区前20名重点纳税企业及关区前20名加工贸易重点企业的报关人员260人参加培训。培训内容包括知识产权海关保护的有关法律规定及新施行的两高院知识产权犯罪司法解释。5月17日至18日，福州海关对宁德关区数十家机电企业负责人进行知识产权海关保护培训。6月27日，福州海关和中国外商投资企业协会优质品牌保护委员会（QBPC）联合举办打假技能培训班，邀请通用汽车、柯达、泰科电子、克利夫兰高尔夫、佳能、联合利华、香奈儿、古驰、摩托罗拉等21家QBPC会员知识产权部门负责人对一线关员进行培训。8月21日，福州海关和范思哲、科奇等6家权利人联合举办打假技能培训班，讲授品牌真伪鉴别知识。

二、厦门海关

2001年4月24日，厦门海关在海关总署厦门培训基地举行知识产权执法培训班，邀请厦门信实律师事务所律师介绍知识产权诉讼情况。

2003年2月26日，厦门海关与中国外商投资企业协会联合举办知识产权执法培训会，由知名品牌权利人给海关执法关员讲授商标品牌知识。

2004年6月18日，厦门海关举办知识产权执法培训班，培训知识产权海关保护具体规定和执法要求，厦门关区各现场知识产权联络员共17人参加培训。

2005年8月12日，厦门海关与优质品牌保护委员会在厦门鼓浪屿举办知识产权真伪产品鉴别培训班，邀请飞利浦公司、宝洁公司等8家知识产权权利人代表给厦门关区一线通关、查验执法关员授课。

2006 年 4 月 13 日，厦门海关举办知识产权执法培训班，培训学习海关总署、公安部联合下发的《关于加强知识产权执法协作的暂行规定》，厦门关区各业务现场通关、查验等一线执法关员 40 人参加培训。

2007 年 4 月 17 日，厦门海关联合优质品牌保护委员会举办关区知识产权鉴别知识培训班，邀请“ESCADA”“Silhouette”等 12 家国际知名香水、眼镜品牌的权利人给厦门关区各业务现场通关、查验等 60 名执法关员授课培训。

第五节 司法保护培训

1991 年初，省高院、各中级法院选派业务骨干参加最高人民法院举办的《著作权法》培训班。5 月、10 月，省高院举办两期知识产权审判实务培训班，培训全省中级、基层法院分管院长、民庭庭长、人民法庭庭长、审判业务骨干 200 人。各中级法院分别举办《著作权法》培训班。全省各级法院组织审判人员参加知识产权法律学习培训，选派人员参加最高人民法院、国家科委等单位举办的《专利法》《技术合同法》《著作权法》等培训班学习。

1997 年，省高院选派 2 名庭领导参加国家法官学院举办的全国首期知识产权审判业务培训班学习。

1998 年，全省知识产权审判队伍积极参与教育整顿活动，提高队伍政治素质。7 月 15 日至 21 日，省高院在武夷山举办首期知识产权案件审判业务培训班（全国高院系统首次举办），邀请最高人民法院知识产权庭及国家工商总局有关人员授课，培训各中院分管院长、庭长及审判员。

2001 年，省高院选派 3 名法官参加最高人民法院举办的中欧知识产权培训班学习。

2002 年 12 月，省高院选派 1 名法官参加国家科学技术部组织的赴法国高技术知识产权战略与管理培训班学习。

2004 年 3 月至 4 月，省高院选派 1 名法官参加国家法官学院举办的知识产权审判业务培训班。10 月，省高院、福州中院各选派 1 名法官参加国家法官学院在广西北海举办的中欧知识产权案例比较研究培训班学习。

2006 年 9 月，省高院选派 1 名法官参加国家法官学院举办的全国法院知识产权新司法解释培训班。

2007 年 4 月，省高院举办《专利法》与《商标法》适用与诉讼实务培训班，邀请全国知识产权界专家给全省知识产权法官授课。12 月，省高院、各中级法院选派业务骨干参加最高人民法院在云南昆明举办的知识产权新司法解释培训班。

第七章　知识产权保护

1959年，中共福建省委曾下文遏制侵犯版权行为。2004年和2007年之后《福建省专利保护条例》《福建省农作物种子管理条例》等重大法规相继颁发实施。从1993年省高院受理第一件专利权纠纷案件起，至2007年，专利立案297项，处理结案224项；版权查处案件332件；商标查处案件23375件；海关方面查获知识产权侵权案件1067件，涉案金额1.03亿元，3个案件被列为中国海关年度知识产权保护十佳案例，其中一个被列为全国侵犯知识产权十大案件；全省公安机关按公安部部署开展打击侵犯商标专用权犯罪的“山鹰行动”共破案600起；开展“山鹰二号”行动共审理侵犯知识产权犯罪案件306起；全省各级检察院对687名侵犯知识产权案件被告人提起公诉。全省法院民事一审受理专利案件1123件，审结868件；受理版权1377件，审结1204件；受理商标627件，审结505件。

第一节　政策法规

1993年6月3日，省科委、省专利局联合印发《关于加强福建省科研系统知识产权管理暂行规定》，加强对省科委领导或业务指导以及拨款的研究所、机关、学校、公司等单位职工的职务智力成果保护。

1995年6月21日，省专利局印发《福建省认定有效专利和制发专利产品防伪标志暂行办法》，规定专利权人或被许可生产、销售专利产品的单位可向省专利局提出认定有效专利并领取证书和标志的要求，省专利局确认后发放“有效专利证书”或“专利产品防伪标志”并实行年审制，违反使用规定予以处罚或收回证书或标志，且追究相关法律责任；非法印制、发行、使用证书和标志的将依法予以追究。

1996年5月31日，省八届人大常委会第二十三次会议通过《福建省实施〈中华人民共和国反不正当竞争法〉办法》，6月3日公布之日起施行。文件对全省行政区域内从事商品经营或者营利性服务的法人、其他经济组织或者个人作出相关规定。

1997年，省高院印发《关于审理知识产权侵权损害赔偿若干问题的意见》，规定定额赔偿的有关问题。

1998年4月，省高院印发《关于知识产权收案范围和案件管辖若干问题的意见》，对著作权和著作邻接权纠纷案件、商标案件、专利案件、技术合同纠纷案件、反不正当竞争纠纷案件，发明权、发现权和其他科技成果权的侵权、权属、合同纠纷案件，涉及知识产权争议的其他民事纠纷案件的收案范围作出明确规定，同时对全省知识产权案件的级别管辖、专属管辖、地域管辖作出新的规定。

1999 年 3 月，省专利局开始起草《福建省专利保护条例》。8 月 9 日，省科技厅将《福建省专利保护条例》（草案）报送省政府法制局审议。

2001 年，根据国务院的《中华人民共和国植物新品种保护条例》，省农业厅开始组织起草《福建省农作物种子管理条例》，增加植物新品种保护内容、保护范围、保护措施等，加大对假冒、侵权等违法行为处理力度，保护品种权人权益等内容。

2002 年，省人大常委会将《福建省专利保护条例》列入立法计划。

2002 年，省农业厅印发《关于加强农业植物新品种保护工作的意见》，提出建立品种权保护执法机构、防止品种权被侵犯措施、加大侵犯品种权行为查处力度、对涉嫌侵犯品种权行为处理等意见。

2003 年 11 月 18 日，省人大常委会召开《福建省专利保护条例（草案）》论证会。11 月 25 日至 28 日，在省人大常委会召开第六次会议上审议《福建省专利保护条例（草案）》。

2004 年 6 月 2 日，省十届人大常委会第九次会议审议通过《福建省专利保护条例》，9 月 1 日正式实施。该条例共 25 条，规定：县级以上地方人民政府应当加强对专利工作的领导和扶持，促进专利技术实施及其产业化，推动专利事业的发展；管理专利工作的部门或者机构负责对展览会、推广会、交易会等会展中涉及专利产品、专利技术的监督管理；任何单位和个人有权向管理专利工作的部门或者机构举报涉嫌假冒他人专利、冒充专利等违法行为；接受举报的部门或机构对举报人及举报内容应当保密并及时调查处理，对查证属实的，应当给予举报单位和个人奖励；加强对专利中介服务机构的监督管理，规定专利中介服务机构不得出具虚假检索、评估报告；在专利申请公布或者公告之前，不得泄露被代理人的发明创造内容等。该条例是福建省第一部地方性专利法规。

2006 年 8 月 11 日，省高院印发《关于规范和强化全省法院知识产权审判工作的意见》，着重提出知识产权案件的管辖、民事行政交叉问题的处理、案件的鉴定、驰名商标的认定，涉外及涉港、澳、台知识产权案件的审判期限、不正当竞争行为的认定、企业名称与注册商标冲突的处理、案件的调解、裁判文书的制作，配合有关部门做好知识产权案件的上访和息讼、组织案件评查、建立全省知识产权审判信息报告协调机制、知识产权审判机构与人员配备、关于专家型知识产权法官的培养等共 23 条审判工作意见。

2006 年 9 月 5 日，根据国务院办公厅《保护知识产权行动纲要（2006—2007 年）》，省政府办公厅印发《福建省贯彻〈保护知识产权行动纲要（2006—2007 年）〉实施意见》，从指导思想、工作目标与要求、工作重点与任务分工、推进长效机制建设、加强对保护知识产权工作领导等五个方面提出实施意见，增强知识产权保护意识，规范市场秩序，优化投资环境，促进科技创新，推进海峡西岸经济区建设。

2007年7月26日，省人大常委会第三十次会议通过《福建省农作物种子管理条例》。该条例共有6章，规定了种质资源保护与品种管理、种子生产、经营使用、服务与监督、法律责任等。该条例10月1日正式实施。

2007年12月，省知识产权局印发《福建省专利行政执法规范（试行）》，对专利侵权纠纷处理、专利纠纷调解、假冒他人专利和冒充专利行为的查处等作出规定，并明确省级管理专利工作机构对在全省范围内有重大影响的专利侵权纠纷案件、假冒他人专利和冒充专利案件，可以组织、协调有关管理专利工作的机构进行处理。

第二节　行政保护

一、各类知识产权综合保护活动

2000年4月7日，省政府知识产权办公会议办公室组织省对外经济贸易委员会（简称省外经贸委）、省工商局、省专利局、福州海关、福建检验检疫局和省公安厅联合开展打击假冒UL标志（美国以及北美地区公认的安全认证标志）专项活动。

2004年，“3·15”和“4·26”活动，省消委会、省整规办分别组织开展全省维护知识产权专项打假行动。9月8日，省知识产权局与省工商局、省版权局，厦门市知识产权局、工商局、版权局首次联合在第八届中国（厦门）投资贸易洽谈会设立知识产权保护咨询投诉工作点，设举报电话，并进行网络查询，加强展会项目的知识产权保护。9月，执行《国务院保护知识产权专项行动方案》，省政府办公厅下发《福建省保护知识产权专项行动方案》，召开全省会议，在全省开展为期一年以保护专利权、著作权、商标权为重点内容，以货物进出口、各类展会和商品批发市场、定牌加工、印刷复制为重点环节的保护知识产权专项行动。10月18日，省政府办公厅转发省整规办制定的《福建省保护知识产权专项行动实施方案》。10月21日，省政府召开全省保护知识产权专项行动工作会议，贯彻国务院部署和吴仪副总理在全国保护知识产权专项行动电视电话会议的讲话精神，在全省组织开展保护知识产权专项行动。12月15日，省保知办召开保护知识产权工作协商会，研究建立重点企业定期沟通协调机制方案。是年，全省各级知识产权部门协作，对食品、药品生产流通领域及大型商品批发市场和超市等实行进货关口严格登记、组织人员采取不定期抽查等方式，遏制专利违法现象发生。

2005年1月至2月，根据全国整规办通知，省整规办（保知办）部署编制《全省保护知识产权专项规划（2005—2007年）》，以保护商标权、著作权、专利权为重点，分阶段突出打击食品、药品、商标违法行为。9月8日，省商标、版权、专利、福州海关等知识产权管理、执法部门与厦门市相关部门联合，在第九届中国（厦门）投资贸易洽谈会设立知识产权保护咨询投诉工作点，保护展会项目知识产权。9月，省整规办（保知办）牵头会同省科技厅（知识产权局）、省工商局、省版权局等省保护知识产权工作领导小组成员单位派出人员组成5个组，分别到9个设区市专项督查开展保护知识产权专项行动，促进建立健全保护商标专用权、著作权（版权）、专利权长效机制。12月，国务院保护知识产权专项行动督查组到福州、莆田、泉州、厦门等市对商标专用权、著作权、专利权的保护，知识产权海关保护，出口商品交易会，商品批发市场，定牌加工和印刷复制等重点环节的知识产权保护督查。督查组对福建保护知识产权工作给予肯定，并对存在的问题提出整改意见。年内，省保知办牵头协调省直有关部门和各设区市按照国务院督查组意见进行整改，并及时向省政府和国家保知办汇报。

2006年6月28日，福建省保护知识产权举报投诉服务中心正式挂牌成立，同时开通“12312”公益服务热线。中心的任务是受理举报投诉、案件转办、跟踪督办、办结反馈、情况汇总等协调工作。该中心设在省知识产权局，与国家保知办、各省（区、市）及全省各知识产权执法部门互联互通。省保知办同时协助厦门市和泉州市分别建立综合性保护知识产权举报投诉服务中心，并于7月底开通“12312”举报电话。全省初步构建并形成综合性的保护知识产权举报投诉和咨询服务体系。9月8日至11日，在第十届中国国际投资贸易洽谈会上，省知识产权局与省工商局，厦门市工商、版权、知识产权、海关等部门共同搭建保护知识产权投诉咨询工作点，保护参会知识产权。

2007年9月8日，省知识产权局与厦门市商标、专利、版权管理部门和保护知识产权举报投诉服务中心、厦门海关等联合在第十一届（厦门）投资贸易洽谈会设置工作点，开展投洽会及投资海峡西岸经济区对口洽谈会知识产权保护投诉工作。会展期间，接受咨询200人次，受理专利侵权纠纷1件。

二、专利行政保护

1987年，省专利局对福州陈某（乙方）发明的“弹烟盒”专利技术转让江苏省扬中县某金属塑料厂（甲方）技术合同纠纷进行调查处理，以双方自愿终止技术合同，甲方补偿乙方2200元结案。该案以典型案例上报中国专利局。省专利局调解某公司“平抛运动碰撞实验器”专利侵权案及非职务发明改职务发明纠纷案。

1988年，省专利局组织5人协调小组，对“851超级营养液”发明权纠纷、个人发明“木壳泵”专利申请权纠纷进行调查。

1989年3月至9月，省专利局按照省政府办公厅开展1989年行政执法大检查的工作部署，在全省组织开展专利法执法检查。6月前，各地、市进行自查；6月至9月开展检查。10月，省政府组织省专利局派员参加行政执法检查组，重点对福州、厦门、泉州等三地专利执法进行检查。

1990年6月11日，省专利局接受委托，辩护“食品添加剂制法”侵权纠纷并结案。

是年，省专利局受理调解“膜壳工作室容积泵”专利归属纠纷案、“利用抗氨固氮菌生产富硒单细胞蛋白维生素E和菌肥的方法”专利申请权纠纷案、“煤炉余热吸热器”“平抛碰撞实验仪”专利侵权纠纷案。同时，完成“851超级营养液”发明权纠纷调查并上报省政府。同月，省政府下文同意“851超级营养液”为职务发明的调查处理意见。省专利局受理专利纠纷案7件，结案2件。全省专利管理机关共调查处理专利纠纷29件，结案16件。

1991年起，随着专利申请量的增加，专利纠纷日益增多。7月至8月，省人大常委会派出检查组，对福州、厦门、漳州三市《专利法》贯彻执行情况进行检查。省专利局受理专利纠纷案11件（包括往年受理未结案），结案8件。

1992年，省专利局受理专利纠纷案6件（包括往年未结案件），结案3件。全省第一起专利行政诉讼案——尤溪县的吴某诉其“结晶硅炉新型电极把持器节能装置”实用新型专利被三明地区某县电化厂侵权案调查处理结案。

1993年，省专利局调解河南信阳地区专利权人诉福州某文具公司“动物活动圆珠笔”侵权案，之后专利权人撤诉结案；参与福州中院重审廖某诉丁某“柑橘溃疡灵”专利申请侵权纠纷全过程至结案。

1994年12月22日，省专利局、省财政厅联合印发《福建省关于举报冒充专利行为奖励的暂行办法》，对向专利行政机关举报印制或者使用伪造专利证书、专利申请号、专利号或者其他专利申请标记、专利申请号等冒充专利行为的举报人，酌情发给奖金。是年，省专利局调查处理“大蒜精”“柑橘溃疡组成及制备方式”专利申请纠纷案，成功调解“多用途周转箱”专利侵权纠纷案。

1995年3月至8月，根据国务院《关于进一步加强知识产权保护工作的决定》，福州、厦门、漳州先后建立知识产权办公会议制度；全省各地市建立起共有71名执法人员参加的专利执法网络。省专利局派出5人参加全省知识产权执法队，配合法院审理专利侵权案。省专利局受理香港雅域实业有限公司与福州瑞达、新同达电子有限公司涉及“钟”外观设计的案件；台商森鸿超硬金属有限公司就“拉线板”实用新型专利请求调处莆田埭头镇和北高乡共10家个体户侵权案，2起均以原告专利被宣告“无效”而调解结案。是年，省专利局受理专利纠纷14件，结案3件。

1996年，省专利局调处威煌水处理公司诉专利申请纠纷案；查处中外合资福建某电器有限公司冒充专利行为案，另受理专利侵权纠纷案1件。

1997年5月18日，省知识产权办公会议办公室和省专利局联合组织检查组对15家大百货商场、药店进行打假检查。经检查，15家商店销售267种标注为专利的商品中有96种是假冒他人专利或冒充专利商品，督促商家限期整改。是年，省专利局整理1995年以来典型的专利纠纷案30件，全部建立电子档案；受理和处理12件专利纠纷，其中结案7件，中止程序1件。

1998年，省专利局受理并查处8件专利侵权纠纷和冒充专利案，结案5件，请求方撤诉2件，正在处理1件。

1999年，省专利局贯彻国家知识产权局《专利管理机关查处冒充专利行为的规定》，按照《关于“3·15”期间开展知识产权宣传和打假活动的通知》，与省贸易厅联合召开打击假冒他人专利、冒充专利行为座谈会；开展百家商店无假冒活动，对18家大型商场、药店经销的355种标注为专利的商品进行检查，认定冒充专利产品近100种。对商家要求自查自纠。是年，省专利局受理查处14件专利侵权和冒充专利行为案件，结案6件。

2000年4月，省专利局在全省开展为时一个星期的打击假冒、冒充专利违法行为专项行动，在全省抽查51家大型超市、百货公司、商场、药店，对家电、日用百货、玩具、食品、保健品、药品、健身器材等数万种商品进行重点抽查、登记和排查。与省公安厅、工商局联合转发公安部、国家工商总局、国家知识产权局《关于在查处知识产权违法犯罪案件中加强协作配合的通知》，强化打击知识产权违法犯罪工作。5月，省专利局成功调解美国富实有限公司诉漳州宏源表业有限公司侵犯其外观设计“液晶显示屏”和实用新型“表芯”专利案。11月，成功调解意大利唐山亚利陶瓷有限公司诉泉州德化县大盛瓷业有限公司侵犯其8件外观设计专利案。是年，省专利局受理专利侵权和冒充专利案23件，结案20件，其中处理结案1件，调解结案19件。

2001年2月22日，省科技厅转发国家科技部《关于加强与科技有关的知识产权保护和管理工作的若干意见》，推动科研机构和高新技术企业提高知识产权保护意识和管理水平。是年，省知识产权局与省消委会、省质监局协作开展知识产权保护和专利打假工作，规范专利纠纷立案审批程序；依法调处5起专利纠纷并结案。

2002年3月，省知识产权局完成2001年12月立案的漳州市芗城某水泥制品加工厂涉嫌假冒他人专利行为案（全省首例假冒他人专利案）调查处理。12月，省知识产权局处理广东省知识产权局带来的在广交会上受理的3起投诉福建省内企业专利产品许诺销售侵权案（即擅自散发印有侵犯他人专利权的产品宣传册，或擅自在摊位上摆设侵犯他人专利权的产品样品），共涉及6项有效专利权。被请求方均认识到自己行为的违法性，与请求方达成和解。是年，省知识产权局受理专利侵权纠纷案17件，结案9件，中止4件；查处假冒他人专利1件，冒充专利行为5件。

2003年3月，国家知识产权局专利行政执法监察小组一行3人到福建进行专利执法监察和调研，省知识产权局局长黄威汇报福建开展专利行政执法工作情况。省知识产权局与省整规办、省工商局等8个部门联合在全省开展保护知识产权专项打假行动，与福州市相关部门组织对麦德龙、沃尔玛、东街口百货商店、好又多、永辉、台湾百货等10家商业企业进行重点检查，维护专利产品市场经济秩序。是年，省知识产权局制定《2003年专利领域整顿和规范市场经济秩序工作计划》，设立专利举报电话0591－3270424，并在《福建日报》和省知识产权局网公布。是年，全省专利管理机构受理专利纠纷34件，结案

25 件，其中查处冒充专利行为 6 件。

2004 年，根据全国保护知识产权专项行动电视电话会议和全省保护知识产权专项行动工作会议部署，省知识产权局制订《关于加强福建省知识产权行政执法 开展专项执法行动的工作方案》，在全省组织开展食品、医药领域专利执法专项行动、流通领域与展会知识产权保护专项行动、整顿专利中介机构行为专项行动、打击专利诈骗行为专项行动和保护外观设计专利权专项行动等 5 个专项行动。4 月，省知识产权局印发《关于开展打击假冒、冒充专利违法行为专项行动的通知》，展开为时一个星期的打击假冒、冒充专利违法行为专项行动。全省 8 个设区市（不含厦门市）共抽查沃尔玛、麦德龙在内的 51 家大型超市、百货公司、商场、药店，针对与百姓生活关系密切的家用电器、日用百货、玩具、食品、保健品、药品、健身器材等的数万种零售（或批发）商品进行重点抽查。南平市查获 12 个假冒法国皮尔卡丹的 R 字号注册商标的商品、17 件假冒法国皮尔卡丹的衬衫，均交当地工商部门处理。6 月，省知识产权局考察团一行 14 人赴湖南学习考察知识产权工作。7 月，省知识产权局与湖北省知识产权局合作，仅用 7 天时间成功处理湖北某有限公司诉福建闽西某企业专利侵权纠纷。9 月 27 日，省知识产权局与福州中院联合在泉州举办企业知识产权保护座谈会，增强全省企业知识产权保护意识。12 月，省知识产权局与省食品药品监督管理局联合印发《关于在全省食品药品领域开展查处专利违法行为专项行动的通知》，在全省开展食品药品领域查处专利违法行为专项行动，联合对沃尔玛会员店、麦德龙等大型商场及惠好医药连锁店等开展专项检查，对涉嫌冒充专利行为按规定予以处罚；对专利标注不规范的问题限期整改；对涉及生产厂家在外省市的，将有关情况及时向其所在地的知识产权管理部门进行通报；建立商品流通领域知识产权管理的长效机制，对食品、药品生产流通领域及大型商品批发市场和超市等要求在进货关口进行严格登记，要求供货商提供有效权利证明文件等。该行动至翌年 3 月结束，专利违法现象得到遏制。是年，省知识产权局受理专利纠纷案件 21 件，结案 15 件。

2005 年 1 月 12 日，省知识产权局参加在海南省海口市召开的全国专利行政执法专项行动工作会议，副局长黄威在会上交流福建开展保护知识产权专项行动的做法与体会。2 月，省知识产权局出台《2005—2007 年保护知识产权（专利）三年专项规划》，从完善专利工作地方性法规政策、强化适应新时期工作需要的工作体系和运行机制、加强中介服务机构建设等方面入手，对 2005 年至 2007 年全省知识产权（专利）工作提出明确的目标。3 月 15 日国际消费者权益日，按照 2004 年制订的《关于加强福建省知识产权行政执法 开展专项执法行动的工作方案》，省知识产权局与省食品药品监督管理局继续联合开展食品药品领域专项执法行动。4 月 14 日至 19 日，省知识产权局与福州市知识产权局联合对沃尔玛、麦德龙、惠好医药连锁有限公司等福州大型批发零售商店就食品、药品领域的专利侵权、假冒他人专利与冒充专利行为，执行国家知识产权局《关于专利标记和专利号标注方式的规定》情况进行检查，对 39 件专利产品不规范标记和标注限期整改。是年，全省受理专利侵权纠纷案44件，结案26件；立案查处假冒、冒充专利行为案件5件，结案1件。2004年9月至2005年12月，全省专利保护专项行动中各专利行政管理机构出动检查人员867人次，检查商业场所1654次，检查商品51251件，受理专利侵权纠纷71件，查处假冒、冒充专利9件，与其他部门协作执法2次，向省外移送案件、接受外省移送案件各6件，专利保护专项行动取得阶段性成果。

2006年3月17日，省知识产权局与福州市知识产权局、福州市中院知识产权庭、福清市科技局等单位领导到福耀玻璃工业集团股份有限公司调研，帮助解决专利管理工作和知识产权保护方面存在的问题和困难。4月26日，省知识产权与福州市知识产权局到沃尔玛、麦德龙、好又多、东百、惠好等大型超市、药店清查专利产品，发放《中国专利产品标记和专利号标注方式常识》等资料。6月18日至20日，省知识产权局在第四届中国·福建项目成果交易会独立设置知识产权保护咨询台，开展专利保护咨询服务。是年，根据省际间专利行政执法协作相关规定，省知识产权局与广东省知识产权局执法人员协同成功调解香港某实业（电子）有限公司诉漳州市某电子有限公司“多功能电子攀山孖扣”专利侵权纠纷。

2007年4月26日，按照国家知识产权局《关于专利标记和专利号标注方式的规定》，省知识产权局与福州市知识产权局联合对沃尔玛会员店、麦德龙大型商场开展专项检查，重点检查五金用品、小电器、玩具、食品等1200多件商品，其中7件专利标记和专利号标注不规范，责令商场通知生产厂商限期整改。6月18日至21日，省知识产权局与国家知识产权局联合在第五届中国·福建项目成果交易会上设立知识产权保护咨询台，开展专利保护咨询服务，接受咨询200人次。9月6日，省知识产权局转发《国家知识产权局关于加强知识产权保护和行政执法工作的指导意见的通知》。是年，全省受理专利侵权案件25件，结案21件。受福州中院委托，省知识产权局为4件专利侵权诉讼案提供技术判定意见。

表7-1　**2001—2007年福建省专利行政执法情况表**

单位：件

年份	侵权纠纷		其他纠纷		查处冒充专利行为		查处假冒他人专利行为	
	立案	结案	立案	结案	立案	结案	立案	结案
2001	0	2	2	2	0	0	1	0
2002	25	15	0	0	20	19	0	1
2003	34	19	0	0	6	4	0	0
2004	29	22	6	6	10	9	1	1

续表

年 份	侵权纠纷		其他纠纷		查处冒充专利行为		查处假冒他人专利行为	
	立案	结案	立案	结案	立案	结案	立案	结案
2005	66	33	5	5	4	4	2	2
2006	52	44	0	0	6	6	3	3
2007	25	27	0	0	0	0	0	0

注：表中结案数量包括当年之前立案案件。

附：典型案例

"结晶硅炉新型电极把持器节能装置"专利侵权案

1991年5月22日，尤溪县管前企业站吴某诉其"结晶硅炉新型电极把持器节能装置"实用新型专利被三明地区某县电化厂侵权，请求省专利局调查处理。省专利局经过全面调查发现，"结晶硅炉新型电极把持器节能装置"属实用新型专利，专利号为89215426.8，曾获省第一届发明展览会金牌奖和全国第五届发明展览会铜牌奖。某县电化厂结晶硅的电极改进装置技术特征与该专利权利要求书的主权项技术特征"电极把持器上的导电瓦设计为两片，导电瓦选用优质碳素石墨材料"完全一致，且请求方的专利申请日为1989年8月17日，而某县电化厂是1990年3月以后在该厂一号炉正式安装使用与请求方专利相同的电极把持器装置，实施改装装置是在该专利申请日之后发生的。鉴此，省专利局判定被请求方专利侵权成立，根据《专利法》第十一条、第六十条规定，决定：应停止侵权，不得再继续使用侵权装置；某县电化厂应赔偿专利权人吴某损失28000元；调处费300元，由某县电化厂承担。侵权厂家不服处理起诉至福州中院。福州中院审理维持省专利局处理决定。该案为全省第一起专利行政诉讼案。

假冒他人专利案

2001年12月，省知识产权局接到漳州市芗城某水泥制品加工厂涉嫌假冒他人专利行为举报，决定立案查处。经查，该厂在未取得专利权人许可的情况下擅自在其编制并随产品发放的《住宅变压式、直排式排烟道建设设计选用说明》中发表《专利权人声明》并使用他人的两个专利号。该厂代表人葛某对上述事实供认不讳。省知识产权局依法对此案作出责令该厂立即停止与假冒他人专利行为相关的制造、销售行为，销毁所有已印制的资料，罚款1000元，并将违法事实和处理结果在《中国知识产权报》上公告。该案是福建省查处的首例假冒他人专利案。

三、版权（著作权）行政保护

（一）处理纠纷和侵权案件

1951 年 7 月，执行国家新闻出版总署的《关于改进和发展出版工作的决议》，福建人民出版社重视著作权和作者权益保护。

1952 年，福建人民出版社根据国家新闻出版总署《关于国营出版社编辑机构及工作制度的规定》，进一步加强著作权和作者保护工作。

1959 年 10 月，省新闻出版局调查发现一些地、县机关、团体任意翻印《矛盾论》《政治经济学教科书》《农民业余小学语文课本》《闽南民间音乐》等书籍，并自行定价销售，即向省委呈送《关于加强对地方出版物的管理的报告》。省委批准该报告，同年 11 月，省委下发文件，纠正侵犯版权行为。

1991 年，省版权局在《著作权法》实施前后，处理 4 起版权纠纷案。

1992 年，省版权局调解、查处版权纠纷 14 起，结案 6 起。

1993 年，省版权局查处、调解侵权案件 12 起，结案 5 起。

1994 年，受国家版权局委托，省版权局落实国家版权局对省工艺品进出口公司等 7 家公司侵犯美国雅特高公司“珍爱熊”和“白布猫”版权案进行处罚，罚款 10 万元。是年，调解 1 起台湾出版社侵犯福建省作品版权纠纷案件。

1995 年春节期间，全省首次组织开展 CD、LD（即激光唱盘、视盘）盗版大检查活动，全省共收缴盗版 CD、LD 共 1.8 万片、盗版录像带 1.4 万盒、盗版录音带 12.8 万盒；对沿海地区组织 8 次执法检查，处理 12 起版权纠纷事件和 5 起侵权案件，为著作权人挽回 40 万元经济损失。

1996 年，全省版权部门查处和受理案件 20 起，行政处罚 8 起，调解 5 起，结案 6 起，没收侵权物品 7.3 万件。

1997 年，全省版权部门查处没收走私盗版光盘近 100 万张，没收侵权音像制品 2000 多件，查处没收盗印盗版教材教辅 100 多万册。

1998 年，全省版权部门查处和受理案件 20 起，行政处罚 8 起，调解 5 起，结案 6 起，并向省高院申请对福州晋安某厂家的强制执行。

1998 年，全省版权部门查处一批盗版、盗印畅销书和教学用书案件，收缴反动、淫秽、盗版音像制品 15 万多盘（盒）。

1999 年，全省版权部门立案查处侵权案件 13 件，其中行政处罚 3 件，调解 10 件；查处永定土楼纪念币图案版权纠纷案等 3 件案件，并申请法院强制执行；成功在龙岩举行全国地方版权系统首例版权执法听证会，取得良好社会效果。

2000 年，莆田市中级人民法院审结福建省首例侵犯著作权案，主犯郑某盗印教辅读物总案值达 299 万多元，被判处有期徒刑 3 年，并处罚款 8 万元，赔偿全国 6 家出版社 29

万元。

2001年，省版权局对惠安县崇武镇建磊石材制品厂生产销售日本三丽鸥公司拥有版权的“HELLO KLTTY”形象的布制玩具及闹钟和石制品案，给予行政处罚。

2002年5月20日，省版权局组织对福州利嘉电子城的200多家经营户分两批进行计算机软件执法检查，各经营户按要求签订“守法承诺书”，进行自律自查。此次检查发现两家公司的电脑中装有微软公司产品，但无法出具已安装软件的合法授权证明及软件光盘，依法进行处罚。6月，省人大常委会组织部分人大常委会常委、人大代表对全省版权执法工作进行调研，对福州的软件、泉州的工艺美术、莆田的教材教辅版权保护问题进行检查，并写出专题调研报告，提交相关政府部门。

2003年5月22日，省版权局与泉州市版权局、石狮市文化稽查队在石狮蚶江镇1家工厂查获侵权蓝猫套装1022套。《石狮日报》以《假“蓝猫”石狮现原形》为题公开披露该市首例服装侵权案。6月20日，省版权局及时转发国家版权局等四部委下发的《振兴软件产业、打击盗版软件实施方案》的通知。8月29日，省版权局与福州市版权局联合对福州利嘉电子市场、杨桥路和省新闻出版局周边地区软件销售市场和计算机销售市场进行检查，收缴盗版软件光盘3000多片，依法对当事人予以行政处罚。是年，全省查处案件117件，移送4件；收缴盗版品131.58万件（套、盘）。

2004年，省版权局加强对要案的督查力度，依法查处督促发生在晋江市教育局的发行盗版教辅案移送晋江市法院。4月，晋江市法院依法判处主犯葛权某有期徒刑5年，并处罚金20万元；判处晋江市教育局许承某有期徒刑1年，缓刑1年。9月，执行省政府办公厅的《福建省保护知识产权专项行动方案》，在全省开展打击盗版教材、教辅读物专项行动，打击软件盗版专项行动，打击印刷、复制环节侵权盗版专项行动，打击盗版光盘等专项行动。

2005年，全省各级版权行政管理部门以整治盗版光盘、盗版教材教辅、盗版软件和网络侵权案件为重点，继续开展打击各类盗版出版物的专项行动。以查处大案要案为突破口，对社会影响大、涉案地区广、破坏经济秩序严重的大、要案件，进行严厉查处。查处福建省文艺音像出版社、厦门音像出版社出版《猫和老鼠》《卓依婷：蜕变1》等音像制品的侵权案件，盛大游戏有限公司投诉网龙网络控股有限公司侵犯其文学作品著作权案等，遏制侵权盗版行为。2004年9月至2005年10月，全省查处侵犯著作权（版权案件）461起，涉案金额1768万元，收缴侵权、假冒、盗版品共171.5万件，取缔非法经营单位473家。

2006年6月，根据国家版权局《关于开展打击非法预装计算机软件专项行动的通知》，省版权局与相关部门开展打击计算机预装领域的侵权盗版专项行动，共检查电脑销售企业468家，检查台式电脑1892台，笔记本895台，罚款49680元，责令相关企业停止销售，权利人的权益得到保护。7月12日，根据全国“扫黄打非”工作小组办公室、文化部、新闻出版总署、国家版权局、国家工商总局、公安部、建设部、监察部联合下发的《关于开展反盗版百日行动公告》，省版权局在全省组织开展“反盗版百日行动”，全省出动执法人员 33780 多人次，检查音像及计算机软件销售企业 2.5 万多家次，查处违规企业 590 多家，取缔非法经营摊点 799 个，查缴盗版音像和计算机软件制品 114 万片，吊销经营许可证 29 家，并举行集中销毁盗版物行动。

2007 年 1 月至 3 月，全省文化行政部门组织开展“反盗版天天行动”等音像制品的专项整治工作，采取日常巡查和突击检查相结合的方式，加大音像市场检查力度和频度，共检查音像制品经营单位 3971 家次，收缴各类违法音像制品 445901 张。4 月 26 日上午，省文化行政部门组织开展违法音像制品统一销毁活动，各设区市也同时设立分会场，共销毁违法音像制品 93.8 万张，其中省文化厅与福州市文化局联合销毁 33 万张。8 月 1 日至 9 月 20 日，根据国家版权局部署，省版权局在全省组织开展打击网络侵权盗版专项行动，以福州、厦门、漳州和泉州为重点地区，对重点对象进行查处，并完善与公安、通信管理部门的协作机制，完成举报电话公布，案件线索收集工作。该专项行动全省出动执法人员 357 人次，共检查大型计算机商城电脑专卖店、电器城、大卖场等 162 家，检查电脑 831 台，查出预装盗版软件电脑 131 台，裸机 321 台，责令删除盗版软件 131 件，没收盗版光盘 796 盘，行政处罚 2000 元。是年，全省版权部门检查经营点 12440 个，取缔违法经营单位 1444 个，行政处罚 279 件，案件移送 30 件，查获地下窝点 8 个，罚款金额 31.84 万元。

表 7-2　**2000—2006 年福建省版权案件查处情况表**

单位：件

年份	合计	结案	未结案	处理方式			行政复议		行政诉讼	
				调解	处罚	移送	总数	维持	总数	维持
2000	20	20	—	17	2	1	2	1	1	0
2001	39	39	—	17	22	0	0	0	0	0
2002	117	112	5	9	99	4	0	0	0	0
2003	568	544	24	139	400	5	0	0	0	0
2004	385	382	3	14	365	3	1	0	0	0
2005	379	336	43	60	276	0	0	0	0	0
2006	332	317	15	17	297	3	0	0	0	0

表 7-3　　2000—2007 年福建省收缴版权盗版品情况统计表

单位：件、本

年份	合计	盗版图书	盗版期刊	盗版软件	音像制品	电子出版物	其他出版物
2000	1032830	410500	2400	26400	589000	3500	1030
2001	1885000	480000	0	1200000	20000	185000	0
2002	1315783	337473	0	872431	32786	40214	32879
2003	1434663	345388	10570	52556	930481	69033	26635
2004	1272455	126753	13985	18892	1037390	29340	46095
2005	1659241	190750	15145	26821	1382139	44386	0
2006	1613002	336060	38899	28538	1002788	198864	8363
2007	1813926	179353	25912	11878	1558376	37391	1016

（二）软件正版化

1. 政府部门软件正版化

2004 年 7 月，根据《国务院办公厅关于地方人民政府使用正版软件的通知》，省政府成立福建省使用正版软件工作领导小组，省数字福建办公室、省版权局、省信息产业厅、省财政厅等为成员单位。领导小组下设办公室，日常工作由省政府办公厅信息技术处负责。8 月 2 日，省政府办公厅转发《国务院办公厅关于地方人民政府使用正版软件的通知》，全省各市、县（区）政府，省政府各部门、各直属机构按通知要求做好正版软件工作。9 月 10 日，国家版权局版权司副司长许超等国务院软件正版化工作福建督察小组成员到福建检查，对福建省总体情况表示满意。12 月 31 日前，省政府及相关部门软件正版化工作完成。

2005 年 12 月 31 日，各设区市及辖区县（市、区）政府及其组成部门完成软件正版化工作。

表 7-4　　2005 年福建省地级市政府软件正版化工作情况表

设区市	采购经费使用情况			操作系统		办公套件		杀毒软件	
	总计（万元）	国产（万元）	国产比例（%）	采购数量（套）	国产比例（%）	采购数量（套）	国产比例（%）	采购数量（套）	国产比例（%）
莆田市	71.30	8.59	12.05	309	12	484	23.00	243	100
南平市	50.00	10.00	20.00	247	0	347	43.00	155	100

续表

设区市	采购经费使用情况			操作系统		办公套件		杀毒软件	
	总计（万元）	国产（万元）	国产比例（%）	采购数量（套）	国产比例（%）	采购数量（套）	国产比例（%）	采购数量（套）	国产比例（%）
泉州市	120.69	3.88	3.21	426	0	772	0.00	431	100
漳州市	55.12	3.37	6.11	85	0	452	0.00	387	100
三明市	57.72	7.97	13.80	249	0	371	32.00	328	84
宁德市	30.00	17.00	56.67	140	0	1025	100.00	500	100
龙岩市	27.21	4.89	17.99	140	4.3	174	40.20	210	100
福州市	261.00	96.00	36.78	1764	2	1764	100.00	1764	100
厦门市	298.03	31.20	10.47	1359	0	1384	100.00	90	100
合 计	971.06	182.90	18.83	4719	1.66	6773	68.24	4108	98.95

2．企业软件正版化

2006年12月，根据国家版权局、信息产业部等九部委联合下发的《关于推进企业使用正版软件工作的实施方案》，省政府成立福建省推进企业使用正版软件工作联席会议及联席会议办公室，由省保知办主任任联席会议召集人，省版权局、省信息产业厅、省经贸委、省财政厅、省国资委、省工商联、省银监局、省证监局、省保监局为联席会议成员单位。同时，省保知办、省版权局等11个部门联合下发《关于印发福建省推进企业使用正版软件工作实施方案的通知》，在全省推进企业使用正版软件工作。

2007年1月，省推进企业使用正版软件工作联席会议办公室确定第一批70家省级企业，分别由省国资委、省外经贸厅、省工商联、省银监局、省证监局、省保监局和省版权局等7个行业监管部门各自提出第一批10家企业推进正版化企业，开展软件正版化工作，由企业主管部门负责具体指导、检查工作。10月22日至26日，省版权局会同省保知办组织省推进企业使用正版软件工作联席会议成员单位组成4个检查组，对第一批70家企业中的34家企业和9个设区市政府进行检查和督导，推进全省企业软件正版化工作。12月，全国推进企业使用正版软件工作部际联席会议督查组到福建检查工作，对福建企业软件正版化给予“走在全国前列”肯定。在北京召开全国软件正版化工作会议上，全省有7家企业被授予全国企业软件正版化示范单位。

四、商标行政保护

（一）商标专用权保护

民国时期，福建尚无商标管理专门机构，商标核转注册申请由省建设厅负责，商标违法违章查处由警察局协同执行。20世纪40年代，龙岩制烟厂“南国”商标，被省政府视为“有搞独立王国之嫌”取缔，商标标识被焚毁，模具被没收。

民国三十六年（1947年）11月，南平境内发现伪造永安堂“虎标”万金油等4种药品，县政府严令由警察缉查，并布告禁止。

中华人民共和国成立初期，国有、私营企业之间相互仿冒产品，商标侵权时有发生，全省各地依法查处商标侵权等违法违章行为。同时，全省各级工商行政管理部门开展商标清理整顿，取缔黄色、反动、封建迷信及殖民色彩的商标。

1979年9月，按照国家工商总局在杭州召开的全国商标工作会议部署，全省各地加强对商标违法违章行为的查处。

1982年6月，根据国家工商总局、商业部的《关于严格制止出售冒牌走私手表的联合通知》，省工商局与商业厅联合开展打击走私商品，查处商标违法违章行为专项行动。是年，仅福州、厦门、南平、莆田、三明和宁德六地市查处商标侵权假冒等违法违章行为案件86起，包括走私冒牌商品，仿冒冷饮食品、调味品及酒类。如泉州国营清源农场酒厂仿冒泉州酒厂的药酒“春生堂”注册商标，用酒精和质次的江阴白酒代替高粱酒，用糖精代替红糖，用部分药物和酱色代替药色和药味。厦门市夏禾饮食店仿冒厦门东方汽水厂“东方”牌注册商标，擅自超越经营范围生产汽水。南安、晋江等私人制造的土烟卷，仿冒国营厂名牌商标多达几十种。

1983年3月，省工商局召开全省商标工作会议，形成加强保护商标专用权、查处各种侵权行为共识。至年底，全省查处商标假冒、侵权和其他违法违章案件206起，查处永安小陶公社综合工艺厂仿冒“上海”“双菱”“东风”“金锚”“广州”5个注册商标，加工表面88512块，销往四川、云南、贵州等8省43县市，非法获利10698元。晋江罗山公社一私人合股开办的卷烟厂，仿冒部优产品的“友谊”牌注册商标，生产冒牌烟21.38万包，非法获利2.8万余元。

1984年，省工商局继续查处侵权、假冒、买卖商标标识，仿制名牌商标的商品装潢等各种违法违章案件。据21个县市不完全统计，查处案件118起，结案102起。

1985年10月25日，省工商局印发国家工商总局转发最高人民法院《〈关于个人非法制造、销售他人注册商标标识而构成犯罪的应按假冒商标罪惩处的批复〉的通知》。是年，全省共查处各类商标违法违章案件413起，其中查扣各种冒牌香烟10.53万条，冒牌酒89.51万瓶，冒牌茶叶3.1万包，假冒片仔癀珍珠霜5058盒，假冒名牌自行车560辆，假冒名牌味精30余吨。查获违法违规印制假冒商标标识达2000多万件。

1986年，全省共查处商标侵权、假冒等违法违章案件244起，赔偿经济损失33.4万元，罚款8.92万元，其中3名当事人构成假冒商标罪，被移交司法机关依法追究刑事责任。是年，非定点印刷企业擅自印制商标、定点印刷企业不按规定乱印制商标等现象严重，仅漳州市查获的非法印制假商标标识即达272.5万件。

1987 年 11 月，省工商局开展商标印制企业整顿工作，全省查处非法印制企业 13 家，收缴非法印制的商标标识 200 万张。其中，诏安县一次查扣非法印制的假冒香烟商标纸 13 万张；南安县一家个人合伙印刷企业印制假冒“海燕”牌味精包装袋 101 万个。

1988 年，各级工商行政管理部门采取突击性的集中大检查与日常监督管理相结合、企业自查与重点抽查相结合、面上检查与挖窝点相结合、严厉打击和教育防范相结合、查处违法活动与扶持守法经营相结合的办法，在全省开展查处商标侵权，假冒等违法违规行为。全年查处假冒伪劣商品案件 5600 起，总案值 695.95 万元，罚没款 79.49 万元。厦门市工商局查处一起制售假冒“杜康”酒大案，案值高达 295 万元人民币，38.8 万元外汇券。福州市工商局查处福州电冰箱有限公司借与广东中山市科技器材公司联营之名，为对方组装香港恒发有限公司注册商标“皇冠”牌电冰箱，收取组装费 25 万元，处以罚款 10 万元。12 月，执行国家新闻出版署等部门的《印刷行业管理暂行办法》，为从源头上堵住假冒商标，省工商局查处福州市郊区后坂纸品厂（无商标印制证书）违法擅自为企业印制“宝剑”“佳而讯”“金狮”等商标，处罚 500 元；福州市红星印刷厂违法擅自印制冒充注册商标标识，处罚 1000 元；福州市美术印刷厂先后 2 次无证印制“猛虎”和“袋鼠”注册商标，处罚 2425 元。

1990 年，全省各级工商行政管理部门在春节、元旦、国庆等重要节日以及夏季等商品销售旺季期间组织 3 次市场大检查。其中福州市的查处假冒伪劣商品行动，出动 2224 人次，检查厂商 11593 家，查获假冒伪劣商品酒类 9.4 万瓶、饮料 4.5 万瓶、食品罐头 26 万瓶、电器 4000 多件、服装 2000 多件、电线 200 千米、鞋类 2980 双、冒牌商标标识 32 万张，总价值 131 万元；捣毁 1 家设在马尾区的由四川泸州市花利经理部、泸州曲酒厂和海南国际中山工贸集团驻闽办事处有关人员组成的地下酒加工厂。漳州和泉州工商行政管理部门协同有关部门，查处制售假冒“片仔癀”案，查获 18.26 万粒，使猖獗多年的制售假冒“片仔癀”活动得到遏制。7 月，全省举行无假冒伪劣商品销售单位评选活动，福州、厦门、三明评定无假冒伪劣商品称号商家 89 家。是年，全省共组织检查 2759 次，参与查假 19334 人次，查处制售假冒伪劣商品案件 1041 起，罚款 151.71 万元，收缴商标标识 176.8 万张，捣毁制假地下工厂近 200 家。

1991 年，全省各级工商行政管理部门继续采取经常性检查监督与突击性检查相结合的办法，在市场交易较旺的元旦、春节、国庆等节日和夏季，组织开展流通领域商品质量大检查，查处制售假冒伪劣商品的单位和个人。10 月 17 日，省工商局发出《关于进一步开展查处假冒伪劣商品工作的通知》。全年查处 1303 起案件，其中擅自在同一商品或类似商品上使用与他人注册商标相同或近似商标的 60 起，擅自制造或销售他人注册商标作为商品名称或图形使用并足以造成误认的 12 起，故意为侵犯他人注册商标专用权行为提供仓储运输、邮寄、隐匿等便利条件的 5 起，给他人注册商标专用权造成其他损害的 4 起，假冒他人注册商标 374 起。结案 1255 件，通报批评 36 件，收缴和销毁商标标识 508.76

万余件（套），罚款72.54万余元，责令赔偿经济损失8.89万元，移送司法机关追究刑事责任案件2起。

1992年1月，石狮市工商局查获石狮感光器材有限公司来料加工假冒“柯达”商标彩色胶卷成品182箱（计14.6万盒），包装纸60万张，空暗盒10.6万个，案值152.1万元，收缴加工假冒“柯达”商标专用设置，没收侵权物资，并对提供各种假冒“柯达”胶卷材料的福建省九州集团公司罚款15万元。4月9日，省工商局制发《关于加强涉外商标案件查处工作的通知》，组织开展对涉外商标侵权案件的查处，加强对流通领域的监督检查，深入企业指导正确使用商标。省工商局与有关地方协同行动，查处“雪碧”“彪马”等涉外商标侵权案。8月，市场发现“DARKIE”商标黑人头像牙膏（“DARKIE”是英文对黑人的一种蔑称）。省工商局及时下发通知，立即停止销售带有上述文字和图形的“黑人”牙膏，对剩余牙膏商品采取技术处理。是年，全省查处商标侵权假冒案件1400起，案值600万元。

1993年春节期间，省工商局与省标准计量局等单位联合开展对农资商品专项治理，重点打击制售假冒农资商品的行为，将情节严重、影响恶劣、危害性大的典型案件，移送司法机关处理。7月，省工商局会同莆田市工商局查处香港海福兴有限公司侵犯“ADIDAS”三叶图形商标专用权一案，由工商行政管理部门拍卖侵权物品，以充罚款。是年，省工商局查处商标案件193件，案值425万元，移送司法机关追究刑事责任3件。全省共移送司法机关757件。

1994年9月，省、市、县三级工商部门密切配合，集中力量打击云霄、南安等地制售冒牌假烟违法行为，共端窝挖点200多个，查获制作冒牌假烟的机械设备181台（套）及一大批假冒名牌的卷烟与原、辅材料，总案值1260万元。是年，全省查处商标案件509起，其中19起涉外商标案件，案值2413万元，移送司法机关追究刑事责任7起15人。

1995年，省工商局制定《关于我省假冒注册商标、虚假违法广告专项治理工作实施方案》，在全省组织开展第四次市场专项治理。10月，全省开展打击假冒注册商标专项治理行动，共出动执法人员1.9万人次，检查各类商场、印制企业、批发市场、生产企业36728家，查处假冒注册商标、商标侵权案件1123起，收缴或消除假冒侵权商标标识1762.6万张（套），罚没166万元，责令赔偿166万元，捣毁制假、销假窝点94个，移送司法机关处理6起7人。8月18日，省工商局制订《福建省工商行政管理局有效保护知识产权行动计划》。是年，全省工商部门共查处商标违法案件1496件，其中查处涉外商标侵权案件75起，涉及英、美国家的商标20余件。收缴商标标识3050.63万件，收缴销毁商标印制模具672件，罚款476万元，移送司法机关查处19人。

1996年，省工商局制发《福建省商标专用权保护的实施文案》。全省各级工商行政管理部门以公平交易执法年为核心，进一步强化商标执法力度。4月2日，省工商局下发《福建省商标专用权保护网实施方案》。南平市工商局率先建立商标专用权保护网，有510

家企业加入，使邵武福莲总公司的“福莲”商标、南平电缆股份公司的“太阳”商标、南平水泥股份有限公司的“武夷”商标等重点企业知名品牌得到有效保护。6月，根据国家工商局《集中力量打击侵权盗版行为保护知名产权的紧急通知》，在全省组织开展打击侵权盗版紧急行动，检查企业、商店、工厂1893家，收缴侵权盗版、激光视盘976盘，侵权翻版录像带18898盒，计算机软盘12盘。厦门市工商局查处意大利马瑞堤珂特勒瑞公司的“MAROB”注册商标被假冒等5起较大的涉外商标专用权案件，查处17家涉案企业，案值1000万元。7月至9月，结合夏季饮料、食品、保健品市场专项整治，查处一批假冒侵权商标案件。同时，按国家工商总局《关于禁止擅自将他人注册商标专用权作专卖店（专修店）企业名称及营业招牌的通知》，对全省各地专卖店（专修店）进行重点专项治理，全省出动1721人次，检查1893家企业、商店，发现有问题521户，收缴侵权盗版光盘976盘，侵权翻版录像带1.09万盒，立案处理15起。是年，全省工商行政管理机关查处各类商标违法案件901件，其中一般违法案件238件，侵权假冒案件663件，收缴和消除违法商标标识1200万件，作案模具、印板等工具191件，罚款200万元，移送司法机关案件10件12人。

1997年，全省各级工商行政管理部门继续围绕实施公平交易执法年活动，组织开展打击假冒侵权行为。漳州市基层工商所办理漳州市一半以上侵权案件，罚款1万元以上案件达67件，罚款金额比1996年增加47%。邵武市工商局受理邵武福莲企业总公司投诉，到浙江义乌、金华查处假冒“福莲”牌洗洁巾案3起，索赔5.5万元。各地对印制企业加强日常监督和年检换证工作。福州市工商局排除地方保护主义干扰，依法处理“博施”“红牛”“德芙”等影响大的涉外商标侵权案件，受到外商好评。是年，全省查处各类商标违法案件1328件，其中侵权假冒案件700件；涉外案件159件。收缴和消除商标标识348.7941万件，收缴作案模具、印板等748件，罚款294.4万元，责令赔偿26.3万元，移送司法机关处理案件2件2人。

1998年8月20日，省工商局制发《关于加强商标广告监督管理严惩扰乱市场秩序违法行为的具体实施方案》，在全省开展打击假冒注册商标及商标侵权行为、非法印制买卖商标标识行为、商标违法代理和评估行为专项整治行动。是年，全省查处各类商标违法案件1046件，其中一般违法案件366件，商标侵权假冒案件680件（其中涉外案件200件），案件总数较1997年比增5.3%，涉外案件较上年比增150%。罚款291.3万元，责令赔偿经济损失23.6万元。收缴和消除商标标识2371万件，收缴作案模具、印板等工具13148件。

1999年8月，全省开展打击假冒注册商标及商标侵权行为、非法印制买卖商标标识行为、商标违法代理和评估行为专项整治行动，12月结束。是年，全省各级工商行政管理部门以保护商标专用权为核心，改变监管模式，实行省、地（市）、县局三级指导，省、地（市）、县局、基层工商所四级办案监管执法模式，组织不同形式的市场检查，并对各类展销会进行展前监管，查处一批侵犯“SONY”“茅台”“万利达”“百联”“雪津”“南孚”等驰名、著名商标专用权案件。年内，全省查处各类商标违法案件1618件，其中一般违法案件610件，商标侵权假冒案件1008件（其中涉外案件274件），罚款326万元，责令赔偿经济损失18万元，收缴和消除商标标识589万件，收缴直接用于商标侵权的模具印版等工具286件，销毁侵权物品7吨，行政复议案件1起。省工商局协助国家工商行政管理总局商标局办理“贝克”“咪咪”等商标重大纠纷案。

2000年1月至4月，开展对“椰树”商标和美国“UL”安全认证标志专用权保护行动。6月至8月，在福州、厦门两市开展汽车行业商标的整治行动。7月26日，省工商局下发《关于进一步加强福建省著名商标保护工作的通知》，加强全省著名商标保护，制止、查处他人在商标注册、商品名称、包装装潢、企业名称字号使用与福建省著名商标相同或者近似的标志。10月至11月，根据国家工商总局商标局的统一部署，省工商局制发《关于强化涉外商标侵权案件查处力度，开展对加碘食盐、绿色食品、真皮标志等证明商标专项保护工作的通知》，组织开展对涉外商标侵权案件的查处和证明商标专项保护工作，并将这两项工作纳入国务院部署的全国联合打假行动。是年，省工商局首次与兄弟省市交换驰著名商标名单，加强驰著名商标专用权保护。全省查处各类商标违法案件1600件，其中商标一般违法案件427件，商标侵权假冒案件1173件，涉外商标案件270件，案件办结率95.8%；罚款391万元；责令赔偿经济损失31.6万元（其中建瓯汽塞厂一次性赔偿重庆长江依之密活塞公司经济损失25万元）；收缴和消除商标标识880.7万件。全省查处涉外商标侵权工作成绩显著，查处案件占全国同类涉外案件总数的三分之一，得到国家工商总局商标局的好评。

2001年，全省工商行政管理部门组织开展多个专项治理。根据省工商局加强商标印制监管和“三会”（订货、展销、洽谈会）商标监管要求，厦门、泉州、漳州等市工商局加强商品展销会的检查和整治力度，查扣假冒皮尔卡丹、鳄鱼、梦特娇等知名品牌的西裤、T恤等物品。为保护驰、著名商标的合法权益，全省工商部门联合行动，协同办案，集中整治规范“万利达”“福耀”“南孚”“莱克”“耐克”“肤阴洁”“恩威”“雕”等多个驰、著名商标的使用，立案查处一批侵权假冒的案件。7月，省工商局就“万利达”“安踏”“武峰”等商标被省外企业作为字号注册问题，专题报告国家工商行政管理总局。国家工商行政管理总局下发《关于纠正使用“万利达”等不适当的企业名称的通知》，有效维护福建省高知名度商标企业的合法权益。“金得利”商标企业利用对驰名商标实施特殊保护的规定，通过法律诉讼，成功地夺回被省外企业抢注的域名。省工商局加强对订货会、展销会、洽谈会的商标保护，查扣假冒皮尔卡丹、鳄鱼、梦特娇等涉外品牌的西裤、T恤等物品。是年，全省查处各类商标违法案件1638件，其中商标一般违法案件615件，商标侵权假冒案件1023件；查处涉外商标侵权案件518件，位居全国第三位；案件结案率98%，罚款641.6万元，收缴直接用于商标侵权的模具印版等工具255件；销毁侵权物品 5424 吨。

2002 年，全省各级工商部门围绕整顿和规范市场经济秩序这一中心任务，组织开展保护绿色食品证明商标专用权活动，规范奥林匹克标志使用专项行动和打击制售冒牌卷烟违法行为专项执法行动，开展奥林匹克标志保护专项检查行动。全省出动执法人员 2080 人次，车辆 320 车次，收缴侵权标志 2000 余件（套）。是年，全省查处各类商标违法案件 1846 件，罚款 669.58 万元。其中商标一般违法案件 498 件，罚款 126.02 万元；商标侵权假冒案件 1348 件，收缴和消除商标标识 1436240 件，收缴直接用于商标侵权的模具印版等工具 196 件，销毁侵权物品 89.43 吨，罚款 543.56 万元，移送司法机关追究刑事责任 14 件、15 人，捣毁制假窝点 8 个，查获假冒“南京”“红塔山”等香烟商标标识 21500 张，假冒“白沙”“阿诗玛”等牌香烟 880 条，烟丝 725 千克，烟梗丝 825 千克，滤嘴棒 4 包。

2003 年，全省工商行政管理部门继续开展专项整治和奥林匹克标志保护工作。3 月 31 日，省工商局制发《关于开展保护知识产权专项打假行动的紧急通知》，组织开展保护知识产权专项打假行动，重点打击非法印制商标标识、侵犯驰名商标、著名商标专用权的行为，重点查处食品、化妆品、服装、皮具、交通运输工具及配件、鞋、日用品等商品的商标侵权行为，注重检查大型超市、商厦、商城、对台贸易市场和四星级以上宾馆、专卖店，以及经销环节和商标印制环节。全省出动执法人员 6952 人次、车辆 1500 余辆次，检查商标印制企业 693 家。针对福建省著名商标“惠尔康”文字商标遭抢注事件，省工商局派专人配合企业到兄弟省市工商局及有关部门调查取证，指导诉讼，维护企业的合法权益。福建溪石集团有限公司的“溪石”及图形商标在全国多地发生侵权假冒，在国家工商行政管理总局商标局的指导帮助下，省工商局同时在 7 个省市开展打假。全省查处各类商标违法案件 2090 件，移送司法机关案件 8 起，罚款 888.52 万元。其中，商标侵权假冒案件 1763 件，收缴和消除商标标识 2845354 件，收缴直接用于商标侵权的模具印版等工具 859 件，销毁侵权物品 1027.96 吨，罚款 824.13 万元，商标一般违法案件 327 件，罚款 64.39 万元，移送司法机关追究刑事责任 3 件 4 人。

2004 年，全省工商行政管理系统在整顿和规范市场经济秩序工作中，重点查办食品、药品商标侵权假冒案件，涉外商标案件、侵犯驰著名商标专用权案件、商标印制环节侵权案件、侵犯地理标志专用权案件、侵犯奥林匹克标志专用权案件，各设区市工商局结合当地产业结构、侵权行为发生规律等实际，分别确立开展行动的重点环节。福州市重点针对四星、五星级酒店、宾馆的特卖场及各类专卖店专营店开展整治，厦门市重点查办涉外商标侵权案件，泉州市重点打击鞋服商品方面发生的商标侵权行为，漳州市重点打击食品、药品、农资领域的商标侵权行为，莆田市重点查办鞋类商品的商标侵权案件及发现、捣毁制假窝点，宁德市重点打击侵犯电机、化油器等当地支柱产品商标专用权的违法案件，龙岩、三明、南平重点查办建材、食品、药品、家电等方面的商标侵权案件。9 月，根据省政府办公厅的《福建省保护知识产权专项行动方案》，查处涉外商标侵权案件733起，查办大批侵犯“安踏”“茅台”“五粮液”“银鹭”“雪津”“21金维他”“红星牌”等驰、著名商标专用权的案件，查获一批侵犯食品药品商标专用权和“农”字号商标专用权案件，查处159起食品商标侵权案件、33起药品商标侵权案件，捣毁侵权彪马、耐克、阿迪达斯等65个商标制假售假窝点，查处50多起非法印制、销售侵权商标标识案件。全省查处各类商标违法案件2405起，罚款1284.4万元，总案值2773.46万元。其中商标侵权假冒案件2195件，罚款1214.98万元，涉外商标侵权假冒案件733件，罚款725.83万元，案值1360.71万元，收缴和消除违法商标标识97.7万件，收缴直接用于商标侵权的模具、印刷等工具342件，销毁违法物品879.2吨，商标一般违法案件210起，罚款69.42万元，移送司法机关商标案件17起。主要有三明市工商局查办的某公司销售侵权水泥案件，莆田市城厢区工商局查办的货车运载涉嫌商标侵权运动鞋案件，漳州市芗城区工商局查办的印制侵权卷烟商标标识案件、云霄县工商局查办的制造假烟案件，泉州市工商局查办的侵犯“三条斜杠图形”“Nike”注册商标专用权案件，龙岩市连城县工商局查办的制售侵权假冒“五粮液”“茅台酒”案件等。国务院整顿和规范市场经济秩序督查组对福建商标整规工作给予高度评价。

2005年2月18日，省工商局制定《2005年福建省保护注册商标专用权行动方案》，在全省开展保护注册商标专用权行动（行动时间至12月）。7月29日，省工商局制发《关于2005年保护注册商标专用权行动方案的补充通知》。9月，厦门市工商局查处印刷企业违法案件（含无照经营等案件）17起，罚没339万元，移送司法机关案件1起。宁德市工商局检查印刷复制企业224家，查处违法印刷复制案件12起，取缔无证照印刷复制经营户12家，收缴各类违法印刷复制品32万张。寿宁县工商局查获1起特大非法印制商标案，现场查扣印刷机等设备11台、印制底板80块和大量各种高知名度商标标识。泉州市工商局查获某制罐公司侵犯“红牛”注册商标专用权案件，查扣马口铁皮11846片（总重达11.17吨），印刷板5块。石狮市工商局查获某定牌加工企业为俄罗斯加工的侵权“梅塞德斯—奔驰”运动服1190套。是年，全省工商行政管理部门对于侵犯驰著名商标、涉外商标和各地知名商标专用权的违法行为，坚持冒头就打，办理侵犯涉外商标专用权案件占当年案件总数的26.5%及侵犯驰著名商标专用权案件占当年案件总数的70%以上。晋江市工商局与企业联手，为安踏、爱乐、喜得龙、恒强、乔丹、金莱克、贵人鸟、环球、盛辉、德尔惠等驰著名商标维权，挽回经济损失上千万元。在食品、农资商品商标违法行为重点整治工作中，各级工商行政管理部门对发生食品、药品、农药、化肥、种子等商标侵权假冒行为进行严厉打击，全省工商行政管理部门查处侵犯食品、农资商标专用权的案件数约占当年案件总数的35%。惠安县工商局查获涉嫌仿冒“统一”商标的鲜橙多、冰红茶、绿茶等饮料1511箱，案值近5万元。是年，全省查处各类商标违法案件2546起，罚款1281.63万元，总案值2067.54万元。其中查处商标一般违法案件258起；查处商标侵权假冒案件2288起；涉外商标侵权假冒案件714件，其中美国359件、德国102件、日本33件，共案值928万。收缴和消除违法商标标识22.4万件，收缴直接用于商标侵权的模具、印刷等工具6975件，销毁违法物品469.06吨。向司法机关移送案件23起，超过历年移送总数。惠安县工商局查获涉嫌假冒“耐克”“乔丹”注册商标的运动鞋7068双，案值80多万元。该案件被国家工商总局列为2005年全国工商行政管理系统移送公安机关十大商标案件之一。

2006年6月23日，省工商局发出《关于开展保护商标专用权行动的通知》，下半年在全省开展保护商标专用权行动，重点保护高知名度涉外商标、农产品商标、地理标志证明商标，进一步整顿和规范市场经济秩序。6月27日，省工商局下发《关于贯彻落实〈国务院办公厅关于印发保护知识产权行动纲要（2006—2007年）的通知〉的通知》。是年，全省各级工商管理部门查处商标违法案件3133件，案值2746万，收缴和消除违法商标标识67.8万件，收缴直接用于商标侵权的模具、印刷等工具90件，销毁违法物品692.96吨，罚款1473.49万元，移送司法机关追究刑事责任16件6人。其中涉外商标侵权假冒案件890件，包括美国523件、德国148件、日本49件，罚款634.72万元。霞浦县工商局查办的假冒“正泰”注册商标，被国家工商总局列为年度十大案件之一。9月，省工商局与省新闻出版局、省公安厅联合部署开展印制企业大检查专项行动。全省工商系统共查处伪造、擅自制造他人注册商标标识的案件36起，罚款11.66万元，收缴专门用于商标侵权的模具印版29件。查处其他违反《商标印制管理办法》规定的案件27起，罚款15.99万元。

2007年4月26日，省工商局向社会公布2006年福建省商标侵权十大案例，其中包括“长城”葡萄酒商标遭侵权案、“达克宁”商标遭侵权案、“CNNIC”注册商标受侵权案、“ORION及图”注册商标遭侵权案、“张裕”商标遭侵权案、“菱花牌”味精遭侵权案、“NIKE”商标遭侵权案、“法国鳄鱼图形”商标遭侵权案、侵权奥林匹克标志案、“丰泽”商标遭侵权案等。4月至5月，全省工商部门重点开展3次商标专项执法行动：组织开展华东六省一市商标重点保护专项行动，由省工商局牵头，联合华东各省市工商局对“皇明”“洽洽”“景德镇”“闽铝”等31件商标开展重点保护专项执法；组织开展保护奥林匹克标志专有权行动，全省工商部门出动执法人员3634人次，出动执法车辆750台，检查经营户18450户，责令整改12户，立案查处7起；南平建阳市工商局没收擅自使用奥林匹克标志的某武夷瓜子加工厂违法所得4700元，罚款1.66万元。漳州南靖县工商局在内网发布保护奥林匹克标志专有权行动相关知识专刊。按照《关于加强鞋类市场知识产权保护的工作意见》，以鞋类生产、交易和进出口为重点环节，在莆田、泉州、福州开展查处鞋类生产、加工环节商标侵权假冒行为，泉州惠安县工商局查处泉州市某运动休闲用品有限公司在鞋类商品上侵犯“M”图形涉外商标专用权大案，查获侵权鞋2447双，对侵权处以罚款10万元。莆田市城厢区工商局在专项行动中检查鞋店36家，查获侵权运动鞋354双，立案查处8起，罚款7.7万元。厦门市工商局办理的厦门源广泉鞋业有限公司商标侵权案，被国家工商总局列为年度十大案件之一。是年，全省各级工商行政管理机关查处商标违法案件3024件，案值2609.8万元。其中，涉外商标侵权假冒案件905件，包括美国508件、德国102件、日本49件，共案值955.98万，查处非法印制商标标识案件33起，罚款10.16万元。收缴和消除违法商标标识87.3万件，销毁违法物品164.15吨，罚款总额2939.84万元，移送司法机关追究刑事责任12件9人。

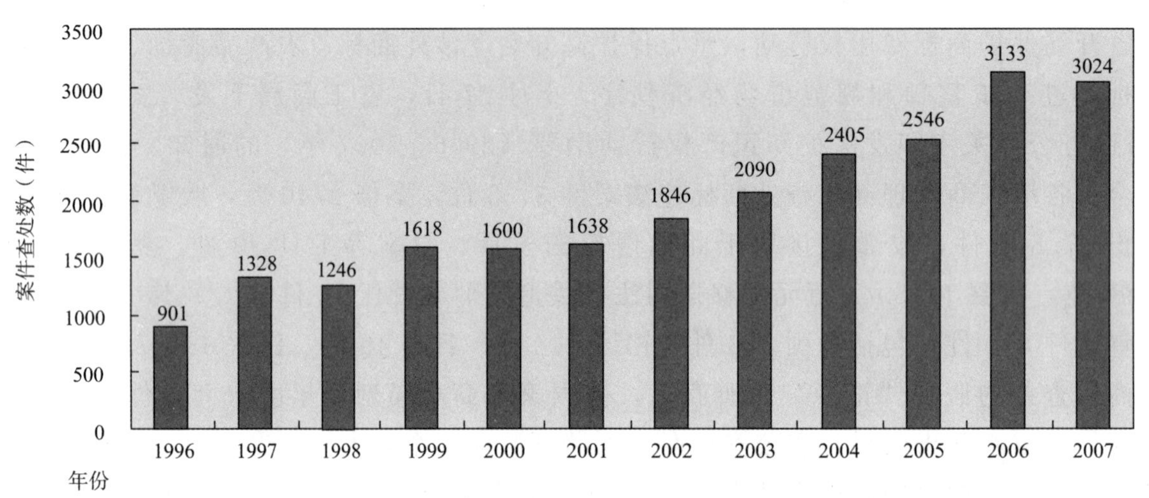

图7-1 1996—2007年全省商标违法案件查处情况图

（二）商标印制监督

1953年1月，省工商局依据中央工商行政管理局《关于商标管理的几点意见》，开始对商标印制实行监督管理，严禁印刷厂家代人印制假冒商标，或随意印售商标；规定印制商标必须持有核准注册证件或当地工商行政管理机关批准文件。

1957年后，省工商局对商标实行全面注册制度，强调“商标是代表商品一定质量的标志”，不再提商标专用权保护，商标印制的监督管理失去实际意义，商标印制监督管理情况比较差。

1958年10月6日，中央工商行政管理局、中国文字改革委员会联合印发《关于在商标图样和商品包装上加注汉语拼音字母的联合通知》，在商标和商品包装上加注汉语拼音，并就加注拼音的若干具体问题作出具体规定。

1963年10月7日，省人民委员会根据国务院颁布的《商标管理条例》，印发《关于贯彻执行〈商标管理条例〉的通知》。

1978年11月20日，省工商局开展商标清理工作，发现商标印制手续不完备、印制假冒商标多的问题。

1979年，省工商局在清理商标工作结束后，加强商标印制管理工作，对一些商标印制企业单位进行检查。

1980年9月，根据省工商局部署，全省工商行政管理部门对印刷企业印制商标纸或带有商标图案的装潢纸的印刷情况进行调查。福州市工商局在进行检查时，发现福州第三印刷厂给36个工厂印制38种商标，其中只有2种手续完备；城门上洋大队印刷厂为福州农工商联合企业印制的假冒福州茶厂的商标茶袋多达3万余个。

1983年2月，省工商局贯彻国家工商总局《商标印制管理规定》，全面开展商标印制单位整顿工作，并按技术水平、设备条件，实行定点管理。至年底，全省核定商标印制定点单位126个。

1984年，省工商局对商标定点印制单位进行全面检查监督。福州市工商局制定《福州市商标印制管理规定》，对定点单位承印商标的范围、非定点单位承印商标的审批手续，印制注册商标和未注册商标，以及优质名牌产品商标，强制注册商品商标必须具备的审批手续等作出明确规定。

1986年12月，执行国家工商总局颁布的《商标印制管理暂行办法》，厦门市工商局制发商标广告印制管理规定，核准34家印刷厂为商标和广告的定点印刷单位，并对各定点印制单位的印制范围和审批手续等做出具体规定。

1987年11月9日，省工商局发出《关于开展商标印制企业整顿工作的通知》，在全省开展商标印制企业整顿工作，并把承揽商标印刷、印染、制版、刻字、织字、晒蚀、印铁、铸模、冲压、烫印、贴花等业务的企业均列入整顿范围，重点是印刷行业。各地在整顿中针对存在问题制定相应的印制管理办法，三明市工商局制发“七个不准印制”规定，即不准承揽印制未提供工商行政管理部门核发的《注册商标印制证明》或《未注册商标印制委托书》的商标，不准印制私自涂改注册商标印制证明或《未注册商标印制委托书》及超过有效期限的商标，不准印制未注册商标标识使用“注册商标”字样或标注“R”标记的商标；不准印制不表明企业名称、地址的商标，不准印制需要标明“优质”“名牌”字样或标记但又不交验有关证明、证书的商标，不准印制注册商标标识不标明“注册商标”字样或不标明“R”标记的商标。

1988年1月，省工商局会同有关部门转发国家新闻出版署、公安部、国家工商总局、文化部、轻工部联合制定的《印刷行业管理暂行办法》，全省各地加强印刷行业管理，从源头上堵住假冒商标出笼。

1990年12月9日，省工商局发出《关于贯彻〈商标印制管理办法〉的施行意见》，要求选择地“指定印制商标单位”开展试点工作，指导企业完善内部管理。

1991年初，各级工商管理机关对辖区内印刷厂进行筛选评定工作。福州市对近400家印刷厂进行筛选评定，最后核定103家企业为商标印制定点单位，统一制作合同书，指导完善内部管理，建立健全规章制度，使商标印制的监督管理工作逐步走向规范化。

至1992年，全省已核发指定印制商标单位证书427家。这些企业基本建立商标印制管理制度，工商行政管理部门对按规定印制商标、建章立制较好的印刷厂家进行表彰，推广其先进经验。

1995 年 10 月，省工商局加强对商标印制单位的管理。全省各级工商行政管理部门以换发指定印制商标单位证书为契机，全面推进商标印制监督管理工作，对省属指定商标印制企业上门检查指导，采取各种措施，防止商标使用的企业自身流失商标标识；敦促指定印制商标单位建章立制，严格按规定承接商标印制业务；加强对非指定印制单位的监督检查，对滥印商标标识的单位坚决予以查处；做好指定商标印制单位的统计和情况分析工作。年内，全省完成指定印制商标单位证书换证工作。

1996 年 1 月 4 日，省工商局下发《关于对指定印制商标单位进行换证工作的通知》，对指定商标印制单位商标印制所必须具备的硬件设备、规章制度、管理机构进行检查，对符合《商标印制管理办法》的印制单位，予以换证。是年，全省核发指定商标印制单位证书 1180 家，其中新办 231 家，外商投资企业 37 家，烟标印制企业 4 家，人用药品商标印制企业 2 家，全省取消 29 家不符合印制条件企业的印刷资格。

1997 年，按照国家工商局《商标印制管理办法》，全省各级工商行政管理部门组织开展商标印刷企业的检查清理和换证工作。泉州市工商局分 6 个片区对 477 家企业进行检查，并对 1082 名商标印制企业管理人员进行印制法规培训，重新换发许可证。在各地市检查换证的基础上，省工商局组织各地市分三片进行交叉互查。9 月底，全省完成商标印制企业的检查换证工作。是年，全省出动人员 1300 人次，检查印制企业 1800 家，查处违法印制企业 75 家，对 1175 家商标印制企业换发新印制商标单位证书。全省纳入商标专用权保护网企业 550 家。

1998 年，全省各级工商行政管理部门对商标印制监管进行改革创新。漳州市工商局在全市开展“印制商标信得过单位”活动，由各县工商局推荐，漳州市工商局组织考核，共评出 18 家“印制商标信得过单位”，并向全市 1400 家注册商标企业发出通知，公布商标印制单位名单，规定印制商标必须到指定单位印制并提供有关证明。

1999 年 3 月 9 日，省工商局下发《关于开展商标印制单位验证及对非商标印制单位进行执法检查的通知》，各级工商行政管理部门依法为商标印制企业统一制定涉及商标印制业务管理的规章制度，指导企业建立商标业务季报制度，统一商标印制业务台账、统一档案袋、统一表格、统一印制委托书、统一印制责任书等，规范印制管理，维护公平竞争和市场秩序。是年，全省有商标印制单位 1311 家，参加验证 1221 家，验证率 93.1%，其中验证合格 1100 家，有待整改 32 家，取消商标印制资格 89 家。非商标印制单位 1249 家，抽查 1029 家，抽查率 82.4%，其中发现非法从事商标印制业务 84 家。

2000 年 7 月至 9 月，全省各级工商部门分别组织开展商标印制单位和专营、专卖店专项检查。漳州市工商局对 150 家商标印制企业开展执法检查，撤销 13 家设备老化、管理落后、无印制能力企业的定点印制商标资格。厦门市工商局查处 29 件非法印制商标标识案件。南平市工商局查处安徽宁国双津（集团）实业有限公司南平分公司非法印制“武夷”牌商标标识及包装袋案件，案值990万元。是年，全省工商部门扩大商标印制对象监管范围，把所有印制企业列入监控范围。省工商局商标广告处与新闻出版部门联合尝试资质等级管理制度。漳州市工商局推行辖区责任制、片区监管制、市场巡查制三结合监管模式，建立商标定点印制企业动态档案管理制度，各分局（所）随时变更市、区二级商标定点印制单位动态情况，准确登录企业的主要登记事项、检查内容、检查结果等，方便巡查监管。

2001年5月至7月，全省开展打击非法印制商标行为专项行动，出动执法人员4235人次，检查企业3707家，立案查处非法印制商标案件194起。龙岩、宁德等地工商管理机关联手查处非法印制烟标和使用未注册烟标案，案值900万元。

2003年，全省工商行政管理部门本着“控制数量，提高质量”原则，从严掌握商标印制单位发展，从严查处非商标印制企业印制商标行为；还组织开展专项执法行动，对重点地区、重点领域和重点对象进行经常性检查，严厉打击印刷领域的违法行为。

2004年，全省工商行政管理系统逐步建立商标印制报备制度，推动商标监管关口前移，抓好源头防范。福州市工商局推行辖区商标印制企业每月报备商标印制统计材料制度，定期检查企业印制档案和商标标识出入库台账，全年检查各类商标印制单位176家，有效减少印制环节商标侵权行为。厦门市工商局开发经销商品商标管理及商标印制管理软件，提升监管科技手段和监管效能。

2005年，全省工商行政管理部门将商标印制、定牌加工监管结合起来，加大对商标印制、定牌加工企业巡查监管。福州市仓山区工商局建立商标印制企业规范监管10项制度，开发“商标印制企业网络监管系统”，检查商标印制企业档案和商标标识出入库台账。

2007年，全省工商行政管理部门结合企业年检摸清定牌加工企业情况，规范定牌加工行为。泉州市工商局开展定牌加工行政指导工作，得到国家工商总局、省工商局肯定，国家工商总局商标局5次赴泉州调研。龙岩市长汀县工商局建立定牌加工商标权属证明文件备案和企业联络回访制度，指导定牌加工企业建立台账，并开展实地检查。

五、地理标志产品行政保护

2001年，武夷山市政府是全省首家向国家质监局申请武夷岩茶原产地域（即地理标志产品）保护的单位。其间，全省有90家生产企业申请地理标志保护产品专用标志使用权。

2005年5月17日，福建地理标志产品保护工作步入发展阶段。贯彻国家质检总局《地理标志产品规定》，省质监局印发《福建省创建原产地域产品（地理标志产品）保护三年滚动计划》，推进实施名牌战略，保护、培育、发展地理标志产品。根据国家检验检疫总局和省保知办部署，福建检验检疫局成立打击侵犯知识产权和制售假冒伪劣商品专项行动领导小组，并成为省行政执法与刑事司法衔接工作联席会议成员单位，开展打击侵犯知识产权和制售假冒伪劣商品专项行动，采取“三方借力，四轮驱动”，即通过借力企业、借力协作、借力平台，建立四项符合辖区进出口业务特点的工作机制，加强对辖区企业出口地理标志保护产品检验抽查。福建检验检疫局与省市质监部门合作推进大质量工作机制和质检行政执法信息化建设，相互交换全省地理标志产品保护名单和取得使用地理标志使用权企业名录、葡萄酒进口数据等信息，加快12365举报处置指挥系统的共建、共用、共享工作。

2007年4月4日，省政府在福州召开全省地理标志产品保护工作会议，这是全国首次以省政府名义召开的地理标志产品保护工作会议，28个县（市、区）政府领导参加会议。10月8日，省政府印发《福建省人民政府关于加强标准和标准化工作的若干意见》，对全省地理标志工作做出纲领性规划。

表7-5　**2007年省质监部门管理地理标志产品产地保护范围情况表**

序号	产品名称	产地	保护起始时间	产地保护范围
1	福建乌龙茶	福建省	2007年	安溪、永春、南安、德化、同安、诏安、南靖、平和、长泰、华安、云霄、漳浦、龙海、漳平、长汀、新罗、大田、尤溪、沙县、永安、明溪、清流、宁化、仙游、闽侯、永泰、连江、武夷山、建瓯、建阳、政和、寿宁、福安、周宁和蕉城等35个县（市、区）现辖行政区域
2	福州市　平潭水仙花	平潭县	2007年	平潭县现辖行政区域
3	永泰李干	永泰县	2007年	永泰县现辖行政区域
4	漳州市　天宝香蕉	漳州市芗城区、南靖县	2007年	漳州市芗城区和南靖县辖区内的山城镇、靖城镇、丰田镇、龙山镇、金山镇、船场镇、南坑镇现辖行政区域
5	云霄枇杷	云霄县	2007年	云霄县现辖行政区域
6	泉州市　安溪铁观音	安溪县	2004年	安溪县现辖行政区域
7	永春芦柑	永春县	2005年	永春县现辖行政区域
8	永春篾香	永春县达埔镇	2006年	永春县达埔镇现辖行政区域
9	德化白瓷	德化县	2006年	德化县现辖行政区域
10	永春佛手	永春县	2006年	永春县现辖行政区域

续表

序号	产品名称	产 地	保护起始时间	产地保护范围
11	德化黑鸡	德化县	2007 年	德化县现辖行政区域
12	莆田市　南日鲍	莆田市秀屿区	2007 年	莆田市秀屿区南日镇现辖行政区域
13	三明市　建　莲	建宁县	2006 年	建宁县现辖行政区域
14	尤溪金柑	尤溪县	2007 年	尤溪县现辖行政区域
15	永安莴苣	永安市	2007 年	永安市现辖行政区域
16	清流豆腐皮	清流县	2007 年	清流县现辖行政区域
17	南平市　武夷岩茶	武夷山市	2002 年	武夷山市现辖行政区域
18	建瓯锥栗	建瓯市	2004 年	建瓯市现辖行政区域
19	政和白茶	政和县	2007 年	政和县现辖行政区域
20	龙岩市　连城红心地瓜干	连城县	2007 年	连城县现辖行政区域
21	宁德市　古田银耳	古田县	2004 年	古田县现辖行政区域
22	坦洋工夫	福安市	2007 年	福安市现辖行政区域
23	柘荣太子参	柘荣县	2007 年	柘荣县现辖行政区域

六、植物新品种行政保护

1997 年 3 月 20 日，执行国务院的《中华人民共和国植物新品种保护条例》，省农业厅成立福建省农业植物品种权执法试点工作小组，处理品种权纠纷，打击假冒侵权行为。

2000 年 7 月 25 日，经省编委批准，省农业厅成立福建省农业行政执法总队，并在福州召开成立大会。

2001 年，省农业厅成立植物新品种保护办公室，还成立省农业植物新品种保护领导小组和执法检查组，在全省实施国家植物新品种保护制度。

2002 年，省农业厅印发《关于加强农业植物新品种保护工作的意见》，开展品种权维权执法行动，查处涉嫌侵犯水稻品种权投诉件。三明市农业科学研究所对水稻品种“Ⅱ优明 86”和水稻恢复系“明恢 86”配制的新品种“两优 2186”“特优明 86”“华优 86”“汕优明 86”等的侵权行为采取起诉、协商、收购、封存、公告、律师函等手段切实维护自身的合法权益，并规范上述品种的使用、生产、包装、开发、销售行为。

2003年12月，三明市农业科学研究所配合安徽隆平高科种业有限公司诉某种子公司生产、销售水稻种子“Ⅱ优明86”案。某种子公司败诉，赔偿经济损失36.65万元。

2004年，省农业厅探索保护品种权长效机制与执法模式，推进建立规章制度发挥植物新品种保护制度的功效，营造公平有序的种子市场环境。

2005年，省农科院制定《福建省农业科学院知识产权管理办法实施细则》《福建省农业科学院知识产权暂行管理办法》《福建省农业科学院知识产权保护发展专项资金管理暂行办法》《福建省农业科学院知识产权交易实施细则》等，加强知识产权创造、运用、保护和管理。

2007年，省农业主管部门建立“省总队—市支队—县大队”农业综合执法机构。2月，省农业行政执法总队对广东省梅州市侵权商家假冒新品种“T78优2155”的销售行为进行打假，使该假冒品种在广东省没有销售市场。开展联合执法，受理、查处上杭县某种子公司涉嫌侵犯福建某种业科技有限公司植物新品种（“特优158”和“特优898”）两起涉嫌侵犯水稻品种权投诉件。省农科院、福建农林大学、三明农科所等单位制订相应的新品种权保护实施制度，企业新品种权保护意识得到增强。建立健全全省农业行政执法体系，是年，全省共有农业综合执法人员1200多人，拥有15辆综合执法车。

第三节　海关保护

一、福州关区

1994年9月，根据《海关总署关于实施保护知识产权、制止侵权货物进出境的管理措施公告》，福州海关开始正式履行知识产权海关保护职责。

1999年，出口假冒商品开始在福州关区出现，福州海关在马尾、鳌峰洲等主要货运监管现场加强出口货物涉及注册商标权的监管和案件查处。11月，福州海关查获首起侵犯知识产权案件。是年，福州海关共查获侵权案件3起，查扣假冒“NIKE”“ADIDAS”“REEBOK”的运动鞋和帽子共计3.1万件，案值23万元。

2000年2月1日，福州海关制定实行《知识产权保护工作细则（试行）》，统一案件查获、调查、移送、审理、处罚各环节执法程序。7月7日，福州海关与福建省烟草专卖局首次联合举行大规模销毁走私出口假冒外烟行动，销毁各类假冒外烟17587件。国家烟草专卖局及美、英、日本等烟草公司代表到现场监毁。8月10日，福州海关在鳌峰新港集装箱堆场查获利用假印章走私出口假冒外烟特大案件，截获走私假冒外烟4500多件（每件50条、计23万条），这是福州关区历史上查获数量最大的一起假冒外烟走私案。是年，福州海关查获侵犯“NIKE”“ADIDAS”商标权的案件5起，案值55

万元。

2001年4月2日，福州海关印发《福州海关关于加强知识产权海关保护若干问题的通知》，规范福州关区知识产权海关保护工作，明确职责，理顺关系，以切实保护知识产权权利人的合法权益。5月29日，福州海关查获某公司出口15000双假冒"NIKE"运动鞋。6月27日，福州海关连续查获2起盗用其他进出口公司名义出口冒牌运动鞋案件。7月，福州海关查获某公司先后3次出口使用与"ADIDAS"商标相近似的"ADIDOS"标识的学生包25776个，案值25万元。9月3日，福州海关委托权利人省轻工业品进出口集团公司销毁侵权"鸽牌"塑料拖鞋67200双。是年，假冒服装鞋帽出口继续呈上升趋势，仿冒的商标除国际知名品牌外，还包括国内著名品牌。同时假冒机电产品开始出现，以近似商标，盗用他人名义等新手段实施侵权行为屡有发生，并呈现数量多、价值大的特点。福州海关采取电脑布控、逻辑审单、舱单分析、重点查验等手段，查获假冒服装鞋帽类案件12起，假冒机电产品案件2起，涉及"NIKE""ADIDAS""BOSS""白鸽""HONDA"等国内外知名商标，查处侵权案件28起，案值439万元，对侵权案件采取没收侵权货物并处货物等值以下罚款予以处罚。

2002年4月，福州海关印发《关于加强奥林匹克标志权保护的通知》，各业务现场加强措施，谨防假冒奥林匹克标志权产品进出境。4月11日，福州海关查获全国首例进出境侵犯奥林匹克标志权案件，查扣27000双侵权"OLYMPIC"拖鞋，案值16万元。北京第29届奥运会组委会专门来函对福州海关在案件查处过程中体现出的高度敏感性及积极、高效的执法水平给予高度评价。4月26日，福州海关召开知识产权海关保护座谈会，邀请福建冠捷电子公司、南孚电池公司、金得利集团、雷宝公司、爱普生实达公司、JVC公司等知名品牌权利人，共商打假对策。5月29日，福州海关首次查获某公司出口1.08万听假冒"船""梅林""宝塔"等3种国内名牌侵权罐头。8月16日，福州海关在马尾港查获600箱走私出口"万宝路"假烟。12月，福州海关首次通过工商行政管理部门认定3384双侵犯"REEBOK"商标权运动鞋构成近似侵权。是年，福州海关共查处侵权案件28起，案值268万元。

2003年4月至6月，福州海关两次委托权利人中国粮油食品进出口（集团）有限公司分别销毁侵权1434箱"梅林""水仙花"罐头，898箱"梅林""长青"罐头，共21480听。5月28日，福州海关缉私局在马尾青州港区连续查获2起走私出口假冒外烟案，查扣假冒外烟1652箱，抓获2名犯罪嫌疑人。6月，福州海关查获深圳某公司以虚假地址在海关备案出口12万只侵犯"虎头"牌商标权手电筒和9143双侵犯"NIKE"商标权运动鞋。福州海关将机电产品列为查处的重点商品，在关区组织开展专项查缉行动，采取情报调研、加强风险布控等措施，查获侵犯"HONDA""TOYOTA""NISSAN""SUZUKI""stc""虎头"等国内外知名商标权的假冒汽配、摩托车配件、蓄电池、家用电器等34万件。全国"扫黄打非办"举办2003年中国销毁走私盗版光盘大行动，福州海关和省文化厅、省公安厅、省新闻出版局等在福建分会场集中销毁90多万片走私盗版光盘。是年，福州海关建立发生侵权行为的异地报关企业“黑名单”，查处外关区黑龙江、山东、西安、宁波、安徽、深圳、厦门等地企业侵权案件13起，占总案件数的52%；共查处侵权案件30起，案值约235万元，罚款入库29.8万元。

2004年3月1日起，根据《中华人民共和国知识产权海关保护条例》及海关总署有关通知，福州海关对侵权案件的处罚改为没收侵权货物，暂不处以罚款。3月起，福州海关加强在货运渠道和行邮渠道的香烟、箱包、光盘、服装、鞋帽、机电产品、手表等较大侵权嫌疑商品的查处。4月9日，福州海关首次从邮递渠道查获349片寄往欧洲国家的盗版DVD光盘。4月26日，福州海关下属福清海关布控发现福州某信息技术有限公司申报出口61200双“KING DOVE”（皇鸽）品牌的拖鞋涉嫌侵犯福建省轻工业品进出口集团公司在海关知识产权备案的“WHITE DOVE”（白鸽）及其盾型商标，经权利人鉴定为侵权产品并申请海关保护。5月28日，福州海关首次在旅检现场查获16种1784个假冒国际名牌手表。至6月，福州海关查获8起以夹藏瞒报手法寄往美国的假冒法国名牌“Christian Dior”手包案件。6月14日，福州海关把从货运渠道主动查获的1717片盗版光盘移送福州市版权局处理，这是福州海关在知识产权保护执法中首次向著作权主管部门移送案件。11月1日起，根据《中华人民共和国海关行政处罚实施条例》，福州海关对侵权案件按没收侵权货物并处货物价值30%以下罚款。2004年9月至2005年12月，全国保护知识产权专项行动期间，福州海关从货运渠道和行邮渠道组织开展关区保护知识产权专项行动，共查获各类侵权案件144起，收缴各类侵权商品52万件，货物总值854万元。其中侵犯商标权案件134起，涉及39种国内外知名商标，侵权货物包括汽配、服装鞋帽、箱包、汽油发电机组、炉具配件、空气冷却器、煤油取暖器、手表、香烟、手表、眼镜等；查获侵犯著作权案件10起，截获盗版光盘3008片。是年，福州海关共查处侵权案件52起，案值274万元。

2005年1月26日，福州海关制定《福州海关2005—2007年知识产权保护专项规划》，成立知识产权保护专项行动领导小组，负责全关区专项行动的指挥协调，从而形成“以法规处为点、联络员为线、各业务现场为面”的知识产权海关保护网络。4月，福州海关在马尾亭江缉私基地举行销毁侵权货物现场会，销毁包括侵权手表、汽配、食品、光盘在内20余万元侵权产品。6月7日，福州海关查获上海某公司出口的假冒“NIKE”运动鞋5760双，假冒“PUMA”运动鞋5840双。9月2日，福州海关运用“钴60”集装箱检测系统查获以伪报品名手法出口的5785个侵犯“LV”“CHANEL”“COACH”3个国际知名品牌行李箱、手袋及钱包，为福州关区历年来查获数量最大的一起出口假冒箱包案件。12月19日，福州海关印发《福州海关知识产权保护执法工作规程》。年内，福州海关查获7起“TIGER”发电机侵权案，涉案发电机12575台，总值409.3万元。针对福州关区邮递渠道“蚂蚁搬家”式出口假冒香烟案件大幅攀升，从福清、莆田等地邮寄出口假烟极为频繁，福州海关加大对寄往欧洲，特别是英国等高烟税国家邮件的查验，从行邮渠道查扣假冒香烟案件65起，涉及“中华”、“七匹狼”、“BENSON&HEDGES”（本森特）、“MARLBORO”（万宝路）、“DUNHILL”（登喜路）等品牌假烟30万支。全年福州查获各类侵权案件121起，货物总值801万元，其中涉嫌侵犯商标权案件113起，涉嫌侵犯著作权案件8起，涉及“NIKE”、“PUMA”（彪马）、“LV”（路易威登）、“HONDA”（本田）、“TIGER”、“白鸽”等39种国内外知名商标，查扣汽配、服装鞋帽、箱包、汽油发电机组、光盘等侵权物品38万件。

2006年3月17日至5月17日，福州海关组织开展代号为“海啸专项行动”的打击走私盗版光盘专项行动，查获走私盗版光盘1895盘。3月，福州海关委托福建省固体废物处置有限公司销毁假冒“HONDA”“TOYOTA”“NGK”火花塞107800个，总值142万元。4月25日，福州海关举行销毁侵权货物现场会，公开销毁4.4万件假冒汽配、炉具配件及水泵配件，主要涉及“本田”“丰田”“阿里斯顿”“沃尔沃”等9种国内外知名品牌，总值138万元。12月22日，福州海关驻长乐机场办事处在出口至非洲肯尼亚的货物中查获涉嫌侵犯“BOSCH”等商标权的汽车配件（柱塞、突轮盘）731件。这是该关首次在航空货运渠道查获涉嫌知识产权侵权案件。是年，福州海关共查获涉嫌侵权案件324起，总案值567万元，其中查获商标权案件314起，涉及“NIKE”“ADIDAS”“PUMA”“MARLBORO”“BOSS”等89种国内外商标，查扣运动鞋、拖鞋、西服套装、汽配、香烟等侵权嫌疑货物92万件（其中，从行邮渠道查获假冒香烟案件190起，查扣各类假烟60万支）；查获著作权案件10起，涉及3093片光盘。

2007年3月23日，福州海关查获深圳市某贸易有限公司申报出口的10万件假冒“ADIDAS”商标标识。4月24日，福州海关在晋江市垃圾焚烧发电综合处理厂以焚烧发电的环保形式集中销毁478万件侵权产品，其中假冒香烟653860支，侵权箱包、皮带、眼镜、手表、汽配等37198件，“LV”商标权利人路易威登马利蒂（法国）应邀派代表全程参与本批货物的出仓及销毁活动。7月13日，福州海关根据省整规办《关于加强鞋类市场知识产权保护的工作意见》，制定《福州海关打击鞋类侵权专项整治工作方案》，开展关区打击鞋类侵权专项整治工作，全年查获鞋类侵权案件24起，总案值941.7万元，查扣侵权运动鞋、休闲鞋、拖鞋等35581双，涉及“ADIDAS”“CONVERSE”“NIKE”“PUMA”“飞人乔丹”等15种国内外知名品牌。10月至12月，根据海关总署部署，福州海关组织开展知识产权保护“龙舟行动”，查获知识产权案件309起，查扣各类侵权物品70.9万件，总案值167.1万元。是年，福州海关共查获知识产权案件537起，总案值1487万元，查扣各类涉嫌侵权物品187万件，其中涉嫌侵犯商标权案件524起，涉案货物主要为运动鞋、拖鞋、汽配、香烟等，涉及“NIKE”“ADIDAS”“PANASONIC”“七匹狼”等81种国内外知名商标；涉嫌侵犯著作权的案件13起，涉及4314张光盘。

附：典型案例

福州海关查获夹藏出口假冒“NIKE”和“PUMA”运动鞋案

2005年6月7日，上海某公司向福州海关下属的马尾口岸申报出口25632双PVC底无牌运动鞋。马尾海关审单关员经风险分析，认为该份报关单上的商品品名及指运国均存在较大侵权嫌疑，下达即决式布控指令。查验关员接到指令后即组织查验，运用“钴60”集装箱检测系统对集装箱进行过机检查和图像分析，发现集装箱内存在夹藏其他货物的重大嫌疑，当即决定人工复检。虽然在开箱后发现入口处堆放的近百箱运动鞋均为无牌，与申报状况表面相符，但是查验关员结合机检结果和以往查获侵权案件经验，决定打开通道继续深入抽查。最后在集装箱中部和底部发现1426箱包装简单、做工粗糙的“NIKE”和“PUMA”运动鞋。经清点，共有“NIKE”运动鞋5760双和“PUMA”运动鞋5840双。经联系商标权利人鉴定，上述11600双运动鞋均为假冒产品。6月14日，福州海关根据权利人提出的保护申请，依法扣留上述货物并在调查后对当事人做出没收货物并处罚款的行政处罚。该案被列为中国海关2005年度知识产权保护十佳案例。

福州海关查获10万件出口假冒“ADIDAS”商标标识案

2007年3月23日，深圳市某贸易有限公司向福州海关下属马尾海关申报出口模具、胶水、高频标等货物，运抵国坦桑尼亚。马尾海关审单关员经风险分析，认为该份报关单存在较大侵权嫌疑，下达即决式布控指令。查验关员接到指令后即组织查验，经运用“钴60”集装箱检测系统对集装箱进行过机检查和图像分析，发现该单项下的25袋高频标均位于集装箱后部，查验关员结合机检结果和以往查获侵权案件经验，认为这些标识存在较大侵权风险，决定打开通道继续深入抽查。经开袋查验，位于集装箱后部上侧的高频标使用的均为“FBC”商标，并未在海关总署备案。查验关员当即决定对25袋高频标实行掏柜彻查，结果在位于集装箱底部的4个编织袋中，发现大量的被“FBC”商标覆盖的“ADIDAS”高频标，经清点，共10万件。经“ADIDAS”商标权利人阿迪达斯萨洛蒙有限公司确认，上述标识均属侵权产品。4月2日，福州海关将以上案件线索通报省公安厅，因未在法定期限内收到公安机关对通报当事人进行立案侦查的书面通知，5月14日，该关对上述案件进行立案调查。7月31日，该关根据福州市价格认证中心鉴定结论，对当事人做出没收货物并处罚款3000元的处罚决定。该案被列为中国海关2007年度知识产权保护十佳案例。

福州海关查获“OLYMPIC”拖鞋侵犯奥林匹克标志权案

2002年4月11日，福州海关在审单查验过程中发现福州某进出口有限公司申报出口的27264双EVA拖鞋使用“Olympic”标志，且授权材料模糊不清，货物总值16万元。该关即中止放行，并迅速与北京第29届奥运会组委会取得联系。4月13日，北京第29届奥运会组委会正式来函认定，该批货物未经有效授权。福州海关根据奥组委申请对该批侵权货物予以扣留，经立案调查认定侵权并进行处罚。该案距《奥林匹克标志保护条例》颁布施行仅10天，为全国海关查获首例进出境侵犯奥林匹克标志权案件。北京第29届奥运会组委会专程来函对福州海关在案件查处过程中体现出的高度敏感性以及积极、高效的执法水平给予高度评价。

二、厦门关区

1995年，厦门海关开始在进出境环节对被确认侵犯中国法律和行政法规保护的著作权和商标专用权的进出口货物（包括侵犯著作权的激光唱盘、激光视盘、只读存储器和侵犯商标专用权的货物），实施知识产权海关保护。3月10日，厦门海关驻机场办事处首次从一名持中国护照的旅客随身行李中查获侵权翻版的激光唱片42张，录音带109盒。7月12日，厦门海关首次受理美国柏比立进口公司上海办事处的知识产权海关保护申请，对该公司树脂原料制造的茶具（10件套）工艺品的著作权实施保护。

1996年11月5日，厦门海关行邮处从1名出境旅客携带物品中查获236盒盗版CD、VCD光碟。

1999年8月2日，厦门海关驻东渡办事处查获侵权“REEBOK”“CAT”“NIKE”运动鞋7440双。是年，厦门关区进出口环节查获的侵权案件增长明显，侵权商品主要为服装、鞋帽，仿冒的商标大多为国际知名品牌。

2000年11月24日，厦门海关驻东渡办事处在海天码头对厦门某对外贸易公司申报的陶瓷工艺品的出口货物进行查验时，查获集装箱内装有假冒“万宝路”“三五”等品牌的香烟900箱。

2001年3月8日，厦门海关驻东渡办事处查获侵权“TOYOTA”刹车鼓1000个。

2002年4月25日，厦门海关首次查获某公司出口的285双运动鞋上标有“北京2008”标识，经第29届奥运会组委会鉴定，这批运动鞋为侵犯奥林匹克标志专用权产品。4月16日，厦门海关驻海沧办事处查获一起出口假冒“万宝路”香烟案件，查扣440箱假烟。10月12日，厦门海关驻邮局办事处首次从邮递渠道查获侵权“NOKIA”手机电池1000个。是年，厦门海关查获各类侵权案件116起（首次突破百起），案值1600多万元。

2003年8月4日，厦门海关在货运渠道查获侵犯“LACOSTE”商标专用权的运动鞋13440双。

2004年1月14日，厦门海关首次在进口环节查获侵犯“NISSAN”商标案件。4月16日，厦门海关开展侵权货物集中销毁活动，共销毁12.09万双侵权“NIKE”“REEBOK”鞋帮和4000多只侵权“ADIDAS”手表。4月21日，厦门海关对厦门某贸易公司申报出口到阿联酋的电子节能灯进行查验时，查获侵权“National”节能灯29940只。9月，厦门海关按照海关总署统一部署，开展打击侵犯知识产权专项行动，从福州某贸易公司申报出口至非洲的一批杂货中查获7万只假冒“ADIDAS”“SEIKO”“CITIZEN”“OMEGA”“RADO”“NIKE”手表。

2005年4月23日，厦门海关举行侵权货物集中销毁仪式，公开销毁侵权“SEIKO”“OMEGA”“CITIZEN”“RADO”“ADIDAS”“NIKE”“ROLEX”手表36362只，盗版光盘1715片，以及“NISSAN”挡泥板、晴雨窗、顶大灯罩、发动机后盖等汽车配件1281个，“NOKIA”“MOTOROLA”手机配件346个。5月至7月，厦门海关连续查获3起侵犯“ARIEL”（碧浪）商标专用权洗衣粉案件，查扣侵权洗衣粉126吨。该案入选“中国海关2005年度知识产权保护十佳案例”。国家保护知识产权工作组办公室将该案列为“2005年全国侵犯知识产权十大案件”。2004年9月至2005年12月，厦门海关开展打击侵犯知识产权专项行动，查获侵权案件366起，案值2200万元。

2006年2月10日，厦门海关查获厦门某公司申报出口31743套假冒李宁体育（上海）有限公司“LINING”牌运动服，案值76万元。该案入选“中国海关2006年度知识产权保护十佳案例”。5月23日，厦门海关、福州海关、省公安厅联合转发海关总署、公安部《关于加强知识产权执法协作的暂行规定》，对海关知识产权行政执法与公安机关打击侵权刑事执法的衔接等有关事项进行明确。是年，厦门海关加强对行邮渠道“蚂蚁搬家”手法携带盗版光盘进出境的查处工作，查获进出境盗版光盘案件165起，查扣盗版光盘7万余片；查获各类侵权案件416起，案值3500万元。

2007年4月12日，厦门海关举办销毁侵权货物活动暨保护知识产权新闻发布会，现场集中销毁手表、手机、眼镜、药片、香烟及盗版光盘等，涉及“BOSCH”“LV”“DUNHILL”“OMEGA”“ROLEX”等知名品牌，侵权货物共计近30万件，货值500多万元。“ADIDAS”“NIKE”“BOSCH”等相关权利人应邀参加销毁活动。4月14日，厦门海关查获假冒9种商标运动套装共计8406套，案值约60多万元。该案入选“中国海关2007年度知识产权保护十佳案例”。7月2日，厦门海关查获2299件标有“中国印”标识男式夹克，经北京奥组委确认，该批货物侵犯北京2008奥运会标志专用权。7月12日，厦门海关与权利人合作，查获某公司出口至阿根廷的18580双侵权“PEAK”运动鞋，案值达138万余元。10月1日，按照海关总署部署，厦门海关开展知识产权保护“龙舟行动”（该行动至2008年3月31日），其间，共查获涉嫌侵犯知识产权案件147起，查获涉嫌侵权货物、物品数量475万多件，案值1570万余元。

表7-6　**1999—2007年厦门海关查获侵权案件情况表**

年　份	案件数（件）	案值（万元）
1999	34	660
2000	33	610
2001	24	471
2002	116	1600
2003	110	700
2004	209	1500
2005	233	1800
2006	416	3500
2007	242	2900

附：典型案例

厦门海关连续查获侵犯“碧浪”商标权洗衣粉案

2005年5月19日，南安市某公司向厦门海关隶属东渡海关申报出口2个集装箱36吨1900箱洗衣粉，运抵港美国纽约。根据疑点，东渡海关决定对该票货物开箱查验，发现货物上有“ARIEL”商标，外包装标有“P&G”字样，产地墨西哥。通过查询海关总署“知识产权海关保护备案申请系统”，获知“ARIEL”（中文商标“碧浪”）是美国宝洁公司向海关总署申请保护的商标，立即将有关情况通知美国宝洁公司。经宝洁公司现场取样鉴定，确认该批洗衣粉为假冒“碧浪”产品，并于5月27日向厦门海关提出扣留申请。厦门海关依法扣留该批洗衣粉。同时，东渡海关调查得知该批货物向海关申报出口4个集装箱。经说服教育，南安市某公司承认另有2个集装箱计36吨1900箱假冒“碧浪”洗衣粉尚存在堆场，等待运往美国亚特兰大。至此，2批出口侵犯“碧浪”商标权洗衣粉案连续查获。其后，东渡海关对案件进行总结分析，估计近期假冒洗衣粉的出口还可能发生，立即对某些出口货物进行布控。同年7月6日，再次查获重庆市某公司出口美国纽约的3个集装箱共54吨2850箱假冒“碧浪”洗衣粉。东渡海关在短短不到两个月的时间内连续查获3起侵犯美国宝洁公司“碧浪”商标权案件，查扣侵权洗衣粉126吨。该案入选2005年全国侵犯知识产权十大案件、中国海关2005年度知识产权保护十佳案例。

第四节　司法保护

一、公安保护

2004年11月至2005年12月，按照公安部部署，省公安厅组织全省公安机关开展打击侵犯商标专用权犯罪的“山鹰行动”，全省公安机关立案661起，涉案金额2.87亿元，破案600起，抓获犯罪嫌疑人784名。

2006年3月至12月，按照公安部部署，省公安厅组织全省公安机关开展严厉打击侵犯知识产权犯罪的“山鹰二号”专项行动，把福州、漳州、泉州、莆田、宁德定为专项行动重点地区，重点打击生产和销售假冒伪劣食品、药品、农资、烟酒制品，假冒商标，制售盗版光盘等违法犯罪行为。全省公安机关积极疏通举报渠道，广泛发动群众，同时还主动与工商、海关、烟草、质检等行政执法部门在信息沟通、情况通报、案件移送、调查取证等方面密切配合，形成打击合力。行动期间，全省公安机关共立侵犯知识产权犯罪案件185起，破案117起，抓获犯罪嫌疑人269名，涉案总值1.6亿元。福州市公安局侦破制售假烟网络案和漳州市公安局经侦支队侦办的假冒“厨师”商标肉松案被公安部评为“山鹰二号”专项行动十大案件。

2007年3月8日，省公安厅下发《关于建立知识产权保护警企协作联系机制的通知》，全省公安机关经侦部门相继建立重点知名企业联系名录，并推荐拥有自主知识产权重点知名企业，作为公安部经侦部门重点联系企业候选单位，加强与重点联系企业沟通协作，建立定期联席工作会议制度；加强重点联系企业知识产权刑事保护工作，发挥公安经侦部门“打击、参谋、服务”三大职能。至4月，全省公安机关继续开展打击侵犯知识产权犯罪的“山鹰二号”专项行动，共审理侵犯知识产权犯罪案件306起，破案253起，抓获犯罪嫌疑人529名，涉案总值2.36亿元。重点案件有假冒VCD、假冒“惠泉”啤酒、假冒“厨师”牌肉松注册商标案、非法制造并销售“耐克”“阿迪达斯”“彪马”等运动鞋知名商标标识案、侵犯南孚电池商标专用权案等。是年，省公安厅推荐的厦门金龙联合汽车工业有限公司、安踏（中国）有限公司、南平南孚电池有限公司、万利达集团有限公司等4家企业，入选公安部经侦部门首批全国重点联系企业单位。漳州市片仔癀药业股份有限公司、福建恒安集团有限公司等20家企业入选省公安厅经侦部门重点联系企业，初步建立全省知识产权保护警企协作联系机制。

附：典型案例

福建警方破获“5·17”特大跨国制售假烟网络案

2005年底，福州市公安局在侦办某制售假烟案件过程中，发现1名涉案人员严某有参与制售假烟行为，且背后可能隐藏着一个特大犯罪团伙。经过近3个月缜密侦查，基本掌握以张某、严某为首的制售假烟犯罪团伙的活动情况。2006年5月17日，福州市公安局成立“5·17”特大跨国制售假烟网络案件专案组。6月6日，经周密部署，福州市公安局与福州市烟草专卖局联合在福州、漳州等地开展打假统一行动，一举抓获以张某、严某为首的制售假烟犯罪团伙成员36人，在福州、上海两地共缴获假烟8028条，查扣运假烟工具车1部，小轿车2部，存储相关电子资料的电脑10台，各种记账本35本，手机27部，银行存折8本，银行卡4张，冻结银行存款30余万元。

福建警方破获“5·1”假冒“厨师”商标肉松案

2006年3月12日，漳州市公安局接到漳州市美味食品有限公司报案，称该公司拥有的福建著名商标“厨师”牌在福州被他人假冒。3月13日，漳州市公安局立案侦查。3月17日，主要犯罪嫌疑人赖某、肖某被抓获归案。经查，犯罪嫌疑人赖某利用在漳州市美味食品有限公司驻福州办事处工作之便，从2003年10月至2006年3月间，伙同肖某等人分别从福州市和厦门市某食品有限公司购进系列肉制品，在福州市一出租房内进行拆包后，装入私自订制的漳州美味食品有限公司“厨师”牌标识的外包装纸箱和内包装塑料袋内，假冒“厨师”牌系列肉松产品在福州市某连锁超市销售，非法经营额达500余万元。

二、检察保护

2004年，全省检察机关根据最高人民检察院统一部署，开展侵犯知识产权犯罪专项立案监督，与公安部门配合，立案侵犯知识产权犯罪案件14件，批捕22人；深挖制假、侵犯知识产权背后的职务犯罪线索，移送线索3件。

2005年，全省检察机关监督公安机关立案侵犯知识产权案件44件，涉及57人。

至2007年，全省各级检察院落实《中国保护知识产权行动计划》，加强打击侵犯知识产权犯罪活动，批准逮捕侵犯知识产权犯罪嫌疑人501人，对687名侵犯知识产权案件被告人提起公诉。批准逮捕、提起公诉的侵犯知识产权案件类型主要有销售假冒注册商标的商品罪、假冒商标罪、非法制造、销售非法制造的注册商标罪、侵犯著作权罪、销售侵权复制品罪和侵犯商业秘密罪，侵权犯罪多发生在南平、漳州和莆田地区，遭受侵权损害主要有美国、德国、日本、英国等20个国家和中国台湾地区的企业。

三、法院保护

（一）知识产权审判业务

1986年，全省法院开始审理知识产权纠纷案件。是年，全省法院受理一审知识产权民事纠纷案3件，审结3件。

1987年11月，《中华人民共和国技术合同法》实施，全省各级法院开始审理技术合同纠纷案件。

1994年1月，省高院知识产权审判庭开始专门审理包括著作权纠纷、商标权纠纷、专利权纠纷、技术合同纠纷、不正当竞争纠纷等知识产权民事纠纷案件。对涉及外国或涉及港澳台地区案件，注意适用有关双边条约和中国参加的国际公约或者参照国际惯例。在审判中注重维护权利人的合法权益，遵循“赔够罚足”原则，适用法定赔偿标准，依法运用财产保全和先予执行等措施。在审理知识产权案件时，坚持严肃执法、依法办案，维护知识产权权利人的合法权益，依法运用财产保全和先予执行措施。坚持调解原则，做到能调解的尽量调解、尽快调解。3月14日，省高院印发《福建省高级人民法院关于知识产权案件统一编号及报送法律文书的通知》，全省审理的知识产权案件统一编“知”字号，初步规范全省知识产权审判工作。12月12日，省高院转发《最高人民法院关于进一步加强知识产权司法保护的通知》，加强知识产权案件审理。

1997年6月3日，省高院印发《关于统一全省知识产权案件案由的通知》，在全省范围内初步统一知识产权案件案由。10月24日，省高院印发《关于审理知识产权侵权损害赔偿问题的若干意见》，对知识产权侵权损害赔偿的范围、计算方法参照标准、侵权人获利计算方法、合理费用范围、精神损害赔偿计算方法以及法定赔偿的标准等作出规定。

1998年2月25日至27日，省高院在厦门召开全省首次知识产权审判工作会议，传达贯彻最高院召开的全国部分法院知识产权审判工作座谈会精神，总结、部署全省知识产权审判工作。4月30日，省高院印发《关于知识产权收案范围和案件管辖若干问题的意见》，对著作权和著作邻接权纠纷案件、商标案件、专利案件、技术合同纠纷案件、反不正当竞争纠纷案件，发明权、发现权和其他科技成果权的侵权、权属、合同纠纷案件，涉及知识产权争议的其他民事纠纷案件的收案范围作出明确规定。同时对全省知识产权案件的级别管辖、专属管辖、地域管辖作出新规定，5月1日起执行。泉州中院收案上升幅度大，从1997年受理1件上升到1998年受理12件。是年，省高院知识产权庭审理知识产权案件47件，审结40件，审结率78.4%；新收知识产权案件39件，其中一审20件，二审15件，请示4件。省高院知识产权庭推出庭前证据交换制度、预备庭制度、聘请特邀陪审员制度、委托鉴定制度等诉讼制度。

1999年初，省高院召开全省知识产权审判工作座谈会，进一步规范全省知识产权案件审判秩序，有针对性地指导莆田、宁德中院正确立案，开展工作；指导泉州中院开展知识产权司法保护联络员工作。同时，省高院制定《福建知识产权开展“审判质量年”活动实施方案》。3月，为使涉及技术性、专业性知识产权案件加快、准确进行审判，省高院聘请北京及福州的29名知识产权专家及专业人士作为全省知识产权审判咨询专家及专业技术顾问，同时确定中国科技法学会专家鉴定委员会、全国专利代理人协会专家鉴定委员会、国家科技部知识产权事务鉴定中心、中国版权研究会专家鉴定委员会、中国软件登记中心等5个单位及省内3家单位作为全省知识产权审判鉴定单位，建立知识产权专家陪审、专家咨询制度。下半年，针对知识产权案件证据多、案情较复杂、律师及当事人参与此类诉讼经验较少的特点，省高院制定《福建省高级人民法院知识产权案件诉讼须知》，告知当事人提交法庭的证据要求、期限，实用新型或外观设计专利侵权纠纷中应注意的事项；制定《知识产权案件审理流程规定》，对知识产权案件的立案、送达、排期、开庭、合议、宣判等环节作出规范；规范专家咨询制度、鉴定制度。

2000年，全省法院审理知识产权案件呈现新特点：许多案件专业性强，鉴定咨询工作量大，加上知识产权法律规定的滞后性、原则性，案件的处理难度大；不正当竞争纠纷、著作权纠纷占比较大；出现擅自使用他人企业名称、冒充产品质量认证标志及名优标志、利用广告诋毁竞争对手等新类型案件。全省法院结合实际，灵活运用证据保全取证，对一审案件一般在送达起诉状副本的同时进行证据保全工作。实行庭前交换制度，对一些案情较复杂、证据多且专业性强的案件，合议庭适时组织庭前证据交换，提高庭审效率。省高院制定《福建省知识产权侵权损害赔偿若干问题的意见》，补充制定定额赔偿的有关规定，对侵权财务账册混乱、侵权获利查不清的情况，可综合考虑侵权程度、侵权范围大小、侵权时间长短等因素，酌定一定数额的赔偿。针对知识产权裁判文书常涉及专业内容不易看懂的特点，改变过去仅罗列证据的习惯做法，裁判文书做到结合证据、重在说理，对商标侵权、知名商品特有的包装、装潢、外观设计专利等案件在可能的情况下附图解说明。

2001年6月12日至15日，省高院参加最高法院在上海召开的全国知识产权审判工作会议，在会上介绍福建知识产权案件审判的基本情况、涉台案件审理情况及审判中遇到的一些疑难问题等。8月16日至17日，省高院召开第二次全省法院知识产权审判工作会议，传达贯彻全国法院知识产权审判工作会议精神，总结、部署全省法院知识产权民事审判工作。

2004年，全省法院知识产权案件数较2003年294件比增27.55%，并出现不服世界知识产权组织仲裁撤销国际域名纠纷、植物新品种纠纷、仿冒商品条形码纠纷、含有地名的商标纠纷等新类型案件。在知识产权专项整治工作中，省法院民三庭及时制定实施方案，开展知识产权案件审判工作。全省法院充分依法适用诉前临时措施，诉中财产保全和证据保全、先予执行等诉讼措施，及时制止侵权行为，有效防止权利人损失。福州中院民三庭有82件案件采取证据保全，并对22件案件采取临时措施或先予执行。

2005年3月，省高院在福州召开全省知识产权审判工作座谈会，传达贯彻全国知识产权审判工作座谈会（成都会议）精神，研究部署全省知识产权审判工作及学习讨论最高院有关审理不正当竞争纠纷案件和审理植物新品种侵权纠纷案件的三个指导意见（稿）。省高院制定《2005年至2007年知识产权保护行动规划》，把食品、药品商标违法，制售假冒驰名商标，非法印制驰名商标标识，制售盗版图书、音像制品、计算机软件等方面的知识产权保护作为重点。加大侵权行为制裁力度，对知识产权权利人和国内外市场反响强烈、情节严重、影响恶劣的侵权案件，贯彻全面赔偿原则，在具体计算赔偿数额时，对无法估算侵权获利或者具体损失的，一律适用定额赔偿方法计算赔偿，全面考虑侵权行为的性质、持续的时间、造成损失等各方面情况综合酌定赔偿，对当事人要求赔偿律师费及调查费的，在合理的范围内予以一并考虑，对那些重复侵权、故意侵权的，在5000～500000元的定额幅度范围内足额赔偿。实行大要案及时汇报制度。对事关全局、有重大社会影响的案件和各种新类型、复杂、疑难案件，及时向省整规办及院领导汇报，确保案件处理的法律效果与社会效果的统一。此外，省法院组织三个评查小组对全省各中院2003年至2004年审结的129件知识产权案件进行交叉评查。省法院指导各中级人民法院健全知识产权人民陪审员制度，将有关技术专家、知识产权专业人士推荐任命为人民陪审员参与案件审理。福州中院推荐7名具有知识产权专业知识的专家或技术人员由鼓楼区人大常委会任命为人民陪审员，聘请其参加案件审理活动。同时，省法院逐步实现由法官庭外向专家咨询有关技术问题到专家证人出庭就案件的专业性问题进行说明并当庭接受质询的转变，进一步增强双方当事人对鉴定结论科学性、准确性的信赖。

2006年4月24日至25日，省高院召开全省法院知识产权审判工作座谈会，传达贯彻全国法院知识产权审判工作座谈会精神；研究部署当前和今后一个时期全省法院知识产权审判工作；讨论《关于加强和规范全省法院知识产权审判工作的意见》。8月11日，省法院印发《福建省高级人民法院关于规范和强化全省法院知识产权审判工作的意见》，从案件管辖、确认不侵权诉讼、刑事民事行政交叉问题的处理、庭前证据交换、新证据、知识产权案件的鉴定、诉前临时措施、知识产权案件的中止、涉及港澳台知识产权案件的审限、驰名商标的认定等22个问题作出规定，对全省知识产权审判工作进行全面规范和指导。是年，全省知识产权新类型案件不断出现，审理难度增大，案件受理具有明显的区位性，福州、厦门和泉州三地受理的案件总数约占全省的80%，案件的当事人多有涉及重点企业，如涉及福建七匹狼集团有限公司、龙岩卷烟厂、福建多棱钢业集团有限公司、九牧王（福建）服饰发展有限公司、厦门正新橡胶工业有限公司。全年全省法院受理43件涉外、涉港、涉台案件，涉及当事人有美国、德国、韩国等国家和中国台湾、香港等地区的公司。

2007年3月29日至30日，全省法院知识产权审判工作座谈会在福州召开，会议传达年初全国法院知识产权审判工作座谈会精神；讨论《关于知识产权案件诉讼调解的指导意见（试行）》，部署进一步加大知识产权司法保护力度的具体措施。是年，全省法院紧紧围绕“公正与效率”的司法主题，精心审判各类知识产权民事案件。全省法院受理知识产权民事一审案件672件，审结545件，审结率81.1%；受理各类知识产权民事、行政纠纷案件103件（其中新收78件、旧存25件），审结86件，审结率达83.5%。在审结的案件中，著作权纠纷21件，商标权纠纷27件，专利权纠纷31件，不正当竞争及其他纠纷案件7件。全省知识产权民事案件一审调撤率达55.6%，二审调撤率达26.3%。

（二）知识产权案件审理

1. 专利案件审理

1984年4月，执行《专利法》，落实最高人民法院印发《关于开展专利审判工作的几个问题的通知》，确定福州中院、厦门中院和省高院作为审理全省专利案件的一、二审法院，其中福州中院受理的专利案件范围是除厦门市以外的全省专利案件，包括专利申请公布后、专利权授予前使用发明、实用新型、外观设计的费用纠纷案件，专利侵权纠纷案件（包括假冒他人专利尚未构成犯罪的案件），转让专利申请权或者专利权合同纠纷案件（1992年12月29日后，按照最高院通知，专利权归属和申请权纠纷案件也由福州中院、厦门中院作为一审法院）。

1990年，省高院和福州中院、厦门中院共审结专利纠纷案件2件。

1991年，省高院和福州中院、厦门中院共审结专利纠纷案件2件。

1992年，福州中院受理福州榕东活动房有限公司诉福州市乾元新型活动房厂专利侵权纠纷案，经审理被告并未构成对原告的专利侵权，判决驳回原告诉讼请求。是年，省高院和福州中院、厦门中院共审结专利纠纷案件4件。

1993年，福州中院受理原告南宁市水暖器材厂诉被告福建省南安县英都董山卫生洁具厂专利侵权损害赔偿纠纷案，经审理被告侵权，判决被告除立即停止生产、销售冲洗阀外，应赔偿其侵权行为给原告造成的经济损失6万元，并在《人民法院报》公开赔礼道歉。福州中院受理原告吴某河诉被告永安市永耀有色金属有限公司专利侵权损害赔偿纠纷案，经审理被告侵权，判决被告赔偿原告经济损失12万元。一审判决后，双方均未上诉。是年，省高院和福州中院、厦门中院共审结专利纠纷案件14件。

1994年，省高院和福州中院、厦门中院共审结专利纠纷案件10件。

1995年，省高院和福州中院、厦门中院共审结专利纠纷案件25件。

1996年，省高院和福州中院、厦门中院共受理全省专利纠纷民事一审案件25件，审结13件。

1997年，省高院和福州中院、厦门中院共受理全省专利纠纷民事一审案件32件，审结24件。

1998年，省高院审理原告香港龙腾玩具制品厂有限公司诉被告晋江市兴安电子玩具有限公司生产与其外观设计专利相同的“杂技小丑”玩具并销售案。省高院依原告的申请采取诉讼保全措施，查封被告生产的全部杂技小丑玩具，扣押有关生产模具。经调解双方当事人自愿达成协议：被告保证在调解生效之日起停止生产、销售侵犯原告专利的产品“杂技小丑”玩具，已生产的玩具及模具由法院销毁；被告自愿赔偿原告94740元并承担诉讼费20260元；被告在调解生效10日内向国家专利局撤回对原告“杂技小丑”玩具外观设计专利的撤销申请。是年，省高院和福州中院、厦门中院共受理全省专利纠纷民事一审案件36件，审结23件。

1999年，省高院审理九星集团公司与福特电子公司系列“电蚊拍”专利侵权案，经调解于庭外达成对前几案的执行和解。是年，省高院和福州中院、厦门中院共受理全省专利纠纷民事一审案件39件，审结20件。

2000年，全省各级法院受理专利民事纠纷案件47件，审结26件。

2001年6月起，全省法院执行最高院《关于对诉前停止侵犯专利权行为适用法律问题的若干规定》，运用诉前临时禁令和诉前、诉中财产保全和证据保全等诉讼措施，及时制止专利侵权行为，防止权利人损失的扩大。厦门中院受理原告厦门某实业股份有限公司诉被告宁波某集团有限公司侵犯外观设计专利权纠纷，首次运用临时禁令措施，依法查获涉嫌侵权产品，并要求被告停止该产品的生产，促使被告主动请求法院调解。经过及时调处，最终双方当事人达成调解协议，被告主动销毁价值几十万元的侵权模具和产品，并赔偿原告经济损失8万元。是年，全省各级法院受理专利民事纠纷案件119件，审结92件。

2002年，全省各级法院受理专利民事纠纷案件共109件，审结73件。

2003年，省高院依法妥善处理国有企业改制过程中的专利权保护问题，在二审审理福建汇天生物工程公司与宁夏启元药业公司关于“山楂精降脂片”方法发明专利侵权纠纷案中，省高院认为该方法发明专利权人原系三明制药厂，作为老国有企业三明制药厂在企业改制过程中被资产重组并入福建汇天生物工程公司，该专利权作为一种无形财产，应由重组的福建汇天生物工程公司享有。是年，全省各级法院受理专利民事纠纷案件116件，审结88件。

2004年，根据最高法院提出的“采取诉前临时措施要积极慎重”要求，福州中院制定《关于先予停止侵犯专利权行为听证规则》，严格限制法官启用诉前临时措施的自由裁量权。12月，根据泉州民营经济较发达、专利纠纷较多的特点，为进一步优化审判资源配置，是年，福州中院对85%的专利纠纷案件采取财产与证据保全措施，确保案件顺利审结。省高院报请最高法院批准指定泉州中院有专利纠纷案件管辖权。厦门中院在审理一起专利纠纷案件时，发现厦门市会展中心展览的医药器械产品涉嫌侵权，即向主办方建议在会展中心设立知识产权保护小组，为会展提供司法服务。是年，全省各级法院受理专利民事纠纷案件130件，审结123件。

2005年3月7日，最高法院批复，同意泉州中院作为审理其辖区内相关专利纠纷案件的一审法院。3月22日，省高院下发《关于转发最高人民法院〈关于同意指定福建省泉州市中级人民法院审理专利纠纷案件的批复〉的通知》。6月1日起，泉州中院开始受理专利纠纷案件。是日，泉州中院受理晋江晋成陶瓷有限公司诉晋江市磁灶瑞成建材地板砖厂侵犯其外观设计专利权案，并根据原告诉前证据保全申请，对被告公司采取保全措施。是年，全省各级法院受理专利民事纠纷案件99件，审结83件。

2006年，全省各级法院受理专利民事纠纷案件158件，审结128件

2007年，全省各级法院受理专利民事纠纷案件155件，审结117件。

附：典型案例

福州市某机械厂与毛某专利实施许可合同纠纷案

1988年，福州市某机械厂（简称“机械厂”）与专利权人毛某签订“玻璃无捻纱增强水泥包装袋及其设备”专利实施许可合同。其后双方又签订两份补充协议。双方商定：该项专利在全国范围内只转让两家，不再转让第三家，毛某本身亦不再设点实施该项专利技术。合同签订后，包机厂投资150多万元，经3年多研制，开发成功全国独创、具有世界先进水平的新型水泥包装材料——玻璃纤维无捻纱增强复合水泥袋及其制袋机组，产品被国务院生产办公室列为国家级重点新产品并发文推广。机械厂按合同共支付毛某18万多元专利转让费。毛某在签订合同后，却一再违反协议约定，成立北京某包装技术开发部生产销售该产品，并多次登广告，诋毁包机厂的产品，使机械厂蒙受相当的经济损失。

福州中院一审判决专利权人毛某及其北京华立包装技术开发部立即停止销售已转让专利技术产品，停止刊登有关销售上述产品的广告，并赔偿机械厂经济损失80万元。一审判决后，毛某不服，提出上诉。省高院二审维持原判。

2. 著作权案件审理

1987年，实施的《中华人民共和国民法通则》将著作权列为知识产权加以保护后，省高院对著作权纠纷案件开始审理。

1991年6月起，全省法院开始依照《著作权法》、《中华人民共和国著作权法实施细则》(简称《著作权法实施细则》)、《计算机保护条例》、最高院《关于深入贯彻执行〈中华人民共和国著作权法〉几个问题的通知》等审理著作权纠纷案件。省高院受理的案件有著作权侵权纠纷、著作权权属及合理使用纠纷、著作权合同及邻接权纠纷，另包括计算机软件著作权纠纷案件，即确认计算机软件著作权归属纠纷，计算机软件侵权纠纷和计算机软件许可合同纠纷。依法保护著作权人所享有的发表权、署名权、修改权、保护作品完整权、使用权和获得报酬权等著作权权利，也保护出版者、表演者、录音录像制作者、广播电视播放者依据《著作权法》所享有的著作邻接权。

1994年，省高院受理原告于某明、郑某志诉被告李某、广州俏佳人文化传播有限公司、珠海特区音像出版社侵犯著作权纠纷案。经法院主持调解，双方达成协议，被告应支付原告《俏佳人》第五辑影碟各种费用26万元（由广州俏佳人文化传播有限公司负责支付）。调解书生效后，原告、被告均有权无偿使用《影剧对唱》作品原始版，无需署名，但均不得使用对方的标识。是年，全省法院受理著作权纠纷民事一审案件1件。

1995年，全省法院受理著作权纠纷民事一审案件3件，审结3件。

1996年，全省法院受理著作权纠纷民事一审案件13件，审结8件。

1997年，全省法院受理著作权纠纷民事一审案件11件，审结9件。

1998年，全省法院受理著作权纠纷民事一审案件11件，审结9件。

1999年7月，省高院对“永定土楼”著作权纠纷案作出终审判决，认定原告钟某林对其创作的土楼纪念图案享有著作权，被告林某耕未经许可，擅自将与钟某林的土楼纪念章图案几乎相同的图案委托他人制作成镀金纪念章出售，构成侵权。是年，全省法院受理著作权纠纷民事一审案件26件，审结21件。

2000年，省高院审理第一件涉及广告创意著作权纠纷案。全省法院受理著作权纠纷民事一审案件25件，审结21件。

2001年7月，省高院审理原告郭某英诉被告福建龙岩卷烟厂、福建南平烟草公司著作权侵权纠纷案，该案诉争的诗词作品系郭沫若所创作，两被告未经同意擅自将该作品在“武夷山”牌香烟的包装盒上作为装潢使用多年，证据保全时清点被告库存发现还有200多万元存货，最终以福建南平烟草公司补偿原告88万元而调解结案。是年，全省法院受理著作权纠纷民事一审案件32件，审结28件。

2002年，工艺美术著作权纠纷案件凸显，全年受理工艺美术作品著作权纠纷案件26件。是年，全省法院受理著作权纠纷民事一审案件70件，审结64件；经调解达成协议或经调解撤诉的著作权纠纷民事一审案件共8件。

2003年，全省法院受理著作权民事纠纷一审案件41件，审结33件。

2004年，省政府组织开展保护知识产权专项行动，著作权纠纷案件增幅明显，全省法院受理著作权民事纠纷一审案件受理115件，审结82件。

2005年，各地法院受理音像制品著作权纠纷案件剧增，省高院及时召开有关法律适用协调会，制定指导性标准，使全省法院案件处理方式和裁判结果基本一致。是年全省法院受理著作权民事纠纷一审案件410件，审结357件。

2006年，全省法院受理著作权民事纠纷一审案件314件，审结297件。

2007年，全省法院执行著作权侵权损害全面赔偿原则，依法加大判赔力度，确保权利人的损失得到足够赔偿。省高院审理深圳市盈宁科技有限公司、深圳市盈思源软件有限公司诉陈某雄计算机软件著作权侵权纠纷案，由于权利人的实际损失和侵权人的违法所得均无法确定，故依法适用法定赔偿方法，综合考虑讼争软件类型、侵权行为性质和后果等情节，判令陈某雄应立即停止相关侵权行为，依法定最高赔偿限额判决其向两家公司赔偿经济损失50万元，并承担本案的公证费和司法鉴定费2万元。是年，全省法院受理著作权民事纠纷一审案件293件，审结259件。

附：典型案例

钟某林与林某耕侵犯著作权纠纷案

永定土楼是世界上具有独特风格的民居建筑，位于永定县湖坑村的振成楼是最具有代表性的一座土楼。1992年，钟某林以振成楼为主画面完成“中国永定土楼纪念章”图案和文字创作。同年，制作成古铜色土楼纪念章。此后，依据该纪念章图案及文字，又先后开发“中国土楼镀金纪念币”及“中国土楼特种纪念卡”。1992年起，林某耕在振成楼内摊点开始销售钟某林委托制作的古铜色的土楼纪念章。钟某林创作的三种土楼纪念章所用图案及文字于1998年2月25日经福建省版权局登记，登记号分别为闽作登字13-98-F-043、044、045号，并由福建省版权局发给登记证。1995年11月，永定县举办’95中国福建永定客家土楼文化观光节前，该县旅游局未经钟某林许可，委托浙江苍南某厂生产一批土楼纪念章用于赠送来宾；1996年12月至1997年12月，永定县宾馆也委托浙江苍南某厂生产土楼纪念章用于赠送及公开销售。以上纪念章所使用的图案与钟某林享有版权的纪念章的图案几乎相同，在图案的正面上方有“’95中国福建永定客家土楼”字样，图案正面下方刻有“文化观光节1995.11.18”字样。1996年初起，林某耕销售从永定县旅游局购进的仿造镀金纪念章及仿造水晶纪念章。1996年8月，浙江苍南县商人王某孝来到林某耕店中，称林某耕店中所销售的土楼纪念章是浙江苍南人制作的，如购1000枚以上，每枚只需12元。因该价格比永定县旅游局提供的纪念章便宜，林某耕要求王某孝把“’95中国福建永定客家土楼文化观光节1995.11.18”字样去掉，改成“中国·永定·土楼”字样。1996年下半年，王某孝将制作好的1000枚土楼纪念章分两批各500枚送至林某耕处，其中500枚单价为12元，另500枚为10元，林某耕共支付货款11000元。这些纪念章除一枚因包装盒破损未销售外，其余均售出，平均售价每枚17元。1997年间，钟某林发现林某耕等人销售抄袭其图案和文字的土楼纪念章，并要求赔偿损失，因协商未果，引起纠纷。1998年三四月间，钟某林分别向龙岩市和福建省版权管理部门提出申请，要求责令侵权人立即停止侵权，并向著作权人赔礼道歉和赔偿损失。1998年8月，福建省版权局分别对永定县旅游局和永定县宾馆作出罚款并赔偿钟某林损失的行政处罚决定，对林某耕等人的侵权行为未作处理。

1999年3月，钟某林向龙岩市中级人民法院起诉状告林某耕侵犯其著作权。一审经审理认为，原告钟某林以单独创作和部分委托创作形式于1992年完成的土楼纪念章的振成楼专有图案及文字，系融合绘画、书法等艺术表现形式，具有独创性并能以某种方式复制的智力创作成果，属于著作权法及其相关法律所保护的作品范围。原告钟某林对此作品依法享有著作权。被告林某耕虽无书面委托王某孝制作土楼纪念章，但林某耕委托王某孝制作土楼纪念章的意思表示明确，且林某耕自1992年9月起至1996年上半年，主要销售原告钟某林正版古铜色土楼纪念章，应当知道钟某林对该纪念章图案和文字享有著作权，却未经钟某林同意，擅自委托他人制作并销售与原告享有著作权的专有图案及文字几乎相同的土楼纪念章，应确认其有侵权的主观故意。被告林某耕的上述行为属于《著作权法》第四十六条第（一）项所规定的剽窃、抄袭他人作品的侵权行为，及该条第（二）项规定的以营利为目的的复制并发行他人作品的侵权行为，依法应承担停止侵权、消除影响、公开赔礼道歉及赔偿损失等民事责任。宣判后，钟某林和林某耕均提出上诉。二审驳回上诉，维持原判。

3. 商标权案件审理

1983年3月，《中华人民共和国商标法》（简称《商标法》）正式施行，全省各级法院开始受理商标案件。

1996年，全省法院受理商标纠纷民事一审案件8件，审结5件。是年，厦门法院审理原告福建省医药保健品厦门进出口公司诉被告南安市城关茶叶厂、厦门信达股份有限公司侵犯商标专用权纠纷案，判决二被告立即停止侵权行为，并由南安茶厂赔偿原告8404.8元，信达公司赔偿原告2101.2元。

1997年，全省法院受理商标纠纷民事一审案件12件，审结11件。

1998年，全省法院受理商标纠纷民事一审案件31件，审结24件；受理商标民事纠纷二审案件23件，其中著名商标侵权案件17件，有“王老吉”“白鸽”及三钢图形商标等。

1999年，省高院受理三明钢铁厂诉福州仓山螺洲轧钢厂等30家企业侵犯“闽光”牌商标专用权，依申请均在送达起诉状副本的同时进行证据保全，及时固定封存侵权证据，促成大部分案件以调解形式结案。是年，全省法院受理商标纠纷民事一审案件14件，审结11件。

2000年，省高院受理第一件服务商标侵权纠纷案。全省法院受理商标纠纷民事一审案件8件，审结8件。是年，全省法院受理商标纠纷民事一审案件数量呈先增后减趋势。

2001年7月24日起，执行《最高人民法院关于审理涉及计算机网络域名民事纠纷案件适用法律若干问题的解释》，全省法院采用抽象、过滤、对比“三段论侵权认定法”确定被告程序与原告程序相同、相似部分是否构成侵权。10月27日，第二次修订的《商标法》颁布实施，全省各级法院执行《商标法》审理商标侵权案件，注重做好驰名商标的保护。是年，全省法院受理商标纠纷民事一审案件19件，审结18件。

2002年10月16日，执行最高院《关于审理商标民事纠纷案件适用法律若干问题的解释》，12月，省高院受理全省首起涉及驰名商标认定的侵犯商标专用权纠纷案件。是年，全省法院受理商标纠纷民事一审案件27件，审结22件。

2003年，省高院审理某公司诉被告6家企业侵犯“PIN”驰名商标，认定6个被告的相关侵权行为，判决各被告承担停止侵权、赔偿损失等相应的民事责任。是年，全省法院受理商标纠纷民事一审案件50件，审结43件。

2004年，省高院得知泉州市15家服装企业的17个注册商标（其中多为驰名、著名商标）在澳门被抢注，及时组织人员赴泉州调查了解事态发展，撰写《关于泉州市十七个注册商标在澳门被抢注的调查报告》，以司法建议形式提出不同法域解决问题的参考意见，得到省委、省政府的重视和肯定，使相关企业合法权益得到及时维护。是年，全省法院受理商标纠纷民事一审案件55件，审结46件。

2005年，全省法院认定17个商标为驰名商标。是年，全省法院受理商标纠纷民事一审案件103件，审结80件。

2006年，全省法院依法认定驰名商标20件，其中16件为福建省驰名商标。厦门中院审理原告美国某农业总会诉被告厦门某保健食品有限公司等商标侵权纠纷案件，耐心细致地做双方当事人的调解工作，最终以调解形式结案。是年，全省法院受理商标案件133件，审结107件。

2007年，全省法院认定驰名商标20件。厦门中院审理原告美国威斯康星花旗参农业总会诉被告厦门福来了保健食品有限公司商标侵权纠纷案件，查明案件事实，分清是非责任，促使该案以调解形式结案。是年，全省法院受理商标案件143件，审结106件。

附：典型案例

台湾焚辅路有限公司与厦门某工贸有限公司、江苏宜兴某电器有限公司侵犯商标专用权纠纷案

Wonpro（焚辅路）是台湾焚辅路公司于1991年在台湾注册的商标。1992年2月14日，经有关部门核准成立厦门焚辅路公司。厦门焚辅路公司于1993年4月14日取得国家工商总局商标局颁发的Wonpro商标注册证。1993年4月29日，台湾焚辅路公司与宜兴稳不落公司签订《关于稳不落电器专利产品的授权协议书》，焚辅路公司授权稳不落公司生产其专利产品。1994年4月13日，稳不落公司（甲方）与焚辅路公司（乙方）又签订一份《授权生产契约书》，双方约定“由乙方授权甲方生产乙方有商标登记及多国专利登记之插头插座、开关等指定项目之产品”。契约第二条还约定“为……市场之销售秩序，甲方不得直接销售……”1994年5月12日，台湾焚辅路公司以董事长名义传真给稳不落公司称“兹授权本公司商标焚辅路Wonpro供贵公司使用于有关焚辅路产品之包装材料上”。1994年6月30日，厦门稳不落公司出具《商标使用授权书》称，宜兴稳不落公司是其关系企业，同意宜兴稳不落公司使用Wonpro注册商标。该授权书加盖厦门稳不落公司的业务专用章。1994年8月5日，宜兴市新建经济发展总公司（甲方）、台湾焚辅路公司（乙方）、美国朱利达公司（丙方）、台湾博德电子股份有限公司（丁方）四方共同签署《中外合资宜兴稳不落电器有限公司经营合同》。四方同意建立合资经营“宜兴稳不落电器有限公司”，引进国际稳不落电器专利技术和先进塑料模具，年生产各种规格型号的高级开关组稳不落电器插头插座300万至500万套。合同约定各方的出资额、责任。1994年11月5日，Wonpro商标的注册人变更为厦门稳不落公司。此后，宜兴稳不落公司带有Wonpro商标标识的稳不落系列产品配件交由厦门稳不落公司确认后，由该公司组装成产品销售。1995年10月，Wonpro注册商标的注册人变更为台湾焚辅路公司。1997年7月7日，台湾焚辅路公司要求宜兴稳不落公司停止使用Wonpro注册商标，但宜兴稳不落公

司仍继续生产、销售带有Wonpro商标的电工产品。新宏成公司亦在厦门经销该产品。经原告投诉，厦门市工商局查扣新宏成公司待售涉嫌侵权产品91件，并移交厦门中院并案处理。

一审经审理认为，本案讼争的Wonpro商标注册人原系厦门焚辅路公司，在1994年11月5日之前，台湾焚辅路公司及其董事长李某个人或厦门稳不落公司均非Wonpro商标注册人，无权授权或许可宜兴稳不落公司使用Wonpro商标，他们在此期间的授权违反《商标法》第三条、第二十六条之规定，是一种无效的民事行为。厦门稳不落公司在1994年11月5日受让Wonpro注册商标后，就宜兴稳不落公司生产的开关等电工产品使用Wonpro商标虽没有异议，但双方未签订商标使用许可合同，也未报商标局备案，不具备商标使用许可要求，不能视为许可使用成立。台湾焚辅路公司自1995年10月受让Wonpro注册商标后，有权就该商标使用主张权利，其于1997年7月明确要求宜兴稳不落公司立即停止使用Wonpro商标，宜兴稳不落公司却继续生产带有Wonpro商标标识的电工产品，新宏成公司销售该产品构成对原告商标专用权的侵犯，依法应承担法律责任。原告要求二被告立即停止侵权行为应予支持。但其未就有关赔偿损失、赔礼道歉的诉讼请求举证，故不予支持。宜兴稳不落公司认为其使用Wonpro注册商标得到原商标受让人厦门稳不落公司的书面许可，经查与事实不符，不予采信。新宏成公司被查扣的侵权产品因带有Wonpro标识无法消除，可交由原告自行处理。据此，判决：新宏成公司、宜兴稳不落公司应立即停止对焚辅路公司Wonpro注册商标的侵权行为；新宏成公司被查扣的91件侵犯Wonpro注册商标的产品交由原告处理；驳回原告的其他诉讼请求。宣判后，宜兴稳不落公司不服提起上诉。二审判决驳回上诉，维持原判。

4. 反不正当竞争案件审理

1993年12月1日，《中华人民共和国反不正当竞争法》（简称《反不正当竞争法》）实施，全省各级法院陆续收到反不正当竞争案件。

1994年1月，省高院和厦门中院知识产权庭成立，全省各级法院开始受理擅自使用知名商品特有的或者使用与知名商品近似的名称、包装、装潢，导致与他人的知名商品相混淆的纠纷案件；伪造或者冒用商品认证标志、名优标志等质量标志及伪造商品产地，侵害其他合法经营者权益的纠纷案件；侵犯商业秘密的纠纷案件，其他不正当竞争纠纷案件等不正当竞争案件。是年，省高院审结不正当竞争纠纷民事案件1件。

1995年，省高院审结不正当竞争纠纷民事一审案件27件。其中16件是台湾某企业诉大陆饮料食品企业仿冒其“绿力”牌冬瓜茶、水蜜桃汁的包装、装潢的不正当竞争纠纷案件，另有9件是福清某企业集团诉省内企业仿冒其饮料罐包装的不正当竞争纠纷案件。全省法院还审理侵犯商业秘密的不正当竞争纠纷案件。

1996年至2001年，全省法院未受理反不正当竞争案件。

2002年起，全省各级法院审理侵犯商业秘密纠纷，仿冒、伪造知名商品的特有名称、包装、装潢纠纷，伪造、冒用产品质量标志纠纷，伪造产地纠纷，虚假广告纠纷，诋毁、损害竞争对手商业信誉、商品声誉纠纷等不正当竞争纠纷案件。此外，还有商标与字号相冲突纠纷、网络域名不正当竞争纠纷等。是年，全省法院受理25件，审结22件。省高院二审原告台资某食品公司与被告某食品中心不正当竞争纠纷案，是首例侵犯知名商品特有名称权纠纷案。“香香菓”系原告1990年在膨化食品系列中首次使用的商品名称并花费大量资金进行广告宣传，经审理认为知名商品的特有名称应当依法予以保护，维持一审判决。2003年受理38件，审结33件；2004年受理34件，审结34件；2005年受理14件，审结12件；2006年受理21件，审结18件；2007年受理19件，审结14件。至2007年，全省法院受理不正当竞争民事纠纷一审案件151件，审结133件。

附：典型案例

立邦涂料（中国）有限公司与中山市某涂料有限公司、陈某明不正当竞争纠纷案

原告立邦公司是1992年12月注册成立的外商独资企业，主要经营生产高质量的建筑、工业、防腐蚀涂料、其他辅助产品和涂料调色机械，销售自产产品并提供相关的售后服务。2003年8月7日，国家商标局核准香港立时集团国际有限公司于2002年1月注册的“立邦”文字商标转让给原告立邦公司。2004年3月，被告可邦公司在广东省中山市工商行政管理局注册，主要经营生产、销售聚酯漆、水性乳胶漆。4月15日，日本立邦漆国际集团（香港）有限公司在香港注册。4月19日，香港公司向国家工商总局商标局申请注册“来士威”商标。5月7日，被告可邦公司经国家工商行政管理总局商标局核定注册第3309078“来士威KEBAN”商标，后将该商标许可香港公司使用并报国家商标局备案，许可期限2004年7月20日至2014年5月6日。5月17日，香港公司与被告可邦公司签订合作协议。协议主要内容：可邦公司将已注册的“来士威KEBAN”商标许可香港公司使用在同类的油漆等商品上，使用期为30年等；香港公司委托可邦公司为指定生产制造商，对“来士威”系列商品进行贴牌生产、销售。对贴牌生产的产品，在产品的包装、广告宣传印刷品、视听资料等相关媒体上均得以冠名“香港公司”的字样及地址、电话。同时可邦公司原有的大陆客户和经销商均可销售“来士威”系列产品并在销售促销活动中冠以“香港公司”字样。2005年3月10日，国家商标局受理香港公司要求转让“来士威KEBAN”商标的申请。被告陈某明经营的明达化工店2004年4月经龙岩市新罗区工商局核准注册，经营范围包括：化工产品、防水材料零售。2005年1月经香港公司授权经营其产品。在法院依法查封的被告生产的“来士威”漆外包装一组6个油漆桶的上、中、下方的一处或多处标有“日本立邦漆国际集团（香港）有限公司”的字样，但无生产商被告可邦公司的名称及地址。另查：原告立邦公司是立时集团国际有限公司1992年起

在中国大陆投资建立的三家独资企业之一，立时集团国际有限公司是立邦漆“立邦”字号商标和“立邦漆”文字及图形商标、“立邦”和“立邦”文字及图形商标的注册商标所有人。依据上述商标权核定使用商品分别为共22个类别和共21个类别，其中包括第2类，即“油漆、漆、底漆”等。2002年9月及2003年1月，武汉市中级人民法院以〔2002〕武知初字第55号民事判决书、湖北省高级人民法院以〔2002〕鄂民三终字第18号民事判决书认定“立邦”为驰名商标。

一审经审理认为，“立邦”作为一个品牌，在油漆行业中已经具有较高的知名度，其销售网络遍及全国。“立邦”漆在普通消费者心中已享有较高声誉，已成为知名品牌。原告成立于1992年12月13日，自即日起即享有对“立邦”的字号的专用权。“立邦”文字的图文商标于1997年被国家商标局核准，原告2003年8月7日取得“立邦”图文商标的专用权，成为图文商标的专用权人。香港公司成立于2004年4月15日，并于5月17日与被告可邦公司签署合作协议，允许被告可邦公司使用香港公司的企业名称。可见，被告可邦公司成立和使用“立邦”的日期均晚于原告使用和取得“立邦”字号和商标。根据保护在先权利原则，原告对“立邦”字号和商标在中国大陆范围内具有排他的法律效果。被告可邦公司在其产品的外包装上突出使用香港公司的企业名称，将香港公司的企业名称在产品包装上处显著位置，突出并不适当使用香港公司的企业名称，误使消费者产生其产品来源于原告立邦公司或与原告立邦公司有一定关联或为同一市场主体，且在被告可邦公司生产的“来士威”产品的外包装上，无标注生产商被告可邦公司生产的字样，使他人对被告可邦公司商品的来源产生混淆且造成“立邦”漆知名商标的淡化。被告可邦公司的行为已经并可能对相关公众造成混淆和误解，具有“傍名牌”的不正当竞争行为，从而损害原告的利益。被告陈某明在经营中未尽到合理的注意义务，销售被告可邦公司生产的侵权产品，构成共同侵权。但被告陈某明已提供证据证明其经营商品为合法取得并能证明提供者，依法不承担赔偿责任。原告请求被告赔偿其经济损失人民币5万元，没有法律依据。根据《商标法》《最高人民法院关于审理商标民事纠纷案件适用法律若干问题的解释》等相关规定，给他人注册商标专用权造成其他损害的行为，应承担相应的法律责任。原告放弃要求被告可邦公司赔偿经济损失的诉请，是对其权利的自愿处分，予以准许。原告立邦公司主张被告可邦公司、陈某明侵犯其商标权构成不正当竞争行为的诉讼请求成立，被告可邦公司应停止生产、销售及销毁相关侵权产品并在《经济日报》上就涉案的侵权行为向原告道歉，被告陈某明应停止销售侵权产品。被告可邦公司、陈某明抗辩其是贴牌生产、销售“来士威”系列产品不构成侵权以及即使“来士威”产品侵权，其后果也应由香港公司承担的理由不成立，不予采信。依据《中华人民共和国民法通则》（简称《民法通则》）、《商标法》、《反不正当竞争法》、《最高人民法院关于审理商标民事纠纷案件适用法律若干问题的解释》、《中华人民共和国民事诉讼法》等相关规定，判决：被告中山市可邦涂料有限公司于判决生效后十日内停止生产、销售及销毁相关侵权产品；被告中山市可邦涂料有限公司于判决生效后十日内在《经济日报》上就涉案侵权行为向原告立邦涂料（中国）有限公司公开道歉（道歉内容须经法院审查，如中山市可邦涂料有限公司拒绝履行该义务，法院将在该报全文刊登判决书，有关费用由被告中山市可邦涂料有限公司承担）；被告陈某明于判决生效后十日内停止销售涉案侵权产品；驳回原告立邦涂料（中国）有限公司其他诉讼请求。案件受理费10510元，由原告立邦涂料（中国）有限公司负担7510元，被告中山市可邦涂料有限公司负担3000元；诉讼保全费及其他诉讼费14000元，由被告中山市可邦涂料有限公司负担。原审判决后，上诉人可邦公司不服提起上诉。二审判决驳回上诉，维持原判。二审案件受理费10510元，由上诉人可邦公司负担。该案在2006年4月被列为全国十大案例。

5. 技术合同案件审理

1984年起，随着国内技术市场的培育发展，技术合同纠纷逐渐增多，全省法院依照《民法通则》等审理技术合同纠纷案件。全省法院审结技术合同纠纷民事一审案件15件，诉讼标的额11.4万元。其中，1984年审结3件，1985年审结3件，1986年审结6件。1987年11月《技术合同法》实施后，技术合同纠纷案件逐渐增多，案件类型有技术开发、技术转让、技术咨询和技术服务等四类合同纠纷案件开始出现。是年，审结3件。

1988年起，全省法院依据《技术合同法》《技术合同法实施条例》等法律、法规审理技术合同纠纷案件。1992年，福州中院受理、判决原告福州市包装机械厂诉被告毛某国、第三方北京市西城区华立包装技术开发部专利实施许可合同纠纷案。至1995年，全省法院审结技术合同纠纷民事一审案件119件，其中1988年审结21件，1989年审结13件，1990年审结10件，1991年审结8件，1992年审结16件，1993年审结19件，1994年审结13件，1995年审结19件。

1996年起，审理技术合同纠纷案件既注重鼓励技术生产结构调整，又注重引用技术合同法处理企业改制后的知识产权分配，防止有人利用产业结构调整变相侵犯他人知识产权。当年，受理13件，审结10件；1997年受理15件，审结11件；1998年受理41件，审结38件；1999年受理25件，审结21件；2000年受理14件，审结14件；2001年受理14件，审结13件；2002年受理21件，审结19件；2003年受理31件，审结28件；2004年受理12件，审结9件；2005年受理10件，审结7件；2006年受理19件，审结17件；2007年受理16件；审结11件。至2007年，全省法院受理技术合同纠纷民事一审案件231件，审结198件。

附：典型案例

连江县某装饰建材超市有限公司（原告）与北京某科技公司（被告）技术合同纠纷案

2005年5月31日，原告与被告签订《软件合同》《计算机信息管理系统合同文件》

《软件使用许可协议》《技术支付服务合同书》，上述合同签订后，原告于同年6月6日向被告公司汇款9万元，8月15日又付6万元。但同年8月开始在福建省泉州超市交付安装的软件，并非合同约定的JB-CMISV5.0软件系统，被告先安装的是青鸟3.0，后又将软件版本更改为4.1，均为测试版本，被告称是因需要原告提供软件正常的运行所需的环境，即正版的数据库和操作系统，而原告一直没有提供，故先为其安装测试版本的软件。由于该4.1版本的软件一直无法进行正常工作，双方发生争议，经协商不成，被告于同年10月初撤走安装人员。

一审经审理认为，关于原告双方签订的有关《软件合同》《计算机信息管理系统合同文件》《软件使用许可协议》《技术支付服务合同书》合同的不能履行，是本案双方均已确认的事实。从庭审调查可以确定，在本案中，要实现合同目的，即安装合同约定的JB-CMISV5.0软件系统，原告超市的服务器必须先安装数据库和操作系统软件，而数据库和操作系统软件应由谁负责提供，才是本案件的争议焦点问题之所在。被告认为在《软件合同》双方责任第一条：甲方责任之b）约定，甲方即原告方须“根据开发工作需要提供待开发软件所需资料及该软件正常运行所需的环境并及时、充分地协助乙方即被告方顺利完成开发工作”；附件《北大青鸟JB-CMISV价格》中，也已在按项服务费中列有“协助数据库和操作系统安装调试”项目，证明双方已明确约定数据库和操作系统软件由原告提供。原告则称并不知要由其来负责数据库和操作系统软件的提供义务。法院认为，合同所约定的原告提供软件正常运行所需环境，并未明确是提供数据库和操作系统软件，而且本案合同内容较多，附件《北大青鸟JB-CMISV价格》为表格式样，字体较小，原告作为购买软件的消费者，并非计算机专业公司，被告所称其合同签订人为计算机专业人员并无证据证实，因此要求原告注意到附件表格有“协助数据库和操作系统安装调试”内容，并明白结合合同所约定的其应提供软件的义务，显然过于苛责。而被告方作为计算机软件研发并提供相关技术服务的专业公司，又理所当然地认为这样即是已确定的原告义务。由此，可以认定，由于专业背景的不同，使双方当事人在由谁负责提供数据库和操作系统软件的问题上均存在着重大误解。因此本案合同不能正常履行，当事人无法实现合同目的，正是因该重大误解的存在，并非双方所认为的是对方当事人的违约行为所致。对此重大误解的造成，双方应均负有责任。而且，本案合同已经开始履行，该问题在合同履行之初即可凸现，被告工作人员在原告处安装调试软件从2005年8月至10月，在此期间，按常理推断，双方应对此问题有过协商，但现有证据并无法证实是否协商过以及协商的过程和结果。同时，依照有关法律规定，对因重大误解订立的合同，当事人还有权提出撤销或变更合同的请求，但双方也都未及时向人民法院或仲裁机构提出。双方当事人没有及时采取有效措施，致使损失继续不当地扩大，双方均有过错，应各自承担相应的责任。基于上述理由，且原告称已安装其他公司的软件，不再需要履行合同，被告也认为无法继续履行合同，双方当事人所签订的合同已经没有继续履行的必要，对原告解除合同的请求，予以准许。原告已付给被告的购买软件的款项，被告应予以退还。双方当事人的其他损失，各自承担。原审法院依据《中华人民共和国民事诉讼法》《中华人民共和国合同法》等相关规定，判决：解除原告连江县某装饰建材超市有限公司和被告北京某科技公司签订的《软件合同》《计算机信息管理系统合同文件》《软件使用许可协议》《技术支付服务合同书》；被告北京某科技公司应于本判决生效后十日内退还原告已支付的货款十五万元；驳回原告其他诉讼请求。宣判后，北京某科技公司不服一审判决提起上诉省高院。二审判决驳回上诉，维持原判。

表 7-7 **1984—2007 年全省法院一审知识产权民事纠纷案件情况表**

单位：件

年份	著作权		商标权		专利权		技术合同		反不正当竞争		其他	
	受理	审结	受理	审结	受理	审结	受理	审结	受理	审结	受理	审结
1984	0	0	0	0	0	0	3	3	0	0	0	0
1985	0	0	0	0	0	0	3	3	0	0	0	0
1986	0	0	2	2	0	0	6	6	0	0	0	0
1987	0	0	0	0	0	0	3	3	0	0	0	0
1988	2	2	0	0	1	1	21	21	0	0	0	0
1989	1	1	0	0	0	0	13	13	0	0	0	0
1990	3	3	1	1	2	2	10	10	0	0	0	0
1991	1	1	1	1	2	2	8	8	0	0	2	2
1992	4	4	7	7	4	4	16	16	0	0	6	6
1993	1	1	5	5	14	14	19	19	0	0	0	0
1994	1	1	5	5	10	10	13	13	1	1	0	0
1995	3	3	3	3	25	25	19	19	27	27	15	15
1996	13	13	8	5	25	13	13	10	0	0	34	24
1997	11	11	12	11	32	24	15	11	0	0	37	24
1998	11	11	31	24	36	23	41	38	0	0	62	42
1999	26	26	14	11	39	20	25	21	0	0	70	45
2000	25	25	8	8	47	26	14	14	0	0	60	47
2001	32	32	19	18	119	92	14	13	0	0	76	59
2002	70	70	27	22	109	73	21	19	25	22	30	30
2003	41	41	50	43	116	88	31	28	38	33	18	11

续表

年份	著作权		商标权		专利权		技术合同		反不正当竞争		其他	
	受理	审结	受理	审结	受理	审结	受理	审结	受理	审结	受理	审结
2004	115	115	55	46	130	123	12	9	34	34	30	22
2005	410	410	103	80	99	83	10	7	14	12	29	29
2006	314	314	133	107	158	128	19	17	21	18	35	25
2007	293	293	143	106	155	117	16	11	19	14	46	38
合计	1377	1377	627	505	1123	868	365	332	179	161	550	419

第八章 协调与服务管理

1987年3月，省政府办公厅印发《关于加强专利工作的通知》，各级经济、外经、外贸部门把专利工作列入议事日程和管理体系；省专利管理行政部门每两年召开全省专利工作会议，交流、总结、部署专利工作，表彰先进；到各地调研、协调工作，推进全省专利工作发展。开展专利申请代理服务，至2007年代理专利申请9460件；开展专利信息服务，包括国际专利联机服务、专利文献服务、建设中外专利数据库服务平台等，不断提高协调、服务水平。版权部门开展稿件清理、工作调研和检查；确定版权重点保护企业，帮其建立健全版权保护制度；促进成立有关服务中心，开展作品登记代理工作。商标部门开展调研、检查工作，举办商标展览，促进提高商标产品质量；建立商标服务管理制度，指导、规范商标使用；建立全省实施商标战略信息平台，提供商标咨询服务。

第一节 专利协调与服务管理

一、专利协调管理

1986年上半年，省专利局组织考察小组在福州走访7个企业，撰写《技术引进中必须做好专利工作的调查报告》，同时提出尽快完善省专利工作体系，为经济提供专利方面的各种服务，各级经济、外经、外贸及企业应有专人分管专利工作等建议，报送省委办公厅和省政府办公厅参阅。7月8日至9日，省专利局在福州召开全省第一次专利工作会议，各地市科委、省直有关厅局、高等院校、专利管理机构、专利代理机构、法院以及专利工作试点企业、科研院所共75名代表参加会议。会议传达全国专利工作会议和全国专利宣传通联会议精神，部署1986年、1987年专利工作任务。

1987年3月，省政府办公厅印发《关于加强专利工作的通知》，要求各级经济、外经、外贸部门把专利工作列入议事日程和管理体系。同日，省科委、省财政厅、省专利局联合转发国家经委、科委、财政部、中国专利局《关于加强企业专利工作的规定》，要求工厂企业加强专利工作，各级科委专利机构、专兼职专利工作人员要主动为各经济部门、企业提供专利管理、专利咨询等各项服务。8月13日至14日，省科委、省专利局召开全省专利工作会议，省专利局副局长陈履忠在会上作题为《专利制度和经济振兴》发言，推进重点做好企业专利工作，切实保护专利权。

1989年，省专利局分别召开福州市主要企业专利工作座谈会、19个单位参加的省直厅局专利工作座谈会，加强专利技术为企业服务。

1990年3月27日至28日，省专利局召开全省第三次专利工作会议，7个单位代表介绍开展专利工作经验。

1991年9月29日，省专利局按照《福建省专利技术合同认定登记管理的规定》，开始受理全省专利技术合同的认定登记工作，发放统一印发的合同文本。

1992年1月6日，省专利局在福州召开部分单位专利工作座谈会，给获得全国专利系统先进集体、先进个人、中国专利优秀奖的单位颁奖。38名代表参加座谈会。6月16日至17日，在福州召开全省专利工作会议，出席会议代表111人。省专利局副局长罗燕生作题为《把握机遇，大胆探索，努力开创我省专利工作新局面》工作报告。13个单位的代表在会上介绍专利工作经验。10月26日，省专利局召开部分企业专利工作座谈会。是年，省专利局制定《福建省专利工作十年规划和“八五”计划纲要》。

1994年初，省专利局组织到福州发电设备厂、福州轧钢厂、福州第二塑料厂、福建机器厂等10多个企业，召开两次企业专利工作座谈会，调研企业专利工作情况，检查企业执行《企业专利工作办法》情况，督促帮助企业完善企业专利规章制度；组织评选首届“福建省十佳专利企业”。7月13日至14日，省科委召开全省专利工作会议，南平地区科委等10个单位在会上介绍专利工作经验。7月19日，省科委、省经委、省专利局联合转发中国专利局等部委联合下发的《企业专利工作办法》，推动企业专利工作发展。9月16日，省专利局印发通知，省十佳企业落实制定企业专利工作规章制度，明确专利工作机构和职责、专利保护和应用、专利奖励费用等要求。

1995年3月15日，省专利局与省科委联合召开科研院所专利工作研讨会。4月6日，省专利局与省经委联合召开部分企业专利工作座谈会，探讨专利保护、专利工作开展情况。5月26日，省专利局、省教委联合召开部分大中专院校专利工作座谈会，探讨专利工作方向。

1996年7月8日至9日，省专利局在福州召开全省专利工作会议，共75名代表参加会议。是年，省专利局制定《福建省专利工作“九五”计划和2010年远景目标纲要》。

1997年，省专利局加大力度在全省组织实施《福建省专利工作“九五”计划和2010年远景目标纲要》，加强企业专利工作。

1999年3月，省专利局在福州召开全省专利工作会议，10个单位在会上交流专利工作经验。9月至10月，省专利局分别召开科研院所和各地市专利工作座谈会，交流科研单位和各地市专利经验。

2000年4月27日，省专利局召开部分企业专利工作座谈会，12家企业参加会议，座谈贯彻落实国家知识产权局、国家经贸委《企业专利工作管理规定〈试行〉》。9月21日，省专利局与省科技厅体改科管处联合召开18个科研院所专利工作座谈会，交流专利工作纳入科研院所技术创新全过程及科研院所专利工作情况和经验。

2001年3月18日，为执行国家科技部《关于加强与科技有关的知识产权保护和管理工作的若干意见》，省专利局召开18个科研院所参加的专利工作座谈会，探讨充分利用专利制度功能，增强自主创新能力，推动科研工作跨越式发展问题。

2002年5月16日，全省专利工作会议在福州举行，122名代表参加会议。9月17日，省知识产权局和省科技厅政策处联合在福州召开高等院校知识产权管理工作座谈会，座谈高校知识产权管理、保护问题。执行国家知识产权局《专利实施许可合同备案管理办法》，省专利局统一印发《专利实施许可合同备案申请表》《专利实施许可合同备案证明》《专利实施许可合同不予备案通知》《专利实施许可合同备案变更申请表》《专利实施许可合同备案注销申请表》《专利实施许可合同备案注销通知》。

2003年7月，省知识产权局在福州召开全省设区市专利工作会议。10月31日至11月1日，福建省首届设区市知识产权工作联席会议在泉州市召开，各设区市交流知识产权工作情况。

2004年6月10日，省科技厅、省知识产权局联合在福州召开全省专利工作会议。12月8日至9日，省知识产权局在厦门召开第二届设区市知识产权工作联席会议，研究和部署加强地区间知识产权行政执法协作、企业专利试点工作，并通报全省和各设区市的专利申请与授权情况。

2006年8月，省保知办召开行政、司法部门与企业知识产权保护沟通协调会，10个省直部门与近20家知名企业进行沟通交流。12月15日，省整规办召开全省保护知识产权工作协商会议，省高院、省公安厅、省文化厅、省工商局、省质监局、省版权局、省药监局、省知识产权局、福州海关等部门参加，会议研究通过《关于建立与企业定期沟通协调机制的方案》。

2007年4月18日至19日，省知识产权局在福州召开全省知识产权局局长座谈会，落实全国知识产权局局长会议和全省整顿和规范市场经济秩序电视电话会议等会议精神，部署省知识产权项目申报、知识产权培训、百千万知识产权人才工程百名高层次人才推荐等工作。40人参加会议。6月12日，省人大常委会副主任黄贤模带领省人大代表一行13人到省知识产权局专利代理公司、省专利试点企业视察调研，省知识产权局副局长罗旋汇报全省知识产权工作情况。12月18日，省第四届设区市知识产权工作联席会议在漳州市召开，9个设区市知识产权局负责人介绍和交流知识产权工作情况。是年，省保知办牵头成立省级行政执法、公安司法部门、院校、研究机构、律师事务所等16人组成的省保知办实务专家组，研究协调有关重大知识产权保护问题，加强案件督办。

二、专利代理

1986年11月24日，省科委、省专利局联合印发《福建省专利代理工作暂行规定》，对专利代理机构、专利代理工作范围等作出规定。同日，省科委、省财政厅、省专利局联合印发《福建省专利代理机构收费暂行规定》，对专利申请咨询、申请专利委托书、专利权转让注册等服务收费作出明确规定。同日，省专利局印发《福建省专利技术许可证贸易工作暂行条例》。

1987年5月23日，省专利局召开涉外专利代理工作座谈会，对撰写专利申请文件的技巧、专利保护等进行探讨。7月11日，省专利局首次组织开展全省专利代理人考核，对1987年4月1日前持有专利代理临时证人员进行考核，并给考试合格者更换新的"专利代理人证书"。7月15日至20日，省专利局召开提高专利代理质量研讨会。

1988年1月27日，省科委、省财政厅、省专利局联合印发《关于修改专利代理收费标准及其使用、分配办法的通知》，提高专利申请咨询、委托检索代办费、申请专利委托时、撰写申请书等收费上限，代理费的25%直接付给兼职代理人，15%拨给兼职代理人所在单位，60%归专利代理机构收入；对于专职代理人，提取10%～15%作为超定额报酬和集体福利用；专利代理机构全年总收入的10%～20%上交省专利局或地、市专利管理部门，10%作为代理人业务培训费用。1月至10月，省专利服务中心专职、兼职专利代理人共代理专利申请109项，其中专职专利代理人代理42项。

1989年，省专利局召开全省代理工作座谈会，研究上门服务，提高服务质量问题。是年，省专利服务中心多次到工厂和基层单位进行专利代理服务100项，一次成功受理率达99%。

1990年，省专利局召开专利专、兼职代理人会议。省专利服务中心共代理服务110个专利项目，帮助用户检索课题7项，答复来信来访120人次，接待查阅专利文献资料600人次。

1991年，省专利服务中心代理专利136项，帮助专利发明人检索课题64个，答复咨询55人次，接待查阅专利文献资料826人次。

1994年4月7日，省专利局召开全省专利代理服务机构座谈会，全省各地市专利管理部门和专利代理机构共17人参加座谈。6月6日，省专利局、省物委、省财政厅联合印发《关于调整专利代理机构服务收费标准的通知》，调整专利代理机构服务收费标准，对专利代理机构服务收费实行财政专户储存、专款专用，接受物价、财政、审计部门监督。是年，首次在福州设全国专利人资格考试考点，接受全国报名135人，经资格审核，其中101人合格，实际参考67人，其中福建考生49人。

1998年，省专利局先后召开全省专利代理事务所、省直有关厅局总公司、部分科研所、九地市专利工作机构座谈会，落实专利代理服务工作。

1999年，全省专利代理机构国内专利申请代理2560件。

2000年，全省专利代理机构国内专利申请代理3847件。

2001年，全省专利代理机构国内专利申请代理4309件。

2002年，全省专利代理机构国内专利申请代理5500件。

2003年2月18日，省知识产权局成立福建省专利代理惩戒委员会，职责为监督与管理专利代理机构，规范专利代理从业人员执业行为，维护专利代理行业正常秩序。该委员会由省专利管理部门和专利代理机构共5人组成，每届任期三年，省知识产权局局长黄威任主任。7月，省知识产权局对全省专利代理机构信用状况进行调查。

2004年11月，省知识产权局和国家知识产权局专利审查质量调研组在福州、厦门组织召开两场座谈会，收集专利工作部门、专利代理机构、高校、专利试点企业关于专利审查标准、审批期限、年费缴纳、法律状态公告及如何建立可行的信息反馈渠道等问题的意见和建议。

2005年1月，省专利代理惩戒委员会在福州召开工作会议，总结专利代理机构脱钩改制两年来的工作，通报专利代理机构年检情况。4月至8月中旬，省知识产权局制定《福建省专利中介机构信用管理体系建设工作计划》；召开全省专利代理机构信用体系建设工作会议，各专利代理机构在会上共同签订《福建省专利代理机构诚信自律公约》。8月29日，省知识产权局印发《福建省专利代理机构诚信档案管理暂行办法》，规定省知识产权局负责指导全省专利代理机构诚信档案的建设、管理工作；代理机构诚信档案采集信息的主要内容及执业专利代理人采集信息的主要内容。该办法于9月1日起实施。同日，省知识产权局印发《福建省优秀专利代理机构和优秀执业专利代理人评选办法（试行）》，确定评选每两年进行一次优秀专利代理机构和优秀执业专利代理人评选，实行限额制。该办法自9月1日起实施。9月底，完成专利代理机构及执业人员诚信档案建设工作。

2007年7月12日，省知识产权局召开全省专利代理机构工作座谈会，福州、厦门、泉州的11家专利代理机构负责人和有关代表参加会议，听取各专利代理机构开展业务工作的做法、经验体会以及建议。11月20日，省知识产权局组织在福州的专利代理机构、专利工作试点企业及部分高校、科研院所共70名代表，参加国家知识产权局专利局在福州召开的专利审查和流程管理工作座谈会。省知识产权局局长罗旋介绍全省知识产权工作情况；国家知识产权局专利局专利审查和流程管理部领导及相关人员介绍外观设计专利及电子专利申请知识，回答与会代表专利审查、流程管理具体业务环节问题。

表8-1　　**1985—2007年福建省专利代理机构国内专利申请代理情况表**

单位：件

年　份	合　计	职　务	非职务
1985	42	—	—
1986	89	—	—
1987	150	68	82

续表

年　份	合　计	职　务	非职务
1988	178	112	66
1989	225	132	93
1990	271	125	146
1991	316	179	137
1992	475	290	185
1993	795	411	384
1994	898	461	437
1995	1154	580	574
1996	1603	864	739
1997	1802	861	941
1998	2114	1022	1092
1999	2560	1317	1243
2000	3847	2060	1787
2001	4309	2521	1788
2002	5500	3602	1898
2003	8743	3346	5397
2004	7114	2093	5021
2005	8677	2897	5780
2006	9181	3648	5533
2007	9460	4255	5205

三、专利信息服务

1985 年 2 月，福建省科技情报所开始开展专利咨询、查新代理工作，除给用户提供国际联机检索《世界专利索引》服务外，还提供有关国家的专利文献检索工具书和美国、英国、日本及欧洲专利组织等的专利说明书。8 月，中国专利局召开全国首次专利文献工作会议，决定在福建省科学技术情报研究所（简称省情报所）设置专利文献的二级分中心中国专利局省情报所专利文献分中心；在福建省专利代理事务所、省情报所、厦门市专利管理处设中国专利文献的服务点。至 1990 年，根据国家专利文献二级分中心的设置标准，中国专利局省情报所专利文献分中心陆续增订苏联、美国、英国、日本以及欧洲专利局、世界专利组织等专利说明书200多万件（缩微胶卷）和与之配套的有关设备；收藏从1974年以来的英国德温特公司出版的专利文献和题录、日本专利文献和题录，以及1980年以来台湾专利公报、中国专利公报和年度累积索引，配备国际专利分类表和关键词牵引等一系列检索工具；开辟专利阅览室和专利书库，对外开展专利文献服务工作。省专利服务中心、福州市专利管理处、厦门市专利管理处、厦门大学、福建物质结构研究所、省机械研究院、省图书馆、福建师范大学及部分大中型工矿企业等29个单位订购中国专利公报与中国专利检索工具书。省专利服务中心全套订购中国专利说明书纸样。是年，中国专利局省情报所专利文献分中心为省机械科学研究院仪器仪表室在“复费率电度表”“自动开关”“多功能时间控制器”等项目的研制中，查阅大量相关专利资料。是年，省化工研究所利用查阅的专利文献资料，先后研制出“软性冰垫”和“高软化点萜烯树脂”，并投产投放市场；福州第一化工厂从省专利服务中心检索大量专利文献，该厂在氯酸盐电解槽的技术改造中设计出FA-Ⅱ单极电解槽并申请国家专利，技术处国际先进水平。

1987年，中国专利局省情报所专利文献分中心为福州市拆船厂新产品“管式梅花开关速割嘴”进行查新，认为该技术具有创造性，建议申请专利保护。该项目年末取得专利权，并获福州市1987年优秀新产品“腾飞金马奖”。

1988年，中国专利局省情报所专利文献分中心为长乐县南潭蛋白肉厂生产的“黑加仑”可乐提供查新报告，确认该产品的首创地位；年内通过省级技术鉴定，并投入生产。同时，先后为漳州化学品厂和福州市抗菌素联合有限公司引进项目进行专利法律状态方面的检索咨询。

1993年8月，省专利局支持并协助三明市专利事务所利用自身专利信息服务优势，加强与全国各地专利信息的联系和沟通，帮助将乐县石门岭水泥厂从武汉工业大学引进“高铁早强普通硅酸盐水泥”专利技术，使该厂月平均水泥产量由原来的5000～6000吨提高并稳定在8000～9000吨，最高达10000吨，创造三明市同类规模企业的最高产量。是年，省专利局开始筹建福建省专利信息库，派员参加有关培训。省专利局组织到工矿企业，帮助福州抗生素厂等5家企业整理专利工作材料，协助福州包装机械厂整理专利技术实施的典型经验材料。

1994年，省专利局进一步完善专利数据库建设，开始购买由专利文献出版社出版的中国专利文摘数据库光盘，内容包括1985年9月以来的所有专利的著录项目信息（包含发明专利、实用新型、外观设计），并开始利用专利数据库文献进行检索服务工作。

1995年，省专利局专利数据库建成“实施转让”“企业需求项目”“专利纠纷案件”“参展项目”“专利人才管理”“专利行政档案”等6个数据库，为发明人专利申请进行检索和咨询300项（次）。

1997年，继续完善1995年建成的6个专利数据库建设，新建福州、莆田、泉州、漳州等4个设区市初级网点，确定10个直属网员，帮助网点和其他单位提供行业专利信息

3300 多项。

1998 年，省专利局给上级机关、企事业单位提供 150 多项最新专利项目信息，接受专利咨询服务或咨询回信 400 人次，单项专利检索达 100 次，说明书提档次 220 项，检索课题 224 项，提供检索报告 12 篇。

1999 年，省专利局申请免费域名和虚拟主机，利用互联网传播专利信息，通过电子邮件和省专利局网站给各地县区和网员提供专利文献检索结果，接受咨询服务和咨询回信 450 人次，单项专利检索 100 条，专利说明书提档（包括复印、打印）200 套，课题检索 200 个，检索报告 4 篇。年内，省专利局组建局域网。

2000 年，省专利局接受专利咨询服务和咨询回信 500 人次，单项检索检查达 100 条，说明书提档 200 项，课题检索 245 项，提供检索报告 12 篇。

2001 年 11 月 30 日，省专利局在国家知识产权局和省科技厅的支持下，完善和健全局域网软、硬件建设，初步实现办公自动化；建成中国专利信息工程福建网点竣工并投入使用。

2002 年，省知识产权局利用互联网及时报道全省知识产权工作情况，普及知识产权知识；开展专利信息检索，为企事业单位创新专利服务。

2003 年，省知识产权局给企业、科研院所提供专利文献服务，检索课题 70 个，复制专利说明书 500 份，出具检索报告 5 份。受国家知识产权局委托，省知识产权局承办全国专利信息地方网点建设工作会议，全省专利管理部门、专利代理人、企业专利工作者代表及 31 个省市自治区知识产权局代表共 90 人参加会议。

2006 年，省知识产权局加强知识产权门户网站建设，网站当年访问量 17549 人。网站信息被国家知识产权局网站采纳 135 条，处全国第八位。

2007 年 4 月 26 日，福建省中外专利数据库服务平台正式开通。该服务平台由国家知识产权局和省知识产权局主办，中国知识产权出版社承建，内容涵盖七国（中、美、日、英、法、德、瑞士）两组织（世界知识产权组织、欧洲知识产权组织）在内的海量专利数据库。全省公众均可通过访问省知识产权局网站检索使用数据库服务平台。

第二节　版权协调与服务管理

1985 年，根据《图书、期刊版权保护试行条例》，全省出版社、期刊社对 1980 年以来作者来稿情况进行清理，并建立出版合同和稿件管理制度。

1990 年，全省各出版社清理检查 1985 年以来出版合同执行情况，没有签订合同的要补签合同，合同期满的要续签，并督促各出版社做好稿酬管理工作，排解纠纷，将稿酬政策落到实处。同时，按照国家版权局 2 月 2 日下发的《关于认真执行对台、港、澳版权贸易有关规定的通知》，各出版社采用台、港、澳作品情况进行全面检查，并落实稿酬政策，切实保护台、港、澳同胞的作品，使其享有与大陆同等的版权。

2001年6月1日，省版权局与省信息产业厅联合召开纪念著作权法实施十周年座谈会，邀请福州市近20家软件业主参会。5月31日上午，泉州市版权办邀请树脂工艺品厂家管理与设计人召开座谈会。

2002年6月24日至28日，省人大常委会教科文卫委员会首次组织部分委员、人大代表，到福州、泉州、莆田等市调研、检查版权执法工作。在福州调研、检查软件版权保护，在泉州调研、检查工艺美术版权保护；在莆田调研、检查教材、教辅图书盗版工作。调研组充分肯定福建版权管理工作取得的进展，认为版权工作“三个立足”（即：立足于保护正版，打击盗版出版物；立足于促进创新，全面服务社会；立足于常抓不懈，露头就打）的思路，符合福建实际，做出成效。

2003年10月8日，省版权局批复同意泉州市成立泉州市版权保护服务中心，负责作品版权自愿登记等代理工作。10月30日，省版权局批复同意德化县成立企业服务中心，开展作品版权自愿登记代理工作。

2004年3月23日，全国版权工作会议在泉州召开，来自全国各省（自治区、直辖市）版权局、中心城市版权局领导，最高法院、国务院法制办等单位代表，及新闻出版总署有关司（厅、局）负责人等出席会议。会议期间，代表们考察泉州市德化县陶瓷工艺品版权保护重点企业，召开现场会，总结德化县版权保护促进经济发展“三个到位”（即领导到位、宣传到位、服务到位）经验。

2005年4月7日，省版权局在福州召开全省版权保护重点企业代表座谈会暨授牌仪式，全省首批15家省级版权保护重点企业获授牌。省版权局帮助15家版权重点保护企业在机构建设、人员培训、反盗维权、推行正版化、无形资产和权属管理等方面建立健全制度，加强企业知识产权保护和发挥知识产权价值。

2006年4月14日，省版权局召开全省版权工作会议，确定第二批15家省级版权保护重点企业。同时，省版权局创新版权服务方法，对两批30家省级版权保护重点企业实行“三个上门”（上门服务、上门登记、上门培训）。

2007年1月24日，省新闻出版局（版权局）组织人员到安溪县调研藤铁工艺版权保护问题。8月16日至19日，省新闻出版局（版权局）领导陪同新闻出版总署领导考察福州、泉州、德化等地的版权保护重点企业、企业软件正版化工作情况。11月27日，国家新闻出版总署中国出版科学研究所到德化、泉州、厦门等地调研“版权社会服务——代理服务研究”，与当地版权管理部门、版权服务中心、版权代理机构、律师事务所负责人进行座谈，并走访陶瓷、树脂企业。

第三节　商标协调与服务管理

中华人民共和国成立后，省工商局按有关规定，外商在中国申请注册商标的仅限于已与中华人民共和国建立外交关系、订立商约之国的商民，用外国文字作为商标的不予核转注册，但运销国外或由外国进口的商品不在此限。

1953年，执行中央工商行政管理局《关于商标管理的几点意见》，省工商局对已被国营企业接受的外资企业，接受其商标且酌情使用（国际垄断组织和有殖民地色彩或不良影响的商标除外）；未被接收的外资企业的商标均不得使用；进口商品的商标，无论属何国籍及是否核准注册，均禁止仿冒使用。外贸机构组织出口商品一般使用或借用私营厂家的商标；在组织出口联营组织时，可以统一使用商标。

1954年4月6日，省商业厅颁布《福建省未注册商标暂行管理办法》，对福州、厦门、泉州、漳州四市未注册商标使用情况作出规定。至10月底，福州市完成未注册商标的登记工作；厦门市进度较慢，其他地区如期展开。

1957年，省工商局部署，全省各地工商部门相继召开使用商标动员大会，对商标使用情况进行验证检查，但总体执行情况比较差。福州市中央私营企业局核准注册商标有30件，只有6件办理验证手续；中央工商行政管理局注册344件商标，只有66件办理验证手续。

1960年2月，落实《关于废止商标审定程序的决定》，省工商局在全省组织废止商标调查，南平市调查42家工厂，其中使用商标的18家工厂，只有5家经注册核准，未经注册而使用商标的有13家企业34种产品。同时，有仿造套用外地其他厂家商标产品12种。

1963年4月，省工商局印发《关于对商标使用情况进行全面清理整顿的通知》，对全省商标使用情况进行清理整顿，制止不规范商标，督促未注册商标按规定办理注册登记事宜。10月，根据全国商标工作会议精神，注重对注册商标的使用管理重点放在监督企业提高产品质量上。

1965年1月至2月，省工商局在福州、厦门、泉州、漳州、南平等城市举办商标巡回展览，通过先进和后进两种产品的商标、质量、价格对比，促使生产部门提高产品质量意识。

1966年“文化大革命”开始后，省工商局被迫停止工作，商标使用管理工作停止。

“文化大革命”结束后，根据国务院工商行政管理总局部署，省工商局对全省“两本账”问题（指一个商标有2个注册人的现象）进行清理。调查显示，福州市1117家各种经济成分的工厂，只有124家使用商标，占11.1%；漳州市302家工厂，只有41家使用商标，占13.6%；泉州市444家工厂，只有55家使用商标，占12.4%；三明市134家工厂，只有4家使用商标。而且这些工业企业使用的商标大部分没有注册，还有一些企业连商标注册证都丢失了。福州市对31家工厂的74件商标进行核对，原中央工商行政管理局注册的有33件，其中丢失注册证明的达22件。

1978年12月11日，省工商局转发国家工商总局《关于清理商标的通知》，对未注册商标若与注册商标相同或近似、发生混同的即予改换；未注册商标如果互相混同，根据商标使用时间的先后、商品产量、销量的大小，准许其中一个继续使用，其他予以改换。

1979年初，按照国家工商总局《关于清理商标的通知》，省工商局在全省开展商标清理工作。经清理，全省1148个商标，有混同商标346个，占全省商标总数的30.14%。

1980年，省工商局根据国家工商总局《关于调查混同商标的通知》，对混同商标进行重新调查、审理，撤销60个混同商标，给128个确需暂时保留的混同商标发放临时使用证，并把长期保留的混同商标转报国家工商总局审批。

1981年，通过在《福建日报》《厦门时报》上刊登18期的《商标通告》，对商标注册、使用进行规范。

1982年6月10日，省工商局下发《关于混同商标要求保留问题的通知》，实施对混同商标在处理清单上注“不保留”和“不能保留”批语，并发给商标临时使用证。9月，全省工商局对使用商标情况进行检查，纠正违章使用商标文字及其图形组合等306件。10月，福州、厦门出口口岸商品有115个使用商标，其中省外贸进出口公司注册商标52个，厦门市外贸公司注册19个，外贸总公司注册17个，企业注册11个，未注册7个，其中混同的有9个，共用商标80个。是年，全省混同商标共346个，处理保留107个，撤销149个，放弃（停用）61个，待定29个。

1983年，省工商局印发《关于核转商标申请中几项规定和要求的通知》，对全省商标核转体制、商标申请的核转具体手续和要求、商标规费收费标准和收缴办法作出规定，商标专有权生效采用注册原则；商标注册按申请先后办理，特殊情况下，也考虑使用先后；摒弃全面注册办法，实行自愿申请注册；商标注册实行商标局统一核准发证、分级管理。9月，根据国务院批转外经贸部、国家工商总局的《出口商品商标管理办法》，省外经贸委和省工商局进一步加强涉外商标管理。

1984年，省工商局按照国家工商总局《关于加强指导商标注册申请核转工作的通知》，规范申请书件，方便企业商标注册申请。4月26日，根据商标注册核转工作开展情况，下发《关于改变部分省辖市工商行政管理局商标核转体制的通知》，把福州、厦门市的商标注册核转改为一级核转。福州市、厦门市工商局分别将企业的商标注册、转让、续展及其变更等申请，直接核转商标局；其所辖各县的注册申请等事项，仍按原规定报省工商局实行二级核转。是年，全省工商部门对已经核准的1750件商标建立商标档案。

1985年4月2日，根据国家工商总局《商标使用许可合同备案的注意事项》通知，省工商局下发《关于贯彻〈商标使用许可合同备案的注意事项〉的通知》，规定1985年5月1日起，被许可使用的商标必须是注册商标，商标使用许可人必须是该商标的注册人；

许可使用的商标，以核准注册的商标名称、图形和核定使用的商品为限；商标使用许可合同的期限不得超过注册商标的有效期。6月20日，省工商局下发《转发〈关于商标在国外要求优先权问题的通知〉的通知》，商标注册人提出申请注册的商标，在公约的其他国再提出申请要求优先权的，要向对方提供第一次申请日期证件。8月，省工商局下发《转发〈关于商品使用未注册商标时，应标明企业名称、地址的通知〉的通知》，全省各地工商局按要求切实把使用未注册商标的商品管理起来，开展市场检查，并建立必要的检查监督制度，避免防止未注册商标的商品发生问题时无法查找生产厂家。9月27日，省工商局会同省烟草专卖局联合下发《转发国家工商行政管理局、国家烟草专卖局〈关于卷烟、雪茄烟使用商标、文字等有关问题的通知〉的通知》，规定凡卷烟、雪茄烟必须使用注册商标；卷烟、雪茄烟盒皮上必须以汉字标明商标和厂名；从1986年1月1日起，不符合规定的卷烟、雪茄烟不得进入市场。12月5日，省工商局会同省卫生厅、医药管理局联合下发《转发国家工商行政管理局、卫生部、国家医药管理局〈关于药品使用注册商标若干具体问题的通知〉的通知》，自1984年8月1日起，药品在市场上销售必须使用注册商标；注册商标应当印制在药品包装容器或标签的显著位置上；生产、经销药品的企业，均可以申请注册商标。同时，根据国家工商局《商标核转工作若干规定》，省工商局进一步明确县级核转和省级核转的各自职责及审核重点，对不能受理的20种情况做了具体界定，并退回167件不符合规定的申请注册商标。是年，全省受理商标申请核转843件，是历年间核转数量最多的一年。

1986年1月，省工商局印发《关于注册商标使用问题的通知》。全省各级工商行政管理部门全年验证商标2024件，并对未注册商标的使用情况进行检查监督。此后，此项工作基本形成制度。

1988年，全省各级商标管理人员积极指导商标使用者正确使用注册商标，重点保护名、优、特、新产品的企业商标专用权。7月8日，省对外经贸委下发《关于加强我省现有出口商品商标管理的暂行规定》，此后出口商品已注册使用出口商品商标的，其所有权和使用权均属注册人，未经商标所有人许可，他人不得擅自挪用、冒牌和仿制；外贸企业需要使用他人已注册的出口商标的，必须事先征得商标所有人同意并签定商标使用许可合同；凡转让商标所有权或签订商标使用许可合同的，应报送有关地方工商行政管理部门和省外经贸委审核备案。

1990年，省工商局全年验证注册商标2777件，占全省有效注册商标数5836件的47.58%，不合格377件。

1991年，各级工商管理机关筛选评定商标印制定点企业，统一制作合同书，促进商标印制逐步走向规范化。

1992年，各级工商行政管理部门对按规定印制商标、建章立制较好的印刷厂家进行表彰，推广其先进经验。

1993 年 1 月，省商标事务所成立，商标行政管理与商标民事代理分开，实行商标代理制。是年，省工商局办理近 1000 件注册商标续展申请。4 月 13 日，省工商局发出《关于我省建立商标事务规划的报告》，在全省推行商标代理制。同时，开始以县为单位，对注册商标证进行年检，实行一证一卡制度，建立管理档案，随时进行动态登记和修订，全省商标档案日趋完备。开展注册商标使用指导工作，建立省著名商标企业为重点的商标工作联系点。各指定为联系点的企业成立商标工作机构，配置人员，建立健全商标档案和使用管理制度。全省企业注册商标的使用和管理得到加强，出现如片仔癀、富贵鸟、851、福日、闽东电机、绿得、白鸽、安尔乐、七匹狼、匹克等具有较强市场竞争力，社会知名度较高，深受广大用户和消费者欢迎的商标品牌产品。

1994 年 6 月 22 日至 23 日，省工商局在福州召开商标广告管理工作会议。是年，省工商局检查未注册商标 18 件，办结 17 件。

1995 年 10 月 30 日至 11 月 20 日，省工商局发出《关于对我省 1992 年评选的著名商标进行核实的有关问题的通知》，对辖区内被评为 1992 年福建省著名商标的 89 件商标使用情况进行调查核实。是年，省工商局检查未注册商标 113 件，办结 104 件。

1996 年 11 月起，省工商局结合企业年检，在全省范围开展注册商标验证工作，纠正注册商标使用中违法违章现象，率先在全国完成注册商标验证收费标准审批，统一全省商标代理收费标准。龙岩市工商局首次摸清全市注册商标拥有量，了解企业商标使用情况，帮助企业建立健全商标使用管理制度。是年，全省各级工商行政管理部门加强对商标事务所业务指导。

1997 年 3 月，省工商局开展面向企业的“扶持名牌”活动，提高企业对注册商标的认识，使商标注册量年增 18.3％。

2000 年，在全省商标系统实施省、市、县工商局三级指导，省、市、县工商局、基层工商所四级办案商标监管模式，在全省建立 18 个商标执法联系点。漳州市工商局推行辖区管辖制、片区监管制、市场巡查制三结合管理模式，各辖区、片区和企业普遍建立商标简易管理档案，结合片区管理、市场巡查加强商标监督管理和服务，逐步改变基层商标管理有告有管、不告不管的被动管理方式。

2001 年 4 月，全省工商系统精简机构，县工商局商标监管与经检执法部门合并。5 月 10 日，省工商局在福鼎县秦屿工商所召开全省基层商标执法现场经验座谈会，总结、推广 16 个先进工商所的经验做法。全省建立基层工商所（分局）和县工商局商标执法联系点 30 个。莆田市涵江工商分局和仙游县工商局通过业务培训、个案指导等指导工商所、12315 等基层单位开展商标管理与执法。

2002 年，省工商局对地市商标监管模式、商标监管机构人员现状、商标品牌战略实施、商标代理市场等进行调研，形成全员管理、源头治理、疏堵结合、信用体系管理的工作新思路。省工商局商标广告处与企业处协作建立企业公示、警示制度，对企业三年内被认定的驰名商标、福建省著名商标的商标名称、类别、商品或服务名称、商标持有人名称等良好信息予以公示；对企业的商标侵权行为和其他违反行为进行警示。是年，省工商局加强全省商标代理行业监管，指导各代理组织完成脱钩改制；支持厦门市工商局对3家超经营范围开展代理业务的公司予以查处。

2003年，针对商标案件日益增多、商标监管机构和人员锐减的状况，省工商局从防打结合、以防为主、标本兼治、治本为主出发，进一步探索商标长效管理新措施。省工商局商标广告处与信息分局协同开发“驰著名商标管理”“驰著名商标查询”“驰著名商标维护”业务模块，录入历年驰名商标、省著名商标相关资料，开始尝试对企业实行分类、分级管理。龙岩、莆田等市工商局对商标注册、使用管理、专用权保护、品牌战略实施等情况，实行全程掌握、全程跟踪服务。漳州市芗城区、龙海县、漳浦县工商局通过“经济户口”与辖区内的知名、著名、驰名商标企业建立名优网络。宁德市工商局把省著名商标相关资料录入“华东五省一市商标管理协作网”，实行监管信息互联互通。

2004年，全省商标系统将商标监管融入信用体系建设，逐步建立信用分类监管制度。各级工商行政管理部门采集、整理、录入企业在商标使用、商标注册、商标转让、商标许可等活动中发生的相关信用信息，实施不同的监管服务措施。省工商局实行百分制，对发生严重侵权假冒他人注册商标行为被查处的扣40分，一次性进入失信企业之列。宁德市工商局对守信企业的驰著名商标、知名商标，经有关机构评估价值后，协助商标所有人联系金融机构，尝试商标质押贷款，指导企业实现高知名度商标的商业化运作。福州市工商局在沃尔玛、麦德龙、永辉、好又多等大中型超市、商场、商品批发市场逐步推行建立进场商品商标备案制度，指导经营者与供货商签订责任书，要求供货商特别是驰著名商标商品的供货商提交商标权利证书复印件。

2005年9月30日，省工商局下发《“服务品牌经济、加强商标保护”十项制度》，在全省推广泉州市工商局做法，建立切合本地实际的“服务品牌经济、加强商标保护”的相关制度，建立、细化和落实商标法律宣传、商标注册建议书、商标咨询提示服务、商标印制报备、商标许可使用、闲置商标盘活、争创品牌指导、驰著名商标重点跟踪、联手打假维权、商标侵权查处十项制度。

2006年8月，省政府办公厅转发省工商局的《关于推进实施商标品牌战略工作意见的通知》。其后，全省各级政府相继制定各种措施，支持实施商标品牌战略工作。11月6日至7日，省商标协会与中华商标协会在厦门联合主办首届海峡两岸商标品牌论坛。来自台湾海峡两岸商务协调会、国家工商总局、国务院台湾办公室、省政府、省工商局的领导及海峡两岸专家学者、企业界代表共250多人（其中台湾专家学者和企业界代表44人）参与论坛。两岸专家学者围绕“海峡两岸商标保护、品牌的拓展与市场运作”主题，对大陆企业在台商标争议案例、企业商标保护策略、台湾对驰名（著名）商标的保护及争讼制度、大陆对驰名商标的认定与保护制度等进行研讨，取得共识。

2007年2月，副省长叶双瑜在省工商局向省政府办公厅报送的《关于全省工商系统贯彻省政府办公厅批转省工商局推进商标品牌战略实施工作意见情况的函》呈阅件上批示。同月，全省各地工商行政部门根据省工商局的部署，相继制发商标品牌战略相关政策举措。6月18日，在福建项目成果交易会开幕式上，省工商局建立启动福建省实施商标战略信息平台，该平台通过福建工商红盾网登陆。10月，省工商局开展地理标志证明商标、集体商标调研，抓好自主品牌创建工作和商标权行政保护工作。是年，省工商局加强涉外商标的保护，指导台湾企业对恶意将台湾水果名称注册为商标的行为提出撤销申请，撤销3件注册商标。

第九章　奖励与表彰

1985年起，福建省组织专利项目在参加国内、国际性的各种展览会、技术交易会上获得多种奖项。1989年，省专利局组织申报第一届中国专利奖。1991年，福建省专利项目首次获中国专利奖。1992年，省科委等单位联合开展福建省专利奖评奖活动，评出104项专利奖。至2007年，全省获中国专利奖项目14项，省级单位联合表彰专利项目104项，获全国性表彰的先进集体47个、先进个人55名，获省级单位联合表彰的先进集体107个、先进个人266名。

第一节　专利奖申报评选

一、中国专利奖

1989年，根据国家知识产权局通知，省专利局在全省组织开展中国专利奖申报评审工作。该奖每两年申报评审一次，设金奖和优秀奖，中国专利奖金奖由国家知识产权局和世界知识产权组织联合颁发。

1991年，省专利局开始推荐专利项目参加第二届中国专利奖评审，省机械研究院的“直立输送禾秆联合的收割机”发明专利获优秀奖，为全省首个获奖项目。此后，省专利局每一届都推荐专利项目参评，均有项目获奖。

1993年，中科院福建物构所副总工程师江爱栋研发的“熔盐籽晶法生长低温相偏硼酸钡单晶”发明专利获第三届中国专利奖金奖，这是福建省第一个获中国专利奖金奖项目。该专利技术经全面性能测试，证实晶体是一种优良的非线性光学、热电等多功能材料，其培养方法包括配料、下籽晶、生长三个步骤。用这种方法，可稳定地生长出Φ67毫米，中心厚度达15毫米，呈立碗形的大单晶。

1999年，中科院福建物构所副所长兼新技术晶体材料重点实验室主任陈创天为第一发明人的5人科研小组研发的“用三硼酸锂单晶体制造的非线性光学器件”发明专利获第六届中国专利奖金奖。

表 9-1　**1991—2007 年福建省年获中国专利奖项目情况表**

年份	届别	奖项	获奖项目	专利权人	发明人
1991	第二届	优秀奖	直立输送禾秆联合收割机	福建省机械研究院	蓝文锋　陈金宝　邱先钧
1993	第三届	金　奖	熔盐籽晶法生长低温相偏硼酸钡单晶	中科院福建物构所	江爱栋
		优秀奖	利用抗氨固氮菌培养富硒单细胞蛋白、维生素 E 和菌肥的方法（“851”口服液）	杨振华	杨振华
		优秀奖	旋转永磁圆盘式退磁机	吉林大学（在福建实施、报奖）	关品三
1995	第四届	优秀奖	栽培食用菌的方法	福建农学院食用菌实验场	林占熺
1997	第五届	优秀奖	高压户内真空断路器操动机构	福州第一开关厂	徐东晟　林发光　王增梅
1999	第六届	金　奖	用三硼酸锂单晶体制造的非线性光学器件	中科院福建物构所	陈创天　江爱栋　吴以成　吴柏昌　尤桂铭
		优秀奖	纤维板湿法生产线改造为干法中密度纤维板生产线的方法	贾晋民	贾晋民
2001	第七届	优秀奖	一种定时自检式交直流两用自动转换荧光灯	江　雄　江　清	卓　高　江　雄
2003	第八届	优秀奖	医用免疫检测装置	福州大学	杜　民　方志成　黄　玲
2005	第九届	优秀奖	低损耗高选择性大功率多腔滤波器	庄昆杰	庄昆杰
2007	第十届	优秀奖	汽车尾气三元催化剂及其制备方法	福州大学	魏可镁　肖益鸿　詹瑛瑛　蔡国辉　郑　起
			摄像显微镜	麦克迪奥实业集团有限公司	杨泽声
			具有自动清洗装置的紫外线消毒装置	福建新大陆环保科技有限公司	陈　健　姚向阳

二、省专利奖励申报、评奖

1991年4月1日，省专利局印发《关于组织评选中国专利奖和福建专利奖的通知》，决定评选首届福建省专利奖，配合和选送优秀项目参加中国专利奖的评奖活动。10月15日，省专利局印发《福建省优秀专利项目奖的评选办法（试行）》。是年，完成111项申报评奖项目的初审和60项评奖项目的资料汇编。

1992年6月，省科委、省经委、省专利局联合展开首届福建省专利奖评奖活动，从1985年至1991年共2714项获授权专利中，评出104项专利奖。其中荣誉一等奖（荣誉金奖）9项，一等奖（金奖）10项，二等奖（银奖）22项，三等奖（铜奖）35项，鼓励奖25项，专项奖2项（其中机电杯专项奖1项、青年发明专项奖1项）。其后，未再举办福建省专利奖续评活动。

2007年7月10日，省科学技术奖励委员会办公室发出《关于申报2007年度福建省科学技术奖的通知》，首次将发明专利纳入省科技奖的申报范围，规定只要成果获得国家发明专利证书，并按要求提交项目成果的其他相关材料即可申报省科技奖。

表9-2　**1992年福建省首届专利奖获奖情况表**

获奖项目	奖项	主要完成单位或个人	第一发明人
高效能异步发电机接线方法	荣誉一等奖（荣誉金奖）	福州大学	吴汉光
新型化染酚酞螯合高聚物防腐蚀涂料		福建师范大学	胡炳环
电解法臭氧发生器		福建师范大学	池乃书
水田尿素点深施机		福建省农科院	陈　敏
套接工艺组合竹碗		三明市荆西贮木场	赖龙海
调温铸铁电火锅		邵武电子电器厂	李　强
旋转永磁退磁机		福建吉大漳浦应用技术研究所	关品三
活动书写卡片射线投影暗合装置		福州梅生机电新技术开发研究所	陈梅生
特效油墨添加剂		庄飞跃	庄飞跃
直立输送禾秆的联合收割机	一等奖（金奖）	福建省机械科学研究所	蓝文峰
结晶硅炉新型电机把持器节能装置		吴旺河	吴旺河
新拍节能火花塞		晋江矿建节油火花塞厂	黄志强
一种改进的氯酸盐电解设备		福州第一化工厂	叶贻吟
结晶木糖的制备方法		漳州糖厂	龙　新
DWC系列电动化粪坐便器		厦门国兴电子设备厂	黄在德
射水法造墙机		福建省水利水电科学研究所	李必峰

续表

获奖项目	奖项	主要完成单位或个人	第一发明人
利用细菌生产含单细胞蛋白或维生素E的培养液的方法	一等奖（金奖）	福州振华851生物工程研究开发总公司	杨振华
离子色谱抑制剂		厦门大学	田昭武
电子芯式传感器		福州市第三电器厂	郑云钦
PP333（多效唑）的制造方法	二等奖（银奖）	厦门大学	廖联安
无螺纹配合式环形割咀		曹宁建	曹宁建
无横梁高刚性轧机		福建省冶金工业设计院	曹　可
化学药液涂抹器		顺昌县林委	许华美
不锈钢表面耐腐蚀性处理方法		厦门大学	林昌健
多功能微型台钻		福州市计量仪器厂	肖　红
高辣度辣椒树脂油的制取方法		厦门大学	吴明光
转印彩色墨水及印花方法		厦门市科委	陈庆喜
含氨酸生产菌溶源性的检测		厦门大学	翁绳周
植绒花布及其工艺方法		福州古山植绒厂	谢开兴
大型高效汽化油炉		福州仓山汽化炉厂	邱尔佳
便携式皮衣皮鞋擦油器		杨明银	杨明银
一种闭舌后锁舌自行固定的锁		陈永康	陈永康
钢化玻璃装置		顺昌洋口钢化玻璃厂	康顺生
节能蒸笼炉		泉州市陶瓷科学技术研究所	王其昌
直腹杆曲拉弦杆钢屋架		潘家清	潘家清
一种小型无刷发电机		仙游电机厂	叶羽纺
CPT-A型多动能可编程时间控制器		福建省机械科学研究院	陈　源
一种波导型FET低噪声放大器		福州大学	林金清
高压带电显示闭锁装置		福州第三电器厂	郑云钦
测试微区腐蚀电位电流分布的扫描装置		厦门大学	田昭武
胸腺因子β的制备方法		空军福州医院	陈紫榕
ABC塑料基二氧化氯电极的制造方法	三等奖（铜奖）	福建师范大学	池乃书
自动激水雾除尘器		张永福	张永福
冰箱全自动电子杀菌除臭器		福安市智立电子研究所	林梓梁
铅笔板化学软化处理		福建省化学工业科学技术研究所	庄振聪
强制循环鼓动法生产氯化石蜡装置		林群祥	林群祥
A628型对虾饲料粘结剂		漳州海力饲料厂	林剑秋

续表

获奖项目	奖项	主要完成单位或个人	第一发明人
自动报警的防盗证件夹	三等奖（铜奖）	福州市台江区少年宫	陈　云
轨道垂直测量器		廖祝生	廖祝生
单纤维拉长仪		白千文、郑国辉	白千文
KJW-4 型计量和负载控制自动开关		福建省机械科学研究院	陈　源
DWS-1 电子电话密码锁		霞浦电子技术研究所	郑　禄
带有电子魔灯的音响系统		厦门东源实业公司	张渊博
鱼（虾）苗计数器		厦门大学	许斐力
一种扁平反射面微波天线		福州大学	方大川
磁带音像抹消机		吉林大学漳浦应用技术研究所	关品三
新型高压拉上油开关		丁平陆	丁平陆
一种新型的无刷发电机		仙游电机厂	叶羽纺
多功能电动机运行控制器		龙岩地区味精厂	廖　德
高压电里装备带电显示装置		福州大学	刘文德
中药小蜜丸成型机		厦门中药厂	詹友庚
蹲式便池活动坐圈		胡　琳	胡　琳
面火移动式烤饼机		夏水金	夏水金
固定在自行车上的双管打气筒		陈景生	陈景生
带固体胶的圆珠笔		三明市供销机械厂	占力平
半自动图钉机		蒋芳明	蒋芳明
榫锁式空心砌块		何光大	何光大
单向阀式引流器		黄玉昭	黄玉昭
折叠伞帽		陈依成	陈依成
汽车清洁除尘装置		陈永康	陈永康
直接驱动自行车后轴针摆减速装置		福州大学	石宗宝
新型针摆减速机—铸摆减速机		福州大学	石宗宝
2RZ-160 软轴采种机		福建省林业机械试验厂	王国祯
摩托车多功能齿轮		清流二轻局五金厂	周千孙
加工圆柱形石头专用车、磨床		集美水产学校	苏克己
调温铸铁电砂锅		邵武市电子电器厂	温承贤
拖把脱水器	鼓励奖	郑锡宝	郑锡宝
塑料包装瓶		石狮港矿化工材料厂	张文敦
改进型折叠四季坐躺两用椅		陈树明	陈树明
组合式自动烟具		福州市台江区少年宫	黄安平
防盗车铃		陈国基	陈国基

续表

获奖项目	奖项	主要完成单位或个人	第一发明人
可换算世界时的日用品	鼓励奖	张康德	张康德
拼接组合成型竹盘		三明市荆西贮木场	赖龙海
一种工艺高脚竹酒杯		三明市荆西贮木场	赖龙海
密闭强化燃烧煤炉		邱敦孝	邱敦孝
螺母开合式全行程快速调距机构		吴光生	吴光生
规则平面孔孔心定位半球体		福州计量仪器厂	谢兴开
燃气轮机节能进气机构		郑迓仔	郑迓仔
拉土机		林香绸	林香绸
轻型波轮脱粒机		陈鹏兴	陈鹏兴
手提式自动充电机		三明市供销机械厂	占力平
TM-7.5 型三相异步电动机节电器		云霄电器仪器厂	滕慈强
多功能教学组合教具		黄庭燎	黄庭燎
光电式液位仪		易育宁	易育宁
防盗报警锁		陈依钟	陈依钟
汽车挡风玻璃上的仪表显示器		福建省汽车工程技术研究所	黄　健
金属蒸汽激光器		福建省测试技术研究所	蔡柏龄
C-103 玻璃彩色涂料		华侨大学	万国芸
耳穴探测诊断笔		建阳水吉卫生院	饶德仁
空心弹性牙签		福清市松琦弹性保健牙签厂	杜光松
木浆牛皮皱纹纸		三明市造纸厂	金能新
机电杯专项奖： 电容芯式传感器	专项奖	福州市第三电器厂	郑云钦
青年发明专项奖： 冰箱全自动杀菌除臭器		福安市智立电子研究所	林梓梁

第二节　国际性展会和全国性展会获奖

一、国际性展会获奖

1987 年，在比利时举办的第三十六届布鲁塞尔尤里卡新产品新技术展览会上，福州大学吴汉光、林孝义发明的“高效能单相异步发电机接线方式”获展会银奖；福建农学院杨振华发明的“超级饲料粘结剂”参展，个人获比利时一级骑士勋章。

1988年11月，在广州举办的首届国际专利及新技术设备展览会上，福建参展项目获展会铜牌奖1项。

1990年，在中外专利日用工业品展销会、新疆丝路专利技术博览会上，福建参展项目共有71个项目获奖，其中金奖10项。在广州举办的第二届国际专利及新技术新产品展览会上，福建参展项目获展会金牌4项、银牌4项、铜牌5项、优秀奖8项。

1992年10月，在北京国际发明展览会上，福建参展项目获展会金奖3项、银奖9项、铜奖17项。是年，在瑞士举行的第二十届日内瓦国际发明与新技术展览会上，福建参展项目获展会金奖4项、镀金奖1项、银奖2项、铜奖3项。福建农学院林占熺等人的“菌草代木代粮栽培食用菌方法”发明除获金奖外，还获得本届国际发明与新技术展览会大奖——日内瓦大奖。

1994年，在北京举行的第五届亚太国际贸易博览会上，福建参展项目获展会金奖2项、银奖3项。

二、全国性展会获奖

1985年10月，在北京举办的全国首届发明展览会上，福建农学院杨振华的“利用大气氮生产单细胞蛋白和维生素E”、福建物构所的“光学晶体低温偏硼酸钡”获展会发明奖。

1986年，在全国第二届发明展览会上，福州大学吴汉光、林孝义发明的“高效能单相异步发电机接线方式”获展会金奖；福州大学林金清发明的“波导型FET低噪声放大器”获展会银奖；福建农学院杨振华发明的“超级饲料粘合剂”获展会铜奖。

1987年10月，在第三届全国发明展览会上，福建参展项目获展会金质奖3项、铜质奖4项。

1989年11月，在成都举行的第四届全国发明展览会上，福建参展项目获展会银牌2项、铜牌21项。

1990年，在第五届全国发明展览会上，福建参展项目50项，获展会奖超过50%，福建展团被评为先进展团。在福建省首届发明与革新成果展览会，全省专利项目获展会奖110个。

1991年10月，在第六届全国发明展览会展示交易上，福建参展项目获展会金奖1项、银奖3项、铜牌奖14项。

1992年3月10日至15日，在中国专利局于广州市举办的中国首届外观设计专利及新产品展览会上，福建12个参展项目获奖，其中金奖1项、优秀奖11项。

1993年7月8日至12日，在中国专利报社、漳州市政府联合主办的第二届中国专利新技术新产品博览会展示交易，省专利局组织省直有关单位参展项目获博览会奖6项，其中2项金奖、3项银奖、1项优秀奖。是年，在武汉举办的’93中国专利技术博览会和中国专利产品订货会上，省专利局组织参展项目获展会金奖 3 项、银奖 4 项、铜奖 12 项、最佳销售奖 2 项、销售优秀奖 2 项。在第七届全国发明展览会，南方机械泉州发展有限公司的“SWM-60S 型罐身缝焊机”获发明金质奖。

1994 年，在广西北海举办的第三届中国专利新技术新产品博览会展示交易上，福建参展项目获特别金奖 1 项、金奖 3 项、银奖 4 项。

1995 年 3 月 17 日至 22 日，在北京举办的中国专利十年成就展暨第四届（北京）全国专利新产品新技术展览会上，福建参展项目 29 项参加评奖，获奖 23 项，其中 9 项金奖、8 项银奖、6 项优秀奖，省专利局获展览会最佳组团奖。11 月，在 95 中国（黄山）专利技术与产品博览会上，福建参展项目获金奖 5 项、银奖 1 项。

1996 年 4 月，在第五届（郑州）中国专利新产品新技术博览会上，福建参展项目获特别金奖 1 项、金奖 3 项，福建展团获优秀组团奖。在全国（常州）专利技术博览会上，福建参展项目获金奖 2 项、银奖 1 项。

1997 年 6 月 10 日至 12 日，在大连全国专利技术博览会上，福建参展项目获展会特别金奖 1 项、金奖 2 项、银奖 2 项。在第六届中国专利新技术新产品博览会，福建参展项目获展会特别金奖 1 项、金奖 2 项、银奖 2 项。

1998 年 3 月 6 日至 8 日，在第六届中国专利技术博览会暨中国专利产品订货会上，福建参展项目获展会金奖 1 项、银奖 1 项，福建展团获优秀组团奖。

1999 年 4 月 13 日，在中国专利局举办的庆祝《专利法》颁布十五周年成就展上，福州大学的光催化项目获展会金奖。

2000 年，在国家知识产权局举办的《专利法》实施十五年成就展和第九届（西安）中国专利新技术新产品博览会上，福建参展项目获展会金奖 8 项、银奖 4 项。

2001 年 4 月，在全国首届外观设计专利大赛中，福建参加项目获特等奖 1 项，二等奖 2 项。在昆明举办的第十三届全国发明展览会上，福建参展项目获展会金奖 5 项、银奖 10 项、铜奖 16 项、专项奖 3 项。

2003 年 10 月 24 日至 28 日，在厦门举办的第十四届全国发明展览会上，福建参展项目获展会金奖 9 项、银奖 17 项、铜奖 31 项。其中推荐的 4 个中小学生项目获展会金奖 1 项、银奖 2 项、铜奖 1 项，4 个项目均获得“光华青少年科技发明奖”。

2004 年至 2007 年，各种展会不再评奖。

第三节　先进集体与先进个人评选表彰

1991 年 5 月，省科委与省司法厅、省科技干部局、省专利局联合召开《专利法》《技术合同法》学习考试总结表彰大会，表彰省地矿局、烟草专卖局等 57 个先进单位，表彰先进个人 207 名。

1992年4月，省总工会授予参加第二十届日内瓦国际发明与新技术展览会获日内瓦大奖的福建农学院林占熺，获金奖的福建农学院张可池、尤溪县管前农技站刘文炳、福得印刷电路有限公司陈贞坤等4人福建省“五一”劳动奖章。

2002年6月，省妇联、省知识产权局、省发明协会联合召开首届福建省优秀巾帼发明者座谈会暨表彰会，福州大学郑起等8人被授予首届“福建省优秀巾帼发明者”称号。

2004年5月31日，省妇联、省知识产权局、省发明协会联合授予厦门大学赵玉芬等11人第二届“福建省优秀巾帼发明者”称号。6月10日，省科委、省知识产权局在全省专利工作会议上授予福州市知识产权局朱旭云等26人“全省专利工作先进个人”荣誉称号。

2006年9月27日，省知识产权局、省妇联、省发明协会联合发文授予福安市功夫茶业有限公司薛彤云等11人第三届“福建省优秀巾帼发明者”称号。

1991年至2007年，获全国性表彰的先进集体47个、先进个人55名。

1994年至2007年，省直有关部门联合表彰各类先进集体49个。

表9-3　**1991—2007年福建省知识产权系统获全国性表彰的先进集体名表**

年份	单位	荣誉称号	授奖机关
1991	福建师范大学科研处	全国专利系统先进集体	中国专利局
1995	福建省仙游电机总厂	全国专利工作先进企业	中国专利局
	厦门市工商局商标广告处	商标管理工作先进单位	国家工商总局商标局
	南安市工商局商标广告科		
1998	厦门市工商局商标处	全国知识产权保护宣传教育先进集体	国家科委、司法部、国家工商总局商标局
1999	福州市工商局台江分局商广科	商标广告监督管理工作先进单位	国家工商总局商标局
	福州市工商局鼓楼分局商广科		
	厦门市工商局商标处		
	平和县工商局商广股		
	漳州市工商局芗城分局商广股		
	南安市工商局商广科		
	莆田市工商局商广科		
	永安市工商局商广科		

续表

年　份	单　位	荣誉称号	授奖机关
	大田县工商局商广股		
	建瓯市工商局商广科		
	浦城县工商局商广股		
	宁德市工商局商广科		
	寿宁县工商局商广股		
	龙岩市工商局商广科		
2001	福建省专利局	2001 年度全国专利政务信息工作先进单位	国家知识产权局
2002	福建省知识产权局	全国专利工作先进单位	国家知识产权局
	厦门灿坤实业股份有限公司		
	福建恒安集团有限公司		
	厦门华侨电子企业有限公司		
	中科院福建物构所		
2004	厦门市知识产权局	全国专利系统先进集体	人事部、国家知识产权局
	福州海关法规处	全国海关知识产权保护先进集体	海关总署
	中科院福建物构所	第一批全国企事业专利试点工作先进单位	国家知识产权局
	福建省知识产权局	2004 年度全国专利政务信息工作先进单位	
	福建省版权局版权处	全国版权工作先进集体	国家版权局
	福建省代表队	全国著作权知识电视大赛二等奖	
	三明市农业科学研究所	首届农业植物新品种保护先进集体	农业部
2005	省知识产权局法律事务处	全国专利行政执法先进集体	国家知识产权局
	福州海关	“保护知识产权宣传周”先进单位	全国整规办、中宣部、海关总署等 13 个部门

续表

年 份	单 位	荣誉称号	授奖机关
	厦门海关		
	省工商局		
2006	中科院福建物构所	第二批全国企事业专利试点工作先进单位	国家知识产权局
2007	省知识产权局	全国知识产权培训工作先进集体	国家知识产权局
	泉州市知识产权局		
	三明市知识产权局		
	厦门市知识产权局	全国知识产权执法先进集体	国家知识产权局
	泉州市知识产权局		
	省知识产权局	2005 年度全国专利政务信息工作先进单位	国家知识产权局
	厦门市版权局	2006—2007 年度全国版权工作先进集体	国家版权局
	三明市农科所	水稻农作物新品种“Ⅱ优明86”获农业部授匾嘉奖	农业部
	省公安厅经济犯罪侦查总队市场秩序犯罪侦查队	打击侵犯知识产权犯罪“山鹰行动”先进集体	公安部
	漳州市公安局经济犯罪侦查支队		

表 9-4 **1991—2007 年福建省知识产权系统获全国性表彰的先进个人名表**

年 份	姓 名	单 位	荣誉称号	授奖机关
1991	程增英	福州市专利管理处	全国专利系统先进个人	中国专利局
	马应森	厦门大学专利代理事务所		
1995	林朝熙	中科院福建物构所	全国专利系统先进工作者	中国专利局、人事部
	卓 庚	宁德地区工商局商标广告科	商标管理工作先进个人	国家工商总局商标局

续表

年　份	姓 名	单　位	荣誉称号	授奖机关
	蔡文诚	漳州市工商局商标广告科		
1999	宋　华	福州市工商局商标广告处	商标广告监督管理工作先进个人	国家工商总局商标局
	倪　松	福清市工商局商广股		
	林英侣	永泰县工商局商标广告股		
	吴　敏	厦门市工商局商标处		
	何久伟	南靖县工商局商标广告股		
	刘　绥	云霄县工商局商标广告股		
	黄国勋	泉州市工商局鲤城分局综合执法股		
	许国秋	莆田县工商局商标广告股		
	梁礼明	泰宁县工商局商标广告股		
	孙建平	沙县工商局商标广告股		
	雷建新	建瓯市工商局		
	杨宝容	宁德地区工商局商广科		
	林长旺	连城县工商局商标广告股		
2000	郑　起	福州大学	首届福建省“优秀巾帼发明者”	国家知识产权局、全国妇联、中国发明协会
2004	张长青	中科院福建物构所	第一批全国企事业专利试点工作先进个人	国家知识产权局
	陈长宏	省知识产权局		
	赵玉芬	厦门大学	第二届“新世纪巾帼发明家”	国家知识产权局、全国妇联、中国发明协会
	王心岑	福州市版权局	全国版权工作先进个人	国家版权局
	熊良园	泉州市版权局		
	张培仁	福州海关	全国海关知识产权保护先进个人	海关总署

续表

年　份	姓 名	单　位	荣誉称号	授奖机关
	陈建德			
	朱明清			
2004	刘丽霞	厦门市知识产权局法规处	全国专利行政执法先进个人	国家知识产权局
	祁黎华	省版权局版权处	全国版权保护工作先进个人	国家版权局
	雷崇铭	泉州市版权局		
2005	姜天成	省知识产权局	第二批全国企事业专利试点工作先进个人	国家知识产权局
	张　鹰	厦华电子公司		
	薛彤云	宁德市工艺茶叶研究所、福安市茶业有限公司	第三届“新世纪巾帼发明家”创业奖	国家知识产权局、全国妇联、中国发明协会
2006	卢义轩	省知识产权局	全国知识产权培训工作先进个人	国家知识产权局
2007	姚建川	龙岩市知识产权局	全国企事业知识产权管理先进工作者	国家知识产权局
	张长青	中科院福建物构所		
	谢静波	福建浔兴拉链科技股份公司		
	白照华	福耀玻璃工作集团股份有限公司		
	张　伟	厦门海关		
	甘永刚	紫金矿业集团有限公司	全国专利运用与产业化优秀工作者	
	蔡光春	厦工集团三明重型机器有限公司		
	叶　杉	仙游电机股份有限公司		
	苏赣斌	福建南方路面机械有限公司		

续表

年份	姓名	单位	荣誉称号	授奖机关
	郑成锵	福建新代实业有限公司		
	兰国政	中科院福建物构所		
	王文新	厦门海投新阳开发公司		
	罗旋	省知识产权局	全国知识产权执法先进个人	
	何朝晖	福州市知识产权局		
	谢振芳	省版权局	2006—2007 年度全国版权工作先进个人	国家版权局办公厅
	时光	福州市版权局		
	陈春	福州海关	杰出执法关员	世界海关组织（WCO）
	黄健	厦门海关		
	林青	泉州市公安局经济犯罪侦查支队	打击侵犯知识产权犯罪“山鹰”行动先进个人	公安部
	方铁雄	莆田市公安局经济犯罪侦查支队		
	张东阳	南平市公安局经济犯罪侦查支队		

表 9-5 **1994—2007 年获省级单位联合表彰的先进集体名表**

年份	单位	荣誉称号	授奖机关
1994	福州市包装机械厂	首届福建省十佳专利企业	省科委、省经委、省专利局
	福州市第一化工厂		
	福建省冶金工业设计院		
	厦门华侨电子企业有限公司		
	厦门电器控制设备厂		
	福建省仙游电机总厂		
	晋江陶瓷编织工艺厂		

续表

年 份	单 位	荣誉称号	授奖机关
	漳州香料总厂		
	三明市新兴染料厂		
	福建龙岩智电科技开发联营公司		
1996	省专利局	全省“二五”普法先进单位	省委宣传部、省司法厅
1998	福州第一开关厂	1994—1997 年度福建省专利先进企业	省科委 、省经贸委、省专利局
	福州水表厂		
	天宇天骏（福州）机械工程有限公司		
	福州新代文具有限公司		
	福建黑龙食品工业有限公司		
	福建恒安集团有限公司		
	南方机械（泉州）发展有限公司		
	福建省金鹿集团公司		
	厦门宏泰发展有限公司		
	厦门富丽电子有限公司		
	福建省长泰县合成氨厂		
	武平林产化工厂		
	上杭县制药厂		
	福建省龙岩环星工业公司		
	南平市手扶拖拉机厂		
	新大陆电脑公司		
	福建革新机器工厂		
	福建晶体技术开发公司		
	福州市知识产权局		

续表

年　份	单　位	荣誉称号	授奖机关
2004	福建新代实业有限公司	全省专利系统先进集体	省科委、省知识产权局
2004	福州九星企业集团有限公司	全省专利系统先进集体	省科委、省知识产权局
	厦门市首创君合专利事务所有限公司		
	厦门华侨电子企业有限公司		
	厦门宏发电声有限公司		
	泉州市知识产权局		
	福建恒安集团有限公司		
	福建浔兴拉链科技股份有限公司		
	厦工集团三明重型机器有限公司		
	龙岩市科技局专利办		
	宁德市鑫森化工有限公司		
	中科院福建物构所		
	福州大学科技处		
	省知识产权局法律政策部		
2005	省工商局	保护知识产权宣传周活动福建省先进单位	省整规办
	福州海关		
2006	福州市知识产权局	第三届“福建省优秀巾帼发明者”评审工作组织奖	省知识产权局、省妇联、省发明协会
	福安市妇女联合会		
	泉州市发明协会		
2007	省法院民三庭	省直机关“为建设海峡西岸经济区建功立业”活动先进集体	省直机关工会、省直团工委、省妇联工委

表 9-6　　　　**1991 年全省《专利法》《技术合同法》学习考试获省级单位联合表彰的先进个人名表**

区类	先进个人
省直委办厅局、高等院校、企业	李秀卿 陈立远 明铁斌 王治 陈荣 林春培 张云高 嵇娜莎 许发湘 赵公坦 林朝熙 郑炎官 陈黎芳 陈豫滨 蔡文盛 陈元坤 陈钟 张志光 高芝如 严效东 吴两喜 刘素华 叶玲 苏荣波 庄飞 黄玉良 吴钦缘 游宇飞
福州市	陈杰明 黄景希 黄明香 江华英 崔晓彦 林汉云 赵朗 许铿宫 陈登荣 穆熹 张凡 陈如涛 陈旭芳 徐理 邹建 李岩 李翠荣 唐福凯 陈世豪 陈晓明 陈国圣 沐尔海 卢梓煊
厦门市	林春发 陈婉玲 林燕萌 郭耀琪 何鸿辉 李士泉 邹振华 郑永良 严成地 陈秀珍 吴瑞源
漳州市	张长江 苏孝道 杨铭美 甘国荣 王茂根 施大方 林琳 周绮念 陈亚保 林宝珠 郑友亨 方大脚 郑逢源 方福闽 王震霖 叶俊杰 陈宁漳 黄丽影 宋开族 李福泰 黄美成 王木水 罗德英 李再辉 潘永栋 高安顺
泉州市	林少琳 姚翔 薛建民 王美玲 黄焕然 郑瑞钊 吴炳生 侯小聪 吴瑞楚 谢德保 廖清来 林其宗 陈炳煌 黄振奎 王进兴 王国宝 邱建置 郑奕惠 陈经文 高朝阳 陈激扬 陈聪电 洪焕荣
三明市	吴金寿 吴汉臣 张小勤 林成健 方秀琴 王世英 蔡炳辉 张松亭 高兴云 连耀忠 陈上运 卓自治 尤芳民 马国珍 卢少平 邓丽萍 陈丽芸 杨烨 郭文芳 徐江河 卢高真 戴永旺 吴昌发 刘白翎
莆田市	张济忠 陈宗宝 张元藻 黄俊杰 林元亮 郑大鹤 李鸿淑 叶锦琪 吴启灿 林成龙 陈开平 蔡玉和 雷建民
南平地区	林大毅 李一宪 刘毅 郑晓英 杨仕炎 刘英 肖辉英 范少康 黄乐平 方彦挺 廖卫民 刘中棠 杨美华 芦金声 陈才锦 周韫石 金小娟 江淑英 蔡春英 江培舟 郑芝 杨素惠 游永东
龙岩地区	江流 杨焕光 范毅 郭维贤 黄美敏 林国清 童玉兰 吴振福 邱敏陈 章艳 李国兴 罗明书 叶国栋 修斯文 胡集瑞 黄钧泰 杜宪湘 林富生 黄洪宝 林奇志 李永南 朱石福 邱佳峻
宁德地区	郑司杨 余光荣 林元祥 王明唐 郑群彬 沈焱辉 黄衍基 叶奶波 林桂余 马细媚 范海英 周天璠 陈祥天

表 9-7　　2002—2007 年福建省级单位联合表彰的先进个人名表

年　份	姓 名	单　位	荣誉称号	授奖机关
2002	郑　起	福州大学	首届“福建省优秀巾帼发明者”	省妇联、省知识产权局、省发明协会
	张向苏	厦门大学		
	吴珍红	福建农林大学		
	施巧琴	福建师范大学		
	张小如	福建中医学院		
	林翠雯	福州九星企业集团有限公司		
	林巧佳	福建农林大学		
	朱育菁	福建农业科学院		
2004	赵玉芬	厦门大学	第二届“福建省优秀巾帼发明者”	省妇联、省知识产权局、省发明协会
	杜　民	福州大学		
	张艳璇	省农科院植物保护研究所		
	汤　新	厦门市戒毒研究所		
	黄秀榕	福建中医学院		
	薛彤云	宁德市工艺茶叶研究所		
	潘　馨	福建省药品检验所		
	张　莉	福建中医学院		
	黄晓雯	厦门华侨电子企业有限公司		
	黄雅端	厦新电子股份有限公司		
	郭素珍	福建医大附属二医院	全省专利工作先进个人	省科委、省知识产权局
	朱旭云	福州市知识产权局		
	许　榕	福州九星企业集团有限公司		
	蒋　梓	福州瑞达电子有限公司		

续表

年　份	姓 名	单　位	荣誉称号	授奖机关
2004	徐文东	厦门市知识产权局	全省专利工作先进个人	省科委、省知识产权局
	黄忠国	厦门星星工艺品有限公司		
	陈少岳	厦门汇大化工有限公司		
	刘文杰	漳州市科技局		
	张维新	万利达集团有限公司		
	林荣忠	泉州市科技局		
	黄丹萍	泉州市知识产权局		
	李丹阳	晋江市科技局		
	陈开平	莆田市知识产权局		
	叶羽经	仙游电机股份有限公司		
	伍金良	三明市科技局		
	吴翠蓉	三明市生产力促进中心		
	赖钳勋	龙岩市科技局		
	李守朋	龙岩市科技局专利办		
	杨素惠	南平市科技局		
	翁　翘	南平市生产力促进中心		
	黄勇毅	宁德市科技局		
	孙发勇	宁德市鑫森化工有限公司		
	张长青	中科院福建物构所		
	陈丽贞	福州大学		
	吴钦缘	福建师范大学		
	庄　敬	省知识产权局		
2006	薛彤云	福安市功夫茶业有限公司	第三届“福建省优秀巾帼发明者”	省妇联、省知识产权局、省发明协会
	江秀敏	福建省妇幼保健院		
	陈秀玉	福建省天广消防器材有限公司		

续表

年　份	姓 名	单　位	荣誉称号	授奖机关
2006	邵艳群	福州大学		
	郑玉婴	福州大学		
	郑丽萍	福建省南平市第一医院		
	林爱惠	福安市市民		
	郭静静	厦门华侨电子股份有限公司		
	钱小芳	福建省妇幼保健院		
	曹晓云	厦门华侨电子股份有限公司		
	谢小冰	泉州金路轻工有限公司		

第十章　组织机构与社团

知识产权机构随着国家在不同时期相关制度的建立而发展。1961 年，省工商局设立商标广告监管处，正式开始商标管理工作。1984 年 11 月，省专利局（知识产权局）成立。1989 年 1 月，省版权局成立。1995 年 4 月，省政府建立知识产权办公会议制度，研究、领导、协调全省知识产权工作。2004 年 10 月，省政府成立保护知识产权工作领导小组，加强全省知识产权保护工作。此后，全省各设区市、各县（市、区）、相关省直部门也在各时期成立知识产权管理机构或内设知识产权管理机构，知识产权社团组织、中介机构也应运而生。至 2007 年，全省建成较为完整的知识产权管理体系。

第一节　管理机构

一、组织协调机构

（一）省政府知识产权办公会议办公室

1995 年 4 月 10 日，省政府建立知识产权办公会议制度。副省长王良溥任组长，省科委主任吴城、省政府办公厅副主任叶双瑜任副组长，省知识产权等有关知识产权行政管理部门负责人为成员。办公会议由省委宣传部、省委政法委、省高院、省检察院、省人大常委会教科文卫委员会参加。办公会议职责为负责研究、领导、协调知识产权有关工作，包括研究确定知识产权管理的重大政策和对策；协调跨地区、跨部门的综合性知识产权管理工作，特别重大的问题由办公会议提交省政府决定。办公会议下设办公室，办公地点设在省科委，由省科委政策处处长肖杰生兼任办公室主任。办公会议办公室主要职责为协助办公会议联系协调省知识产权行政管理部门、有关主管部门及有关立法、司法机关，共同做好知识产权管理和保护工作，并承担办公会议的日常事务。2000 年机构改革，省政府知识产权办公会议办公室撤销。

（二）省保护知识产权工作领导小组

2004 年 10 月 20 日，根据国务院办公厅《关于印发保护知识产权专项行动方案的通知》，省政府成立福建省保护知识产权工作领导小组，职责为加强全省开展保护知识产权专项行动工作的组织、协调和领导。领导小组由省委副书记、常务副省长黄小晶任组长；副省长汪毅夫、叶双瑜、李川任副组长；成员由省公安厅、省经贸委、省外经贸厅、省信息产业厅、省文化厅、省通信管理局、福州海关、厦门海关，省工商局、省质监局、省新闻出版局（版权局）、省药监局、省科技厅、省知识产权局、福建出入境检验检疫局、厦门出入境检验检疫局、省政府法制办和省法院、省检察院等18个单位组成。领导小组下设办公室（简称省保知办），挂靠省经贸委，与省整顿和规范市场经济秩序工作领导小组综合办公室（简称省整规办）合署办公，办公室主任由省经贸委副主任、省整规办主任钟安平兼任。省保知办主要工作职责为负责全省保护知识产权工作的规划、协调、综合、督促、检查；组织协调全省保护知识产权专项整治工作，开展知识产权执法协调，督办侵犯知识产权重大案件；建立与全省重点企业的知识产权保护沟通协调机制，定期组织召开会议；组织开展全省保护知识产权宣传活动，提高全民的保护知识产权意识；组织保护知识产权培训教育等工作，开展各种交流与合作；负责省保护知识产权举报投诉服务中心的建设和管理，指导协调厦门市、泉州市保护知识产权举报投诉服务中心的工作；负责中国（福建）保护知识产权网站的管理，向社会公众及权利人提供信息和咨询服务；承担省保护知识产权工作领导小组交办的其他工作。2006年5月10日，省政府对省保护知识产权工作领导小组成员进行调整、充实，省保知办主任由省经贸委副主任、省整规办主任郑新聪兼任。

二、专利行政管理机构

（一）省知识产权局

1984年11月28日，省专利工作管理局成立，为正处级事业机构，核定编制15名，隶属于省科委。

1985年1月16日，省专利工作管理局更名为省专利管理局。主要职责为制定全省专利工作规划、计划，组织协调全省专利工作并进行业务指导；处理专利纠纷，管理许可证贸易和技术引进中的有关专利工作；普及专利知识，培训专利干部。

2001年7月3日，省专利局更名为省知识产权局，机构性质、规格、人员编制不变。12月6日，经省人事厅同意，省知识产权局列入依照国家公务员制度管理范围。

2002年2月28日，省知识产权局升格为副厅级，由省科技厅管理。

2003年10月29日，省编委确定省知识产权局事业编制20名，其中局长（副厅级）1名，副局长（正处级）2名，副处级领导职数4名，科级领导职数4名；内设办公室、协调管理处、法律事务处、福州专利代办处4个职能处室。主要职责为贯彻执行国家有关专利的法律法规和方针政策，拟定有关专利的地方性法规、规章和政策措施并组织实施；编制全省专利工作发展规划、计划，研究制定全省专利与相关产业协调发展的战略和政策并组织实施；主管全省专利工作，负责专利执法，依法处理专利纠纷和查处假冒、冒充专利行为；研究国外知识产权发展动向，统筹协调全省涉外知识产权事宜，负责专利工作的国际联络、合作与交流活动；组织制定全省专利信息工作发展规划，指导和管理全省专利信息网络，推动专利信息传播，促进专利信息产业的发展；组织、推动专利法及有关法规的宣传普及工作，制定有关专利的教育与培训工作规划；负责管理专利许可贸易、专利中介服务机构，协助有关部门管理技术进出口中的专利工作，推动专利技术实施；根据国家知识产权局授权，受理专利申请；承办省政府交办的其他事项。至2007年，省知识产权局机构性质、规格、职责等不变。

（二）国家知识产权局福州专利代办处

2004年5月17日，经国家知识产权局批准，设立国家知识产权局福州专利代办处。福州专利代办处与国家知识产权局福州专利代办处合署办公（一个机构、两块牌子），归省知识产权局管理，国家知识产权局负责业务监督指导。

2006年6月，国家知识产权局福州专利代办处全称更名为国家知识产权局专利局福州代办处（简称福州代办处）。11月1日，经国家知识产权局批准，福州代办处正式对外办公。

表10-1　**1984—2007年省知识产权局（省专利局）主要领导名表**

姓　名	职　务	任职时间	附　注
陈履忠	省专利管理局副局长	1985.1—1987.7	
罗燕生	省专利管理局副局长	1987.3—1993.8	
	省专利管理局局长	1993.8—2001.3	
黄　威	省专利管理局局长	2001.3—2001.9	
	省知识产权局局长	2001.9—2003.8	
	省知识产权局副局长	2003.8—2006.6	主持工作
罗　旋	省知识产权局副局长	2006.6—2007.9	主持工作
	省知识产权局局长	2007.9—	

（三）设区市专利（知识产权）局

1985年1月至5月，福州市科委、厦门市科委先后成立专利管理处。是年，福州沿海开放城市和厦门经济特区建立专利管理处；高校、其他设区市、地区科委确定专利管理兼职人员。

1989年10月，宁德地区科委成立成果专利科。

1992年6月，龙岩地区科委成立专利成果办公室。

1997年，三明市科委设立专利成果科。

2002年4月，莆田市科技局成立知识产权科。

2003 年 7 月，泉州市知识产权局成立。

2005 年 12 月，南平市知识产权局成立。

2006 年 7 月，漳州市知识产权局成立。

至 2007 年 12 月，各设区市专利管理机构（部门）相继更名为市知识产权局。

三、版权行政管理机构

（一）省直单位版权行政管理机构

1951 年 7 月，福建人民出版社成立，归省委宣传部领导，职能包括负责全省著作权和作者工作。

1958 年 10 月，省新闻出版局成立，下辖福建人民出版社，内设版权科，负责书刊登记注册和图书市场管理。

1961 年 6 月，机构精简，省新闻出版局撤销，福建人民出版社划归省文化局领导。省文化局内设出版科，负责书刊管理事务。

1964 年 8 月，福建人民出版社升为厅级建制，归省委宣传部领导，具有出版、版权管理职能。

1966 年爆发“文化大革命”，福建人民出版社实际上被撤销，出版、版权工作瘫痪。

1975 年 10 月，省出版事业管理局成立，与福建人民出版社一套班子两块牌子，负责全省出版、版权管理工作。

1983 年 3 月，省出版事业管理局撤销。省政府新闻出版管理处挂靠福建人民出版社，行使全省版权管理行政职能。

1985 年，福建人民出版社改为福建省出版总社，1987 年 1 月，福建人民出版社与福建出版总社分离。

1988 年，省新闻出版局成立，具有出版、版权管理职责。

1989 年 1 月，省出版局正式成立，与省新闻出版局合署办公，下设版权管理处，编制 4 人。

1990 年 10 月，省新闻出版局（版权局）与省出版总社合署办公，内设版权处，对外挂福建省版权局牌子。

2000 年 7 月，机构改革，根据省委的《福建省新闻出版局（福建省版权局、福建省出版总社）职能配置、内设机构和人员编制规定》，核定省新闻出版局（省版权局、省出版总社）机关事业编制 63 名，主要职责为负责全省实施、执行著作权法律、法规，制订全省著作权管理的具体办法；调解、处理全省著作权纠纷；依法对全省著作权侵权行为进行行政处罚；宣传著作权法律知识，培训著作权管理人员；开展著作权法律咨询活动；管理全省著作权贸易活动，审核、登记与台、港、澳及涉外的著作权贸易合同，并报国家版权局备案或审批；负责组织全省著作权合同纠纷仲裁委员会；指导、监督其仲裁工作，并承担仲裁委员会的秘书处工作；指导、监督全省著作权民间集体管理机构的业务活动；保护全省无人继承又无人受赠的著作权的署名权、修改权和完整权；负责审批全省著作权代理机构，报请国家版权局批准，并对代理机构进行指导、监督；协助国家版权局或其他地区著作权行政管理部门执行对全省侵权案件所作出的行政处罚决定；负责组织全省著作权协会，开展著作权理论研究和经验交流工作；向国家版权局报告版权工作情况，并对有关著作权法律、法规的制订、修改提出意见；承担国家版权局和省人民政府交办的其他有关著作权事宜。至2007年，机构维持不变。

表10-2　**1993—2007年省新闻出版局（省版权局、省出版总社）主要领导名表**

姓　名	职　　务	任职时间
张黎洲	省新闻出版局、版权局局长、省出版总社社长	1990.10—1995.7
林爱枝	省新闻出版局、版权局局长、省出版总社社长	1995.7—1998.2
杨加清	省新闻出版局、版权局局长、省出版总社社长	1998.2—2003.7
白京兆	省新闻出版局、版权局局长、省出版总社社长	2003.7—

（二）设区市版权行政管理机构

1993年起，各地（市）陆续成立新闻出版办公室，挂靠在市委宣传部，承担版权管理职能。

2001年11月，三明市文化与出版局成立。12月，泉州市新闻出版局成立，加挂泉州市版权局牌子。是年，漳州市文化与出版局成立；南平市文化与出版局成立。

2002年1月，龙岩市文化与出版局成立。2月21日，福州市版权局成立，与福州市新闻出版局为一个机构两块牌子单位，内设版权管理处。4月，莆田市文化与出版局成立。11月，宁德市文化与出版局成立。

2003年，厦门市版权局成立，与厦门市新闻出版局实行一个机构两块牌子单位，内设版权处。11月，漳州市文化与出版局加挂漳州市版权局牌子。是年，三明市文化与出版局加挂三明市版权局牌子，龙岩市文化与出版局加挂龙岩市版权局牌子。

2004年1月，宁德市文化与出版局加挂宁德市版权局牌子。4月，莆田市文化与出版局加挂莆田市版权局牌子。6月，南平市文化与出版局加挂南平市版权局牌子。

四、商标行政管理机构

（一）省直单位商标管理机构

民国二十二年（1933年），国民政府商标局在福州设立商标局专员办事处，负责全省商标注册核转工作。

1961年，省工商局成立，内设商标广告监督管理处，正处级机构。

1963年7月10日，根据省人民委员会通知，商标管理工作由工商行政管理部门负责。

1966年，“文化大革命”爆发，省工商局停止办公，商标管理工作也被迫停止。

1978年11月1日，省工商局开始恢复商标管理及承办商标核转业务工作。

1980年2月25日起，全省出口商品商标的具体使用管理由省外经委负责，省工商局负责商标法规的贯彻执行和管理。

1982年1月15日，省工商局设立商标广告监督管理处，负责全省商标广告监督管理工作，直至2007年。

（二）设区市商标管理机构

1981年12月9日，福州市工商局设立商标管理科。

1982年10月，福州市工商局商标管理科更名为商标广告管理科。

1983年3月1日，厦门市工商局设商标广告管理科。

1986年3月12日，漳州市工商局成立商标广告科。

1986年9月6日，宁德市工商局设商标广告科。

1987年，三明市工商局成立商标广告科。

1988年5月7日，漳州市工商局商标广告科改称为商标广告管理科。6月25日，泉州市工商局设立商标广告管理科。是年，全省有6个地市设立商标广告管理科，24个县市设商标广告管理股，共配备专兼职干部126名。

1989年11月23日，厦门市工商局设商标广告管理科改称商标广告处。是年，莆田市工商局设立商标广告设计研究室。

1991年10月，莆田市工商局商标广告设计研究室更名为商标广告管理科。

1992年11月23日，南平市工商局设立商标广告监督管理科。

1993年2月23日，龙岩市工商局设商标广告监督管理科。

1996年7月27日，泉州市工商局商标广告管理科更名为商标广告监督管理科。11月，厦门市工商局商标广告处改设为商标监督管理处。

1997年10月8日，福州市工商局商标广告管理科更名为商标广告监督管理处。

1998年至2007年，各设区市工商局商标管理机构不变。

五、其他管理机构

1999年，省质监局将原产地域产品保护（地理标志产品保护）工作归入标准化处。

2000年7月，省农业厅成立福建省农业行政执法总队。

2001年6月，省农业厅成立省农业植物新品种保护工作领导小组，由农业厅厅长任组长，分管副厅长任副组长，成员由科教、计财、政策法规、市场信息、种植业、种子和执法总队等组成；领导小组办公室设在科教处。领导小组负责协调财政、工商、司法、公安、林业等部门，指导《中华人民共和国植物新品种保护条例》及其配套规章的实施，研究全省农业植物新品种保护发展规划等重大问题。领导小组办公室负责全省农业植物新品种保护日常管理工作。

第二节　保护机构

一、公安保护机构

2000 年 12 月 31 日，省公安厅在经济犯罪侦查总队（简称经侦总队）设立市场秩序犯罪侦查队，由 6 人组成。

2001 年，全省各级公安机关成立打击侵犯知识产权犯罪协调小组，负责打击侵犯知识产权犯罪工作。

2006 年 2 月 3 日，省公安厅调整经侦总队职能配置、内设机构和人员编制，经侦总队市场秩序犯罪侦查队负责侦办侵犯知识产权及部分扰乱市场经济秩序犯罪的大要案件，指导做好知识产权及扰乱市场秩序犯罪的防范打击工作，承担省公安厅整顿和规范市场经济秩序办公室日常工作。

二、审判机构

1985 年 4 月，按照最高院《关于开展专利审判工作的几个问题的通知》，福州市、厦门中院和省高院作为审理全省专利民事纠纷案件的一、二审法院，其中福州中院受理除厦门市以外全省范围内的专利民事纠纷案件。

1994 年 1 月 22 日，省高院成立知识产权审判庭，专门审理知识产权民事纠纷案件。同月，厦门中院成立知识产权审判庭。全省各中级法院及大部分基层法院相继在民庭和经济庭设立专门审理知识产权案件的合议庭。5 月 25 日，省高院的《福建省高级人民法院关于第一审知识产权案件级别管辖暂行规定》，规定全省基层法院、中级法院、省高级人民法院一审知识产权案件的级别管辖，作出全省专利案件除省高院作一审外，其他均由福州中院、厦门中院作一审；对一般知识产权案件在福、厦、漳、泉地区 50 万元以下由基层法院作一审；200 万元以下 50 万元以上由中院作一审；其余地区 30 万元以下由基层法院作一审；100 万元以下 30 万元以上由中院作一审。福、厦、漳、泉地区诉讼标的金额在 200 万元以上（不含本数），其他地区诉讼标的金额在 100 万元以上（不含本数）的知识产权纠纷案件由省高院作一审。

1998 年 5 月前，全省专利民事案件除省法院一审外，均由福州中院、厦门中院一审；

一般知识产权民事案件由基层人民法院一审，其中著作权民事纠纷案件由民事庭审理，工业产权民事纠纷案件由经济庭审理，省高院、厦门中院的知识产权民事案件集中由知识产权庭审理。5月，经全省第一次知识产权审判工作会议审定，全省基层法院不再受理知识产权纠纷案件，但专利案件仍由福州中院、厦门中院一审，即厦门地区的专利案件由厦门中院管辖，其他地区的专利案件全部由福州中院管辖。知识产权其他民事案件，除诉讼标的额在200万元以上或案件在国内外有重大影响及由最高院指定省法院管辖的案件之外，其余案件均由全省各中院一审。各中院审理知识产权民事纠纷案件的机构分别是福州中院、厦门中院为知识产权庭，泉州中院、南平中院、三明中院为民二庭，漳州中院为经一庭，龙岩中院、莆田中院为经济庭，宁德中院为民庭。

2002年，福州、厦门、泉州、漳州、莆田、宁德等6个中院成立专门审理知识产权案件的民事审判庭；龙岩、三明、南平三个中院分别成立专门审理知识产权案件的合议庭。

2004年3月，泉州中院民三庭设立。至此，全省法院知识产权民事审判机构设置全面完成。

2005年6月1日，最高法院批准，泉州中院具有第一审专利纠纷案件管辖权。

三、出入境保护机构

（一）福州海关

1994年9月15日，福州海关正式履行知识产权保护职责。

1995年3月22日，福州海关印发《关于贯彻知识产权进出境保护工作的通知》，明确监管、保税、稽查部门在知识产权保护工作中的分工。

1996年4月22日，福州海关印发《关于下发知识产权备案目录、严格查处侵权货物的通知》，明确现场海关、调查、监管和法律四部门在知识产权保护工作中的职责分工。

2000年1月25日，福州海关印发《福州海关知识产权保护工作细则（试行）》，确定法律室为知识产权海关保护工作主管部门，统一管理关区知识产权保护工作。

2001年1月，福州海关成立法规处，作为关区知识产权保护工作主管部门，主要职责为指导监督本关区知识产权海关保护工作；受理知识产权保护措施申请，转发总署知识产权备案资料；提出和调整审单辅助决策参数，对涉嫌侵权货物提出通关风险布控的要求和建议；会同调查部门对涉嫌侵权案件进行调查处理，协调指导侵权货物的处置；与当地知识产权主管机关、法院和公安机关进行业务联系和配合。

2004年10月29日，福州海关在法规处设立知识产权保护科。

（二）厦门海关

1995年8月，厦门海关确定监管处为知识产权保护专门机构。

1997年10月15日，根据海关总署人教司、监管司的《关于在部分海关设立知识产权保护机构等工作的通知》，厦门海关在办公室内增设知识产权保护科，专门负责关区知识产权海关保护工作。

1999年11月3日，厦门海关制定《厦门海关知识产权保护工作规程》，确定厦门海关法律室为实施知识产权海关保护工作主管机构，形成“集中规范管理，一口对外”的执法模式。

2001年1月4日，厦门海关印发《各部门职责划分与科级机构设置意见》，明确法规处主管厦门关区知识产权保护工作。

2002年3月1日，厦门海关开始在关区各业务现场推行知识产权联络员制度，规定业务现场发现的涉嫌侵权案件由知识产权联络员负责联系法规处进行鉴定，并由其承担货物扣留、案件调查、资料移交等工作，建立起知识产权海关保护快速反应机制。6月26日，厦门海关在法规处内设知识产权保护科。

（三）检验检疫局

1998年8月，福建检验检疫局设立检务处，负责管理出入境检验检疫标志标识、证单和原产地证签证；出口企业地理标志产品的保护工作。

1999年8月9日，厦门检验检疫局设立通关处，负责管理出入境检验检疫标志标识、证单和原产地证签证；出口企业地理标志产品的保护工作。

第三节 中介机构

一、专利中介机构

1985年8月2日，省科委批准省专利局内设省专利代理事务所，核定4名专职人员。负责受理全省申报专利的代理工作，包括专利申请前的咨询、检索、专利代理及专利实施许可贸易咨询等工作。10月8日，省专利局印发《关于成立专利代理机构的通知》。各地市科委按照国务院《专利代理暂行规定》条件，开始筹建专利代理事务所。是年，省专利局批准厦门大学专利事务所、中科院福建物构所专利代理处成立（福州市、厦门市按中国专利局规定可自行审批，报省专利局备案）。高校、各设区市、地区科委开始有兼职代理人。

1986年11月，厦门市专利代理事务所成立，编制8人。

1987年2月，经省专利局批准，三明市专利代理事务所成立。5月，省专利代理事务所更名为省专利服务中心。

1988年5月，福州市专利代理事务所成立。

1992年12月20日，省专利服务中心独立设置，成为省科委直属副处级事业机构。

1993年9月，省台湾事务办公室、省专利局联合向中国专利局提出成立福建省对台专利事务所请求。12 月 9 日，漳州市专利事务所成立。

1994 年 10 月 9 日，厦门新华专利代理事务所成立（全省第一所民办专利代理事务所）。

1997 年，泉州市专利代理事务所成立。

1998 年，漳州市专利事务所成立。全省全部 9 家专利代理事务所均通过年检，获国家知识产权局颁发的执业牌照。

2001 年，执行中国专利局的《关于专利代理机构设置及管理工作的若干意见》，厦门市原创专利事务所、厦门市南强之路专利事务所、泉州市文华专利代理有限公司等 3 个改为民办事务所。

2002 年，省专利服务中心与省科委脱钩，成立福州元创专利代理有限公司（民营性质）；三明市专利事务所撤销；新成立福州君安专利事务所、福州智理专利代理有限公司、厦门龙格专利事务所 3 个民营性质专利代理事务所。全省有 11 个专利代理机构。

2003 年 3 月，省委编办批准，撤销省专利代理事务所。全省有 10 家专利代理机构。

2005 年，省知识产权局开展专利代理机构和专利代理人年检工作。年检结果经国家知识产权局审核，福州智理专利代理有限公司、福州展晖专利事务所、福州科扬专利事务所、福州元创专利代理有限公司、厦门南强之路专利事务所、厦门原创专利事务所、厦门龙格专利事务所、厦门市新华专利商标代理有限公司、厦门市首创君合专利事务所有限公司、泉州市文华专利代理有限公司等 10 家专利代理机构通过年检，福州君安专利事务所未通过年检被依法撤销。全省共有专利代理人 60 人。

2006 年，厦门市诚得知识产权代理事务所成立。

2007 年 2 月，经国家知识产权局批准，福建凌一律师事务所开办专利代理业务，成为全省首家开办专利代理业务的律师事务所。至 2007 年，全省共有专利代理机构 12 家，其中 3 家为涉外专利代理机构，从业人员 206 人，其中有专利代理资格证的执业人员 73 人、后勤工作人员 133 人。

二、商标中介机构

1992 年 9 月 7 日，省商标事务所成立，为独立核算，自收自支的正处级事业单位，核定编制 25 名，其中 5 名从原保留的工商事业专项编制拨付，隶属省工商行政管理局。此系全省第一家法定商标代理机构，亦为全国商标代理制试点组织之一。

1993 年 1 月 14 日，泉州市商标事务所成立。7 月 14 日，福州市商标事务所成立。8 月 6 日，厦门市商标事务所成立。厦门市商标事务所被批准为全省第一家具有代理涉外商标业务资格的商标代理机构。是年，省商标事务所在全省 69 个地（市）县建立代办网络，聘任代办员 85 名，并在晋江商会设立 1 个代办处。

1995 年，省工商局对全省 4 个商标事务所进行复核审查，事务所实现代理服务与行政管理分离，独立开展商标代理工作。至2003年底，全省共登记设立38家商标代理机构。

1996年，省商标事务所实际有工作人员16名，履行事业法人登记和企业法人登记，实行企业化管理，开展各项商标代理业务。1月至3月，省商标事务所福鼎、闽北和宁德地区代理所相继成立。9月，省商标事务所组建下属福建顺业服务有限公司、省商标评估中心。

2001年4月26日，省工商局根据《国务院办公厅转发国务院清理整顿经济鉴证类社会中介机构领导小组关于经济鉴证类社会中介机构与政府部门实行脱钩改制意见的通知》精神，下发《关于商标事务所与工商行政管理机关实行脱钩改制的通知》。省商标事务所在拓展代理业务的同时，着手与省工商局机关脱钩的准备工作。

2002年5月，省商标事务所完成脱钩改制，更名为福建省海峡商标事务所有限公司。

2004年，全省新设立18家商标代理机构，全省已有56家商标代理机构。

2005年，全省新设立22家商标代理机构，共有78家商标代理机构。

至2007年，全省维持78家商标代理机构不变。

第四节　社团组织

一、省工业产权研究会

1986年6月5日，经省科学技术协会（简称“省科协”）审查批准，省专利局、省工商局、省经委、省经贸委、省贸促会、省高院、省政府经济法规研究中心、省社会科学院共同召开省工业产权研究会成立大会，协商推荐产生省工业产权研究会理事会，省人大常委会副秘书长宋峻、省经委副主任程治材、省科委副主任吴起乾、省科协副主席陈庆蔚任顾问，省专利局副局长陈履忠任会长，省直单位5人任副会长。研究会主要职责是通过横向联系，沟通经济、技术、法律、贸易之间联系，探索和研究健全保护工业产权有关法规，促进科技、经济的发展。

二、福建省发明协会

1989年7月，省科委、省总工会开始筹建省发明协会。

1990年6月11日，经省政府批准，省发明协会成立，由省科委、省总工会共同领导，协会的日常办事机构设在省总工会。省发明协会主要负责组织、鼓励和扶持广大群众从事发明创造活动，推动发明工作的广泛开展；宣传、贯彻国家有关发明创造的方针、政策、法令和条例，反映群众的意见和建议；维护发明者的正当权益；开展发明咨询服务工作，促进发明成果的推广应用；荐举发明创造人才，宣传表彰成绩突出的发明者以及支持、资助上述活动做出贡献的单位和个人；建立与国内外发明组织的联系并开展发明交流活动。

1990年至1995年，省人大常委会主任程序、陈明义任第一届名誉会长，省科委主任吴城任第一届会长。省发明协会主要职责不变。

1995年至2000年，陈明义、省人大常委会主任程序任第二届名誉会长，省科委原主任吴城任第二届会长。省发明协会主要职责不变。

2000年至2008年，陈明义任第三届名誉会长，福州大学副校长（2001年后任省政协副主席、省科技厅厅长）王钦敏任第三届会长。省发明协会主要职责不变。

三、省知识产权协会

2006年8月28日，经省科协同意，省知识产权局成立福建省知识产权协会筹备组。11月7日，经省民政厅批准，成立福建省知识产权协会，业务主管单位为省科协。

2007年2月8日，福建省知识产权协会召开第一次会员大会，选举产生会长1名、副会长7名、秘书长1名。协会有138个理事单位。协会聘请国家知识产权局局长田力普，省人大常委会副主任黄贤模，副省长、省保护知识产权工作领导小组副组长汪毅夫，省政协副主席、省科技厅厅长王钦敏为第一届名誉会长。省知识产权局副局长罗旋（主持工作）当选为第一届会长，大学和企业负责人7人担任协会副会长。省知识产权局副局长林进元担任秘书长。协会宗旨为团结广大知识产权工作者，开展知识产权宣传、研究与保护工作；加强行业自律，促进和维护本行业领域职业道德风尚；协调行业内外关系，维护会员的正当、合法权益；促进会员知识产权工作健康发展，提高会员知识产权工作水平；引导会员创新、管理、保护、运用其知识产权，为促进自主创新、经济发展和社会进步做贡献。

四、省商标协会

2001年12月25日，经省民政厅批准，成立省商标协会，并召开成立大会暨第一次会员代表大会。会议选举产生常务理事36人，理事59人；选举省工商局副局长黄耀梅任会长。省商标协会隶属省工商局，业务主管单位为省经济社团联合会。

2007年8月17日，经省民政厅批准，成立省商标协会地理标志保护委员会。省商标协会黄耀梅会长任主任，设顾问9人。

附　　录

一、大事年表

民国二十二年（1933年）

国民政府商标局在福州设立商标局专员办事处，负责全省商标注册核转工作。

民国二十五年（1936年）

商标注册改由省建设厅第一科承办，采取一级核转办法，各县市商标注册由县市建设科负责。

1949年

12月，福州市政府公布《福州市厂商商标临时使用办法》。

1957年

1月17日，国务院批转中央工商行政管理局《关于实施商标全面注册的意见》后，福建省开始实行强制性商标注册，并由省工业厅统一审核汇转。

是年，省工商局召开各行各业使用商标动员大会，对商标使用情况进行验证检查。

1965年

1月至2月，省工商局在福州、厦门、泉州、漳州、南平等城市举办商标巡回展览。

1978年

11月1日，省工商局开始恢复中断13年之久的商标管理及承办商标核转业务工作，实行商标两级核转基本制度。

1979年

是年，省工商局在全省范围开展商标清理工作。

1980 年

2 月，省工商局对混同商标进行调查、审理，撤销 60 个混同商标，给 128 个确需暂时保留的混同商标颁发临时使用证。

1982 年

1 月 15 日，省工商局设立商标广告管理处。

1983 年

3 月 10 日，省工商局召开全省首次商标管理工作会议，传达贯彻全国商标工作会议精神，研究部署全省商标工作。

是年，全省进行商标印制单位全面整顿，实行商标印制单位定点管理。

1984 年

4 月 26 日，省工商局下发《关于改变部分省辖市工商行政管理局商标核转体制的通知》，福州、厦门两市的商标注册二级核转改为一级核转。

11 月 28 日，省专利工作管理局成立，为正处级事业单位，核定编制 15 名，隶属省科委。

12 月，省科委、省专利局联合在福州召开省首届专利工作研讨会，设专利管理、专利代理、专利检索三个研讨学习班，同时开学。

1985 年

1 月 16 日，省专利工作管理局更名为省专利管理局。

4 月 1 日，《专利法》实施，中国专利局开始受理专利申请，当天全省申请专利 29 项，其中发明专利 19 项、实用新型 10 项。

6 月，福建人民出版社在福州举办福建省第一期版权培训班，省内各出版社、期刊社、报社的主编和版权工作人员共 70 多人参训。

7 月 8 日，省专利局、省机械工业厅联合举办省第二届专利工作研讨会。

8 月，中国专利局在福建省科学技术情报研究所内设置专利文献二级分中心。

8 月，省专利代理事务所成立。1987 年 5 月，更名为福建省专利服务中心。

10 月 14 日至 25 日，省科委、省专利局共同组织全省 10 多个已申请专利可供技术转让的项目，参加国家科委、联合国亚洲太平洋经济社会委员会、联合国跨国公司中心联合在福州举办的关于通过跨国公司管理和谈判技术转让亚太地区培训班会外技术贸易活动。这是全省第一次组织专利技术参加国际性技术贸易活动。

11 月 14 日，省财政厅、省计委联合印发《关于申请拨给专利周转金的批复》，首次拨给省专利局 1 万美元作为申请人向国外申请专利的周转外汇。

12 月 26 日，省机械科学研究院的“直立输送禾秆的联合收割机”获国家专利局授权，为全省首个单位、首项获发明专利权。

是年，省专利局加入华东片专利工作联谊会。

1986 年

1 月 13 日，周宁县工艺美术厂申请“木珠手包”专利，为全省第一个单位申请外观设计专利。

1 月 14 日，省专利局《福建专利》（简报）创刊，编印第 1 期。

5 月，执行国家版权局的《关于内地出版港、澳同胞作品版权问题的暂行规定》，开始与外国和中国台湾、香港、澳门地区进行版权贸易。

7 月 8 日至 9 日，省专利局在福州召开全省第一次专利工作会议，各地市科委、省直有关厅局、高等院校、专利管理机构、专利代理机构、法院以及专利工作试点企业、科研院所共 75 名代表参加会议。会议表彰《专利法》实施十年来全省专利系统专利工作先进工作者。

7 月 23 日，福州市卞楠的“活动虾节式可调节的排污装置”、彭金忠的“120 照相机拍摄 35 毫米胶卷的附件”同时获国家专利局授权，为全省个人最先获实用新型专利权。

10 月 12 日至 18 日，省专利局举办专利研讨会，邀请日本东京中村合同特许法律事务所专利律师大冢文昭、熊仑祯男授课，来自上海、内蒙古、甘肃、辽宁、湖北、四川、广州等 14 个省、市的专利工作人员参加研讨会。

10 月，在全国第二届发明展览会上，福州大学吴汉光、林孝义发明的“高效能单相异步发电机接线方式”获展会金奖；福州大学讲师林金清发明的“波导型 FET 低噪声放大器”获展会银奖；福建农学院讲师杨振华发明的“超级饲料粘合剂”获展会铜奖。

是年，全省各级法院开始受理商标民事纠纷案件。主要案件类型有侵犯商标权纠纷、商标转让和商标使用许可合同纠纷、商标权属纠纷案件。

1987 年

1 月 24 日，福州市王夏定申请“语音桌”专利，为全省个人第一个申请外观设计专利。

3 月 10 日，福清县鞋革橡胶厂“按摩健身拖鞋”获国家专利局外观设计专利授权，为全省第一个单位获外观设计专利权。

8 月 13 日至 14 日，省科委、专利局召开全省专利工作会议，传达贯彻全国第二次专利工作会议精神，明确“七五”期间专利工作目标任务，重点做好企业专利工作，保护专利权。

10月10日，厦门市朱靖的“家用小型三轮电动轿车”获国家专利局授权，为全省个人第一个获外观设计专利权。

10月11日至15日，省专利局在邵武市主持召开华东片专利工作联谊会，交流开展企业专利工作和专利保护经验。华东片六省一市专利局及沿海城市青岛、烟台、宁波、温州、连云港、南通、福州、厦门等专利管理处代表参加联谊会。

11月5日，漳州市吴毅雄的“脂松香脱色防晶法”获国家专利局授权，为全省个人第一个获发明专利权。

1988年

1月23日，省专利局、经贸委联合确定福州第一开关厂、福州人造板厂、福建革新机器厂为省专利工作试点企业。

1月，省出版局正式挂牌成立，与省新闻出版局合署办公，下设版权管理处，行使版权管理行政职能。

10月5日至13日，省专利局组织10项发明专利技术参加第三届全国发明展览会，有3项获金质奖，4项获铜质奖。

1989年

3月至9月，省专利局首次在全省开展行政执法大检查。

10月，省新闻出版局与省出版总社合署办公，内设版权处，对外挂福建省版权局牌子。

11月3日至12日，省专利局组织42项发明成果参加第四届全国发明展览会，有2项获银质奖，21项获铜质奖，

12月17日，“福建引入专利技术效益显著”专利工作信息首次在中央电视台播放。

1990年

3月27日至28日，省科委召开全省第三次专利工作会议。会上，省政府、省科委领导强调把专利工作纳入科技管理体系，7个单位代表介绍开展专利工作经验。

6月11日，福建省发明协会成立。

11月，省专利局组织专利项目参加第五届全国发明展览会，意向成交1亿多元。

是年，全省工商行政管理机关对历史遗留的“两本账”进行调查研究和处理，全年全省核转注册商标申请2410件，有效注册商标数升到5836件。

1991年

3月17日至21日，德国专利报告团一行5人到福建访问交流。

5月28日，省专利局、省科委、省司法厅、省科技干部局联合召开《专利法》《技术合同法》学习考试活动总结表彰大会，表彰先进单位57个、先进个人207人。

6月4日，省新闻出版局、省版权局与省人大常委会、省司法厅、省出版工作者协会联合举办福建省首期《著作权法》培训班，120人参加培训。

10月27日至29日，省专利局、省发明协会联合组织33个专利项目参加第六届全国发明展览会，18个项目获奖，其中金奖1项、银奖3项、铜奖14项。

是年，省机械研究院蓝文锋、陈金宝、邱先钧研制的“直立输送禾秆联合收割机”获第二届中国专利奖优秀奖。

1992年

1月，商标注册开始从核转制向代理制转轨。至1995年，基本完成全省商标注册从核转制向代理制的转制工作。

3月10日至15日，省专利局组织21个项目参加中国首届外观设计专利及新产品展览会，有12个项目获奖，其中金奖1项、优秀奖11项；签订合同6项，成交额67.5万元；签订意向协议36个，金额900万元。

3月，在中国专利局、发明协会、知识产权研究会、青少年先锋队全国工作委员会和《我们爱科学》杂志社联合举办的全国少年“小发明和专利知识竞赛”活动中，福州市台江区获小发明一等奖5项、二等奖5项、三等奖9项。

4月3日至12日，省专利局与省发明协会共同遴选10个项目（其中9项专利）参加在瑞士举行的第20届日内瓦国际发明与新技术展览会，全部获奖，其中金奖4项、镀金奖1项、银奖2项、铜奖3项。福建农学院林占熺等人发明的“菌草代木代粮栽培食用菌方法”除获金奖外，还获得本届国际发明与新技术展览会大奖——日内瓦大奖。

4月，省总工会授予参加第20届日内瓦国际发明与新技术展览会获日内瓦大奖的福建农学院林占熺，获金奖的福建农学院张可池、尤溪县管前农技站刘文炳、福得印刷电路有限公司陈贞坤等4人福建省“五一”劳动奖章。

6月16日至17日，省科委在福州召开全省专利工作会议，出席会议代表共111人。省专利局副局长罗燕生作题为《把握机遇，大胆探索，努力开创我省专利工作新局面》工作报告；省人大常委会法制工作委员会副主任沈关城和省科委主任吴城分别讲话；13个单位的代表在会上介绍专利工作经验；会议向获福建省首届专利奖的单位和个人颁发奖牌或奖状。

6月，省科委、省经委、省专利局联合开展首届专利奖评奖活动，评出104项专利奖。其中一等奖（金奖）10项、二等奖（银奖）22项、三等奖（铜奖）35项、荣誉一等奖（荣誉金奖）9项、鼓励奖26项、专项奖2项（含机电杯专项奖、青年发明专项奖）。

8月31日，省专利局在《中国专利报》首次组织专版，重点宣传报道福建省首届专利金奖和荣誉金奖项目。

9月7日，省商标事务所成立。

10月，省专利局与省发明协会共同组织47项发明参加北京国际发明展览会，获奖29项，其中金奖3项、银奖9项、铜奖17项；签订合同6项，成交额1000万元；意向合同500份，金额1500万元。

12月20日，省专利服务中心从省专利局内部独立设置，成为省科委直属副处级事业机构。

是年，省工商行政管理局开展评选著名商标和推选全国驰名商标活动，评选福建省著名商标97件，推荐43件评选全国驰名商标。

1993年

2月7日至10日，中国专利局组织6人到福建，对关贸总协定与知识产权保护和贯彻新《专利法》进行辅导。省政府办公厅组织近1000名省直机关、高校、研究所及省重点骨干企业的领导干部和科技人员听取辅导报告。

4月，省专利局组织参加“多星杯”全国专利知识竞赛，分发刊有竞赛试题的《中国专利报》8410份，8000多人参赛，参赛人数名列全国前十位。

6月2日至8日，省专利局首次组织3人赴香港考察交流知识产权合作与交流事宜。

是年，省专利局组织参加第七届全国发明展览会，南方机械泉州发展有限公司的“SWM-60S型罐身缝焊机”获发明金质奖。

是年，第三届中国专利奖揭晓。中国科学院福建物质结构研究所江爱栋的“熔盐籽晶法生长低温相偏硼酸钡单晶”获金奖；发明人杨振华的“利用抗氨固氮菌培养富硒单细胞蛋白、维生素E和菌肥的方法（‘851’口服液）”，关品三的“旋转永磁圆盘式退磁机”获优秀奖。

1994年

1月，省高院和厦门中院分别成立知识产权审判庭。

6月21日，省科委、省经委、省专利局联合授予10个单位“首届福建省十佳专利企业”称号。

7月13日至14日，省科委在福州召开全省专利工作会议。省专利局局长罗燕生传达全国专利工作会议精神。会议表彰全省“首届福建省十佳专利企业”及“多星杯”全国专利知识竞赛省内优秀组织奖。南平地区科委等10个单位在会上介绍专利工作经验。

9月15日，福州海关开始正式履行知识产权保护职责。

9月，省专利局给1993年参加《专利法》《技术合同法》学习考试活动的5000多名考试合格者颁发合格证书。

是年，省专利局受中国专利局委托首次举办全国专利代理人资格考试，全国报名135人，资格审核101人合格，实际考试67人，其中福建考生49人。

是年，省专利局专利数据库开始文献检索工作。

是年，福建农学院食用菌实验场林占熺的“栽培食用菌的方法”获第四届中国专利奖优秀奖。

是年，厦门市商标事务所被批准为全省第一家具有代理涉外商标业务资格的商标代理机构。

是年，省高院受理台湾味丹企业诉福建22个厂家仿冒产品装潢不正当竞争纠纷一案，这是省高院知识产权审判庭受理的第一起涉台知识产权系列纠纷案件。

1995年

3月10日，厦门海关驻机场办事处从一名持中国护照旅客的随身行李中查获侵权翻版的激光唱片42张、录音带109盒，为履行知识产权保护职责以来查获的第一个案件。

3月17日至22日，省专利局组织50项专利成果参加中国专利局在北京举办的中国专利十年成就展暨第四届（北京）全国专利新产品新技术展览会，有29项技术参评，获奖23项，其中金奖9项、银奖8项、优秀奖6项。

3月，福建省仙游电机总厂被中国专利局授予“全国专利工作先进企业”称号。

4月10日，省政府建立知识产权办公会议制度，副省长王良溥任组长，省科委主任吴城、省政府办公厅副主任叶双瑜任副组长。办公会议下设办公室。至8月，福州、厦门、漳州先后建立知识产权办公会议制度。

同日，全省专利执法网络建立，各地市共有71名执法人员参加。

6月，省高院承办的第二届全国部分省市知识产权审判研讨会在武夷山召开。最高人民法院、北京中级人民法院、上海中级人民法院、广州中级人民法院、长沙中级人民法院、深圳中级人民法院等20个法院30名代表参加会议，收到论文20多篇。

7月12日，厦门海关受理美国柏比立进口公司上海办事处的知识产权海关保护申请，对其树脂原料制造的茶具工艺品的著作权实施保护。这是厦门海关第一次受理知识产权权利人要求海关保护其著作权的申请。

11月10日，中科院福建物构所林朝熙被中国专利局、人事部授予“全国专利系统先进工作者”称号。

是年，省专利局专利数据库建成“实施转让”“企业需求项目”“专利纠纷案件”“参展项目”“专利人才管理”“专利行政档案”等6个专利数据库。

是年，省版权局正式开展作品自愿登记工作。

1996年

6月3日，《福建省实施〈中华人民共和国反不正当竞争法〉办法》公布施行。

6月至7月，省专利局认定福州大学、福建师大为全省高校专利工作试点单位，同时与福日公司、福州九星企业集团公司、福建革新机械厂、省机械科学研究所签订专利试点工作协议书。

7月1日起，在全省开展注册商标验证，统一全省商标代理费收取标准。

7月8日至9日，省专利局在福州召开全省专利工作会议，75名代表参加会议。会议传达全国专利工作会议精神；总结全省专利工作情况，部署1996年至1997年专利工作任务；表彰《专利法》实施十年来全省专利系统专利工作先进工作者，省人大常委会教科文卫委员会副主任程民福、省科委副主任程元荣分别在会上讲话。

1997年

2月，省高院知识产权审判庭从民事庭中独立设置。

5月18日，省知识产权办公会议办公室和省专利局联合组织检查组，15家大百货商场、药店的负责人参加，检查专利商品267种，查出有96种属假冒他人专利或冒充专利商品。检查组要求商家限期整改。

6月3日，省高院印发《关于统一全省知识产权案件案由的通知》，在全省初步统一知识产权案件案由。

是年，省专利局组织福州、莆田、泉州、漳州4个设区市建立专利信息服务初级网，提供专利信息3300多项。

是年，第五届中国专利奖揭晓，福州第一开关厂徐东晟、林发光、王增梅的“高压户内真空断路器操动机构”获优秀奖。

1998年

1月23日，省经贸委、省科委、省专利局联合确定福州第一开关厂、福州人造板厂、福建革新机器厂为省专利工作试点企业。

2月25日至27日，省法院在厦门召开全省首次知识产权审判工作会议。会议传达贯彻1997年最高院召开的全国部分法院知识产权审判工作座谈会精神；总结、部署全省知识产权审判工作。

5月19日，福州第一开关厂、福建革新机器厂被国家知识产权局、经贸委列为第一期全国专利工作试点企业。

5月，省高院聘请29名全国及全省的知识产权法律专家及专业人士作为知识产权审判咨询专家，解决知识产权审判案件中涉及的专业技术事实问题。

6月，省科委、省经贸委、省专利局联合授予18家企业为“1994—1997年度福建省专利工作先进企业”称号。

8月下旬至12月中旬，全省开展打击假冒注册商标及商标侵权行为、非法印制买卖商标标识行为、商标违法代理和评估行为专项整治行动。

8月，漳州科林人造板实用技术研究所的“湿法纤维板生产线改产干法中密度纤维板技术及全套设备”被国家知识产权局列为国家知识产权局实施“促进专利技术产业化示范工程”首批项目。

1999年

1月5日，“片仔癀”“安尔乐”“富贵鸟”商标被国家工商局认定为驰名商标，实现福建省驰名商标零的突破。

3月，省专利局召开福建省专利工作会议，10个单位在会上交流专利工作经验。

4月13日，省专利局组织50多个专利项目参加在北京举办的庆祝《专利法》颁布十五周年成就展，福州大学的光催化项目获展会金奖。

4月，省专利局组织41个项目参加全国首届外观设计专利大赛，有3个项目获奖，其中特等奖1项、二等奖2项。

7月，省法院终审判决“永定土楼”著作权纠纷案，原告钟某林享有著作权。

8月至12月，全省开展打击假冒注册商标及商标侵权行为、非法印制买卖商标标识行为、商标违法代理和评估行为专项整治行动。

12月15日，国家知识产权局确定厦门市为第一轮全国专利工作试点城市。

是年，第六届中国专利奖揭晓，中国科学院福建物构所陈创天、江爱栋、吴以成、吴柏昌、尤桂铭的“用三硼酸锂单晶体制造的非线性光学器件”获金奖；发明人贾晋民的“纤维板湿法生产线改造为干法中密纤维板生产线的方法”获优秀奖。

2000年

2月，经省编办批准，省农业厅成立福建省农业行政执法总队。

4月7日，省政府知识产权办公会议办公室组织省外经贸委、省公安厅、省工商局、福州海关、福建出入境检验检疫局联合开展打击假冒UL标志专项活动。

5月18日，福州海关举行销毁假冒商品打击侵权活动现场会，省知识产权办公会议办公室、省工商行政管理局、省版权局的有关领导参加，新华社、中新社、《国际商报》、《福建日报》及省市电视台等15家新闻单位对这次活动进行现场采访。

7月7日，福州海关与福建省烟草专卖局首次联合举行大规模销毁走私出口假冒外烟行动，销毁各类假冒外烟17587件。国家烟草专卖局及美、英、日本等烟草公司代表到现场监毁。

7月，省农业厅成立福建省农业厅行政执法总队。

8月10日，福州海关在鳌峰新港集装箱堆场查获利用假印章走私出口假冒外烟特大案件，截获走私假冒外烟4500多件共23万条，这是福州关区历史上查获数量最大的一起假冒外烟走私案。

10 月 26 日，经省政府办公厅批复，设立福建省专利申请费资助资金。

11 月 18 日，三明市农科所向农业部品种保护办公室申请“明恢 86”水稻新品种保护，是全省第一个申请植物新品种权的单位和新品种。

是年，在首届“新世纪巾帼发明家”评选活动中，福州大学郑起获国家知识产权局、全国妇联、中国发明协会联合授予“新世纪优秀巾帼发明者”称号。

是年，莆田市中级法院判决福建省首例侵犯著作权案，判处主犯郑某（盗印教辅读物总案值达 299 万多元）有期徒刑 3 年，并处罚款 8 万元，赔偿 6 家出版社合计 29 万元。

是年，全省商标系统实施省、市、县局三级指导，省、市、县工商局及基层工商所四级办案的商标监管模式，建立 18 个商标执法联系点。

是年，三明市农业科学研究所在全省率先成立植物新品种保护办公室。

2001 年

4 月 1 日，福建检验检疫局开始地理标志原产地标记产品（地理标志产品）注册业务工作。

4 月 21 日，全省首件地理标志证明商标“平和琯溪蜜柚”商标获准注册。

4 月 21 日，省质监局向国家质量技术监督局报送武夷山市政府“武夷岩茶”原产地域产品保护申请，为全省第一个申请国家保护的原产地域产品。

4 月 26 日，省政府知识产权办公会议办公室召开“迎接第一个世界知识产权日”工作座谈会；《福建日报》刊登《庆祝第一个世界知识产权日潘心城副省长答记者问》。

4 月，省专利局组织全省企事业单位参加“全国知识产权知识百题竞赛”活动，发放 20000 份宣传材料，7000 人参加答题。

4 月，省专利局组织项目参加全国首届外观设计专利大赛，有 3 个项目获奖，其中特等奖 1 项、二等奖 2 项。

4 月，全省各级工商行政管理局精简机构，县工商局商标监管与经检执法部门合并。

6 月 18 日，福建检验检疫局受理仙游县度尾镇政府的“度尾”牌地理标志产品注册原产地标记，这是福建检验检疫局受理的第一个地理标志产品注册。

6 月 26 日，省专利局开展新修订的《专利法》和《专利法实施细则》宣传活动，印发宣传材料 2 万份。

6 月，福州海关首次对侵犯知识产权货物采取除标拍卖的方式，对 5 万件假冒运动鞋和服装进行处置。

6 月，省农业厅成立省农业植物新品种保护工作领导小组，同时成立领导小组办公室，挂靠农业厅科教处。

7 月 3 日，省专利局更名为省知识产权局。2002 年 2 月 28 日，省知识产权局升格为副厅级，由省科技厅管理。

8月16日至17日，省法院召开第二次全省法院知识产权审判工作会议，传达贯彻全国法院知识产权审判工作会议精神，总结全省知识产权审判工作经验，研究部署全省法院知识产权民事审判工作。

8月，中科院福建物构所、厦门华侨电子企业有限公司被国家知识产权局确定为第一批全国企事业专利工作试点单位。

9月11日，省知识产权局与省人民广播电台联合举办《技术创新与知识产权》专题节目开播（连续播出一年）。

9月，省专利局举办设技术中心企业领导人知识产权培训班。

9月，省专利局与省总工会、省科技厅、省发明协会联合组织项目参加在昆明举办的第十三届全国发明展览会，获得金奖5项、银奖10项、铜奖16项、专项奖3项。

10月15日至18日，省知识产权局与省经贸委联合在武夷山举办省技术中心企业领导人知识产权培训班，41名学员参训。

11月12日，厦门联创微电子股份有限公司向国家知识产权局提交“CM2007”集成电路布图设计专有权登记，为全省第一项集成电路布图设计提交专有权登记。

11月19日至20日，省知识产权局与省科技厅、省政府知识产权办公会议办公室、省委政研室、省人大常委会教科文卫委员会、省新闻出版局、省工商局在福州联合举办福建知识产权与WTO论坛，200名代表参加论坛活动。

12月18日，漳州水仙花全国植物类产品第一个通过国家质检总局原产地标记认证。漳州片仔癀系列产品全国药品类产品第二个通过国家质检总局原产地标记认证。

12月25日，经省民政厅批准，召开省商标协会成立大会暨第一次会员代表大会。

是年，省专利局组织参加国家知识产权局和中央电视台青少年中心联合举办的2001年全国青少年“发明创新之星”电视大奖赛活动，福州第八中学胡铃心的“高效率扳手”获二等奖，福州台江第六中心小学黄伟冰的“盲人音乐杯”获三等奖。

是年，第七届中国专利奖揭晓，发明人卓高、江雄的“一种定时自检式交直流两用自动转换荧光灯”获优秀奖。

2002年

2月，省农业厅组织考察团赴澳大利亚、新西兰、中国香港考察。

3月8日，武夷山市政府申请的“武夷岩茶”原产地域产品申请保护获国家质监总局批准。这是全省第一个获得国家保护的原产地域产品。

4月8日，省科技厅、知识产权局联合在福州举办“WTO与知识产权”专题讲座，300人听取讲座。

4月11日，福州海关查扣2.7万双侵权“OLYMPIC”拖鞋，案值16万元，为全国首例进出境侵犯奥林匹克标志专用权案件。

4月16日至23日，省人事厅、省知识产权局联合在福州举办世界贸易组织和知识产权知识师资培训班，全省各级干部院校（培训中心）、省级继续教育基地等共125名骨干教师参加培训。

4月25日，厦门海关查获某公司出口的285双运动鞋上标有“北京2008”标识，经第29届奥运会组委会鉴定，为未经授权产品。这是厦门海关首次查获侵犯奥林匹克标志专用权案件。

4月26日，省长习近平在《福建日报》头版发表《保护知识产权，鼓励知识创新》署名文章。

4月26日，省整规办、省知识产权局、省版权局、福州海关等联合在五一广场开展知识产权咨询宣传活动。

4月，省知识产权局、厦门灿坤实业股份有限公司、福建恒安集团有限公司、厦门华侨电子企业有限公司、中科院福建物构所等5个单位获国家知识产权局授予“全国专利工作先进单位”称号。

5月16日，省知识产权局在福州召开全省专利工作会议，122名代表参加会议。会议表彰14个全省专利工作先进集体和16名先进个人。

5月，省知识产权局组织开展“社会公众知识产权认知程度调查”活动，获国家知识产权局优秀组织奖。

7月3日，省知识产权局、省妇联、省发明协会联合在福州召开首届福建省优秀巾帼发明者座谈会暨表彰会，福州大学郑起、厦门大学张向苏、福建农林大学吴珍红、福建师范大学施巧琴、福建中医学院张小如、福州九星企业集团有限公司林翠雯、福建农林大学林巧佳、福建农业科学院朱育菁等8人获首届“福建省优秀巾帼发明者”称号。

7月，联合国开发计划署、中华全国工商联合会、外经贸部中国国际经济技术交流中心、中国外商投资企业协会优质品牌保护委员会联合在福州举办入世后的知识产权及品牌战略研讨会。

9月8日，福建省专利申请资助资金正式启动，全年共资助专利申请1445件。

10月27日至11月8日，省科技厅组织知识产权管理制度和工作体系考察团一行7人考察访问加拿大、美国。

10月，厦门海关查获侵权手机电池1000个，为首个从行邮渠道查获的侵权案件。

11月1日，三明市农科所申请的“II优明86”杂交水稻组合新品种获农业部品种保护办公室授权，是全省第一个获得植物新品种权的品种。

12月5日，省知识产权局与国家知识产权局、清华大学、日本贸易振兴会、日本庆应大学联合在福州举办企业知识产权管理研讨会。日本知识产权协会、日本松下电器产业公司的2名专家就企业知识产权管理作演讲，130人参加研讨会。

是年，厦门市被国家知识产权局列为第二轮全国专利工作试点城市。

是年，全省各地版权管理部门开始作品自愿登记工作。全年全省受理各类自愿登记作品4266件，在全国排名第一位。

是年，全省工商行政管理系统的印制企业列入监控范围，实现全省联网管理。

2003年

2月17日，厦门海关设立全国海关系统第一个知识产权侵权样品陈列室。

2月18日，省知识产权局成立福建省专利代理惩戒委员会。

2月25日至28日，国家知识产权局主办、省知识产权局承办的全国涉外专利代理业务培训班在福州举办，全国各地学员150名参加培训。

4月，省知识产权局与省整规办、省工商局等8个部门联合在全省范围开展保护知识产权专项打假行动，对麦德龙等10家商业企业进行重点检查。

4月，省知识产权局加入上海、北京等16省市专利行政执法机制，16个省市知识产权局共同签订《省际间专利行政执法协作协议》。

6月17日，省版权局在三明市召开全省版权工作会议，组织与会人员赴德化考察学习，向全省推广德化版权保护经验。

8月12日，全国“扫黄打非办”举办2003年中国销毁走私盗版光盘大行动。在福建分会场，福州海关和省文化厅、省公安厅、省新闻出版局等共对90万片走私盗版光盘进行集中销毁。

8月18日，全省54家企业被确定为福建省专利工作试点企业。

9月4日至5日，省知识产权局召开福建省专利工作试点企业会议，国家知识产权局局长王景川出席并作《积极实施知识产权战略，培育和发展核心竞争力》报告。

10月24日至28日，省知识产权局、省发明协会，厦门市科技局、市总工会、市知识产权局、市发明协会共同在厦门承办第十四届全国发明展览会。省知识产权局、省发明协会联合组织115个项目参加展览会，获展会金奖11项、银奖17项、铜奖31项；签订意向合同43项，金额5000万元，其中有13个项目在会后进一步洽谈合作开发或技术转让。

12月1日至4日，专利文献信息与企业科技创新培训班在福州举办，由省知识产权局与国家知识产权局中国知识产权培训中心联合举办，培训北京、广西及省内的企业、高校、科研院所专利管理部门有关人员50人。

12月11日至15日，全国专利信息地方网点工作会议在福州召开，由国家知识产权局主办、省知识产权局承办，全国31个省、市、自治区的知识产权局领导和有关负责人90名代表参加会议。

是年，福州大学杜民、方志成、黄玲的“医用免疫检测装置”获第八届中国专利奖优秀奖。

是年，福州大学光催化研究所发明的固体超强酸光催化专利项目获2003年度国家科技进步二等奖。

2004年

1月14日，厦门海关查获侵犯“NISSAN”标识案件，这是厦门海关首次在进口环节查获侵权货物。

1月，厦门市知识产权局被人事部、国家知识产权局授予“全国专利系统先进集体”称号。

2月6日，厦门华侨电子企业有限公司和中科院福建物构所被国家知识产权局确定为第二批全国企事业专利工作试点单位。

2月24日，省版权局版权处获国家版权局“全国版权工作先进集体”称号。

2月，中科院福建物构所获国家知识产权局“第一批全国企事业专利试点工作先进单位”称号。

3月2日至6日，省知识产权局、国家知识产权局联合首次举办全省专利执法业务培训班。

3月23日，全国版权工作会议在泉州召开，来自各省（自治区、直辖市）版权局、中心城市版权局的局处级领导，最高人民法院、国务院法制办有关单位代表，以及新闻出版总署有关司（厅、局）负责人出席会议。会上德化县政府被授予“全国版权保护先进单位”称号。

4月9日，福州海关首次在邮递渠道截获349片寄往欧洲国家的盗版DVD光盘。

4月15日，美国企业知识产权考察团到福建考察。

4月15日，厦门大学教授赵玉芬被国家知识产权局、全国妇联和全国发明协会联合授予全国第二届“新世纪巾帼发明家”称号。

4月16日，厦门海关集中销毁侵权货物12.09万双鞋帮、4000多只手表。中央电视台专题报道销毁行动现场。

5月17日，经国家知识产权局批准，在福州设立国家知识产权局福州专利代办处。

5月28日，福州海关截获某旅客瞒报携带出境的1784个假冒16种国际名牌手表，这是福州海关首次在旅检现场查获侵权案件。

5月31日，省妇联、省知识产权局、省发明协会联合授予福建医大附属二医院郭素珍等11人为福建省第二届“福建省优秀巾帼发明者”。

6月2日，省十届人大常委会第九次会议审议通过《福建省专利保护条例》，9月1日正式实施。

6月10日，省科技厅、省知识产权局联合在福州召开全省专利工作会议，表彰全省专利工作先进集体15个先进个人25名。

6月22日至29日，福建省专利代理人资格考试考前辅导班暨企业专利业务骨干培训班在福州开办，由国家知识产权局与省知识产权局联合举办，省内外共90名学员参加培训。

6月，省科技厅、省知识产权局联合表彰15个单位为“全省专利系统先进集体”，25人为“全省专利工作先进个人”。

7月16日，省政府成立福建省使用正版软件工作领导小组。

9月至12月，省知识产权局相继组织开展食品药品领域查处专利违法行为专项行动、流通领域与展会知识产权保护专项行动、整顿专利中介机构行为专项行动、打击专利诈骗行为专项行动、保护外观设计专利权专项行动等5个专项行动。

10月20日，省政府成立福建省保护知识产权工作领导小组，由省委副书记、常务副省长黄小晶任组长，副省长汪毅夫、叶双瑜、李川任副组长，成员有省直有关18个单位。领导小组下设保知办，挂靠省经贸委，与省整规办合署办公。

10月21日，省政府召开全省保护知识产权专项行动工作会议。

11月2日，厦门海关首次向厦门市公安局移送一起达到刑事追诉标准涉嫌侵犯“PUMA”商标权的案件，该案值近500万元。

11月，福州海关法规处获海关总署“全国海关知识产权保护先进集体”称号；张培仁、陈建德、朱明清等3人获海关总署“全国海关知识产权保护先进个人”称号。

11月，按照公安部部署，省公安厅组织全省公安机关开展打击侵犯商标专用权犯罪的“山鹰行动”（至2005年12月）。全省各级公安机关侵犯知识产权案件共立案661起，涉案金额2.87亿元，破案600起，抓获犯罪嫌疑人784名。

12月8日，福建与广东两省沿海城市保护知识产权工作联席会议在厦门举行，闽粤两省12个沿海城市知识产权局领导参加会议，共同签订《闽粤两省沿海城市保护知识产权行动宣言（厦门）》。

12月29日，省知识产权局、省商标局、省版权局联合组团参加在广州召开的首届泛珠三角区域知识产权合作联席会议，成员省市共同签订《泛珠三角区域知识产权合作协议》。

12月，福州市和泉州市被国家知识产权局确定为全国知识产权工作试点城市。

是年，全省工商行政管理部门开展商标行政指导，建立商标注册提示书、商标策略建议书、商标法律告知书制度。全省商标系统将商标监管融入信用体系建设，建立信用分类监管制度。

2005年

3月7日，香港特别行政区政府代表团一行9人访问福建，省保知办组织成员单位就知识产权保护等问题与其进行座谈与交流。

4日至8日，省知识产权局召开全省专利代理机构信用体系建设工作会议，与各专利代理机构签订《福建省专利代理机构诚信自律公约》。

4月14日至19日，省、市知识产权局联合对福州大型批发零售商店沃尔玛、麦德龙、惠好医药连锁有限公司等就食品、药品领域的专利侵权、假冒他人专利与冒充专利行为进行检查，要求有关商店限期整改39件产品专利标记和标注不规范。

4月23日，副省长李川在《福建日报》发表《实施知识产权战略 鼓励科技创新 促进海峡西岸经济区建设》署名文章。

4月，省版权局在福州举行福建省版权保护重点企业代表座谈会暨授牌仪式，全省第一批15家版权重点保护企业获授牌。

5月，厦门海关获全国整规办、中宣部、海关总署等13个部门联合授予“保护知识产权宣传周活动先进单位”称号。

5月至7月，厦门海关连续查获3起侵犯“ARIEL”（碧浪）商标专用权洗衣粉案件，合计查扣侵权洗衣粉126吨。该案入选2005年全国侵犯知识产权十大案件、中国海关2005年度知识产权保护十佳案例。

6月7日，福州海关查获上海某公司申报出口的假冒“NIKE”运动鞋5760双，假冒“PUMA”运动鞋5840双。该案入选中国海关2005年度知识产权海关保护十佳案例。

6月，省知识产权局组织6个专利项目参加第三届中国·福建项目成果交易会，其中2项专利技术对接成功，项目总投资3.15亿元。

6月，“安溪铁观音”地理标志证明商标企业作为中国的唯一代表，参加世界知识产权组织在意大利帕尔玛召开的全球地理标志研讨会并作主题发言。

7月9日，省依法治省领导小组办公室、省司法厅、省整规办联合组织省高院、省检察院、省公安厅、省信息产业厅、省文化厅、省工商局、省版权局等26家单位在福州五一广场开展“增强法治观念，保护知识产权”大型宣传咨询活动。

7月29日至31日，首届海峡两岸图书交易会在厦门国际会展中心举办，福建省新闻出版工作者协会与财团法人中华出版基金会、台北出版商业同业公会就开展两岸图书版权贸易，开展学术研讨会以及人才培训，参与开发厦门、泉州印刷工业园等项目签订合作备忘录。

7月，福州海关被全国整规办、中宣部、海关总署等13个部门联合举办的“保护知识产权宣传周”活动组委会评为“全国2005年保护知识产权宣传周先进单位”。

8月，省版权局在连城县举办全省版权干部第一期培训班，厦门、漳州和龙岩3个地市具有版权管理职能的版权局、文化与出版局、稽查队和县、区文体局的版权干部共70人参加培训，经考试成绩合格者获得培训合格证书。

8月，省第一批专利工作试点企业试点工作期满，54家企业全部通过验收。

9月至12月，省版权局、省委宣传部、省教育厅、团省委联合在全省中学生中开展“拒绝盗版，从我做起——中学生版权保护主题教育”活动，组织参加“我与版权”全国征文比赛活动。

10月12日，省工商局发出《关于推广仓山区工商局商标印制行业监管做法的通知》，在全省工商系统推广仓山区“建立十项制度，实施网络监管”的商标印制行业监管新模式。

11月16日，省知识产权局授予23家企业为全省第一批专利工作试点企业先进单位，21人为全省第一批专利工作试点企业先进个人。

11月，省版权局在福州举办全省版权干部第二期培训班，福州、莆田、泉州、三明、南平、宁德市版权局、稽查队版权干部及具有版权管理职能的县、区文体局的版权干部160多人参加培训，经考试成绩合格者获得培训合格证书。

12月11日至20日，福建省知识产权交流访问团首次赴中国台湾访问。

是年，福州大学的魏可镁、肖益鸿、詹瑛瑛、蔡国辉和郑起的“汽车尾气三元催化剂及其制备方法”和发明人庄昆杰的“低损耗高选择性大功率多腔滤波器”获第九届中国专利奖优秀奖。

是年，省知识产权局、省商标局、省版权局参加在四川省召开的泛珠三角知识产权联席会，加入“泛珠三角区域知识产权保护协作网”。

是年，全省新申请农字号证明商标、集体商标超过10件，位居全国第一，累计总数达20件，继续列全国第二位。

2006年

1月3日至4日，省知识产权局、省版权局、省工商局、省质监局、省对外经贸厅、省信息产业厅和省台办联合在福州举行发展中国家知识产权保护研讨会，中国、贝宁、尼日利亚、塞舌尔等29个国家政府官员应邀参会。会议交流知识产权保护现状，共同探讨发展中国家在知识产权保护所面临的法律和观念等问题。

1月13日，省知识产权局在福州召开企业专利实施状况专项调查工作会议，首次在全省开展全省企业专利实施情况调查工作。

2月10日，厦门海关查获厦门某公司申报出口31743套假冒“LINING”（李宁）牌运动服，案值约76万元。该案入选中国海关2006年度知识产权保护十佳案例。

2月21日，福耀玻璃工业集团股份有限公司、厦门麦克奥迪实业集团有限公司、福建恒安集团有限公司、厦门灿坤实业股份有限公司、福建浔兴拉链科技股份有限公司等5家企业被国家知识产权局确定为第三批全国企事业知识产权试点单位。

3月至12月，省公安厅开展严厉打击侵犯知识产权犯罪“山鹰二号”专项行动，福州、漳州、泉州、莆田、宁德定为专项行动重点地区。该专项行动全省各级公安机关共立侵犯知识产权犯罪案件185起，破案117起，抓获犯罪嫌疑人269名，涉案总值1.6亿元。

3月17日至5月17日，福州海关组织开展代号为“海啸专项行动”的打击走私盗版光盘专项行动，查获走私盗版光盘1895张。

3月，省知识产权工作考察团一行7人考察访问奥地利、德国、荷兰、比利时、法国。

4月16日至23日，福建省参加全国整规办等部门联合在北京军事博物馆举办的中国保护知识产权成果展览会。福建省展团被评为唯一的“最佳创作奖”。

4月17日，省版权局在福州召开全省版权工作会议，第二批15家版权保护重点企业获授牌。

4月26日，省版权局联合全省30家版权保护重点企业，向全国版权界、企业和企业家发出“打击侵权盗版，保护自主创新”倡议书。

4月26日，全省首家知识产权转化基地——厦门知识产权产业化基地获授牌。

5月9日，中科院福建物构所被国家知识产权局授予“第二批全国企事业专利试点工作先进单位”称号。

5月18日，宁德市工艺茶叶研究所所长、福安市茶业有限公司副总经理薛彤云获全国第三届“新世纪巾帼发明家”创业奖。

6月28日，省保护知识产权举报投诉服务中心挂牌成立，同时开通公益服务热线。

6月，根据国家版权局《关于开展打击非法预装计算机软件专项行动的通知》，在全省开展打击计算机预装领域侵权盗版专项行动。

7月12日，全省各地市版权管理部门与相关部门联合开展反盗版百日行动。全省共出动执法人员3.38万人次，检查音像及计算机软件销售企业2.5万多家次，查处违规企业590多家，取缔非法经营摊点799个，查缴盗版音像和计算机软件制品114万片，吊销经营许可证29家，并举行集中销毁盗版物行动。

8月1日至3日，全省版权行政执法研讨会在屏南县举行，研究预装领域软件正版化工作。

8月23日，美国贸易代表知识产权办公室知识产权执法谈判代表一行7人到福建交流。

9月5日，省政府办公厅印发《福建省贯彻保护知识产权行动纲要（2006—2007年）实施意见》。

9月19日，第二届海峡两岸图书交易会在中国台湾台北市举行，这是海峡两岸出版发行界共同在台湾举办的第一次文化交流活动。其间，举行图书交流与发展高峰论坛、图书馆资源开发研讨会、魅力福建图片展等活动。

9月27日，省知识产权局、省妇联、省发明协会联合授予福安市功夫茶业有限公司薛彤云等11人第三届“福建省优秀巾帼发明者”称号。

10月15日至16日，由世界知识产权组织、国家知识产权局联合主办，省知识产权局承办的《专利合作条约》（PCT）国家巡回研讨会在厦门举行，上海、江西、福建等省市代表150人参加会议。

11月1日，国家知识产权局专利局福州代办处开业揭牌仪式举行，开始办理专利申请业务。

12月19日至27日，国家知识产权局在福州召开国家知识产权试点城市（福建·福州）考核验收工作会议，厦门、泉州、福州三个城市通过试点城市考核验收。

12月22日，福州海关首次在航空货运渠道查获涉嫌知识产权侵权案件。

12月，省政府成立省推进企业使用正版软件工作联席会议及联席会议办公室，省保知办主任任联席会议召集人。

是年，福建省在南非、埃及、印尼、泰国、新西兰、澳大利亚、美国、加拿大、英国、德国、菲律宾等地举办中国福建图书展。

是年，省知识产权局与广东省知识产权局协同调解香港某实业（电子）有限公司诉漳州市某电子有限公司“多功能电子攀山孖扣”专利侵权纠纷。

是年，某涂料（中国）有限公司与中山市某涂料有限公司、陈某的不正当竞争纠纷案被最高法院列为2006年全国知识产权十大案例。

是年，福州市公安局侦破制售假烟网络案和漳州市公安局经侦支队侦办的假冒“厨师”商标肉松案被公安部评为“山鹰二号”专项行动十大案件。

2007年

1月22日，省工商局下发《关于商标监督管理工作实施行政指导的通知》，统一商标注册建议书、商标策略提示书、商标法律告知书格式。

1月30日，福州海关陈春、厦门海关黄健被世界海关组织（WCO）评为知识产权执法作出突出贡献的“杰出执法关员”，并获得由WCO秘书长签发的嘉奖证书。

1月，省推进企业使用正版软件工作联席会议办公室确定第一批70家省级企业开展软件正版化工作。

2月8日，省知识产权协会成立大会暨海峡两岸知识产权学术研讨会在福州举行，省知识产权局副局长罗旋当选为第一届省知识产权协会会长。

2月14日，中科院福建物构所、厦门华侨电子股份有限公司被国家知识产权局确定为“全国企事业知识产权示范创建单位”。

2月，省版权局局长白京兆在世界知识产权组织和国家版权局在北京共同主办的“国际版权论坛”，发表《保护创新，发展产业，版权工作要更好地为海峡西岸经济建设服务》演讲，介绍德化县版权保护的做法和经验。

3月1日，全省第一批推进企业软件正版化工作培训班在福州举办，省直11个部门及全省第一批推进软件正版化工作的70家企业代表参加培训。

3月11日至14日，美国贸易代表署知识产权代表团一行4人访问福建。

4月2日至5日，中国知识产权培训中心主办、省知识产权局承办的全国企事业单位知识产权高级培训班在福州举行。

4月4日，省政府在福州市召开全省地理标志产品保护工作会议。这是全国第一个以省政府名义召开的全省地理标志产品保护工作会议。

4月9日，省政府审议通过《福建省著名商标认定、管理和保护办法》，该办法于6月1日起施行。

4月14日，厦门海关查获假冒9种商标的8406套运动套装，案值60多万元。该案入选中国海关2007年度知识产权保护十佳案例。

4月25日，省版权局承办的“版权保护与创新型国家”全国演讲福建报告会在福州举行，国家版权局、青岛海尔集团、南通花布市场及德化县代表在会上演讲，全省500多人出席报告会。

4月26日，省保知办牵头，省知识产权局、省高院、省检察院、省公安厅、省工商局、省版权局、福州海关等部门联合在福州举办福建省暨福州市保护知识产权宣传周现场宣传咨询活动。

4月，省知识产权局福建省中外专利数据库服务平台正式向公众开通。

5月24日，福州市获国家知识产权局批准为国家知识产权示范城市创建市。

6月15日，泉州市获国家知识产权局批准为新一轮国家知识产权试点城市。

6月18日，省工商局启动福建省商标转让信息平台。

6月18日至21日，国家知识产权局首次作为主办单位加盟中国·福建项目成果交易会（第五届），国家知识产权局局长田力普出席开幕式，国家知识产权局与省知识产权局共同在展会设立知识产权保护咨询台。

6月20日，省委中心组举行“自主创新与知识产权”专题学习会，邀请国家知识产权局党组书记、局长田力普作《我国知识产权工作面临的形式和任务》报告。省领导、省直有关单位主要负责人共200人参加学习会。

7月5日，全省工商系统组织开展华东六省一市商标重点保护专项行动，对“皇明”“洽洽”“景德镇”“闽铝”等31件商标开展重点保护专项执法行动。

7月10日，省科学技术奖励委员会办公室印发《关于申报2007年度福建省科学技术奖的通知》，首次将发明专利纳入科技奖的申报范围。

7月11日，省工商局成功开发福建省实施商标战略信息平台。

7月12日，省知识产权局召开全省专利代理机构工作座谈会，11家专利代理机构代表出席会议。

7月26日，省十届人大常委会第三十次会议通过《福建省农作物种子管理条例》。10月1日正式实施。

8月17日，省商标协会地理标志保护委员会成立。

9月2日至4日，在全国企事业知识产权工作会议上，龙岩市知识产权局姚建川、中科院福建物构所张长青、福建浔兴拉链科技股份公司谢静波、福耀玻璃工作集团股份有限公司白照华、厦门海关张伟等5人获“全国企事业知识产权管理先进工作者”称号。

9月，省农业厅在平和、武夷山、沙县、上杭四县（市）建立授权植物新品种示范片。

10月1日，根据海关总署部署，厦门海关、福州海关开展知识产权保护“龙舟行动”（该活动至2008年3月31日）。其间，厦门海关查获涉嫌侵犯知识产权案件147起，查获涉嫌侵权货物、物品数量475万多件，案值1570万余元。福州海关查获涉嫌侵犯知识产权案件309起，查扣各类侵权物品70.9万件，总案值167.1万元。

10月8日，省政府印发《关于加强标准和标准化工作的若干意见》。

10月10日，厦门市获国家知识产权局批准为国家知识产权示范城市创建市。

10月15日，省知识产权局《信息专报》（内刊）创刊。

10月15日至16日，由世界知识产权组织、国家知识产权局主办，省知识产权局承办的《专利合作条约》（PCT）国家巡回研讨会在厦门举行，150人参加会议。世界知识产权组织和国家知识产权局初审与流程管理部PCT一处的5位专家演讲并现场答疑；国家知识产权局副局长贺化作题为《PCT与中国》的专题报告。

10月23日至24日，国家知识产权局主办、省知识产权局承办的全国知识产权资产评估与管理培训班在福州举行。

10月22日至26日，省版权局会同省保知办组织省推进企业使用正版软件工作联席会议全体成员单位组成4个检查组，对第一批70家企业中的34家企业和9个设区市政府进行检查和督导。

10月31日，省政府印发《关于加快发展集成电路设计业的意见》。

12月10日，福建龙净环保股份有限公司、福建龙溪轴承股份有限公司、福建丰泉集团、新华都实业集团有限公司、华映光电股份有限公司、东南（福建）汽车工业有限公司、国脉科技股份有限公司等7家企业在全国软件正版化工作会议上被授予“全国企业软件正版化示范单位”称号。

12月10日至13日，国家知识产权局主办、省知识产权局协办的第七届全国专利审查与专利代理业务研讨班在福州举行。

12月26日，厦门市知识产权局、泉州市知识产权局被评为“全国知识产权执法先进集体”。

12月26日，省知识产权局罗旋、福州市知识产权局何朝晖2人获“全国知识产权执法先进个人”称号。

是年，省保知办与华东省（市）保知办、泛珠三角省（市）保知办建立跨区知识产权保护转交办理和执法协调机制。福州、厦门、漳州、莆田、宁德市与广东省的12个城市建立闽粤两省沿海城市保护知识产权执法协作机制。

是年，第十届中国专利奖揭晓，福州大学魏可镁、肖益鸿、詹瑛瑛、蔡国辉、郑起的“汽车尾气三元催化剂及其制备方法”，麦克迪奥实业集团有限公司杨泽声的“摄像显微镜”和福建新大陆环保科技有限公司陈健、姚向阳的“具有自动清洗装置的紫外线消毒装置”获优秀奖。

是年，省科技厅首次把知识产权信息服务平台建设列入科技创新平台项目计划，给予专项经费支持。

是年，福建省被农业部确定为农业植物品种权工作试点省。省农业厅印发《2007年福建省农业植物品种权试点工作实施方案》，重点开展水稻、柑橘品种（组合）植物新品种试点与示范工作，建立福建良种培育基地。

是年，省农业厅成立省农业植物品种权执法试点工作小组，成员单位有农业科研、教学、推广和相关企业。

是年，省公安厅经济犯罪侦查总队市场秩序犯罪侦查队、漳州市公安局经济犯罪侦查支队同时获公安部打击侵犯知识产权犯罪“山鹰行动”先进集体表彰；泉州市公安局经济犯罪侦查支队林青、莆田市公安局经济犯罪侦查支队方铁雄、南平市公安局经济犯罪侦查支队张东阳等3人获公安部打击侵犯知识产权犯罪“山鹰行动”先进个人表彰。

二、重要文献辑录

福建省实施《中华人民共和国反不正当竞争法》办法

（1996年5月31日福建省第八届人民代表大会常务委员会第二十三次会议通过，1996年6月3日公布施行）

第一章　总　则

第一条　为了保障社会主义市场经济健康发展，鼓励和保护公平竞争，制止不正当竞争行为，保护经营者和消费者的合法权益，根据《中华人民共和国反不正当竞争法》和有关法律、法规，结合本省实际，制定本办法。

第二条　凡在本省行政区域内从事商品经营或者营利性服务（以下所称商品包括服务）的法人、其他经济组织或者个人（以下简称经营者），应当遵守本办法。

经营者以外的组织和个人，其行为妨碍公平竞争的，也适用本办法。

第三条　县级以上人民政府工商行政管理部门对不正当竞争行为进行监督检查；法律、法规规定由其他部门监督检查的，依照其规定。

行业组织可以制定本行业自律性规范，配合监督检查部门制止不正当竞争行为。

第四条　鼓励、支持和保护一切组织和个人对不正当竞争行为进行社会监督。监督检查部门应为举报人保密，对举报和协助查处的有功人员进行表彰奖励。

第二章　不正当竞争行为

第五条　经营者不得采用下列行为，误导他人购买其商品：

（一）擅自对知名商品的名称、包装、装潢作相同或近似使用；

（二）擅自对他人的字号、商号、营业设施或活动以及表示他人商品整体形象的标章、文字、图形、代号等标志作相同或近似使用；

（三）使用他人的营业设施进行营业而不标明其真实名称。

经营者不得故意贩运、销售前款第（一）项规定的商品。

擅自对他人商品的名称、包装、装潢作相同或近似使用，足以造成购买者误认的，即可认定为擅自使用知名商品特有的名称、包装、装潢的行为。

第六条　经营者不得在商品或包装上对商品质量作下列引人误解的虚假表示：

（一）伪造或者冒用认证标志、名优标志等质量标志，使用被取消的质量标志和与实际不符的质量标志；

（二）伪造或者冒用质量检验合格证明、许可证号、准产证号或者监制单位标志；

（三）伪造或者冒用他人的厂商名称、姓名或地址、产品标准编号、商品的加工地、制造地或者生产地（包括农副产品的生长地或养殖地）；

（四）虚假表述商品的规格、等级、性能、用途、数量、制作成份及其含量；

（五）虚假或模糊标注商品的生产日期、安全使用期或有效期限；

（六）按规定应当标明的内容而不予标明。

经营者不得销售明知或者应知有虚假质量表示的商品。

第七条　经营者不得利用广告或者下列方法，对其商业信誉或者商品的价格、质量、性能、用途、数量、规格、等级、成份及其含量、制造方式、制造日期、有效期限、生产者、产地、销售服务等情况作引人误解的虚假宣传：

（一）雇佣或者伙同他人进行欺骗性的销售诱导；

（二）作虚假的现场演示和说明；

（三）散布谣言，张贴、散发、邮寄虚假的产品说明书或者其他宣传材料；

（四）在经营场所对商品作虚假的文字标注、说明或者解释；

（五）利用大众传播媒介作虚假的宣传报道。

广告经营者不得在明知或者应知的情形下，代理、设计、制作、发布虚假或者引人误解的广告。

大众传播媒介及其工作人员不得对经营者或者商品作虚假宣传报道。

第八条　进行有奖销售的经营者应当向公众告知所设奖项的种类、中奖概率、最高奖金额、总金额及其奖品的种类、数量、质量、兑奖时间、地点、方式及其他有关事项，不得有下列行为：

（一）谎称有奖或者故意让内定人员中奖；

（二）将设有中奖标志的商品、奖券不投放市场或不同时投放市场；

（三）将带有不同奖项或者奖品标志的商品、奖券按不同时间投放市场。

经营者不得变更已经公布的有奖销售事项。

经营者不得利用有奖销售的手段推销质次价高的商品。

前款所称“质次价高”，由监督检查部门根据同期市场同类商品的价格、质量和购买者的投诉进行认定，必要时会同有关部门认定。

抽奖式的有奖销售，最高奖的金额不得超过5000元。以非现金的物品或者其他经济利益作为奖励的，按照同期市场同类商品的正常价格折算其金额。

第九条　经营者不得捏造、散布虚假事实，以下列手段，损害竞争对手的商业信誉、商品声誉；

（一）就商品的质量、性能、价格、交易条件等与其他经营者的同类商品作对比宣传；

（二）刊登或者发布声明性广告；

（三）以客户、消费者的名义或者指使他人以客户、消费者的名义，向国家机关、大众传播媒介、行业组织、消费者组织进行投诉；

（四）散布谣言、散发传单或其他宣传品。

第十条　经营者不得采用馈赠财物或者提供出境考察、旅游度假、提供住房等贿赂手段从事经营活动。

第十一条　经营者不得采取下列不正当手段，欺行霸市，操纵市场，妨碍公平竞争：

（一）阻碍他人与竞争对手建立正常的交易关系；

（二）迫使他人断绝与竞争对手之间的正常交易关系；

（三）胁迫他人与自己交易；

（四）干扰竞争对手从业人员的正常工作，扰乱或者妨碍竞争对手的经营活动。

第十二条　经营者之间、经营者组织和行业组织不得通过协议、决定、倡议、通知或其他手段，实施下列限制或妨碍竞争的联合行为，损害其他竞争对手的利益：

（一）划定商品市场；

（二）联合拒绝销售或者购买；

（三）限定价格或者约定其他不合理的销售条件；

（四）限定产量或者销售量。

但符合社会经济发展和公众利益的下列情形除外：

（一）为降低成本、改良品质或者提高效率，而统一商品规格或者共同开发商品、市场；

（二）为促进生产经营和专业化发展而进行优化组合；

（三）为适应市场变化，制止销售严重下降，生产明显过剩，采取共同行为；

（四）为促进进出口，共同参与国际市场竞争；

（五）中小企业为促进自身发展，增强竞争能力，采取共同行为。

第十三条　投标者之间不得采用下列手段串通投标：

（一）一致抬高或者压低投标报价；

（二）在招标项目中轮流以高价位或者低价位中标；

（三）就标价之外其他事项进行串通，以排挤其他竞争对手。

第十四条　投标者和招标者不得相互勾结，采取下列手段排挤其他竞争对手的公平竞争：

（一）招标者在公开开标之前，私下开启标书，并将有关内容告知其他投标者；

（二）招标者在要求投标者就其标书澄清有关事项时，作暗示或者引导性提问，促使该投标者中标或不中标；

（三）投标者与招标者商定，在公开投标时压低或者抬高标价，中标后再给投标者或者招标者额外补偿；

（四）招标者向投标者泄漏招标底价；

（五）招标过程中的其他妨碍公平竞争的行为。

第十五条　公用企业、事业组织或者其他依法具有独占地位的经营者，不得实施下列限制竞争的行为：

（一）限定他人购买其提供的商品；

（二）强制他人购买其指定的经营者提供的商品；

（三）对抵制其限制竞争行为的单位或个人采取拒绝、中断、拖延、削减供应相关商品或者滥收费用等手段进行刁难；

（四）阻碍他人购买、接受其他经营者提供的符合技术标准要求的商品。

第十六条　政府及其所属部门在资格审核、证照发放、项目审批以及其它行政管理中，不得滥用行政权力，实施下列导致不正当竞争的行为：

（一）限定他人购买其提供的商品；

（二）限定经营者销售商品的范围、方式、对象、数量、价格等；

（三）限定他人购买其指定的经营者的商品，对具有同等资质的中介组织或其他经营者实行不公平的待遇；

（四）采用发布命令或者建关设卡，提高检验标准，增加审批手续，增加收费，检查、扣留或者处分商品等手段，限制外地商品进入本地市场或者本地商品流向外地市场，或者限定外地商品高于或低于本地商品的价格。

政府及其所属部门的工作人员不得滥用行政权力，妨碍公平竞争。

第三章　监督检查

第十七条　监督检查部门在监督检查不正当竞争行为时，除可以行使《反不正当竞争法》第十七条规定的职权外，有权行使下列职权：

（一）调查不正当竞争行为以及与之有关的活动；

（二）检查与不正当竞争行为有关的财物、场所。对可能被转移、调换、隐匿、销毁的与不正当竞争有关的财物，经县级以上监督检查部门行政首长批准，可按规定程序进行封存和扣留，并在 1 个月内作出处理；重大和复杂的案件经过上一级监督检查部门批准，可以适当延长。

监督检查部门在行使前款所列职权时，当事人及有关的仓储、运输单位应当予以协助和配合，不得拖延、拒绝。

第十八条　经营者与消费者的合法权益受到不正当竞争行为侵害时，有权向监督检查部门投诉。监督检查部门在接到投诉后，应当在 10 日内做出是否受理的书面决定，并通知当事人。对决定受理的投诉，应当在 1 个月内作出处理；重大和复杂的案件经过上一级监督检查部门批准，可以适当延长。

第十九条　监督检查部门可向社会公布重大或典型的不正当竞争案件及其有关事项。

第二十条　监督检查部门在监督检查不正当竞争行为时，被检查的经营者、利害关系人、证明人应当在规定的时限内，如实提供有关资料或者情况，不得拒绝、拖延或者谎报。

监督检查部门调查中涉及经营者商业秘密的，应当予以保密。

第四章　法律责任

第二十一条　违反本办法规定，给被侵害的经营者或者消费者造成损害的，应当承担损害赔偿责任。被侵害的经营者或者消费者的损失难以计算的，赔偿额为侵权人在侵权期间因侵权所获得的利润；并应当承担被侵害的经营者或者消费者因调查该侵权人侵害其合法权益的不正当竞争行为所支付的合理费用。

第二十二条　对本办法所列不正当竞争行为，《反不正当竞争法》已有法律责任规定的，由监督检查部门依照《反不正当竞争法》的规定予以处罚；其他的不正当竞争行为，由监督检查部门依照下列规定予以处罚：

（一）违反本办法第五条第一款第（二）、（三）项规定的，监督检查部门应当责令停止违法行为，消除影响，没收违法所得，并可根据情节处以 1 万元以上 10 万元以下的罚款；

（二）违反本办法第五条第二款规定的，监督检查部门应当责令停止违法行为，没收违法所得，并可根据情节处以违法所得 1 倍以上 3 倍以下的罚款；

（三）违反本办法第七条第三款规定的，监督检查部门应当责令公开检讨，没收违法所得；并可根据情节对单位处以 5000 元以上 5 万元以下罚款；

（四）违反本办法第十一条和第十二条第一款规定的，监督检查部门应当责令停止违法行为，并可根据情节处以 1 万元以上 20 万元以下的罚款；

（五）违反本办法第十五条规定的，由省级或设区的市的监督检查部门责令停止违法行为，并可根据情节处以 5 万元以上 20 万元以下的罚款。被指定的经营者借此销售质次价高商品或者滥收费用的，监督检查部门应当没收违法所得，并可根据情节处以违法所得 1 倍以上 3 倍以下的罚款；

（六）违反本办法第十六条规定的，上级机关应当责令其改正；情节严重的，由同级或者上级机关对直接责任人员给予行政处分。被指定的经营者借此销售质次价高商品或者滥收费用的，监督检查部门应当没收违法所得，并可根据情节处以违法所得 1 倍以上 3 倍以下罚款。

监督检查部门在依法实施行政处罚时，无法计算经营者违法所得的，可以根据违法情节处以违法经营额 1 倍以下的罚款。

第二十三条　对拒绝、阻碍监督检查部门依法监督检查不正当竞争行为的，由公安机关依照《中华人民共和国治安管理处罚条例》的规定处罚；构成犯罪的，依法追究刑事责任。

第二十四条　当事人对监督检查部门作出的行政处罚决定不服的，可依法申请行政复议，也可以直接向人民法院提起诉讼。

第二十五条　监督检查部门在行使职权时，侵犯了经营者的合法权益并造成损害的，依法承担赔偿责任。

监督检查工作人员滥用职权，徇私舞弊，故意包庇，玩忽职守的，给予行政处分；构成犯罪的，依法追究刑事责任。

第五章　附 则

第二十六条　本办法应用解释权属福建省人民政府。

第二十七条　本办法自公布之日起施行。

福建省专利保护条例

（2004年6月2日福建省第十届人民代表大会常务委员会第九次会议通过）

第一条　为加强专利保护，保障专利权人的合法权益和社会公众利益，鼓励发明创造，促进科学技术进步和创新，根据《中华人民共和国专利法》等法律、法规，结合本省实际，制定本条例。

第二条　本条例适用于本省行政区域内从事与专利保护有关的活动。

第三条　省人民政府管理专利工作的机构负责全省专利保护工作。设区的市、县（市、区）人民政府确定的管理专利工作的部门或者机构负责本行政区域内的专利保护工作。

有关行政部门应当依照各自职责做好专利保护工作。

第四条　县级以上地方人民政府应当加强对专利工作的领导和扶持，促进专利技术实施及其产业化，推动专利事业的发展。

县级以上地方人民政府应当加大专利保护资金投入，多渠道筹集资金，用于资助专利申请和专利技术开发推广。

第五条　管理专利工作的部门或者机构应当加强专利知识的宣传普及工作，提高公众的专利意识；加强对企业、高等院校、科研机构等单位专利工作的指导，协助其建立、健全专利管理制度；为社会提供专利信息、专利申请、专利技术实施、专利权保护等方面的服务。

有关行业协会应当鼓励会员申请和实施专利，支持会员依法维护自主专利权，督促会员尊重他人专利权。

管理专利工作的部门或者机构以及有关行业协会，对在专利申请公布或者公告之前的发明创造内容，应当履行保密义务。

第六条　鼓励单位和个人在技术开发和新技术、新产品进出口时进行专利检索。

第七条　有下列情形之一的，国有专利资产占有单位应当对专利资产进行评估：

（一）转让专利申请权、专利权的；

（二）以专利资产作价出资的；

（三）变更或者终止前需要对专利资产作价的；

（四）与其他企业、经济组织或者个人合资、合作实施专利的；

（五）其他法律、法规规定应当评估的。

第八条　省人民政府管理专利工作的机构可以聘请有关专家组成专利技术鉴定咨询委员会，依照有关法律法规进行专利技术鉴定的咨询服务。

第九条　广告主发布涉及专利的广告，应当提供该专利权有效证明。

广告发布者应当查验广告主提交的专利权有效证明，对未能提供的，不得发布涉及专利的广告。

第十条　展览会、推广会、交易会等会展的举办单位，对标明专利标记和专利号的参展产品或者技术，应当要求参展者提供专利证书或者专利许可合同等有效证明；对不能提供有效证明的，禁止其以专利产品、专利技术的名义参展。

管理专利工作的部门或者机构负责对展览会、推广会、交易会等会展中涉及专利产品、专利技术的监督管理。

第十一条　鼓励发展独立公正、规范运作的专利代理、专利检索、专利资产评估等专利中介服务机构。

专利中介服务机构及其工作人员应当独立、客观、公正地开展中介服务，不得出具虚假检索、评估报告；不得以不正当手段承揽业务；不得损害当事人和其他社会公众的利益；在专利申请公布或者公告之前，不得泄露被代理人的发明创造内容。

管理专利工作的部门或者机构依照职责对专利中介服务机构实施监督管理。

第十二条　发明创造的发明人、设计人获得的专利，可以作为相关专业技术职称评定的依据。

第十三条　任何单位或者个人不得假冒他人专利、冒充专利或者非法实施他人专利；不得为假冒他人专利、冒充专利或者非法实施他人专利提供便利条件。

第十四条　未经专利权人许可实施其专利，引起侵权纠纷的，由当事人协商解决；当事人不愿协商或者协商不成的，专利权人或者利害关系人可以请求管理专利工作的部门或者机构处理，也可以向人民法院起诉。

第十五条　请求管理专利工作的部门或者机构处理专利侵权纠纷的，应当提交专利侵权纠纷处理请求书和有关证据，并且符合下列条件：

（一）请求人是专利权人或者利害关系人；

（二）有明确的被请求人以及具体的请求事项、事实和理由；

（三）当事人双方均未向人民法院提起诉讼；

（四）属于管理专利工作的部门或者机构受理管辖范围。

第十六条　管理专利工作的部门或者机构自收到专利侵权纠纷处理请求书之日起七日内，对符合条件的，应当作出受理决定；对不符合条件的，不予受理并书面说明理由。

管理专利工作的部门或者机构应当自受理之日起七日内，将请求书副本送达被请求人。被请求人应当自收到请求书副本后十五日内提交答辩书和有关证据。被请求人未提交答辩书和有关证据的，不影响处理程序的进行。

第十七条　管理专利工作的部门或者机构应当自受理专利侵权纠纷之日起九十日内作出处理决定。情况特别复杂，不能在规定的期限内做出处理决定的，经管理专利工作的部门或者机构负责人批准，可以适当延长期限，并书面告知请求人和被请求人，但是延长期限不得超过三十日。

被请求人在答辩期内提出宣告专利权无效请求的，可以向管理专利工作的部门或者机构提出中止处理的书面申请。是否中止处理，由管理专利工作的部门或者机构审查后书面通知当事人。中止期间不计算在专利侵权纠纷处理期限内。

当事人不服处理决定的，可以依法申请行政复议或者提起行政诉讼。

第十八条　管理专利工作的部门或者机构在处理专利侵权纠纷或者查处涉嫌假冒他人专利、冒充专利案件时，可以行使下列职权：

（一）询问当事人和证人；

（二）查阅、复制与案件有关的合同、证照、图纸、账册、档案等资料；

（三）现场检查、摄录与案件有关的产品、专用工具、设备等物品和相关软件。管理专利工作的部门或者机构在处理专利侵权纠纷或者查处假冒他人专利、冒充专利案件过程中，发现当事人有明显转移、隐匿、销毁与案件有关物品的行为，导致证据可能灭失时，可以登记保存与案件有关的物品。

第十九条　管理专利工作的部门或者机构认定专利侵权成立，作出处理决定的，可以采取下列措施制止侵权行为：

（一）对未经专利权人许可制造其专利产品的，责令停止制造并销毁或者拆解用于制造专利产品的模具、专用设备；责令停止使用已经制造的专利产品，并不得以任何形式将该产品投放市场；

（二）对未经专利权人许可使用其专利方法的，责令停止使用该专利方法或者依照该专利方法直接获得的产品，并不得以任何形式将该产品投放市场；

（三）对未经专利权人许可销售其专利产品或者依照其专利方法直接获得的产品的，责令停止销售，并不得转移尚未出售的专利产品或者依照专利方法直接获得的产品；

（四）对未经专利权人许可许诺销售其专利产品或者依照其专利方法直接获得的产品的，责令不得进行任何实际销售行为；

（五）对未经专利权人许可进口其专利产品或者依照其专利方法直接获得的产品的，责令停止进口、销售、使用该产品，并不得以任何形式将该产品投放市场。

采取前款措施不足以制止侵权行为的，管理专利工作的部门或者机构可以责令侵权人销毁或者拆解侵权产品。侵权人拒不停止侵权行为的，管理专利工作的部门或者机构可以依法申请人民法院强制执行。

第二十条　任何单位和个人有权向管理专利工作的部门或者机构举报涉嫌假冒他人专利、冒充专利等违法行为。

接受举报的管理专利工作的部门或者机构对举报人及举报内容应当保密并及时调查处理，对查证属实的，应当给予举报单位和个人奖励。

第二十一条　违反本条例第十一条第二款规定，出具虚假检索、评估报告或者在专利申请公布或者公告之前泄露发明创造内容的，由管理专利工作的部门或者机构没收违法所得，并处以五千元以上三万元以下的罚款；情节严重的，责令停业整顿。

第二十二条　违反本条例第十三条规定，假冒他人专利、冒充专利的，除依法承担民事责任或者行政责任外，管理专利工作的部门或者机构可以将违法事实在新闻媒体上予以公告；为假冒他人专利、冒充专利或者非法实施他人专利的行为提供便利条件的，由管理专利工作的部门或者机构没收违法所得，并责令限期改正；逾期不改的，处以三千元以上二万元以下的罚款；构成犯罪的，依法追究刑事责任。

第二十三条　违反本条例第十八条规定，有关单位或者个人拒不提供或者隐瞒、转移、销毁与案件有关的合同、证照、图纸、账册、档案等资料或者转移、销毁被登记保存的物品，由管理专利工作的部门或者机构对有关行为人处以一千元以上一万元以下的罚款。

第二十四条　管理专利工作的部门或者机构的工作人员有下列情形之一的，依法给予行政处分；构成犯罪的，依法追究刑事责任：

（一）利用职务便利，索取、收受他人财物的；

（二）登记保存不当，给当事人合法权益造成损失的；

（三）包庇、放纵假冒他人专利、冒充专利的单位或者个人，或者通风报信帮助其逃避查处的；

（四）在专利申请公布或者公告之前泄露发明创造内容的；

（五）不依法履行职责的。

第二十五条　本条例自 2004 年 9 月 1 日起施行。

福建省高级人民法院
关于规范和强化全省法院知识产权审判工作的意见

2006年8月11日

党的十六届五中全会提出了建设创新型国家，知识产权保护工作面临着新的更高的要求。当前，我省知识产权案件大幅度上升，审判实践中遇到的新情况、新问题不断增多，案件审理难度不断加大，知识产权审判工作任务日趋繁重。为充分发挥全省法院知识产权审判职能作用，提高司法水平，加大知识产权保护力度，为建设海峡西岸经济区、构建社会主义和谐社会提供有力的司法保障，特就规范和强化我省知识产权审判工作，提出如下意见。

一、关于案件管辖

1.知识产权民事案件的管辖应依照闽高法〔1998〕92号《福建省高级人民法院关于知识产权收案范围和案件管辖若干问题的意见》的规定执行，本《意见》与以上规定不一致的，按照本《意见》执行。

2.省法院管辖诉讼标的金额在500万元以上（含本数）的第一审知识产权纠纷案件及全省范围内有重大影响的一审案件，其他第一审知识产权纠纷案件、涉外及涉港澳台知识产权纠纷案件除另有规定的外，由全省各中级人民法院管辖。

3.第一审专利纠纷案件由福州市、厦门市、泉州市中级人民法院管辖。厦门市、泉州市中级人民法院审理本市范围内的专利纠纷案件，全省其他地区的专利纠纷案件由福州市中级人民法院审理。

4.第一审植物新品种纠纷案件由福州市中级人民法院管辖。集成电路布图设计纠纷案件由福州市、厦门市中级人民法院管辖，其中厦门市中级人民法院管辖本市范围内发生的集成电路布图设计纠纷案件，全省其他地区发生的集成电路布图设计纠纷案件由福州市中级人民法院管辖。

5.基于同一法律事实发生的纠纷，一方当事人向人民法院提起请求确认不侵权诉讼，另一方当事人向人民法院提起侵权诉讼，如果受理的法院处于不同的地域，在后受理的法院应将案件移送到在先受理的法院审理。

6.对于当事人基本相同，涉控侵权的事实虽略有区别，但主要事实基本相同的案件，为避免案件的处理结果与在先受理法院的处理结果出现矛盾或不协调，后受理案件的法院应与先受理案件的法院协调，后受理的法院应将案件移送到在先受理的法院审理；协调不成，报它们共同的上级法院指定管辖。

二、关于确认不侵权诉讼

7.确认不侵权诉讼案件的受理应同时具备的条件：原告受到侵权警告，侵权警告的发出者可以是权利人，也可以是权利人的被许可人；侵权警告的发出者超过三个月没有向有权机关启动请求救济程序。

8.确认不侵权诉讼受理后，被告又到行政机关就同一案件事实投诉请求处理的，人民法院不中止审理。

一方当事人在向法院提起确认不侵权诉讼之前，另一方当事人已先向行政机关就同一事实投诉请求处理的，人民法院不予受理；已受理的，裁定驳回起诉。

三、关于刑事民事行政交叉的问题的处理

9.当同样的侵权事实既提起民事诉讼同时又进行刑事诉讼的，民事案件的审理可根据案件的具体情况，先予以中止审理，待刑事诉讼处理完毕，再行恢复审理。

10.在知识产权民事诉讼中，对于在先生效的刑事或行政判决所确认的事实，根据证据规则，只要对方在民事诉讼中有相反证据提供，就应当对相反证据及在先判决的证明力进行慎重审查，综合判断，对案件事实独立作出认定。

四、关于庭前证据交换

11.庭前证据交换主要适用于证据较多或复杂疑难的案件或当事人申请要求进行庭前证据交换的案件。进行交换的证据，一般应限定在书证、鉴定结论等案件的主要证据。证据交换的时间应当在答辩期届满后、开庭审理前举行。证据交换的具体时间可以由当事人协商一致并经人民法院认可，也可以由人民法院直接指定。

12.庭前证据交换由审理案件的合议庭成员主持，主持人应同时依法进行调解。庭前证据交换中，当事人提交新的反驳证据或要求补充提交反驳证据的，法院可以根据当事人的申请或依职权再次指定举证期限，法官应根据案件的具体情况行使释明权。

13.庭前证据交换时，应同时听取各方当事人对庭前交换的证据的质证意见。对于无争议的证据，主持人要予以归纳，在以后的庭审中不再质证；对于有争议的证据，应当强化当事人辩论意识，合议庭可以将拟定的案件争议焦点，在征询当事人意见后予以确定。

14.在庭前证据交换时，对未到庭的证人证言，双方当事人无异议的，可以采信。对证人证言双方当事人有异议的及证人证言可能影响案件裁判结果的，该证人应当在庭审时出庭作证，否则其证言不应采信。

15.庭前证据交换中涉及的具体案件事实、证明责任分配等问题，在听取当事人意见后，可以由合议庭做出评议，并告知当事人。如果当事人对证明责任分配的争议较大，且法律和司法解释对相关的证明责任分配无明确规定的，主持人可以仅对证明责任分配问题作原则释明。

五、关于新的证据

16.当事人在一审中能够提供的证据，无正当理由不提供的（包括被告在一审时缺席的情形），在二审程序中即使提供的，原则上不作为新的证据，但人民法院经审查认为该证据可能影响裁判结果的，应予以质证。

17. 当事人无故意拖延诉讼的情形，受诉讼能力和水平的限制，未提供证据的，一审法院应当行使释明权。当事人经释明后仍未在举证期限内提供证据的，在二审程序中即使提供，原则上不作为新的证据。

18. 一审法院应该行使释明权而未行使时，当事人在二审中提供了证据，且不认定该证据可能导致裁判明显不公的，原则上作为新的证据。

19. 一审中，对于当事人在举证期限内因客观原因无法提交而在一审庭审结束前提交的证据，只要其不属于以拖延诉讼或证据突袭为目的而故意不提出的情况，并申请过延期举证的，一般予以认可。而对于当事人在举证期限届满又没有提出延期举证申请，在庭审结束前提交的证据，一般不予接受。

20. 二审中当事人提交的证据，虽然不属于新的证据，但该证据涉及案件的主要事实可能影响一审裁判结果，如果不认定将导致明显错误，且二审法院能够查明事实的，可以直接认定其效力，并据此做出二审判决，但由提供证据的当事人负担相关的合理费用以及由此扩大的直接经济损失。二审法院经审理后认为无法直接改判的，发回重审。

六、关于知识产权案件的鉴定

21. 知识产权司法鉴定一般由当事人申请并经人民法院同意。人民法院认为确有必要的，应该征求双方当事人的意见，负有举证责任的当事人不同意鉴定的，其应承担对其不利的法律后果。

22. 当事人在一审时未申请鉴定，或者申请鉴定后无正当理由不预交鉴定费用或拒不提交相关材料致使无法鉴定，而在二审期间申请鉴定的，视下列情况分别处理：(1) 人民法院经审查认为，不鉴定不会影响裁判结果的，对当事人的申请不予准许；(2) 人民法院经审查认为，不鉴定可能导致案件的主要事实不清的，对当事人的申请应予准许。

23. 同意或者决定进行知识产权司法鉴定的，均由相关法院进行委托，委托鉴定的内容只能是案件中涉及专门性技术的事实，对案件本身是否构成侵权不属于委托鉴定的内容。对商标的相近似、美术作品及摄影作品的相近似、外观设计专利的相近似及著作权的独创性等一般不宜申请鉴定。

24. 人民法院应指导当事人协商确定包括鉴定范围、鉴定材料等具体鉴定方案。具体鉴定方案由申请鉴定方提出，另一方发表意见，人民法院审定后，交由鉴定机构进行鉴定。

25. 确定知识产权司法鉴定机构，首先由当事人协商，在知识产权司法鉴定机构名册中选择司法鉴定机构。当事人选择一致的，委托该机构进行司法鉴定。当事人一方放弃选择，或在人民法院指定期限内无正当理由未予答复的，由另一方当事人单方选择后由相关法院确定。双方当事人均表示放弃选择或对鉴定机构选择不一致的，可由相关法院提出建议，征求双方当事人的意见后由法院指定。

26. 发现有下列情况的，应重新确定司法鉴定机构：司法鉴定程序不符合法律规定的；

司法鉴定材料有虚假，或方法有缺陷的；司法鉴定人系案件的当事人，或当事人的近亲属的；司法鉴定人的近亲属与本案有利害关系的；司法鉴定人担任过本案的证人、辩护人、诉讼代理人的；以不正当方式取得司法鉴定项目的；当事人或有关人员与司法鉴定机构恶意串通的；其他可能影响司法鉴定公正进行的情形。

27. 对鉴定专家一般要求其出庭接受诉讼双方当事人的质询。

七、关于诉前临时措施

28. 审理知识产权诉前临时措施案件，既要积极，又要慎重。所谓积极，是指受理案件要积极，审查要迅速，采取措施要及时；所谓慎重，是指对申请的审查要仔细，程序要合法，采取的措施要适当。

29. 知识产权诉前临时措施案件是独立的案件，应当单独编立案号。诉前责令停止侵权行为案件统一编“禁”字号，诉前证据保全案件及诉前财产保全案件统一编“保”字号。

30. 对于诉前责令停止有关行为的措施，由于涉及双方当事人的重大经济利益，因此在下裁定之前要严格审查，审查的重点为：知识产权权利的合法性和稳定性；被申请人构成侵权的可能性，可能使申请人受到难以弥补的损害；申请人提供的担保。在审查过程中是否需要通知被申请人举行听证，主要看判定侵权可能性的难易程度和有关证据是否充分可靠。对符合条件的申请，应在48小时以内下发裁定并予以执行。

31. 当事人申请采取诉前临时措施，应当提供担保，担保的金额以足以弥补因申请错误造成被申请人损失和支付相关的费用为限。申请人提供的担保应当以财产担保为主，对资信良好提供信用担保的，经审查可予以认可。

32. 鉴于知识产权诉前临时措施案件的特殊性，知识产权诉前临时措施案件由立案庭与知识产权专门审判庭共同审查商定是否立案。确定立案的，由立案庭登记后移交知识产权专门审判庭，由专业审判人员进行实体审查。

33. 人民法院诉前临时措施实施后，如果被申请人拒不执行的，应按照《中华人民共和国民事诉讼法》规定的妨害民事诉讼强制措施进行处理，经处理后仍拒不执行的，经审查如果构成拒不履行生效判决、裁定罪的，移送有关部门处理。

34. 在有关法律法规没有修改或者司法解释予以明确之前，对不正当竞争和植物新品种纠纷案件不能采取诉前责令停止侵权行为和诉前证据保全的措施。

八、关于知识产权案件的中止

35. 在案件审理过程中，要依法确认知识产权权利状态，严格适用中止诉讼，促使案件在法定期限内审结，避免久审不结。专利复审委员会的审查决定可以作为判断专利权稳定性的参考依据。专利复审委员会的审查决定维持专利权有效，当事人就此提起了行政诉讼，在专利侵权诉讼中，法院经审查认为专利权具有一定稳定性的，一般应当恢复中止案件的审理，并以专利证书记载的权利为依据进行审理和裁判。

36. 在中止诉讼期间，被控侵权人以使用公知技术为由进行抗辩，并提供了相关证据，法院经审查认为被控侵权人抗辩成立的，应当恢复审理，判定其不构成侵权。

37. 对商标侵权纠纷案件一般不予中止。

九、关于涉外及涉港、澳、台知识产权案件的审限

38. 如无特殊情形，涉外及涉港、澳、台知识产权一审案件一般应在12个月内审结，二审在6个月内审结。

十、关于驰名商标认定

39. 驰名商标的认定应遵循因需认定、被动认定、个案有效的原则，法律依据为《中华人民共和国商标法》、《中华人民共和国商标法实施条例》、2001年7月《最高人民法院关于审理涉及计算机网络域名民事纠纷案件适用法律若干问题的解释》（法释〔2001〕24号）以及2002年10月《最高人民法院关于审理商标民事纠纷案件适用法律若干问题的解释》（法释〔2002〕32号），除根据以上规定在案件争议中涉及商标是否驰名可予作出认定外。在其他类型的知识产权纠纷中不认定驰名商标。

40. 认定驰名商标，应当根据审理案件的需要，依据当事人的请求，根据《商标法》第十四条规定的几个要素综合考虑。其中“该商标驰名的其他因素”可从以下几个方面把握：该商标被故意仿冒等侵权的情形；使用该商标的商品或服务的市场占有率；企业的规模及发展前景；企业纳税情况；企业近三年的产量、销售量、销售收入；企业的劳保福利及是否存在拖欠工资情况等。

41. 驰名商标的跨类保护应该要有适当联接点，即在不相同或者不相类似的商品或服务上使用的商标、注册的域名或企业字号等，可能使相关公众对商品或者服务的来源产生误认和混淆，或者造成相关公众误认为不同经营者之间具有关联关系，导致混淆、误导公众的情形。

42. 对驰名商标跨类保护范围的把握，应依具体案件个案判定，应依该商标的知名度及显著性强弱等因素决定。

十一、关于几种不正当竞争行为的认定

43. 发布广告或以其他方式进行宣传，其内容虽然是客观事实，但隐匿了必要事实，不能全面反映所宣传的商品或服务的真实情况，或断章取义，且有误导公众、损害同业经营者或有其他不正当竞争意图的，构成不正当竞争。

44. 在相同商品上使用与他人知名商品特有的名称、包装、装潢相同或相似的名称、包装、装潢的，一般应当认定为足以造成对相关公众的混淆、误认，构成《反不正当竞争法》第五条第（二）项规定的不正当竞争行为。

45. 擅自使用为相关公众所熟知的企业名称的简称、缩略语、外文名称和字号（商号）等，引人误认为是该企业的商品或服务的，视为《反不正当竞争法》第五条第（三）项规定的行为。

46. 当事人在知悉他人商业秘密之后，又主张其技术信息是通过反向工程获得的，一般不予支持。

十二、关于企业名称与注册商标冲突的处理

47. 审理商标与使用企业名称冲突纠纷案件，应当遵循诚实信用、禁止混淆、有主观过错、保护在先合法权益的原则。

48. 商标与企业名称冲突纠纷，从侵权人的行为性质看，主要是借助合法形式侵害他人商誉，表现为使消费者对商品或服务的来源以及不同经营者之间具有关联关系产生混淆、误认，一般属于不正当竞争纠纷，应适用《民法通则》、《反不正当竞争法》进行调整。

将与他人注册商标相同或相近的文字作为企业字号在相同或类似的商品上单独或突出使用，容易使相关公众产生误认的，属于违反《商标法》，侵犯他人注册商标专用权的行为。

49. 侵权人的行为造成消费者对商品或者服务的来源产生误认和混淆，或者造成消费者误认为不同经营者之间具有关联关系，构成不正当竞争的，人民法院可以判令停止使用企业名称或者对该企业名称的使用方式和范围作出限制。因主观上具有过错给权利人造成损害的，还应该判令赔偿损失。

十三、关于知识产权案件的调解

50. 知识产权案件调解要坚持“能调则调，当判则判，调判结合，案结事了”的原则。

51. 调解应当贯彻自愿原则，当事人有决定是否调解、调解开始时机及选择调解方式和调解协议生效方式的权利。调解还应当贯彻合法原则，人民法院应对调解协议内容是否违反法律、行政法规的禁止性规定进行审查。

52. 对涉及商业秘密和个人隐私的案件，当事人请求不公开进行调解的，人民法院不得公开进行；当事人请求对调解内容进行保密的，人民法院不得披露有关信息。

53. 法官在主持调解过程中要注重将实施证据保全与调解相结合，将实施临时禁令措施与调解相结合，在法律规定的程序范围内，灵活启动调解时间，适当把握调解的度，安排合适的调解地点。

54. 调解由案件承办法官或者合议庭其他组成人员主持。法官主持调解应当严格遵守法律和审判纪律，保持中立、言行谨慎，避免使当事人对调解的公正性产生不信任感。

55. 根据知识产权案件专业性、技术性强的特点，诉讼调解可以准许当事人单位负责技术的人员参加，必要时可以邀请具有专门业务知识及行业协会的人员等参加。

56. 调解过程中，法官可以根据案件的事实和证据分析引起纠纷的原因以及可能适用的法律，并可告知当事人同类案件的处理结果，但不得泄露审判秘密。

57. 当事人不能就全部诉讼请求达成调解协议的，可以就部分诉讼请求达成的调解协议部分，先行制作调解书。调解书中已经确认的事实，不得在解决案件其他部分争议时反悔。

58. 当事人在调解协议中约定一方不履行协议应当承担的替代责任或者加重责任，经人民法院确认后，与调解协议其他条款同样具有强制执行效力。

59. 当事人为达成调解协议或者和解目的作出的妥协而对有关事实的认可，人民法院不得在以后的诉讼中直接作为对其不利的证据。

60. 诉讼调解应当遵守审限制度，不能久调不结。调解不成的，应当及时判决。

十四、关于知识产权侵权赔偿的计算

61. 知识产权侵权赔偿的计算，对原告因侵权所受到的损失或者被告因侵权所获得的利益可以计算的，应优先适用这两种方法计算。原告受到的损失或被告获得的利益难以确定的，可以按照定额赔偿办法确定赔偿数额。

62. 原告请求适用定额赔偿办法，被告以其他赔偿方法抗辩的，法院应当进行审查。被告抗辩主张不能成立，但其提供的有一定依据的计算赔偿数额的方法或结果可以作为确定赔偿数额的参考因素。

63. 原告请求按被告因侵权所获得的利益计算赔偿数额，并申请保全被告的财务账册等证据，且通过审计确定了被告所获得的利益额，如原告再要求定额赔偿办法确定赔偿，所要求定额高于审计确定数额的，一般不予准许。人民法院未保全到被告的财务账册等证据，或者保全到的证据未被采信的，可以按照定额赔偿办法确定赔偿数额。

64. 原告要求按被告因侵权所获得的利益计算赔偿数额，并提供被告在广告宣传、缴纳税收、行业协会报告等相关资料中记载的销售、获利情况，或者有其他初步证据能够支持其诉讼请求，或者有证据证明被告持有其获利的相关证据但拒绝提供，或者因被告的原因致使其提供的证据不能被采信的，且被告不能提供有效的相反证据予以反驳的，不应当适用定额赔偿办法确定赔偿数额，可以直接支持原告的诉讼请求。

65. 适用定额赔偿时，应当根据以下因素综合确定赔偿数额：知识产权的种类；侵权行为的性质、持续时间、范围、后果等；原告可能遭受的损失、被告可能获得的利益；合理的转让费、许可使用费等收益、报酬；被告的过错程度；被告有无侵权史；被告有无对权利人侵权判决未予执行或完整执行的记录；其他应当考虑的因素。参考许可费确定定额赔偿的，应注意区别属独占许可、排他许可或普通许可及侵权行为持续的时间长短等因素。

66. 原告因侵权行为受到商业信誉损失的，可以将商业信誉损失作为确定赔偿数额的因素。作为自然人的原告因侵权行为受到精神损害的，可以根据其请求确定精神损害的赔偿数额。

67. 审理著作权侵权纠纷案件，可以根据以下因素综合确定赔偿数额：被侵权作品的独创性程度、知名度和市场影响力；作者的知名度；作品受侵权部分在作品整体中的地位和作用；其他因素。商业性使用作品的，可以参考市场因素综合确定赔偿数额。

68. 产品部件构成专利侵权的，在确定赔偿数额时，应当考虑该部件在整个产品中所起的作用。体现产品的技术功能和效果的关键部件侵犯他人专利权的，可以参考整个产品的利润并结合其他因素合理确定赔偿数额。在整个产品中只起辅助性作用的一般零部件侵犯他人专利权的，可以参照该部件本身的价值及其在实现整个产品利润中所起的作用等因素合理确定赔偿数额。

69. 包装物侵犯外观设计专利权、知名商品特有的包装装潢专用权、著作权、商标专用权等权利的，一般应当参照该包装物本身的价值及其在实现被包装产品利润中所起的作用等因素合理确定赔偿数额。包装物如果系吸引一般消费者购买该产品的主要因素，并且与被包装产品在销售时不可分离的，可以参照被包装产品的利润合理确定赔偿数额。

70. 因被告侵权行为导致权利人商业秘密被公开的，有条件评估其价值的，可评估价格确定赔偿数额，没有评估条件的，应当结合该项商业秘密的研究开发成本、竞争优势情况、实施收益、可得利益、可保持竞争优势的时间等因素确定赔偿数额。

71. 在权利发生竞合时，原告以其多项权利受到侵害提起诉讼，经审判人员释明后，以其选择的一项权利作为计算单位确定赔偿数额；原告不作出选择的，以对其最为有利的一项权利作为计算单位确定赔偿数额。

72. 侵权行为在诉讼期间仍在持续，原告在一审法庭辩论终结前提出增加赔偿数额请求且提供相应证据的，可以在增加后的赔偿总额范围内确定赔偿数额。在二审程序中，原告就持续侵权提出增加赔偿数额的，二审法院可以根据当事人自愿的原则予以调解；调解不成的，可以就赔偿数额重新作出判决，并在判决书中说明理由。

73. 同一案件中，权利人不同类别的知识产权同时被侵权的，适用定额赔偿时应当按照每一侵权行为分别确定赔偿额，但应注意最终确定的赔偿额不应超过侵权人因侵权可能获得的利益。

74. 因制止侵权行为所支付的合理费用，包括：公证费；调查取证费；咨询费、档案查询费、翻译费；交通费、住宿费；材料印刷费、律师代理费；原告为制止侵权行为支付的其他合理费用等。合理费用可以在定额赔偿数额以外确定。

十五、关于知识产权裁判文书的制作

75. 知识产权判决书要全面反映当事人对证据的举证、质证情况，充分阐明法院在认定事实上的理由，对案件的事实需作归纳总结。

76. 本院认为部分，应当与当事人的诉辩主张首尾呼应，围绕当事人的争议焦点逐一进行论证评析，逐一表明法院支持与否，达到诉审一致。

77. 条件允许，对商标纠纷、外观设计纠纷、美术摄影作品纠纷等，可在裁判文书附上图形加以说明。

78. 对适用定额赔偿的，不能在裁判文书上仅罗列参考的因素，而应写明参考因素的具体事实。

十六、关于知识产权案件的改判、发回重审

79.二审案件审理过程中，可能对一审结果进行改判、发回的，案件承办人可以随时向一审承办人了解情况，交换意见，并将交换情况向合议庭汇报。

80.知识产权案件发回重审的情形主要有：审判案件的审判人员、书记员应当回避而未回避的；一审立案前，当事人没有诉讼主体资格或一审宣判前，当事人丧失主体资格的；一审遗漏必要共同诉讼当事人的；适用普通程序的案件，当事人未经法定程序传唤即行缺席判决的；未按法定程序进行审理，可能影响公正判决的；一审判决遗漏对案件重要事实的查证，或认定事实错误，承担举证责任有误，有可能影响实体判决结果的；一审判决对当事人提出的本诉请求或反诉请求漏判的；一审认定事实不清、证据不足，二审难以查明的；一审应当进行实体审理，却以裁定形式驳回起诉的；其他应予发回重审的情形。

81.知识产权案件改判的情形主要有：一审裁判认定事实错误或认定事实不清，证据不足，已经二审查明的；适用法律错误，导致实体裁判有失公正的；定额赔偿明显有失公平的；其他应予改判的情形。

82.对判改、发回重审的案件，省高级人民法院应阶段性地进行总结分析，并将结果及时反馈给各中级人民法院。

十七、关于配合有关部门做好知识产权案件的上访和息讼

83.案件宣判前，合议庭要注意做好败诉方当事人的说理工作。裁判后，原审理案件的合议庭要注意做好服判息诉工作，对双方当事人争议大、案件的处理可能激化新的矛盾的案件，要及时向有关庭、院领导汇报。

84.对知识产权裁判不服的上访、信访，如果法院信访部门要求配合协调的，原则上由庭长指派原案件承办人接访，做好“判后答疑”工作。

85.接访法官应认真行使释明权，对上访当事人可通过判后答疑的形式，向当事人耐心地做出解释。

86.通过接待上访发现原裁判确有错误，应主动汇报，并通过审判监督等程序予补救。

十八、关于案件的请示

87.各中院向省法院请示的案件必须是法律关系复杂疑难的案件，所请示的问题应是适用法律或程序方面的关键性问题。对适用法律的问题，需经合议庭合议，并经院审判委员会讨论仍存在分歧的问题。对于案件的事实及结论性问题，不得请示。

88.请示应以下级法院名义书面报送，并附审理报告。审理报告应写明：案情；需要请示、汇报研究的问题；合议庭、审委会的意见。

89.省高级人民法院对下级法院民事审判第三庭（知识产权庭）请示的案件应在收到请示报告之日起三日内确定承办人、指定合议庭。对请示问题进行审查，必要时可要求下级法院携卷汇报。

90.评议研究中审判人员应分别就问题提出意见，并按少数服从多数的原则形成倾向

性意见，案件的评议结果应按案件签发审核的权限上报有关领导审批。

91. 上级法院应以书面形式将倾向性意见答复下级法院。

92. 答复意见是上级法院对所请示问题的看法，仅作为下级法院办案的参考意见，不影响下级法院依法独立作出裁判。

93. 请示案件应正式编“知他”字号。

十九、关于组织案件评查

94. 省高级人民法院应每隔一至二年组织一次对全省法院审结的知识产权案件进行评查。

95. 案件评查的内容，应根据实际情况，评查全案或裁判文书等专项。

96. 案件评查要讲究效果，应采取集中评查或交叉评查的方式。

97. 评查的结果应充分进行总结，分析取得的成效及存在的问题。对存在问题，要深入分析其产生的原因，提出切实可行的解决对策。

二十、关于建立全省知识产权审判信息报告协调机制

98. 各中级人民法院认定的驰名商标、适用临时措施的案件，应在裁判后三天内将裁判文书向省高级人民法院民事审判第三庭报送。省高级人民法院民事审判第三庭按最高人民法院的要求汇总后上报。

99. 各中级人民法院应将相同的当事人就同一专利或商标在不同法院起诉或基于相同事实的知识产权民事、行政交叉案件的受理情况及时向省高级人民法院民事审判第三庭汇总。省高级人民法院要做好协调工作，以使案件的裁判结果相统一。

100. 省高级人民法院民事审判第三庭定期汇编省内外典型案例，不定期选编审判信息，供知识产权法官作为审判案件的参考。

101. 各中级人民法院应当将审结的全部知识产权裁判文书通过法院局域网传送给省高级人民法院民事审判第三庭，由省高级人民法院统一将裁判文书上载到互联网。

二十一、关于知识产权审判机构与人员配备

102. 省高级人民法院及各中级人民法院知识产权审判机构和审判力量，应与审判任务相适应。省高级人民法院民事审判第三庭及福州市、厦门市、泉州市中级人民法院民事审判第三庭应配备二个以上合议庭的人员；其他已设立民事审判第三庭的中级人民法院应配备至少一个以上合格的合议庭成员；未成立专门知识产权审判庭的中级人民法院，应根据审判工作的需要，适时设立专门审理知识产权案件的审判庭。民事审判第三庭对外宣传报道和开展工作时，称知识产权审判庭。

二十二、关于专家型知识产权法官的培养

103. 全省各级法院要明确认识知识产权审判工作的特点及面临的形势，高度重视知识产权审判工作。大力加强知识产权审判队伍建设，选配一批素质好、具有较好审判实践经验的骨干充实知识产权审判队伍。有计划地组织知识产权法官开展各项业务技能训练，与省内外法官进行审判经验交流活动。知识产权案件较少的中级人民法院可以选派法官到知识产权案件较多的中级人民法院办案学习，在审判实践中提高办案能力。通过多种形式的培训，进一步提高法官适用法律的能力、驾驭庭审的能力、诉讼调解的能力、制作法律文书的能力和处理各种复杂疑难案件的能力，不断提高执法水平。

二十三、其他

104. 以上意见若与在后颁布的法律或司法解释不一致的，以法律或司法解释规定为准。

福建省著名商标认定、管理和保护办法

福建省人民政府令第98号

（2007年4月9日福建省人民政府第75次常务会议审议通过）

第一章　总　则

第一条　为推进商标品牌战略的实施，规范福建省著名商标认定工作，保护福建省著名商标权利人的合法权益，维护消费者的合法权益，促进经济发展，根据《中华人民共和国商标法》和有关法律、法规的规定，结合本省实际，制定本办法。

第二条　本办法所称的福建省著名商标，是指在市场上享有较高声誉、为相关公众所知晓，并依照本办法认定的注册商标。

本办法所指注册商标包括商品商标和服务商标。

第三条　省工商行政管理部门负责福建省著名商标认定、管理和保护工作。市、县（区）工商行政管理部门负责本辖区内福建省著名商标管理和保护工作。

其他有关部门在各自职责范围内，协助工商行政管理部门做好福建省著名商标认定和保护工作。

第四条　申请福建省著名商标认定实行自愿原则。

认定福建省著名商标遵循公开、公平、公正原则。

福建省著名商标实行特别保护原则。

第五条　县级以上人民政府对福建省著名商标权利人可以在财政、金融、产业政策等方面给予扶持、鼓励。

第二章　申请及认定

第六条　福建省著名商标应当符合下列条件：

（一）该商标为注册商标，且商标权属无争议；

（二）该商标实际使用已满三年；

（三）该商标为相关公众所知晓；

（四）该商标商品或服务质量优良、稳定，符合国家和本省有关标准，具有良好市场信誉；

（五）申请人近三年无商标侵权行为。

本省行政区域范围内的自然人、法人或者其他组织认为自己的注册商标符合前款规定条件的，可以自愿申请认定福建省著名商标。

第七条　申请认定福建省著名商标，应当向其注册登记地或者住所地的工商行政管理部门提出认定申请，可以通过信函、传真、电子邮件等方式提出。

申请认定福建省著名商标应当填写《福建省著名商标认定申请表》，并提交下列材料：

（一）使用该商标的主要商品近三年的质量、产量、销售量、销售收入、利润、税收、销售区域等有关情况或者使用该商标的服务项目近三年的服务收入、利润、税收、服务区域等有关情况；

（二）营业执照或者相应的主体资格证书、经商标注册人签章的商标注册证复印件；

（三）该商标使用持续时间、宣传情况和在相关公众中知晓程度的情况；

（四）该商标受法律保护的有关情况；

（五）其他需要提交的证明材料。

申请认定福建省著名商标所提交的材料必须真实、可靠。禁止申请人弄虚作假，伪造证明材料，骗取福建省著名商标。

第八条　申请人注册登记地或者住所地的市、县（区）工商行政管理部门对福建省著名商标的认定申请材料齐全的，自接到认定申请之日起 15 日内向省工商行政管理部门转报。

省工商行政管理部门应当自接到转报的申请或者直接受理的申请之日起 50 日内，对申请材料进行审核，不符合条件的，退回申请；符合条件的，应当书面征求有关行政管理部门、相关组织、行业协会的意见，组织专家评审，予以初步审定并公示。

第九条　对初步审定的福建省著名商标，自公示之日起 30 日内，任何人均可提出书面异议。

对提出书面异议的，省工商行政管理部门应当在 15 日内将异议书副本送达被异议人。被异议人应当在 15 日内作出书面答辩。省工商行政管理部门根据异议人和被异议人陈述的事实和理由，调查核实后，于 30 日内作出书面裁定。

与该商标有直接利害关系的异议人可以申请听证。省工商行政管理部门决定举行听证的，应当按照程序组织听证，并根据听证笔录作出裁定。

第十条　对初步审定的福建省著名商标经公示无异议或者有异议经裁定不能成立的，由省工商行政管理部门予以认定，颁发《福建省著名商标证书》和牌匾，并予以公告；裁定异议成立的，不予认定。

第十一条　福建省著名商标的有效期为 3 年，自认定之日起计算。有效期满前 3 个月内，福建省著名商标权利人可以向省工商行政管理部门申请延续。经审查，符合本办法第六条规定条件的准予延续，每次延续有效期为 3 年。

第三章　管理和保护

第十二条　福建省著名商标权利人应当建立严格的商标使用、管理和保护制度，提高商品或者服务的质量，维护福建省著名商标的信誉。

第十三条　福建省著名商标权利人可以在认定的商品或者服务，商品包装、装潢、说明书、交易文书、广告宣传、展览、业务函件以及其他业务活动中使用“福建省著名商标”的字样或标志。

第十四条　福建省著名商标所有人可以依照有关规定向工商行政管理部门申请冠用“福建”字样的企业名称，并享有将其著名商标作为字号登记为企业名称的权利。

第十五条　有下列行为之一的，属于侵犯福建省著名商标权的行为：

（一）擅自印制或者使用福建省著名商标所使用的商品或者服务的特有名称、包装、装潢的；

（二）擅自将与福建省著名商标相同或者近似的文字、图形或者其组合作为商品或者服务名称、企业名称、商号、字号、包装、装潢、未注册商标使用，且可能引起相关公众误认或者混淆的；

（三）擅自将福建省著名商标所有人的企业名称、商号、字号或者标志作为本企业的商品或者服务名称、企业名称、商号、字号、包装、装潢、未注册商标使用，且可能引起相关公众误认或者混淆的；

（四）在商品或者服务的说明书、商品交易文书、广告宣传、展览以及其他业务活动中，使用与他人的福建省著名商标相同或者近似的文字、图形或者其组合，且可能引起相关公众误认或者混淆的；

（五）其他损害福建省著名商标权利人合法权益的行为。

前款第五项行为由省工商行政管理部门根据国家有关法律、法规和规章认定。

第十六条　工商行政管理部门应当建立、健全管理制度，监督检查福建省著名商标的使用和管理情况，依法查处侵害福建省著名商标权利人合法权益的行为。

第十七条　有下列情形之一，由省工商行政管理部门注销福建省著名商标，并予以公告：

（一）在有效期内，丧失福建省著名商标条件的；

（二）有效期限届满，不按本办法规定申请延续的；

（三）福建省著名商标因该注册商标的有效期届满，未续展而丧失商标权的；

（四）因福建省著名商标所有人终止或者死亡，没有办理移转手续而丧失商标权的。

第十八条　未经省工商行政管理部门认定，不得使用福建省著名商标的字样或者标志。

禁止使用已失效的福建省著名商标的字样或者标志。

第十九条　福建省著名商标权利人不得实施下列行为：

（一）擅自改变或者扩大福建省著名商标所认定的商品或者服务范围的，经责令限期改正后仍不改正；

（二）利用福建省著名商标信誉，粗制滥造、以假充真、以次充好、以不合格商品冒充合格商品，损害消费者或者用户利益；

（三）伪造、涂改、复制、出借、出租、出售《福建省著名商标证书》、牌匾、标志等证明文件。

第二十条　福建省著名商标所有人在其著名商标发生变更、转让、许可、质押等事项时，应当向省工商行政管理部门备案。

第四章　罚　则

第二十一条　违反本办法第七条第三款规定的，由县（市、区）以上工商行政管理部门处以1000元以上3万元以下罚款，省工商行政管理部门应当收缴该《福建省著名商标证书》和牌匾，并予以公告。

第二十二条　违反本办法第十五条规定，法律、法规已有处罚规定的，从其规定；法律、法规未作规定的，由县（市、区）以上工商行政管理部门责令停止侵权行为，并视情节给予警告，处以1000元以上3万元以下罚款。

第二十三条　违反本办法第十八条规定的，由县（市、区）以上工商行政管理部门责令改正，给予警告，处以1000元以上3万元以下罚款。

第二十四条　违反本办法第十九条规定的，由县（市、区）以上工商行政管理部门处以1000元以上3万元以下罚款，省工商行政管理部门应当收缴该《福建省著名商标证书》和牌匾，并予以公告。

第二十五条　违反本办法第二十条规定的，由县（市、区）以上工商行政管理部门责令限期改正，逾期未改正的，处以1000元以上5000元以下罚款。

第二十六条　工商行政管理部门、相关行政管理部门及其工作人员在福建省著名商标认定、管理和保护工作中应当秉公执法、忠于职守。对滥用职权、玩忽职守、徇私舞弊，违法办理福建省著名商标认定和延续认定的，依法给予行政处分。

省工商行政管理部门应当制定福建省著名商标认定工作程序及其监督规定，并予以公布、实施。

第五章　附　则

第二十七条　本办法所称的福建省著名商标所有人是指福建省著名商标的注册人；本办法所称的福建省著名商标权利人是指福建省著名商标所有人和被福建省著名商标所有人许可使用其商标的使用人。

第二十八条　本办法自2007年6月1日起施行。

福建省人民政府

二〇〇七年四月二十三日

福建省农作物种子管理条例

（2007年7月26日福建省第十届人民代表大会常务委员会第三十次会议通过）

第一章　总　则

第一条　为了加强农作物种子管理，维护品种选育者和种子生产者、经营者、使用者的合法权益，提高种子质量水平，推动种子产业化，促进农业生产发展，根据《中华人民共和国种子法》等有关法律、法规，结合本省实际，制定本条例。

第二条　在本省行政区域内从事农作物品种选育、引进和种子生产、经营、使用、管理等活动，适用本条例。

本条例所称种子，是指农作物的种植材料或者繁殖材料，包括籽粒、果实和根、茎、苗、芽、叶等。

第三条　县级以上地方人民政府农业行政主管部门主管本行政区域内的农作物种子工作，并可委托其所属的种子管理机构负责管理日常工作。

县级以上地方人民政府有关部门按照各自的职责，依法做好有关种子的监督管理工作。

第四条　省人民政府依法设立种子专项资金，市、县（区）人民政府根据需要设立种子专项资金，用于良种培育、改良、引进、示范、推广以及种质资源保护。

第五条　县级以上地方人民政府农业行政主管部门应当会同同级发展和改革行政主管部门拟定本行政区域内的种子发展规划，报同级人民政府批准后实施。

第六条　县级以上地方人民政府应当建立种子贮备制度。种子贮备经费列入同级财政预算。

省人民政府农业行政主管部门应当根据粮食安全应急需要和自然灾害预测情况，拟定全省粮食种子贮备方案，报省人民政府批准后实施。

第七条　县级以上地方人民政府应当鼓励和支持教学科研机构、良种场等单位和个人开展农作物新品种、新技术的试验、示范、推广以及优良品种的选育和开发，并对成绩显著的单位或者个人给予表彰和奖励。

选育和开发的品种得到推广应用的，育种者依法获得相应的经济利益。

任何单位或者个人不得侵占用于良种培育的土地、房屋、设备。确因公共利益需要征收征用的，应当依照有关法律规定的权限和程序办理。

第八条　鼓励引进农作物优良品种，加强闽台地区间农业合作与交流。

第二章　种质资源保护与品种管理

第九条　县级以上地方人民政府应当加强种质资源保护工作，对名、特、优、珍、稀的种质资源和天然种质资源，实施重点保护和有计划地开发利用。

第十条　省人民政府农业行政主管部门应当根据保护农作物种质资源的需要，组织建立种质资源库，严格管理制度，有计划、有步骤地合理开发利用种质资源，并分类、分级制定种质资源保护名录，定期公布。

省人民政府农业行政主管部门应当组织或者委托教学科研机构开展农作物种质资源的普查、收集、整理、鉴定、登记和保存等工作。

第十一条　省人民政府农业行政主管部门应当会同有关部门，根据农作物天然种质资源分布情况，划定天然种质资源保护区、保护地，报省人民政府批准公布。

天然种质资源保护区、保护地由所在地的县级人民政府管理，县级人民政府农业行政主管部门具体负责。

任何单位或者个人不得侵占、破坏天然种质资源保护区、保护地。确因公共利益需要征收征用种质资源保护区、保护地的，应当经省人民政府批准，并采取相应的保护措施。

第十二条　主要农作物品种依法实行审定制度。非主要农作物品种按照自愿原则进行认定。

省人民政府农业行政主管部门设立农作物品种审定委员会，负责主要农作物品种审定和非主要农作物品种认定的工作。审定委员会由教学、科研、生产、推广、管理、使用等方面的专业人员组成，其中具有高级专业技术职称人数应当占成员总数的三分之二以上。

第十三条　通过国家级审定的主要农作物品种，其审定公告规定的适宜生态区域不含本省行政区域的，应当通过本省审定后方可在本省适宜生态区域内经营、推广。

经营、推广通过品种审定的主要农作物种子的，应当在审定公告规定的适宜生态区域内进行。

第十四条　申请引种相邻省审定通过的主要农作物品种的单位和个人，应当向省人民政府农业行政主管部门提出申请，并提交下列材料：

（一）申请书；

（二）单位或者个人身份的证明；

（三）相邻省审定通过的主要农作物品种审定证明；

（四）本省农作物品种审定委员会出具的本省同一适宜生态区域品种试验报告。

省人民政府农业行政主管部门应当自收到申请之日起二十日内作出审查决定并予以书面答复。经审查同意的，发布引种公告；不同意的，书面说明理由。

经营、推广通过相邻省品种审定的主要农作物种子的，应当在引种公告规定的适宜生态区域内进行。

第十五条　本省审定通过或者经同意引种的主要农作物品种，在使用过程中出现严重退化情况时，经农作物品种审定委员会鉴定，由省人民政府农业行政主管部门发布公告，停止该品种的生产、经营、推广。自公告发布之日起一个生产周期后，任何单位和个人不得继续该品种种子的生产、经营、推广。

第十六条　鼓励和支持对非主要农作物品种的认定工作。申请非主要农作物品种认定的，应当提交申请书和品种试验报告。申请时尚未提交品种区域试验或者多年多点试验报告的，可以由农作物品种审定委员会组织安排品种试验，有关试验费用由申请者承担。

农作物品种审定委员会受理申请后，应当对品种的丰产性、适应性、抗逆性和品质进行评审，经评审通过的，予以认定，颁发非主要农作物品种认定证书，并由省人民政府农业行政主管部门及时向社会公布，推荐在适宜生态区域内生产、经营、推广。

第十七条　本省认定的非主要农作物品种，在使用过程中发现严重退化情况时，农作物品种审定委员会应当撤销认定，并由同级农业行政主管部门发布公告，停止推荐该品种的生产、经营、推广。

第三章　种子生产、经营与使用

第十八条　主要农作物商品种子生产依法实行许可制度。申请主要农作物种子生产许可证的品种，必须是农作物品种审定委员会审定通过或者同意引种的品种。

第十九条　农作物种子经营依法实行许可制度。农民个人自繁自用常规种子有剩余的，可以在集贸市场上出售、串换，不需要办理种子经营许可证。

种子经营者专门经营不再分装的包装种子的，或者受具有种子经营许可证的种子经营者书面委托代销其包装种子的，可以不办理种子经营许可证，但不得拆包销售。

委托代销包装种子经营者，不得超出种子经营许可证规定的有效区域、有效期限和经营范围委托代销。受委托代销包装种子经营者，必须在委托的范围内开展代销业务，并不得转委托。

第二十条　种子经营者在销售种子时，应当向购买者开具销售凭证，提供文字说明，并提供有关咨询服务。种子经营者提供的文字说明应当包括品种特征特性、主要栽培措施、适宜种植区域、使用条件等。主要农作物品种的说明应当与品种审定公告、引种公告的相关内容一致。

第二十一条　任何单位和个人不得生产、经营假劣种子，不得经营无主要农作物种子生产许可证者或者无种子经营许可证者的种子。

除教学、科研以及农民自繁自用等非商品种子生产需要外，任何单位和个人不得向无主要农作物种子生产许可证者、无种子经营许可证者提供主要农作物亲本种子。

第二十二条　因种子质量问题给使用者造成损失的，出售种子的经营者应当予以赔偿，赔偿额包括购种价款、可得利益损失和有关费用。

可得利益损失计算，双方有约定的，从其约定；没有约定或者约定不明确的，可以按照该农作物使用者所在乡镇前三年的平均产量减去实际产量，并比照相同品种当年产地收购价计算；无法确定前三年平均产量的，可以按照该农作物使用者所在乡镇当年单位面积的平均产量减去实际产量，并比照相同品种当年产地收购价计算。其中，多年生农作物的可得利益损失还应当包括投产前的成本投入。有关费用包括购买种子支出的交通费、鉴定费、误工费等。

第四章　服务与监督

第二十三条　县级以上地方人民政府农业行政主管部门应当建立健全监督制度，加强对种子生产、经营活动的监督检查，定期公布种子生产、经营许可证的发放情况，对资质条件不再符合发证要求的，应当依法撤销其种子生产经营许可。

县级以上地方人民政府农业行政主管部门依法对被许可人从事种子生产、经营活动进行监督检查时，应当将监督检查的情况和处理结果予以记录。公众有权查阅。

第二十四条　县级以上地方人民政府农业行政主管部门应当加强对种子质量的监督。农作物种子质量抽查不得收取费用，种子生产者、经营者应当配合抽查。抽查结果应当及时向社会公布。

县级以上地方人民政府农业行政主管部门可以根据需要委托农作物种子质量检验机构对种子质量进行检验。

农作物种子质量检验机构应当具备相应的检测条件和能力，并通过省人民政府计量行政部门计量认证和省人民政府农业行政主管部门考核合格。

第二十五条　县级以上地方人民政府农业行政主管部门应当制定农作物良种推广计划，定期公布适宜当地推广种植的品种目录。

县级以上地方人民政府农业行政主管部门所属的种子管理机构应当积极开展农作物新品种试验、示范、推广工作，引导生产、经营和使用优质、高产、抗病的农作物新品种。

第二十六条　县级以上地方人民政府农业行政主管部门所属的种子管理机构应当为种子生产者、经营者、使用者提供信息、咨询、技术等服务，引导使用优良品种，加强种子知识的宣传、普及工作。

第二十七条　县级以上地方人民政府农业行政主管部门应当建立举报和投诉制度，接受对违法生产、经营种子行为和有关种子质量的举报和投诉，并依法予以处理。

县级以上地方人民政府农业行政主管部门收到对违法生产、经营种子行为和有关种子质量投诉的，应当自收到投诉之日起五日内作出是否受理的决定并将意见书面告知投诉人。决定受理的，应当自受理之日起三十日内作出处理决定；决定不予受理的，应当说明理由；不属于本部门职责范围的，应当在五日内移送有管辖权的部门。投诉事项紧急的，应当立即派员调查处理。

第五章　法律责任

第二十八条　违反本条例第十三条、第十四条规定，有下列行为之一的，由县级以上地方人民政府农业行政主管部门责令改正，没收种子和违法所得，并处以一万元以上五万元以下的罚款：

（一）在审定公告、引种公告规定的适宜生态区域以外的区域经营、推广主要农作物种子的；

（二）未经省人民政府农业行政主管部门同意，引种通过相邻省品种审定的主要农作物种子的。

第二十九条　违反本条例第十五条规定，省人民政府农业行政主管部门发布公告停止生产、经营、推广的主要农作物品种一个生产周期后，继续生产、经营、推广的，由县级以上地方人民政府农业行政主管部门责令改正；拒不改正的，处以五千元以上三万元以下的罚款。

第三十条　违反本条例第十九条第三款、第四款规定，有下列行为之一的，由县级以上地方人民政府农业行政主管部门责令改正，并处以一千元以上一万元以下的罚款：（一）拆包销售依法应当包装销售种子的；（二）超出种子经营许可证规定的有效区域、有效期限和经营范围委托代销种子的；（三）超越委托书规定范围经营种子或者转委托的。

第三十一条　违反本条例第二十条规定，有下列行为之一的，由县级以上地方人民政府农业行政主管部门责令改正，并处以二百元以上二千元以下的罚款：

（一）种子经营者未向购买者开具销售凭证的；

（二）种子经营者未向购买者提供文字说明或者未按照规定提供文字说明的；

（三）种子经营者提供的文字说明内容与品种审定公告、引种公告的相关内容不一致的。

第三十二条　违反本条例第二十一条第一款规定，生产、经营假、劣种子的，由县级以上地方人民政府农业行政主管部门或者工商行政管理部门责令停止生产、经营，没收种子和违法所得，吊销种子生产许可证、种子经营许可证或者营业执照，并处以罚款。有违法所得的，处以违法所得五倍以上十倍以下的罚款；没有违法所得的，处以二千元以上五万元以下的罚款。构成犯罪的，依法追究刑事责任。

对以非种子冒充种子、以此种品种种子冒充他种品种种子，以及生产、经营的种子属于因变质不能作种子使用的或者带有国家规定检疫对象的有害生物的，依照前款规定从重处罚。

第三十三条　违反本条例第二十一条规定，有下列行为之一的，由县级以上地方人民政府农业行政主管部门责令限期改正，没收种子和违法所得，处以二千元以上二万元以下的罚款：

（一）经营无主要农作物种子生产许可证者的主要农作物种子的；

（二）经营无种子经营许可证者的种子的；

（三）向无主要农作物种子生产许可证者、无种子经营许可证者提供主要农作物亲本种子的。

第三十四条　从事品种试验、审定和认定工作的人员徇私舞弊、滥用职权的，依法给予行政处分；造成损失的，应当承担赔偿责任；构成犯罪的，依法追究刑事责任。

第三十五条　有关行政机关、种子管理机构及其工作人员违反本条例规定，有下列行为之一的，由所在单位或者上级主管部门责令限期改正，对负有责任的主管人员和直接责任人员依法给予行政处分；给当事人造成损失的，依法承担赔偿责任；构成犯罪的，依法追究刑事责任：

（一）对不具备条件的种子生产者、经营者核发种子生产许可证、种子经营许可证的；

（二）对具备条件的种子生产者、经营者无正当理由不核发或者变更种子生产许可证、种子经营许可证的；

（三）指定或者强迫种子使用者违反自己的意愿购买、使用种子的；

（四）发现违法行为不予查处及其他不履行法定监督管理职责的；

（五）其他徇私舞弊、滥用职权行为的。

第三十六条　违反本条例的行为，法律、法规已有处罚规定的，从其规定。

第六章　附　则

第三十七条　本条例所称主要农作物为国家确定的稻、小麦、玉米、棉花、大豆、油菜、马铃薯，以及本省农业行政主管部门确定的甘薯、茶树。

第三十八条　转基因农作物品种的选育、引进及其种子生产、经营、使用、管理等活动按照国家有关规定执行。

第三十九条　本条例自2007年10月1日起施行。

福建省人民政府
关于加强标准和标准化工作的若干意见

闽政文〔2007〕360号

各市、县（区）人民政府，省政府各部门、各直属机构，各大企业，各高等院校：

标准是技术积累的结晶和市场商品流通的基础，标准化是经济和社会发展的重要技术支撑。构建标准化体系，有助于实现技术、专利和标准的有机结合，对规范市场经济秩序、提升产业核心竞争力、提高质量和安全水平、转变经济增长方式、发展对外经贸工作都具有积极的促进作用。为提高我省标准化水平，进一步推进海峡西岸经济区建设，现就加强我省标准和标准化工作提出以下意见：

一、工作目标

建立适应海峡西岸经济区建设和发展需要的标准化管理体制和运行机制。“十一五”期间，在我省具有竞争优势的领域参与制定若干项国际标准，新制修订200项国家标准、200项行业标准、400项地方标准，新承担约30个全国专业标准化技术委员会（TC）秘书处和分技术委员会（SC）秘书处及工作组（WG）的工作，相关联的重点产品采标率达80%以上，新增25个国家地理标志保护产品，新批准立项建设省级以上农业标准化示范区200个以上。

二、主要任务

（一）推动重点领域强化标准工作。以我省主导产业、高新技术产业和传统优势产业为重点领域，以自主核心技术为基础，支持我省企业和单位参与制定若干项国际标准和一批国家标准及行业标准；鼓励重点领域企业形成技术标准联盟，加大自主知识产权标准研制力度，形成产业技术标准优势，以标准的提升推动产业结构优化升级。

（二）提高标准研制水平。以产业集聚为基础，企业技术中心为骨干，强化企业的标准研发工作，建立原创科技（专利）向技术标准转化、标准研究促进科技创新、标准应用实现科技成果产业化的运行机制。推动技术标准研究创新与新技术、新工艺、新装备的研究开发、引进技术的消化吸收和再创新紧密结合，努力实现科技研发与标准研发同步，科技成果转化与标准制定实施同步。充分发挥高等院校、科研院所、行业协会、检测机构的专业优势，鼓励产学研合作，重点支持一批具有自主知识产权标准的创新研究和检测方法标准研究，提高标准研制水平。

（三）建立以企业为主体的工作机制。充分发挥企业在标准化工作中的主体作用，加强企业标准化组织机构和队伍建设，加大标准化工作的资金投入，建立和完善企业标准体系。鼓励企业制定严于国家标准、行业标准和地方标准的企业标准。支持一批重点企业积极承担或参与国际标准、国家标准、行业标准、地方标准的制修订工作。鼓励行业龙头企业实质性参与国际和国家标准化活动，承担国际和国家标准化组织的 TC、SC 和 WG 工作。

（四）积极采用国际标准和国外先进标准。编制发布《福建省重点工业产品与农产品采用国际标准和国外先进标准指南》，把主导产业、高新技术产业、传统优势产业和农业作为采标工作的重点。大中型企业、高新技术企业和进出口企业要按照国际标准和国外先进标准组织生产和管理。在新建项目、技术改造和新产品开发时，企业要积极采用国际标准和国外先进标准。鼓励和推动企业在节能降耗、环境保护、公共安全、职业安全与健康、产品质量安全等方面实施采标。

（五）建设国家高新技术产业标准化示范区。加快福州经济技术开发区“国家高新技术产业标准化示范区”的建设步伐，建立示范区标准创新奖励制度，争取示范区内重点企业承担国际、国家标准化组织 TC、SC 和 WG 以及参与国际标准制修订的工作取得突破，承担若干项国家、行业标准制修订工作，一批重点企业实现研发与标准化基本同步，相关联重点产品按照国际标准和国外先进标准组织生产。

（六）加快农业标准化发展步伐。以提高农产品质量安全水平和市场竞争力为重点，以农业增效、农民增收为目的，建立和完善国家标准、行业标准、地方标准相配套，技术先进，结构合理的农业标准体系。要按标准净化农产品产地环境，严格农业投入品管理。要以农业标准化示范区建设为抓手，大力推进农业标准化生产。推动农业标准化与农业产业化的有机结合，加快发展无公害农产品、绿色食品、有机食品和名牌农产品。积极实施“良好农业规范（GAP）”，扩大优质农产品出口。

（七）建立地理标志产品标准体系。组织制定一批具有自主知识产权的我省地理标志产品国家标准，建立地理标志产品标准体系。进一步加大地理标志产品保护工作力度，充分挖掘具有地域特色、质量特色以及传统工艺特色的产品，制定地理标志产品保护管理办法，强化地理标志产品产地环境保护，确保地理标志保护产品的品位与质量。

（八）积极推进服务标准化工作。重点选择旅游、交通运输业、物业管理、餐饮、美容美发等开展服务标准化试点工作。在总结试点经验的基础上，扩大服务标准覆盖范围，加快推进服务标准体系建设，规范服务行为，提高服务质量。

（九）建设标准服务平台。依托福建省标准化研究所加强标准情报信息中心平台建设，设立国家标准馆福建分馆和台湾标准研究中心。广泛收集国内外各行业标准信息，建立涵盖我省主导产业、高新技术产业、传统优势产业的标准数据库，构建覆盖全省的标准信息服务平台。加强两岸标准化工作交流与合作，重点跟踪、收集、研究台湾标准，健全台湾标准数据库及检索系统。

（十）强化技术性贸易壁垒应对工作。建立我省“国外技术性贸易壁垒”数据库，重点收集美国、日本、欧盟标准、技术法规与合格评定程序，及时、准确、有效地向社会提供相关信息。加强对我省主要贸易伙伴技术性贸易措施的前瞻性研究和评议工作，及时向相关部门和出口企业通报研究和评议情况，针对性地面向企业开展专业培训，增强我省出口企业应对国外技术性贸易壁垒的能力。

三、扶持措施

（一）设立标准化工作专项经费。各级政府要加大资金投入，保障标准化建设所需经费。省级设立标准化工作专项资金，对承担或参与制定国际标准、国家标准、行业标准、地方标准的单位，承担筹建国际、全国及福建省专业标准化技术委员会（分技术委员会、工作组）的单位，承担国家和省级标准化重点科研项目的单位，国家高新技术产业标准化示范区建设单位，国家级和省级农业标准化示范区建设单位，服务标准化试点单位，国家良好农业规范（GAP）认证试点企业，采用国际标准或国外先进标准的企业给予资助；用于支持国家地理标志保护产品申报、“福建省标准贡献奖”奖励资金等。具体资金管理办法，由省质监局、财政厅研究制定，报省政府批准后实施。

（二）加快标准服务平台建设。国家标准馆福建分馆和台湾标准研究中心的建设以及我省“国外技术性贸易壁垒”数据库和标准信息服务平台建设一并纳入“金质工程”加快建设。

（三）设立福建省标准贡献奖。省政府设立福建省标准贡献奖，用于奖励在标准制定和标准实施推广中做出突出贡献的组织和个人。具体评定管理办法由省质监局牵头制定，报省政府批准后实施。

（四）支持标准科研工作。对有助于形成我省经济与社会发展急需的重要公益性技术标准、有助于形成国际标准、国家标准或行业标准的重要技术标准、有助于形成显著提高我省产业竞争力的重要技术标准、有助于形成技术性贸易措施的重要技术标准的科技计划项目，按照科技计划管理办法，在立项时予以优先支持。

（五）鼓励标准制定和研究成果申报省科学技术奖。鼓励我省为主承担或参与制定具有自主知识产权的国际标准、国家标准、行业标准、地方标准、企业标准以及重要技术标准的研制成果申报省科学技术奖。标准文本正式批准发布实施后，视同同级刊物发表的学术论文。

四、组织保障

（一）加强组织领导。各级政府要加强对标准化工作的领导，切实把标准化工作纳入经济社会发展总体规划，列入重要议事日程，制定相应的政策和措施，建立健全标准化工作责任制，全力推进标准化工作。设立“福建省标准化工作联席会议”，省发展改革、经贸、财政、科技、人事、教育、信息产业、外经贸、农业、林业、海洋与渔业、质监、环保、旅游、食品药品监管、检验检疫等有关部门为成员单位，省质监局为联席会议牵头召集单位。联席会议各成员单位要加强协作，及时研究解决标准化工作中遇到的重大问题。各市、县（区）也要成立相应的组织机构，认真组织协调和落实本地区的标准化工作。

（二）加强协调合作。各级、各有关部门要加强协作，形成工作合力，共同推进全省标准化工作。质监部门要加强对标准化工作的组织、协调和指导；发展改革、财政、科技部门要落实标准化工作的发展规划、资金支持和奖励措施；经贸、农业、林业、海洋与渔业、旅游、外经贸、环保、卫生等部门要做好本行业标准化的组织实施工作。

（三）加强人才队伍建设。探索建立标准化工程师资格制度。培养一批标准化人才，建立我省标准化专家人才库。实行标准化学术带头人制度，重视引进和培养从事标准化研究工作的复合型人才。有关高等院校要积极探索标准化在校教育，设置标准化课程，条件具备的，可设立标准化专业。要培育标准化中介服务组织，发挥标准化中介组织的作用，加强基层技术人员的标准化知识培训。

（四）加大宣传力度。要充分应用各种宣传媒介，广泛宣传标准和标准化工作的重要意义，普及标准化知识。适时表彰标准和标准化工作的先进企业、先进单位和先进个人。结合“世界标准日”、“科普日”、“科技周”等重大宣传活动，组织以标准化为主题的宣传，在全社会营造“学标准、讲标准、用标准”的良好氛围。

福建省人民政府

二〇〇七年十月八日

福建省人民政府关于加快发展集成电路设计业的意见

闽政文〔2007〕385号

各市、县（区）人民政府，省人民政府各部门、各直属机构，各大企业，各高等院校：

集成电路是信息产业的核心和灵魂，而集成电路设计业是集成电路产业的龙头。加快发展集成电路设计业，将有效推动全省信息产品创新，提高信息产业的核心竞争力。为加快发展我省集成电路设计业，现提出以下工作意见：

一、加快发展集成电路设计业是建设信息产业强省的重要措施

集成电路设计业具有科技创新含量高、自然资源消耗少、与其他行业关联度大等特点。以发展集成电路设计业为切入点，大力开发具有自主知识产权的集成电路产品，将有力推动我省集成电路产业链的形成，提升福建信息产业的核心竞争力。

近年来我省集成电路设计业取得了显著进步，据初步统计，目前全省已有30多家集成电路设计企业，其中5家企业获得信息产业部认定，省内一些较大规模的电子整机企业也具备一定的专用集成电路设计开发能力，已具备数字音视频芯片、微控制芯片、嵌入式系统芯片、电源管理芯片和消费电子产品芯片等设计能力。依托福州大学建设的福建省集成电路设计中心（ICC）已建成投入运行，并已争取到国家教育部批准福州大学依托ICC建设国家集成电路人才培养基地；争取到国家软件与集成电路公共服务平台在我省集成电路设计中心设立分中心，为本省集成电路设计企业提供研发、芯片测试、企业孵化和培养人才等公共服务；厦门市也已建成集成电路公共服务平台。

但与国内集成电路设计业发展领先省市相比，我省集成电路设计业无论是在技术水平，还是在规模总量上都存在较大差距。主要是集成电路设计企业偏少，大部分企业实力较弱；芯片研发与省内整机生产企业脱节；集成电路行业人才严重缺乏；企业融资困难等，制约了全省集成电路设计业的加快发展。

“十一五”期间，随着我省国民经济持续、快速、健康发展，社会信息化水平将进一步得到提高，预计信息产业将保持年平均20%以上的增长速度；我省已经初步形成的数字视听产品、计算机及外设产品和移动通讯产品三大产业链，以及一批有较大规模并在全国有一定影响的电子整机企业，对发展集成电路设计业提供了良好的市场机遇；承接在国际上占有较大优势的台湾集成电路设计业转移也有很大潜力。集成电路设计业的发展已处于关键时期，加快发展集成电路设计业，关系到我省信息产业总体水平的提升和规模壮大，也是建设信息产业强省的重要措施，各级各相关部门应增强紧迫感，整合资源，合力推动，扶持我省集成电路设计业进一步发展壮大。

二、明确集成电路设计业发展工作目标

根据国家关于发展集成电路产业中长期规划的指导精神，在“十一五”期间，我省集成电路设计业要以市场为导向，坚持自主研发与引进技术相结合，着力培育骨干企业，研发一批与我省电子整机企业发展相配套的自主创新集成电路设计产品，走可持续、跨越式的发展道路。

——加大与国际以及台湾先进技术合作交流力度，引进和培育一批集成电路设计企业和人才。瞄准世界尤其是台湾信息产业转移趋势，推动闽台集成电路产业对接，承接台湾集成电路设计业转移。“十一五”期间全省集成电路设计业销售额争取年均增长30%以上，到2010年全省集成电路设计企业自主创新能力及实力有明显提高，有一定规模的集成电路设计企业达50家以上，销售额超亿元的设计企业达5家以上（其中10亿元以上1家）；到2015年全省集成电路设计业销售额争取超过100亿元，争取全省集成电路设计开发能力达到国内先进水平，成为国家集成电路设计的重要产业基地，能够基本满足省内电子整机市场对芯片设计的需求。

——依托省集成电路设计中心（ICC）和厦门集成电路公共服务平台，建成有一定规模的我省集成电路设计业产、学、研基地。形成功能齐全的全省集成电路设计研发、测试、孵化、创业公共平台，以及集成电路高端人才实训和储备基地。大力开展集成电路设计与应用技术的研究与开发，并为各级政府集成电路产业决策提供咨询服务。

——加快集成电路重点学科建设，大力培养和引进各类集成电路适用人才。依托福州大学国家集成电路人才培养基地和厦门大学等重点高校，扩大集成电路及相关专业本科和工程硕士招生规模。到2010年，全省集成电路及相关专业本科以上在校生规模争取达到1000人以上，其中硕士以上研究生在校生规模达到300人以上，基本适应本省集成电路设计业发展需要，“人才引项目”的效应更加凸现。

三、加大发展集成电路设计业的工作力度

集成电路设计业属于知识、技术密集型且市场竞争程度高的行业，要结合集成电路设计业的产业特点，加大加快发展集成电路设计业的工作力度，努力建立产、学、研相结合的创新体系，培养一批行业技术和管理领军人物，不断增强自主创新能力，提升全省集成电路设计业的整体水平。

（一）加强政府引导和行业管理。各级政府有关部门要加强领导，采取各种有效措施扶持发展集成电路设计业。省信息产业主管部门要加强集成电路设计业的规划和行业引导，通过建立有关部门参与的“加快发展集成电路设计业”工作联席会议制度，积极协调各方面行政资源，形成加快发展集成电路设计业的合力，从税收、融资、工商、人才培养与引进、政府资金扶持等方面给予实质性的支持，营造良好的发展环境和创业氛围。

（二）加大金融扶持力度。积极扩大科技贷款对象，对列入符合信贷条件的国家重点集成电路项目在审定贷款时可适当扩大授信额度，简化审批手续；对集成电路开发设计和成果产业化对接项目，可从支持生产制造企业扩大和延伸到支持有效益、有还款能力的从事技术研究、开发、营销、培训的各类集成电路设计、科研院所等具有独立法人资格的非生产型单位或实体；对融资需求较大的集成电路设计重大产业化项目，可组织银团贷款给予支持；同时可根据集成电路设计企业高风险、高收益的特点，实行贷款利率风险定价，合理确定贷款利率水平。鼓励支持从事集成电路设计的大中型企业发展直接融资，如发行公司债、短期融资券、股票和吸引创业投资基金投入等。

（三）培养和引进相结合，为加快集成电路设计业发展提供人才支撑。鼓励和支持有条件的高校创办微电子学院和设置集成电路及相关专业学科；鼓励和支持集成电路骨干企业与高校联合办学和设立互惠互利的实训基地，加快培养集成电路设计业本科和硕士、博士等多层次适用人才；支持和鼓励集成电路骨干企业设立博士后工作站；鼓励和扶持各类培训机构开办集成电路设计培训班，加强在职人员的知识更新和再教育；采取有效措施，鼓励和支持引进高层次的集成电路设计人才和管理人才。

（四）重视闽台交流对接，搭建集成电路设计企业与电子整机生产企业的联系对接平台。扶持建立本省及闽台集成电路设计企业与省内电子整机生产企业经常性沟通联系和产品技术供需交流的渠道，通过电子整机生产企业的发展需求带动集成电路设计业的发展，努力实现电子整机产品集成电路设计本地化，提高本省电子整机企业的产品性能，降低企业成本，提升产品竞争力。

（五）加强知识产权保护，保障集成电路设计业健康发展。鼓励和支持集成电路设计企业积极开展集成电路布图设计登记、软件著作权登记、商标和专利申请等，加强企业自主创新成果的知识产权保护；鼓励和支持集成电路设计企业购买相应的集成电路知识产权，尊重和自觉保护电子设计自动化（EDA）软件、硅知识产权（IP 核）等集成电路领域的知识产权，共同维护集成电路设计业持续、健康、快速发展的创业环境。

（六）加大财政性资金的扶持力度。从 2008 年开始，三年内省级财政每年安排 2000 万元专项资金，扶持集成电路设计行业的发展，重点用于补助集成电路设计公共服务平台建设、与本省电子整机生产企业对接和关键共性技术的研发、产业化项目，支持闽台集成电路设计企业交流合作与对接、引进和培养高层次技术和管理人才等；省信息产业厅、财政厅负责研究制定专项资金的使用管理办法。省发展改革委、经贸委、科技厅等部门应从部门有关专项资金中，调剂安排部分资金，共同扶持我省集成电路设计行业的发展；省直有关部门都应分别积极向国家有关部门争取对集成电路设计行业的补助资金，并给予适当的资金配套扶持。

省政府有关部门要切实落实国家和省扶持集成电路设计业发展的各项政策，注重调查研究，加强部门与企业之间的互动关系，不断解决影响产业发展的瓶颈问题；各级政府、各部门要高度重视集成电路设计业的发展，有基础有条件的地区要充分发挥地域优势和资源优势，优化发展环境，加大招商引资力度，多方支持，形成合力，大力促进我省集成电路设计业快速发展。

福建省人民政府

二〇〇七年十月三十一日

编 后 记

首部《福建省志·知识产权志》由省知识产权局牵头负责，版权、商标等知识产权部门和相关执法部门共同参与编纂。2010—2011 年，在省方志委主任罗健的关心支持下，省知识产权局局长罗璇牵头部署《福建省志·知识产权志》的各项准备工作。随后，福建省地方志编纂委员会（以下简称省方志委）批准本志编纂年限为始自发端，下限至 2007 年。10 月 14 日，第一届《福建省志·知识产权志》编纂委员会（简称编委会）成立。2012 年 2 月，省方志委批复同意本志编纂工作方案和篇目；5 月，省方志委复函同意本编委会制定的《知识产权志编纂工作规范》；9 月，编委会印发《知识产权志编纂工作方案》；12 月，编委会举办各编撰单位志书编撰人员培训班，邀请省方志委专家授课。2013 年 3 月，编委会办公室成立。2014 年 3 月，省方志委复函同意修订的本志篇目框架。2015 年 8 月，编委会组织召开一审稿评议会。2016 年 3 月，二审稿报送省方志委；9 月，省方志委组织召开二审稿评议会。2017 年 12 月，根据二审评议意见修改的验收稿送省方志委终审。2018 年 3 月，省方志委组织召开终审验收会。9 月，验收修改稿经审核后交付出版。

本志内容（包括图照）由相关知识产权工作管理部门和执法部门提供。专利方面：省知识产权局各处室按照办公室提供的《大事记》等档案资料进行初步分解，参加人员有陈长宏（专利申请与授权）、林芳（专利试点示范、奖励）、全丹珂（专利宣传）、朱旭云（专利培训）、林国（专利行政保护）、周丽红（专利管理机构与社团组织、照片）、黄宝文（专利展示与实施、合作与交流、协调与服务管理、奖励、管理机构与社团组织、照片，第一章至第十章专利内容的补充、编撰）。省知识产权局罗旋、黄威、罗燕生、林进元等老领导分别对专利部分志稿提出补充和修改意见。版权（著作权）方面主要由省版权局郑开辟撰稿。商标方面主要由省工商局陈涛、吴昊撰稿。集成电路布图设计方面，由编委会办公室负责编撰，陈长宏帮助以国家知识产权局公布的有关数据查核。地理标志产品方面由省质监局董秀云，福建出入境检验检疫局陈伟、吴水德等撰稿。植物新品种方面由省农业厅程书田、郑益智撰稿。知识产权海关保护方面由福州海关林海燕、厦门海关张海滨撰稿。知识产权司法保护方面由省公安厅方健，省检察院张旻，省高院陈茂和、吴广强等人撰稿。省保知办方面由省经信委林宁撰稿。

省知识产权局徐巧英负责编写概述；黄宝文参与编写概述，编写第一章至第十章简述，负责增补各类知识产权部分资料，并全书编辑加工，编辑说明、大事年表、编后记；杨汉林负责收集、查核部分志稿资料；周丽红负责打印稿的校对。

送省方志委终审验收的志稿内容均经相关单位核定、盖章。本志从开始编纂到通过验收直至出版，得到省方志委领导的关心和支持、有关专家和工作人员的热情指导和帮助，在此一并表示衷心的感谢。

《福建省志·知识产权志》编委会办公室
2018 年 3 月